So finde ich am schnellsten das gesuchte Wort:

① Den ersten Buchstaben des Wortes auf der alphabetischen Griffleiste suchen.

② Auf der Seite orientieren.

③ Den Haupteintrag suchen.

④ Wörter und Ableitungen, die zusammengehören, finden sich an einer Stelle.

⑤ Unregelmäßige Verbformen stehen unter dem Infinitiv.

⑥ Abweichend geschriebene Pluralformen der Substantive sind hinter dem Singular aufgenommen.

⑦ Die neuen Schreibweisen der Rechtschreibreform sind markiert.

Etwas nicht gefunden?
Stimmt die Anfangsschreibung? Evtl. auch unter ähnlichen Buchstaben nachschlagen, also C — K, D — T.

Ist das Wort zusammengesetzt? Evtl. unter beiden Wortteilen nachschlagen.

Fehlerfrei schreiben

Wörterbuch für die Schule

erarbeitet von

Diethard Lübke

Dieses Wörterbuch wurde auf der Grundlage der neuen Rechtschreibregeln erarbeitet.

Cornelsen

Mit freundlicher Beratung von Dr. Klaus Heller, Institut für deutsche Sprache/Mannheim

Redaktion: Gabriele Teubner-Nicolai, Cornelsen Verlag Scriptor
Umschlaggestaltung: Knut Waisznor
Grafik: Klaus Becker, Peter Poloczek
Technische Umsetzung: Kristiane Klas, Brigitte Bredow

1. Auflage   Druck 4 3   Jahr 99 98 97

Alle Drucke dieser Auflage können im Unterricht nebeneinander verwendet werden.

Gesamtherstellung: Parzeller, Fulda

ISBN 3-464-60532-9
Bestellnummer 605329

gedruckt auf säurefreiem Papier, umweltschonend
hergestellt aus clorfrei gebleichten Faserstoffen

A

A
A-Dur
a-Moll
das A und O
von A bis Z
à
3 Briefmarken
à eine Mark
a. (am)

aa

Aal *der*
aalen
sich aalen
aalglatt
a. a. O. (am angegebenen Ort)
Aar *der*

Aas *das*
aasen
Aasfresser *der*
Aasgeier *der*

ab

ab
ab Fabrik
ab Hannover
ab morgen
ab und an
ab und zu
abändern
Abänderung *die*
abarbeiten
sich abarbeiten
Abart *die*
abartig
Abb. (Abbildung)
Abbau *der*
abbauen
Abbé *der*
abbeißen
*beißt ab, biss ab**, *hat abgebissen*
abbekommen
bekommt ab, bekam ab, hat abbekommen
abberufen
beruft ab, berief ab, hat abberufen
Abberufung *die*
abbestellen
abbezahlen
abbiegen
biegt ab, bog ab, ist abgebogen
Abbieger *der*
abbilden
Abbildung *die*
Abbitte *die*
Abbitte leisten
abblasen
bläst ab, blies ab, hat abgeblasen
abblättern
abblenden
Abblendlicht *das*
abblitzen
abblocken
abbrechen
bricht ab, brach ab, hat abgebrochen
Abbruch *der*
die Abbrüche
abbruchreif
abbremsen
abbrennen
brennt ab, brannte ab, ist abgebrannt
abbringen
bringt ab, brachte ab, hat abgebracht
abbröckeln
Abbruch *der*
die Abbrüche
keinen Abbruch tun
abbruchreif
abbuchen
Abbuchung *die*
abbürsten
abbüßen
Abc / Abece *das*
Abc-Schütze *der*
ABC-Waffen *die*
abdampfen
abdanken
Abdankung *die*
abdecken
Abdecker *der*
abdichten
Abdichtung *die*
abdrängen
abdrehen
abdriften
abdrosseln
Abdruck *der*
abdrucken
abdrücken
abebben
Abend *der*
am Abend
diesen Abend
eines Abends
gegen Abend
*gestern Abend**
Guten Abend!
*heute Abend**

*morgen Abend**
*am Sonntagabend**
abends*
um 9 Uhr abends
*sonntagabends**
Abendbrot *das*
Abendessen *das*
abendfüllend
Abendland *das*
Abendmahl *das*
Abendstern *der*
Abendzeitung *die*
Abenteuer *das*
abenteuerlich
Abenteurer/in
aber
a …
aber auch
aber nein
jetzt aber nicht
A …
viele Wenn und Aber
kein Aber mehr
sein ständiges Aber
aberhundert
abermalig
abermals
Aberglaube *der*
abergläubisch
aberkennen
erkennt ab, erkannte ab, hat aberkannt
aberwitzig

abf

abfackeln
Abf. (Abfahrt)
abfahren
fährt ab, fuhr ab, ist abgefahren
Abfahrt *die*
Abfahrtslauf *der*
Abfahrtszeit *die*
Abfall *der*
die Abfälle
Abfallbeseitigung *die*
abfallen
fällt ab, fiel ab, ist abgefallen
abfällig
Abfallprodukt *das*
abfälschen
den Ball abfälschen
abfangen
fängt ab, fing ab, hat abgefangen
abfärben
abfassen
fasst ab, fasste ab*, hat abgefasst**
Abfassung *die*
abfaulen
abfertigen
Abfertigung *die*
Abfertigungsschalter *der*
abfeuern
abfinden
findet ab, fand ab, hat abgefunden
sich abfinden
Abfindung *die*
abflachen
abflauen
abfliegen
fliegt ab, flog ab, ist abgeflogen
Abflug *der*
die Abflüge
abfließen
fließt ab, floss ab, ist abgeflossen*
Abfluss* *der*
die Abflüsse
Abflussrohr* *das*
Abflug *der*
die Abflüge
Abflugzeit *die*
abfragen
abfressen
frisst ab, fraß ab, hat abgefressen*
Abfuhr *die*
eine Abfuhr erteilen
sich eine Abfuhr holen
abführen
Abführmittel *das*
abfüllen
Abfüllung *die*

abg

Abgabe *die*
abgabenfrei
abgabenpflichtig
Abgabetermin *der*
Abgänger/in
Abgangszeugnis *das*
die Abgangszeugnisse
Abgas *das*
abgasarm
abgasfrei
Abgassonderuntersuchung *die* (ASU)
abgeben
gibt ab, gab ab, hat abgegeben
abgebrüht
abgedroschen
eine abgedroschene Redensart

abgefeimt
abgegriffen
abgehackt
abgehärmt
abgehärmt aussehen
abgehärtet
abgehen
geht ab, ging ab, ist abgegangen
abgehetzt
abgekämpft
abgekartet
ein abgekartetes Spiel
abgelagert
abgelegen
abgemacht
abgemagert
abgemergelt
abgeneigt
Abgeneigtheit *die*
abgenutzt
abgeordnet
Abgeordnete *der/die*
Abgeordnetenhaus *das*
abgerundet
Abgesandte *der/die*
Abgesang *der*
abgeschieden
Abgeschiedenheit *die*
abgeschlafft
abgeschlagen
Abgeschlagenheit *die*
abgeschlossen
abgesehen
abgesehen von …
abgesehen davon, dass * *…*
abgesondert
abgespannt
abgestanden
abgestorben
abgestumpft
abgetan
abgetragen
abgewetzt
abgewöhnen
sich etwas abgewöhnen
Abgewöhnung *die*
abgießen
*gießt ab, goss ab**, *hat abgegossen*
Abguss* *der*
Abgott *der*
die Abgötter
abgöttisch
abgrasen
abgrenzen
Abgrenzung *die*
Abgrund *der*
die Abgründe
abgründig
abgrundtief
abgucken/abkucken
Abguss* *der*
die Abgüsse

abh

abhaben
hat ab, hatte ab, hat abgehabt
abhaken
abhalten
hält ab, hielt ab, hat abgehalten
abhandeln
Abhandlung *die*
abhanden
abhanden kommen
kommt abhanden, kam abhanden, ist abhanden gekommen
Abhandenkommen *das*
Abhang *der*
die Abhänge
abhängen
hängt ab, hing ab, hat abgehangen/abgehängt
abhängig
Abhängigkeit *die*
Abhängigkeitsverhältnis *das*
abhärten
sich abhärten
Abhärtung *die*
abhauen
hau ab!
ist abgehauen

abhe

abheben
hebt ab, hob ab, ist/hat abgehoben
abheften
abhelfen
hilft ab, half ab, hat abgeholfen
Abhilfe *die*
abhetzen
sich abhetzen
abholen
die Freundin abholen
Abholer *der*
Abholung *die*
abholzen
Abholzung *die*
abhorchen
abhören

A B C D E F G H I J K L M N O P Q R S T U V W X Y Z

abhörsicher
Abi *das*
Abitur *das*
Abiturient/in
abiotisch
abjagen
jagt ab, jagte ab, hat abgejagt

abk

Abk. (Abkürzung)
abkapseln
abkassieren
abkaufen
Abkehr *die*
abkehren
ist abgekehrt
sich abkehren
abklären
Abklatsch *der*
abklemmen
abklingen
abklopfen
abknicken
abknutschen
abkochen
abkommandieren
abkommen
kommt ab, kam ab, ist abgekommen
Abkommen *das*
abkömmlich
abkoppeln
abkratzen
abkriegen
abkühlen
sich abkühlen
Abkühlung *die*
Abkunft *die*
französischer Abkunft sein
abkürzen
Abkürzung *die*
Abkürzungsverzeichnis *das*
abküssen
abladen
lädt ab, lud ab, hat abgeladen
Ablage *die*
ablagern
Ablagerung *die*
Ablass* *der*
ablassen
lässt ab, ließ ab, hat abgelassen*
Ablativ *der*
Ablativus absolutus
Ablauf *der*
die Abläufe
ablaufen
läuft ab, lief ab, ist abgelaufen
Ablaut *der*
Ableben *das*
ablecken
ablegen
Ableger *der*
ablehnen
ablehnend
Ablehnung *die*
ableisten
ableiten
Ableitung *die*
ablenken
Ablenkung *die*
Ablenkungsmanöver *das*
ablesen
liest ab, las ab, hat abgelesen
lies ab!
abliefern
Ablieferung *die*
ablösen
Ablösesumme *die*
Ablösung *die*

abm

abmachen
Abmachung *die*
abmagern
Abmagerung *die*
Abmagerungskur *die*
abmähen
abmahnen
Abmahnung *die*
abmalen
ein Bild abmalen
Abmarsch *der*
die Abmärsche
abmarschbereit
abmarschieren
abmelden
sich abmelden
Abmeldung *die*
abmessen
misst ab, maß ab, hat abgemessen*
Abmessung *die*
abmildern
abmischen
abmontieren
abmühen
sich abmühen
abnabeln
abnagen
abnähen
Abnäher *der*
Abnahme *die*
abnehmbar
abnehmen
nimmt ab, nahm ab, hat abgenommen
Abnehmer/in

Abneigung *die*
abnorm
Abnormität *die*
abnutzen
Abnutzung *die*
Abo *das*
die Abos
Abonnement *das*
Abonnent/in
abonnieren
abonniert sein
abordnen
Abordnung *die*
Abort *der*
abpacken
abpassen
passt ab, passte ab*, hat abgepasst**
abpausen
abpfeifen
pfeift ab, pfiff ab, hat abgepfiffen
Abpfiff *der*
abpflücken
abplatzen
Abprall *der*
abprallen
abquälen
sich abquälen
abqualifizieren

abr

abrackern
sich abrackern
Abrakadabra *das*
abraten
rät ab, riet ab, hat abgeraten
Abraum *der*
abräumen
Abraumhalde *die*
abreagieren
sich abreagieren
abrechnen
Abrechnung *die*
Abrechnungstermin *der*
Abrede *die*
in Abrede stellen
abreiben
reibt ab, rieb ab, hat abgerieben
Abreibung *die*
Abrieb *der*
Abreise *die*
abreisen
reist ab, reiste ab, ist abgereist
abreißen
reißt ab, riss ab, hat abgerissen*
Abreißkalender *der*
abrichten
Abrieb *der*
abriebfest
abriegeln
Abrieg(e)lung *die*
Abriss* *der*
Abrissbirne* *die*
abrücken
Abruf *der*
auf Abruf
abrufbereit
abrufen
ruft ab, rief ab, hat abgerufen
abrunden
nach oben abrunden
Abrundung *die*
abrupt
abrupt aufhören
das abrupte Ende
abrüsten
Abrüstung *die*
abrutschen

abs

ABS (Antiblockiersystem)
Abs. (Absender)
absacken
Absage *die*
absagen
absägen
Absatz *der*
die Absätze
Absatzgebiet *das*
absatzweise
absaugen
abschaben
abschaffen
Abschaffung *die*
abschälen
abschalten
Abschaltung *die*
abschattieren
abschätzen
abschätzig
Abschaum *der*
Abscheu der/*die*
Abscheu erregend; aber: äußerst abscheuerregend
abscheulich
Abscheulichkeit *die*
abschicken
abschieben
schiebt ab, schob ab, hat abgeschoben
Abschiebung *die*
Abschied *der*
Abschied nehmen
Abschiedsfeier *die*
abschießen

A B C D E F G H I J K L M N O P Q R S T U V W X Y Z

schießt ab,
*schoss ab**,
hat abgeschossen
abschirmen
Abschirmung *die*
abschlachten
Abschlag *der*
die Abschläge
abschlagen
schlägt ab,
schlug ab,
hat abgeschlagen
abschlägig
Abschlagszahlung *die*
Abschleppdienst *der*
abschleppen
Abschleppseil *das*
abschließen
schließt ab,
*schloss ab**,
hat abgeschlossen
abschließend
Abschluss* *der*
die Abschlüsse
Abschlussprüfung* *die*
abschmecken
abschmieren
abschminken
sich abschminken
abschneiden
schneidet ab,
schnitt ab,
hat abgeschnitten
Abschnitt *der*
abschnittsweise
abschnüren
Abschnürung *die*
abschöpfen
abschotten
sich abschotten

abschrägen
abschrauben
abschrecken
abschreckend
*abschreckend hässlich**
Abschreckung *die*
abschreiben
schreibt ab,
schrieb ab,
hat abgeschrieben
Abschreibung *die*
Abschrift *die*
beglaubigte Abschrift
abschuften
sich abschuften
Abschürfung *die*
Abschuss* *der*
die Abschüsse
abschüssig
abschütteln
abschwächen
Abschwächung *die*
abschweifen
vom Thema abschweifen
Abschweifung *die*
abschwellen
schwillt ab,
schwoll ab,
ist abgeschwollen

abse

absegnen
absehbar
absehen
sieht ab, sah ab,
hat abgesehen
ab sein
ist ab, war ab,
ist ab gewesen

abseits
abseits stehen
Abseits *das*
absenden
sendet ab,
sendete/sandte ab,
hat abgesendet/abgesandt
Absender/in
absent
Absenz *die*
absetzbar
absetzen
Absetzung *die*
absichern
Absicherung *die*
Absicht *die*
mit Absicht
absichtlich
absichtslos
absinken
sinkt ab, sank ab,
ist abgesunken
Absinth *der*
absitzen
sitzt ab, saß ab,
hat abgesessen

abso

absolut
absolutes Verb
Absolutheit *die*
Absolution *die*
Absolutismus *der*
absolutistisch
Absolvent/in
absolvieren
absondern
Absonderung *die*
absorbieren
Absorption *die*
abspalten

Abspaltung *die*
abspannen
abgespannt sein
Abspannung *die*
abspecken
abspeichern
abspeisen
abspenstig
abspenstig machen
absperren
Absperrung *die*
Absperrgitter *das*
abspielen
absplittern
Absprache *die*
absprachegemäß
absprechen
spricht ab,
sprach ab,
hat abgesprochen
sich absprechen
abspringen
springt ab,
sprang ab,
ist abgesprungen
Absprung *der*
die Absprünge
abspülen

abst

abstammen
Abstammung *die*
Abstand *der*
die Abstände
Abstand halten
hält Abstand, hielt Abstand, hat Abstand gehalten
Abstand nehmen
nimmt Abstand, nahm Abstand, hat Abstand genommen
abstatten
einen Besuch abstatten
Abstecher *der*
abstecken
abstehen
steht ab, stand ab, hat abgestanden
Absteige *die*
absteigen
steigt ab, stieg ab, ist abgestiegen
Absteiger/in
Abstieg *der*
abstellen
Abstellgleis *das*
Abstellraum *der*
abstempeln
absterben
stirbt ab, starb ab, ist abgestorben
Abstieg *der*
abstimmen
sich untereinander abstimmen
Abstimmung *die*
abstinent
abstinent leben
Abstinenz *die*
abstoppen
abstoßen
stößt ab, stieß ab, hat abgestoßen
abstoßend
Abstract *der* (kurze Inhaltsangabe)
abstrahieren
abstrakt
Abstraktheit *die*
Abstraktion *die*
Abstraktum *das*
abstreifen
abstreiten
streitet ab, stritt ab, hat abgestritten
Abstrich *der*
Abstriche machen
abstrus
ein abstruser Vorschlag
abstufen
Abstufung *die*
abstumpfen
Absturz *der*
die Abstürze
abstürzen
ist abgestürzt
abstützen
sich abstützen
absuchen
absurd
ein absurder Vorschlag
Absurdität *die*
Abszess* *der*
Abszisse *die*
Abszissenachse *die*

abt

Abt *der*
die Äbte
Abtei *die*
abtasten
abtauen
Abteil *das*
abteilen
Abteilung *die*
Abteilungsleiter/in (Abt.-Leiter/in)
abtippen
Äbtissin *die*
die Äbtissinnen
abtönen
abtöten

abtragen
trägt ab, trug ab, hat abgetragen
Abtragung *die*
abträglich
Abtransport *der*
abtransportieren
abtreiben
treibt ab, trieb ab, hat/ist abgetrieben
Abtreibung *die*
Abtreibungsversuch *der*
abtrennbar
abtrennen
Abtrennung *die*
abtreten
tritt ab, trat ab, ist abgetreten
Abtretung *die*
abtrocknen
abtropfen
abtrotzen
abtrünnig
abtrünnig werden
Abtrünnigkeit *die*
abtun
tut ab, tat ab, hat abgetan
abtupfen
ab und zu
aburteilen
Aburteilung *die*
abverlangen
das Äußerste abverlangen

abw

abwägen
wägt ab, wägte/wog ab, hat abgewägt/abgewogen
Abwägung *die*
Abwahl *die*
abwählen
abwälzen
abwandeln
Abwand(e)lung *die*
abwandern
ist abgewandert
Abwärme *die*
abwarten
abwärts
*abwärts gehen**
geht abwärts, ging abwärts, ist abwärts gegangen
Abwärtstrend *der*
Abwasch *der*
abwaschbar
abwaschen
wäscht ab, wusch ab, hat abgewaschen
Abwaschwasser *das*
Abwasser *das*
die Abwässer
Abwasseraufbereitung *die*
abwechseln
sich abwechseln
abwechselnd
Abwechslung *die*
abwechslungsreich
abwegig
ein abwegiger Vorschlag
Abwegigkeit *die*
Abwehr *die*
abwehren
abweichen
weicht ab, wich ab, ist abgewichen
Abweichung *die*
abweisen
weist ab, wies ab, hat abgewiesen
abweisend
abwendbar
abwenden
wendet ab, wendete/wandte ab, hat abgewendet
sich abwenden
Abwendung *die*
abwerben
wirbt ab, warb ab, hat abgeworben
Abwerbung *die*
abwerfen
wirft ab, warf ab, hat abgeworfen
abwerten
Abwertung *die*
abwesend
abwesend sein
Abwesende *der/die*
Abwesenheit *die*

abwi

abwickeln
Abwicklung *die*
abwiegeln
abwiegen
wiegt ab, wog ab, hat abgewogen
abwimmeln
jemanden abwimmeln
abwischen
abwracken
Abwurf *der*
die Abwürfe
abwürgen
abzahlen

Abzahlung *die*
abzählen
abzapfen
Abzeichen *das*
abzeichnen
sich abzeichnen
abziehen
zieht ab, zog ab, hat/ist abgezogen
Abzug *der*
die Abzüge
abzüglich
abzugsfrei
abzweigen
Abzweigung *die*

ac

A-cappella-Chor *der*
Accessoire *das*
Acetat (fachspr.)/Azetat *das*
Acetaldehyd *das*
Acetatseide *die*
Aceton *das*
Acetylen *das*
ach
a ...
ach ja!
ach je!
ach so!
A ...
mit Ach und Krach
Achlaut*/Ach-Laut *der*
Achat *der*
Achilles
Achillesferse *die*
Achillessehne *die*
Achse *die*
achsig
Achsel *die*
Achselzucken *das*
achselzuckend

acht

acht
a ...
acht Bücher
wir sind acht
die ersten acht
es ist acht (Uhr)
sie ist acht (Jahre)
um acht
Viertel vor acht
A ...
die Acht
die Zahl Acht
eine Acht fahren
eine Acht schreiben
eine römische Acht
*jeder Achte**
achtbändig
achteckig
achtfach (8fach*)
um das Achtfache
achtjährig (8-jährig*)
achtmal (8-mal*)
achtprozentig (8-prozentig*)
achtstöckig
Achttonner *der*
Achtzylinder/8-Zylinder* *der*
Acht (Aufmerksamkeit)
*Acht geben**
gibt Acht, gab Acht, hat Acht gegeben
*außer Acht lassen**
*sich in Acht nehmen**
achtbar
Achtbarkeit *die*
achten
achtlos
achte
a ...
das achte Gebot
A ...
der/die Achte,*
Heinrich der Achte
achtel
a ...
ein achtel Liter
ein achtel Zentner
A ...
ein Achtel Rotwein
in drei Achtel aller Fälle
Achtelfinale *das*
ein Achtelliter (Maß)
achten
jemanden achten
geachtet sein
ächten
Achter *der*
Achterbahn *die*
achtern
nach achtern
achtlos
Achtung *die*
Achtung gebietend
Achtungserfolg *der*
achtungsvoll
achtzehn
achtzehn sein
mit achtzehn (Jahren)*
achtzehnjährig (18-jährig*)
achtzig
achtzig fahren
*80er Jahre/80er-Jahre**
Ende achtzig
er wird achtzig
*in die achtzig kommen**
Menschen über

A B C D E F G H I J K L M N O P Q R S T U V W X Y Z

*achtzig**
mit achtzig
*Mitte achtzig**
Tempo achtzig
der 80. Geburtstag
achtzigjährig
ächzen
Acidität *die*
Acker *der*
die Äcker
Ackerbau *der*
Ackerfläche *die*
ackern
Acryl *das*
Action *die* (spannende Handlung)
Actionfilm *der*
Actionpainting *das*

ad

a. D. (außer Dienst)
A. D. (anno/Anno Domini = im Jahre des Herrn)
ad absurdum
etwas ad absurdum führen
ADAC (Allgemeiner Deutscher Automobil-Club) *der*
Adagio *das*
Adam
Adamsapfel *der*
Adamskostüm *das*
Adaptation *die*
Adapter *der*
adaptieren
Adaption *die*
adäquat
addieren
Addition *die*
additiv
ade!
ade / Ade sagen*
Adel *der*
ad(e)lig
adeln
Adlige *der / die*
Ader *die*
Äderchen
Aderlass* *der*
die Aderlässe
adhärent
Adhäsion *die*
Ad-hoc-Entscheidung *die*
adieu
jemandem adieu / Adieu sagen*
das letzte Adieu
ad infinitum
Adjektiv *das*
das attributive Adjektiv
das prädikative Adjektiv
Adjektivadverb *das*
adjektivisch
Adjunkt *der*
adjunktiv
adjustieren
Adjutant *der*
Adler *der*
Adlerauge *das*
Adlerhorst *der*
ad libitum
Administration *die*
administrativ
Admiral *der*
die Admirale / Admiräle
Adoleszenz *die*
Adonis *der*
adoptieren
ein Kind adoptieren
Adoption *die*
Adoptiveltern
Adoptivkind *das*

adr

Adrenalin *das*
Adressat *der*
Adressbuch* *das*
*die Adressbücher**
Adresse *die*
(s. S. 14)
adressieren
adrett
adrett aussehen
adsorbieren
Advantage *der*
Advent *der*
der erste Advent
Adventskalender *der*
Adventskranz *der*
Adventszeit *die*
Adverb *das*
adverbial
Adverbial *das*
Adverbialbestimmung *die*
Adverbialsatz *der*
adversativ
eine adversative Konjunktion
Advokat / in
Advocatus Diaboli *der*
Aerobic *das*
Aerodynamik *die*
aerodynamisch
aerostatisch
Affäre *die*
Affe *der*

Adjektive – Zusammenschreibung

1. Bestandteil steht für eine Wortgruppe + **Adjektiv**

freudestrahlend
(vor Freude)
butterweich
(wie Butter)
werbewirksam
(für die Werbung)

1. Bestandteil + **2. Bestandteil**
kommen in dieser Form nicht alleine vor

redselig
„red" kommt so nicht selbständig vor.
großspurig „spurig" kommt so nicht selbständig vor.

Gleichrangige Adjektive (Man könnte „und" einfügen.)

blaugrau *(blau und grau)*
nasskalt *(nass und kalt)*
taubstumm *(taub und stumm)*

Bedeutungsverstärkender Bestandteil + **Adjektiv**

bitterböse *(sehr böse)*
supermodern *(sehr modern)*
todlangweilig *(sehr langweilig)*

Äffchen *das*
affenartig
Affenhitze *die*
affig
äffisch
Affekt *der*
Affekthandlung *die*
affektiert
affektiv
affin
Affinität *die*
affirmativ
Affix *das*
affizieren
Affront *der*
Afghane *der*
Afrika
Afrikaner/in
afrikanisch
Afrolook* *der*
After *der*
Aftershave* *das*
Aftershavelotion* *die*
After-Shave-Lotion

ag

AG (Aktiengesellschaft)
Agape *die*
Agave *die*
Agenda *die*
Agent/in
Agententätigkeit *die*
Agentur *die*
Aggregat *das*
Aggregatzustand *der*
Aggression *die*
aggressiv
Aggressivität *die*
Aggressor *der*
Ägide *die*
unter der Ägide von
agieren
agil
Agitation *die*
Agitator *der*
agitatorisch
Agnostizismus *der*
agnoszieren
einen Toten agnoszieren
Agnus Dei
Agonie *die*
Agora *die*
Agraffe *die*
agrarisch
Agrarier/in
Agrarprodukt *das*
Agrarreform *die*
Agrobiologie *die*
Agrobusiness* *das*
Agreement *das* (Übereinkunft)
Agrément *das* (Zustimmung)
ah!
a ...
ah so!
aha
A ...
ein lautes Ah
Ahle *die*
ahnden

Adresse

Herrn[1]
Dr.[2] Stefan Müller[3]
Bahnhofstr. 20[4]
24937[5] Flensburg[6]

Cornelsen Verlag[7]
Postfach 330109[8]
14171[5] Berlin[6]

[1] Herrn, Frau, Fräulein
[2] (gegebenenfalls:) Titel
[3] Vor- und Zuname
[4] Straße und Hausnummer
[5] Postleitzahl
[6] Stadt
[7] Firma
[8] Postfach

ein Verbrechen ahnden
Ahn *der* **/ Ahne** *die*
Ahnenreihe *die*
ähneln
ähnlich
ä …
ein ähnlicher Vorschlag
täuschend ähnlich
Ä …
etwas Ähnliches
und Ähnliches (u. Ä.)*
Ähnlichkeit *die*
ahnen
Ahnung *die*
ahnungslos
ahoi!
Ahorn *der*
Ähre *die*
(Fruchtstand)

Aids *das*
aidskrank
Aidstest *der*
Aikido *das*
Airbag *der*
Airbrush *das*
Airbus *der*
Airconditioner* *der*
Airedaleterrier *der*
Aitel *der* (ein Fisch)
Ajatollah *der*

ak

Akademie *die*
Akademiker/in
akademisch
Akazie *die*
Akelei *die*
Akklamation *die*
per Akklamation
akklimatisieren
Akkomodation *die*
Akkord *der*
Akkordarbeit *die*
Akkordeon *das*
akkreditieren
Akkreditierung *die*
Akku *der*
Akkumulation *die*
Akkumulator *der*
akkumulieren
Akkulade *die*
akkurat
akkurat arbeiten
Akkusativ *der*
accusativus cum infinitivo (a. c. i.)
Akkusativobjekt *das*
Akne *die*
akquirieren
Akquisition *die*
Akribie *die*
akribisch
Akrobat/in
Akrobatik *die*
akrobatisch
Akropolis *die*
Akt *der*
Schaupiel in fünf Akten
Akte *die*
Aktentasche *die*
Aktenzeichen *das*
Aktie *die*
Aktiengesellschaft *die* (AG)
Aktionär/in

ä

ä steht,	wenn es verwandte Wörter oder Wortformen mit **a** gibt.
Gelände	*Land, landen …*
sich rächen	*Rache, Racheakt …*
Rätsel	*raten, Ratgeber …*
nämlich	*Name, namentlich …*
behände	*Hand …*

Ausnahmen:

schmecken	(trotz: Geschmack)
wecken	(trotz: wach)

A B C D E F G H I J K L M N O P Q R S T U V W X Y Z

Aktionärsversammlung *die* (A.V.)
Aktion *die*
Aktionsart *die*
Aktionskunst *die*
aktiv
Aktiv *das*
aktivieren
Aktivierungsenergie *die*
Aktivität *die*
Aktivkohle *die*
aktualisieren
Aktualität *die*
aktuell
Akupunktur *die*
Akustik *die*
akustisch
akut
eine akute Krankheit
ein akuter Verdacht
Akzeleration *die*
Akzent *der*
akzentfrei
akzentuieren
akzeptabel
Akzeptanz *die*
akzeptieren
akzidentell / akzidentiell

al

alaaf!
Alabaster *der*
Aland *der* (ein Fisch)
Alant *der* (Heilpflanze)
Alarm *der*
Alarm schlagen
Alarmanlage *die*
alarmieren
Alaun *der*
Alaunstein *der*
Alb *die*
Schwäbische Alb
Albanien
Albanier / in
albanisch
Albatros *der*
die Albatrosse
albern
Albernheit *die*
Albino *der*
Albtraum / Alptraum *der*
die Albträume
Album *das*
die Alben
Alchemie *die*
Alchemist / in
Aldehyd *das*
aleatorisch
alemannisch
alert
Alexandriner *der*
Alge *die*
Algebra *die*
lineare Algebra
algebraisch
Algorithmus *der*
alias
Schmitt alias Meyer
Alibi *das*
Alibibeweis *der*
Alimente
Alimente bekommen
Alimente bezahlen

ai statt ei

In einigen Wörtern wird – **ai** – statt – **ei** – geschrieben:

*B**ai*** (Bucht)
*Balal**ai**ka* (Musikinstrument)
*Brotl**ai**b* (ganzes Brot)
*H**ai*** (Fisch)
*K**ai*** (Hafenmauer)
*K**ai**ser* (Herrscher)
*L**ai**ch* (Eier von Wassertieren)
*L**ai**e* (Nichtfachmann)
*Lak**ai*** (Diener)
*M**ai*** (Monat)
*M**ai**n* (Fluss)
*M**ai**s* (Getreideart)
*R**ai**n* (Ackergrenze)
*S**ai**te* (bei Musikinstrumenten)
*T**ai**fun* (Sturm)
*W**ai**se* (elternloses Kind)

Aliquotsaite *die*
alkalisch
Alkohol *der*
alkoholfrei
Alkoholiker/in
alkoholisch
Alkoholismus *der*
Alkoven *der*

all

all
a ...
all das Schöne
mit all seinem Geld
alle
alle beide
diese alle
wir alle
in allem
nach allem
trotz allem
vor allem
allen Ernstes
alles
alles Gute
alles in allem
*alles Mögliche**
alles oder nichts
*alles Übrige**
um alles
A ...
*mein Ein und Alles**
*es wäre das Allerbeste**
*der Allerletzte**
– Zusammenschreibung:
trotz alledem
allemal
allenfalls
allenthalben
allerart
allerbeste
*es ist das Allerbeste**
am allerbesten
allerdings
allerhand
allerlei
allerorten
allerorts
allerseits
allesamt
alljährlich
alltags
All *das* (Weltall)
Allah

alle

Allee *die*
Alleebäume
Allegorie *die*
allegorisch
Allegro *das*
allein
allein bleiben
allein lassen
allein sein
allein stehen
steht allein, stand allein, ist/hat allein gestanden
*allein stehend**
von allein(e)
allein erziehend*
allein Erziehende*/ Alleinerziehende *der/die*
alleinig
der alleinige Erbe
Alleinsein *das*
allein Stehende*/ Alleinstehende *der/die*
Allel *das*
Allemande *die*
allenfalls
allerdings
Allergie *die*
allergisch
Allerheiligen
Allerseelen
allgemein
a ...
*allgemein gültig**
*allgemein verständlich**
die allgemeine Schulpflicht
A ...
*im Allgemeinen**
Allgemeinbildung *die*
Allgemeingültigkeit *die*
Allgemeinheit *die*
Allgemeinwissen *das*
Allgemeinwohl *das*
Allheilmittel *das*
Allianz *die*
Alligator *der*
Alliierte *der*
die Alliierten
Alliteration *die*
Allmacht *die*
allmächtig
Allmächtige *der*
allmählich
Allmende *die*
Allopathie *die*
Allotria *das*
all right (in Ordnung)
Alltag *der*
alltäglich
alltags
Alltagssorgen
Allüren
die Starallüren

Allusion *die*
allzu
*allzu bald**
*allzu früh**
*allzu gern**
*allzu lange**
*allzu oft**
*allzu sehr**
*allzu viel**
allzu viele Fehler
*allzu weit**

alm

Alm *die*
Alma Mater* *die*
Almanach *der*
Almosen *das*
Almosen geben
Almosen empfangen
Almosenempfän-ger/in
Aloe *die*
Alp *die* (Bergweide)
Alptraum/Albtraum *der*
die Alpträume
Alpaka *das*
Alpen
die Schweizer Alpen
Alpenveilchen *das*
Alphorn *das*
die Alphörner
alpin
Alpinist/in
Alpha *das*
Alphabet *das*
alphabetisch
Alphastrahlen
Alphatier *das*
als
alsbald
*als dass**
als ob
Als-ob-Philosophie *die*
also
alt
älter, älteste
a …
ein alter Mann
die alten Sprachen
A …
*Alt und Jung**
der/die/das Alte
*ganz der Alte sein**
der Alte Fritz
das Alte Land (Elb-marschen)
das Alte Testament
die Alte Welt
die Alten
*am Alten hängen**
*alles beim Alten las-sen**
etwas Altes
Altbau *der*
die Altbauten
Altbauwohnung *die*
altbekannt
Alt-Berlin
altbewährt
Altbundeskanzler *der*
altdeutsch
Altenheim *das*
Altenpfleger/in
Alter *das*
altern
alters
seit alters
von alters her
Altersbeschwerden
Altersheim *das*
altersschwach
Altersschwäche *die*
Altertum *das*
die Altertümer
altertümlich
Altmetall *das*
altmodisch
Altpapier *das*
Altphilologe *der*
altsprachlich
Altweiberfas(t)nacht *die*
Alt *der*
Alt singen
Altistin *die*
Altstimme *die*
Altan *der*
Altar *der*
die Altäre
Alteration *die*
alternativ
Alternative *die*
alternieren
Altruismus *der*
Alu *das*
Alufolie *die*
Aluminium *das*
Aluminiumhydroxyid *das*

am

am (an dem)
Frankfurt am Main
Amalgam *das*
Amarelle *die*
Amaryl *der*
Amaryllis *die*
Amateur *der*
Amateursportler/in
Amateurstatus *der*
Amazone *die*
Amber *der*
Ambiente *das*

Ambiguität *die*
Ambition *die*
ambitioniert
ambivalent
Ambivalenz *die*
Amboss* *der*
Ambra *die*
ambulant
Ambulanz *die*
Ameise *die*
Ameisenhaufen *der*
Ameisensäure *die*
Amen
zu allem ja / Ja und amen / Amen sagen
das Amen in der Kirche
Amerika
Amerikaner/in
amerikanisch
Amethyst *der*
Aminosäure *die*
Ammann *der*
die Ammänner
Amme *die*
Ammenmärchen *das*
Ammer *die / der*
Ammoniak *das*
Ammonit *der*
Ammonshorn *das*
die Ammonshörner
Ammonium *das*
Amnesie *die*
Amnestie *die*
amnestieren
Amnesty International
Amöbe *die*
Amok *der*
Amok laufen
Amokläufer/in
Amor *der*
amoralisch
amorph
Amortisation *die*
amortisieren
amourös

amp

Ampel *die*
Ampelkoalition *die*
Ampere *das* (A)
Amperemeter *das*
Ampfer *der*
Amphibie *die*
amphibisch
Amphibienfahrzeug *das*
Amphitheater *das*
Ampholyt *der*
Amphore *die*

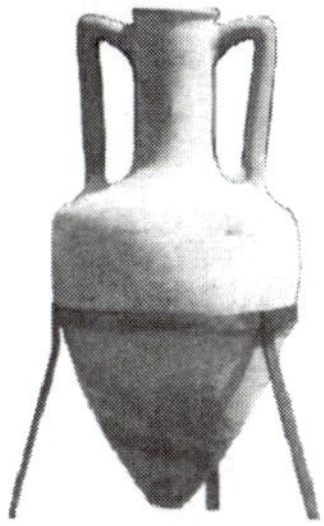

Amplitude *die*
Ampulle *die*
Amputation *die*
amputieren
Amsel *die*
Amt *das*
die Ämter
amtieren
amtlich
Amtmann *der*
Amtsarzt *der*
Amtsgericht *das*
Amtshandlung *die*
Amtsschimmel *der*
Amtssitz *der*
Amulett *das*
amüsant
Amüsement *das*
amüsieren
sich amüsieren
Amylase *die*

an

an
ab und an
am (an dem) Fenster stehen
an das Fenster gehen
*an Eides statt**
an und für sich
Anabolikum *das*
Anachronismus *der*
anachronistisch
Anagramm *das*
Anakoluth *das / der*
Anakonda *die*
anal
analog
Analogie *die*
Analphabet *der*
Analphabetentum *das*
Analyse *die*
analysieren
Analysis *die*
analytisch
analytische Erzählweise
Anämie *die*
Anamnese *die*
Ananas *die*
die Ananasse

Anapäst *der*
Anapher *die*
anaphorisch
Anarchie *die*
anarchisch
Anarchismus *der*
Anarchist/in
anarchistisch
Anästhesie *die*
Anästhesist/in
Anatomie *die*
anatomisch

anb

anbahnen
Anbau *der*
anbauen
Anbaufläche *die*
anbei
anbeißen
*beißt an, biss an**,
hat angebissen
anbelangt
anberaumen
eine Sitzung anberaumen
anbeten
Anbetracht
in Anbetracht dessen
anbiedern
sich jemandem anbiedern
anbieten
bietet an, bot an,
hat angeboten
Anbieter/in
anbinden
bindet an, band an,
hat angebunden
Anbindung *die*
anbleiben
bleibt an, blieb an,
ist angeblieben
Anblick *der*
anblicken
anbohren
anbraten
brät an, briet an,
hat angebraten
anbrechen
bricht an, brach an,
hat angebrochen
Anbruch *der*
anbrennen
brennt an, brannte
an, hat/ist angebrannt
anbringen
bringt an, brachte
an, hat angebracht
Anbruch *der*
bei Anbruch der
Dunkelheit
Anchovis/Anschovis
die

and

Andacht *die*
andächtig
Andante *das*
andauern
andauernd
Andenken *das*
als Andenken
zum Andenken
andere
a ...
alles andere
der/die/das andere
jeder andere
unter anderem
alle anderen
die anderen
ein anderer
kein anderer
etwas anderes/
*Anderes**
jemand anderes
nichts anderes
niemand anderes
zum einen ... zum
anderen
ein andermal/ein
anderes Mal
A ...
etwas völlig
*Anderes**
and(e)renfalls
anderenorts
andererseits
ändern
Änderung *die*
anders
anders denken
*anders denkend**
der anders Denkende/Andersdenkende
anders sein
irgendwo anders
jemand anders
niemand anders
andersartig
andersfarbig
anderslautend
anderswo
anderthalb
anderthalbfach
Änderung *die*
anderweitig
andeuten
Andeutung *die*
andeutungsweise
andiskutieren
Andrang *der*
andrehen
androgyn

androhen
Androhung *die*
andrücken
anecken
aneignen
sich etwas aneignen
aneinander
aneinander denken
sie denken aneinander, sie haben aneinander gedacht
aneinander fügen*
aneinander grenzen*
aneinander legen*
aneinander reihen*
Anekdote *die*
anekdotenhaft
anekdotisch
anekeln
Anemone *die*
Anerbieten *das*
anerkennen
erkennt an, erkannte an, hat anerkannt
anerkennenswert
Anerkennung *die*

anf

anfachen
anfahren
fährt an, fuhr an, hat/ist angefahren
Anfahrt *die*
Anfall *der*
die Anfälle
anfallen
fällt an, fiel an, ist/hat angefallen
anfällig
Anfälligkeit *die*
Anfang *der*
die Anfänge
am Anfang
Anfang Januar
Anfang nächsten Jahres
zu Anfang
anfangen
fängt an, fing an, hat angefangen
Anfänger/in
anfänglich
anfangs
Anfangsstadium *das*
anfassen
fasst an, fasste an*, hat angefasst**
anfechtbar
anfechten
ficht an, focht an, hat angefochten
anfeinden
Anfeindung *die*
anfertigen
Anfertigung *die*
anfeuchten
anfeuern
anflehen
anfliegen
fliegt an, flog an, ist angeflogen
Anflug *der*
die Anflüge
anfordern
Anforderung *die*
Anfrage *die*
anfragen
anfreunden
sich mit jemandem anfreunden
anfügen
anfühlen
sich anfühlen
anführen
Anführer/in
Anführungszeichen *das*

ang

Angabe *die*
angeben
gibt an, gab an, hat angegeben
Angeber/in
angeberisch
angeblich
angeboren
Angebot *das*
angebracht
angebracht sein
angegriffen
angeheiratet
angehen
geht an, ging an, ist angegangen
angehören
angehörig
meine Angehörigen
Angeklagte *der/die*
Angel *die*
Angelhaken *der*
angeln
Angler/in
Angelegenheit *die*
angemessen
Angemessenheit *die*
angenehm
etwas Angenehmes
angenommen
angepasst*
Anger *der*
angeregt
angeschlagen
angeschmutzt
angesehen

Angesicht *das*
im Angesicht
angesichts
angespannt
Angestellte *der/die*
angestrengt
angetan
von etwas angetan sein
angewandt
angewiesen
angewöhnen
sich etwas angewöhnen
Angewohnheit *die*
angießen
*gießt an, goss an**, *hat angegossen*
Angina *die*
Angina pectoris
angleichen
gleicht an, glich an, hat angeglichen
angliedern
anglikanisch
die anglikanische Kirche
Anglist/in
Anglistik *die*
Angloamerikaner/in*
Angora
Angorakaninchen *das*
Angorakatze *die*
Angorawolle *die*
Angostura *der*

Anführungszeichen

Das Anführungszeichen „unten“ steht vor der direkten Rede, das Anführungszeichen „oben“ dahinter.

„Wo warst du?“, fragte die Mutter.
„Im Schwimmbad“, antwortete Kerstin.
„Hat es Spaß gemacht?“
„Es war ganz prima!“

„Direkte Rede“

“ ,
. “
?“
!“

Erich Fried:
Humorlos

Die Jungen
werfen
zum Spaß
mit Steinen
nach Fröschen

Die Frösche sterben
im Ernst

Das Anführungszeichen „unten“ steht vor dem Zitat, das Anführungszeichen „oben“ dahinter.

Aufsatz:
In seinem Gedicht „Humorlos“ schreibt Erich Fried, dass Jungen manchmal Tiere zu Tode quälen. Sie tun das „nur zum Spaß“, aber die Tiere sterben „im Ernst“.

„Zitat“

angreifen
greift an, griff an, hat angegriffen
Angreifer/in
Angriff *der*
in Angriff nehmen
angriffslustig
Angriffspunkt *der*
angrenzen
angrenzend
Angst *die*
die Ängste
A ...
Angst haben
*jemandem Angst machen**
a ...
mir ist angst und bange
mir wird dabei angst
angsterfüllt
angstfrei
Angsthase *der*
ängstigen
ängstlich
Ängstlichkeit *die*
Angstschweiß *der*
angstvoll
angurten
sich angurten

anh

anhaben
hat an, hatte an, hat angehabt
jemandem etwas anhaben
anhalten
hält an, hielt an, hat angehalten
anhaltend
Anhalter/in
Anhaltspunkt *der*
anhand*
Anhang *der*
die Anhänge
anhängen
hängt an, hing an, hat angehängt
Anhänger/in
anhänglich
Anhängsel *das*
anhäufen
Anhäufung *die*
anheben
hebt an, hob an, hat angehoben
anheften
anheim
anheim geben*
*gibt anheim, gab anheim, hat anheim gegeben**
anheim stellen*
anheuern
anheischig
sich anheischig machen
Anhieb
auf Anhieb
Anhöhe *die*
anhören
Anhörung *die*
Anhydrid *das*
Anilin *das*
animalisch
Animateur/in
Animation *die*
animieren
Animismus *der*
Animosität *die*
Anion *das*
Anis *der*

ank

Ankathete *die*
Ankauf *der*
die Ankäufe
ankaufen
Anker *der*
Ankerkette *die*
ankern
anketten
Anklage *die*
Anklage erheben
anklagen
Ankläger/in
Anklang *der*
Anklang finden
ankleben
ankleiden
anklingen
klingt an, klang an, hat angeklungen
anklopfen
anknipsen
anknüpfen
Anknüpfung *die*
ankommen
kommt an, kam an, ist angekommen
Ankömmling *der*
ankreiden
Ankreis *der*
ankreuzen
ankündigen
Ankündigung *die*
Ankunft *die*
Ankunftszeit *die*
ankurbeln
anlachen
Anlage *die*
Anlass* *der*
die Anlässe
anlassen

lässt an, ließ an,*
hat angelassen
Anlasser *der*
anlässlich*
anlasten
Anlauf *der*
anlaufen
läuft an, lief an,
ist angelaufen
Anlaut *der*
anlauten
anläuten
anlegen
Anleger *der*
Anlegestelle *die*
Anlehnung *die*
anlehnungsbedürftig
Anleihe *die*
anleiten
Anleitung *die*
anlernen
angelernter Arbeiter
anliegen
liegt an, lag an,
hat angelegen
Anliegen *das*
anliegend
Anlieger/in
Für Anlieger frei
anlocken
Anm. (Anmerkung)
Anmache *die*
anmachen
anmahnen
anmalen
Anmarsch *der*
anmaßen
sich etwas anmaßen
anmaßend
Anmaßung *die*
anmelden
sich anmelden
anmeldepflichtig
Anmeldung *die*
anmerken
sich etwas anmerken lassen
Anmerkung *die*
anmontieren
Anmut *die*
anmuten
komisch anmuten
anmutig
Anmutung *die*

ann

annähen
annähern
annähernd
Annäherung *die*
Annäherungsversuch *der*
annäherungsweise
Annahme *die*
Annahmestelle *die*
Annalen
in die Annalen eingehen
annehmbar
annehmen
nimmt an, nahm an,
hat angenommen
annehmlich
Annehmlichkeit *die*
annektieren
Annex *der*
Annexion *die*
anno
anno dazumal
anno 1492
Annonce *die*
annoncieren
annullieren
Annullierung *die*
Anode *die*
Anomalie *die*
anonym
Anonymität *die*
Anorak *der*
anordnen
Anordnung *die*
anorganisch
die anorganische Chemie
anormal
anpacken
anpassen
passt an, passte an*,*
*hat angepasst**
Anpassung *die*
anpassungsfähig
anpeilen
Anpfiff *der*
anpflanzen
Anpflanzung *die*
anprangern
jemanden als Betrüger anprangern
anpreisen
preist an, pries an,
hat angepriesen
Anprobe *die*
anprobieren

anr

Anrainer *der*
Anrainerstaat *der*
Anraten *das*
auf Anraten von
anrechnen
Anrechnung *die*
Anrecht *das*
ein Anrecht haben auf …
Anrede *die*
anreden

anregen
anregend
Anregung *die*
Anreicherung *die*
Anreise *die*
anreisen
reist an, reiste an, ist angereist
anreißen
*reißt an, riss an**, *hat angerissen*
Anreiz *der*
anrempeln
anrichten
anrollen
anrüchig
anrücken
Anruf *der*
Anrufbeantworter *der*
anrufen
ruft an, rief an, hat angerufen
anrühren

ans

ans (an das)
Ansage *die*
ansagen
Ansager/in
ansammeln
Ansammlung *die*
ansässig
Ansatz *der*
die Ansätze
Ansatzpunkt *der*
ansatzweise
ansaugen
anschaffen
schafft an, schaffte an, hat angeschafft
Anschaffung *die*
anschalten
anschauen
anschaulich
Anschaulichkeit *die*
Anschauung *die*
Anschauungsmaterial *das*
Anschein *der*
allem Anschein nach
den Anschein haben
anscheinend
anschieben
schiebt an, schob an, hat angeschoben
Anschlag *der*
die Anschläge
anschlagen
schlägt an, schlug an, hat angeschlagen
anschließen
*schließt an, schloss an**, *hat angeschlossen*
anschließend
Anschluss* *der*
die Anschlüsse
*im Anschluss an**
Anschlusstreffer* *der*
anschmiegen
sich anschmiegen
anschmiegsam
anschnallen
sich anschnallen
anschnauzen
anschneiden
schneidet an, schnitt an, hat angeschnitten
Anschovis/Anchovis *die*
anschrauben
anschreiben
schreibt an, schrieb an, hat angeschrieben
Anschrift *die*
anschreien
schreit an, schrie an, hat angeschrien
Anschuldigung *die*
anschwärzen
jemanden anschwärzen
anschweißen
anschwellen
schwillt an, schwoll an, ist angeschwollen

anse

ansehen
sieht an, sah an, hat angesehen
Ansehen *das*
ohne Ansehen der Person
ansehnlich
an sein*
ist an, war an, ist an gewesen
ansetzen
Ansicht *die*
*der Ansicht sein, dass ...**
meiner Ansicht nach
Ansichtskarte *die*
Ansichtssache *die*
ansiedeln
Ansinnen *das*
ein Ansinnen an jemanden stellen
ansonsten (im Übrigen*)

A B C D E F G H I J K L M N O P Q R S T U V W X Y Z

anspannen
Anspannung *die*
ansparen
anspielen
Anspielung *die*
anspitzen
Ansporn *der*
anspornen
Ansprache *die*
ansprechbar
ansprechen
spricht an,
sprach an,
hat angesprochen
ansprechend
Anspruch *der*
die Ansprüche
anspruchslos
Anspruchslosigkeit *die*
anspruchsvoll

anst

Anstalt *die*
die Anstalten
Anstalten machen
Anstand *der*
anständig
anstandshalber
anstatt
*anstatt dass**
anstatt zu
anstauen
anstecken
ansteckend
Ansteckung *die*
Ansteckungsgefahr *die*
anstehen
steht an, stand an,
hat/ist angestanden
ansteigen
steigt an, stieg an,
ist angestiegen
anstelle/an Stelle
anstellen
Anstellung *die*
Anstieg *der*
anstiften
Anstifter/in
Anstiftung *die*
anstimmen
Anstoß *der*
die Anstöße
anstoßen
stößt an, stieß an,
hat angestoßen
anstößig
anstrahlen
anstreben
anstreichen
streicht an, strich an, hat angestrichen
Anstreicher/in
Anstrich *der*
anstrengen
sich anstrengen
anstrengend
Anstrengung *die*
Ansturm *der*

ant

Antagonismus *der*
Antagonist/in
antagonistisch
Antarktis *die*
antarktisch
antasten
Anteil *der*
Anteil haben
Anteil nehmen
anteilig
Anteilnahme *die*
Antenne *die*
Anthologie *die*
Anthrazit *der*
anthrazitfarbig
Anthropologe *der*
Anthropologie *die*
anthropomorph
Anthroposophie *die*
anthropozentrisch
Anthurie *die*
antiautoritär
Antibabypille *die*
Antibiotikum *das*
die Antibiotika
antibiotisch
Antiblockiersystem (ABS) *das*
antichambrieren
Antidepressivum *das*
Antifaschismus *der*
Antifaschist/in
antik
Antike *die*
Antikörper *der*
Antikunst *die*
Antilope *die*
Antimon *das* (Sb)
Antinomie *die*
Antipathie *die*
Antiphon *die*
Antipode *der*
antippen
Antiqua *die*
Antiquariat *das*
antiquarisch
Antiquität *die*
Antiquität *die*
Antiquitätenhändler *der*
antisemitisch
Antisemitismus *der*
antiseptisch

Antithese *die*
antithetisch
Antizipation *die*
antizipieren
antizyklisch
Antlitz *das*
Antonym *das*
antörnen
Antrag *der*
die Anträge
antragsgemäß
Antragsteller/in
antreffen
trifft an, traf an, hat angetroffen
antreiben
treibt an, trieb an, hat angetrieben
Antrieb *der*
Antriebssystem *das*
antreten
tritt an, trat an, ist angetreten
Antrittsbesuch *der*
antrocknen
antun
tut an, tat an, hat angetan
Antwort *die*
um Antwort wird gebeten (u. A. w. g.)
antworten
antwortet, antwortete, hat geantwortet
mit Ja antworten
Anus *der*
anvertrauen
jemandem etwas anvertrauen
sich jemandem anvertrauen
anvisieren

anw

anwachsen
wächst an, wuchs an, ist angewachsen
Anwalt *der*
die Anwälte
Anwältin *die*
Anwaltskammer *die*
Anwandlung *die*
anwärmen
Anwärter/in
anweisen
weist an, wies an, hat angewiesen
Anweisung *die*
die strikte Anweisung
anwendbar
Anwendbarkeit *die*
anwenden
wendet an, wandte an/wendete an, hat angewandt/angewendet
Anwendung *die*
anwerben
Anwerbung *die*
anwesend
anwesend sein
Anwesende *der/die*
Anwesenheit *die*
Anwesenheitsliste *die*
anwidern
es widert mich an
Anwohner/in
Anzahl *die*
anzahlen
Anzahlung *die*
anzapfen
Anzeichen *das*
anzeichnen
Anzeige *die*
anzeigen
anzeigepflichtig
Anzeiger *der*
anzetteln
anziehen
zieht an, zog an, hat angezogen
anziehend
Anziehung *die*
Anziehungskraft *die*
Anzucht *die*
Anzuchtgarten *der*
Anzug *der*
die Anzüge
anzüglich
Anzüglichkeit *die*
anzünden
Anzünder *der*
anzweifeln
AOK (Allgemeine Ortskrankenkasse)
Äon *der*
Äonen
äonenlang
Aorta *die*

ap

apart
Apartheid *die*
Apartment *das*
Apathie *die*
apathisch
aper
apere Wiesen
Aperçu *das*
Aperitif *der*
Apfel *der*
die Äpfel

Apfelbaum *der*
die Apfelbäume
Apfelsaft *der*
Apfelsine *die*
Apfelsinenschale *die*
Aphorismus *der*
die Aphorismen
aphoristisch
Aphrodisiakum *das*
Aphthe *die*
apodiktisch
Apokalypse *die*
apokalyptisch
apokryph
Apollo *der*
apollinisch
Apologie *die*
Aporie *die*
Apostel *der*
apostolisch
Apostroph *der*
apostrophieren
Apostrophe *die* (Anrede)
Apotheke *die*
Apothekenhelferin *die*
Apotheker/in
Apotheose *die*
Apparat *der*
apparativ
Apparatschik *der*
Apparatur *die*
Appartement *das*
Appeasement *das*
Appell *der*
appellieren
Appendix *der*

Apostroph

Ein Apostroph steht ...

– für ausgelassene Buchstaben:	*So 'n Unsinn! Jetzt reicht's.* *In wen'gen Minuten kommt er.*
– nach Personennamen auf -s, -ss, -ß, -x, -z im Genitiv:	*Günter Grass' Romane.* *Andreas' Schulfreunde.*
– bei Verkürzungen in Namen:	*Ku'damm* (Kurfürstendamm) *Lu'hafen* (Ludwigshafen)

Kein Apostroph steht ...

– bei *mal* (einmal) und *was* (etwas).

– bei *runter* (herunter), *rüber* (herüber), *Reinfall...*

– *bei das, dem, der, den* + Präposition:
ans (an das), *am* (an dem), *zur* (zu der), *untern* (unter den)...

Appetit *der*
appetitanregend
appetitlich
Appetizer *der*
applaudieren
Applaus *der*
Applikation *die*
applizieren
apportieren
Apposition *die*
Appretur *die*
Approbation *die*
approbieren
approbiert
approximativ
Après-Ski *das*
Aprikose *die*
April *der*
Aprilscherz *der*
Aprilwetter *das*
a priori
apropos (übrigens)
Apsis *die*

aqu

Aquädukt *der/das*
Aquamarin *der*
Aquaplaning *das*
Aquarell *das*
Aquarium *das*
die Aquarien
Aquatinta *die*
Äquator *der*
äquatorial
Aquavit *der*
äquivalent
Äquivalent *das*
Äquivalenz *die*

ar

Ar *das/der* (Flächenmaß)
Ara *der*
Ära *die*
Arabeske *die*
Aralie *die*
Aräometer *das*
Arbeit *die*
arbeiten
Arbeiter/in
Arbeitgeber/in
Arbeitnehmer/in
arbeitsam
Arbeitsamt *das*
die Arbeitsämter
Arbeitsgemeinschaft *die*
Arbeitskraft *die*
die Arbeitskräfte
arbeitslos
Arbeitslosigkeit *die*
Arbeitsplatz *der*
die Arbeitsplätze
arbeit(s)suchend
arbeitsunfähig
arbeitswillig
Arbeitszeit *die*
Arbeitszimmer *das*
archaisch
Archaismus *der*
Archäologie *die*
archäologisch
Arche *die*
die Arche Noah
Archimedes
archimedisches Prinzip
Archipel *der*
Architekt/in
architektonisch
Architektur *die*
Archiv *das*
Archivar/in
Archivbild *das*
archivieren
Areal *das*
Arena *die*
arg
ärger, ärgste
a ...
arge Schmerzen haben
es zu arg treiben
A ...
*im Argen liegen**
nichts Arges denken
es kommt zum Ärgsten
vor dem Ärgsten bewahren
arglistig
arglos
Ärger *der*
ärgerlich
ärgern
sich über etwas ärgern
Ärgernis *das*
die Ärgernisse
Argon *das* (Ar)
Argot *der/das*
Argument *das*
Argumentation *die*
argumentativ
argumentieren
Argusaugen
Argwohn *der*
argwöhnisch
Arie *die*
Arioso *das*
arisch
Aristokrat/in
Aristokratie *die*
aristokratisch
Arithmetik *die*

arithmetisch
Arkade *die*
arkadisch
Arktis *die*
arktisch
arm
ärmer, ärmste
a ...
arm sein
arme Leute
ein armer Sünder
A ...
die Armen
*Arm und Reich**
wir Armen
ärmlich
armselig
Armut *die*
Arm *der*
Ärmchen *das*
Armbanduhr *die*
Armbrust *die*
armlang
Armlehne *die*
Armatur *die*
Armaturenbrett *das*
Armee *die*
Armeekorps *das*
Ärmel *der*
ärmellos
armieren
Armierung *die*
Armut *die*
Armutszeugnis *das*

arn

Arnika *die*
Aroma *das*
aromatisch
Aronstab *der*
Arpeggio *das*
Arrak *der*
Arrangement *das*
arrangieren
Arrest *der*
der Hausarrest
Arrestant/in
arretieren
Arretierung *die*
arrivieren
arriviert
arrogant
Arroganz *die*
Arsch *der*
die Ärsche
Arschloch *das*
Arsen *das*
Arsenal *das*
Art *die*
artenreich
Artenvielfalt *die*
artverwandt
allerart
derart
Art. (Artikel)
Artdirector* *der*
Artefakt *das*
Arterie *die*
Arterienverkalkung *die*
Arteriosklerose *die*
artesisch
artesischer Brunnen
Arthritis *die*
Arthrose *die*
artifiziell
artig
Artikel *der*
Artikulation *die*
artikulieren
Artillerie *die*
Artillerist *der*
Artischocke *die*
Artist/in
Artistik *die*
artistisch
Arznei *die*
Arzt *der*
die Ärzte
Arzthelfer/in
Ärztin *die*
die Ärztinnen
ärztlich

as

Asbest *der*
asbestverseucht
Asche *die*
Aschenbahn *die*
Aschenbrödel *das*
Aschenputtel *das*
Aschermittwoch *der*
aschgrau
Äsche *die* (Fisch)
ASCII-Code *der*
äsen
Asiat/in
asiatisch
Asien
Askese *die*
Asket/in
asketisch
Askorbinsäure/fachspr. **Ascorbinsäure** *die*
Äskulapstab *der*
asozial
Asoziale *der/die*
Aspekt *der*
Asphalt *der*
asphaltieren
Aspik *das*
Aspirant/in
Aspiration *die*
Aspirin *das*

Ass* *das*

die Asse
*das Kreuzass**
Assel *die*
Assembler *der*
Asservatenkammer *die*
Assessor/in
Assimilation *die*
assimilieren
Assistent/in
Assistenz *die*
Assistenzarzt *der*
assistieren
Assonanz *die*
Assoziation *die*
assoziativ
assoziieren
Ast *der*
die Äste
astfrei
Astgabel *die*
astrein
AStA (Allgemeiner Studentenausschuss*)
Aster *die*
Ästhet/in
Ästhetik *die*
ästhetisch
Ästhetizismus *der*
Asthma *das*
Asthmaanfall *der*
Asthmatiker *der*
asthmatisch
Astigmatismus *der*
ästimieren
astral
Astrologie *die*
astrologisch
Astronaut/in
Astronom/in
Astronomie *die*
astrophysikalisch
Asyl *das*
Asylant/in
Asylantrag *der*
Asylbewerber/in
Asylrecht *das*
asymmetrisch
Asymptote *die*
asynchron
asyndetisch
Aszendent *der*

at

Atavismus *der*
Atelier *das*
Atelieraufnahme *die*
Atelierfenster *das*
Atem *der*
Atem holen
außer Atem sein
atemberaubend
atemlos
Atempause *die*
atmen
Atmung *die*
Äthan/fachspr. **Ethan** *das*
Äthanol/fachspr. Ethanol *das*
Atheismus *der*
Atheist/in
atheistisch
Äther/fachspr. **Ether** *der*
ätherisch
Athlet/in
athletisch
Äthyl/fachspr. **Ethyl** *das*
Äthylalkohol *der*
Atlantik *der*
atlantisch
der Atlantische Ozean
Atlas *der*
die Atlasse/die Atlanten

atm

atmen
Atmung *die*
atmungsaktiv
Atmosphäre *die*
atmosphärisch
Atmung *die*
atmungsaktiv
Atoll *das*
Atom *das*
atomar
Atombombe *die*
Atomenergie *die*
atomistisch
Atomkraftwerk *das* (AKW)
Atommüll *der*
Atomreaktor *der*
Atomwaffe *die*
atomwaffenfrei
Atomwaffensperrvertrag *der*
atonal
Atrium *das*
Atrophie *die*
Attaché *der*
Attacke *die*
attackieren

Attentat *das*
Attentäter/in
Attest *das*
attestieren
Attitüde *die*
Attraktion *die*
attraktiv
Attraktivität *die*
Attrappe *die*
Attribut *das*
attributiv
Attributsatz *der*
atü (Atmosphären überdruck)
atypisch
ätzen
ätzend
Ätznatron *das*

au

Au/Aue *die*
Auenlandschaft *die*
Aubergine *die*
auch
auch wenn
du auch?
wenn auch

Audienz *die*
audiovisuell
auditiv
Auditorium *das*
Auditorium maximum
Auerhahn *der*
die Auerhähne
Auerochse *der*

auf

auf
a …
*auf dass**
*auf Deutsch**
auf einmal
*auf Englisch**
aufgrund/auf Grund
aufseiten/auf Seiten**
auf und ab
auf- und abspringen
auf und davon
*aufs beste/Beste**
*aufs Neue**
A …
das Auf und Ab

aufarbeiten
aufatmen
aufbahren
Aufbahrung *die*
Aufbau *der*
die Schiffsaufbauten
aufbauen
aufbäumen
sich aufbäumen
aufbauschen
aufbegehren
aufbehalten
behält auf, behielt auf, hat aufbehalten
den Hut aufbehalten
aufbekommen
bekommt auf, bekam auf, hat aufbekommen
aufbereiten
Aufbereitung *die*
aufbewahren
Aufbewahrung *die*
Aufbewahrungsort *der*
aufbieten
bietet auf, bot auf, hat aufgeboten
aufblasen
bläst auf, blies auf, hat aufgeblasen
aufblättern
aufbleiben
bleibt auf, blieb auf, ist aufgeblieben
aufblenden
aufblicken
aufblühen
blüht auf, blühte auf, ist aufgeblüht
aufbrausend
aufbrechen

äu

äu steht,	wenn es verwandte Wörter oder Wortformen mit **au** gibt.
*H**äu**ser*	*H**au**s, nach H**au**se*
*Ger**äu**sch*	*r**au**schen*
***äu**ßerlich*	***au**ßen, **au**ßerhalb*
*S**äu**gling*	*s**au**gen*
*schn**äu**zen*	*Schn**au**ze*

bricht auf, brach auf, ist/hat aufgebrochen
Aufbruch *der*
die Aufbrüche
Aufbruch(s)stimmung *die*
aufbürden
auf dass*
aufdecken
aufdrängen
aufdrehen
aufdringlich
Aufdringlichkeit *die*
Aufdruck *der*
aufdrucken
aufeinander
aufeinander achten
*aufeinander folgen**
*aufeinander hören**
*aufeinander legen**
*aufeinander stapeln**
*aufeinander treffen**
*trifft aufeinander, traf aufeinander, ist aufeinander getroffen**
aufeinander warten
Aufenthalt *der*
Aufenthaltsdauer *die*
Aufenthaltsgenehmigung *die*
Aufenthaltsort *der*
Auferstehung *die*
aufessen
isst auf, aß auf, hat aufgegessen*

auff

auffahren
fährt auf, fuhr auf, ist aufgefahren
Auffahrt *die*
Auffahrunfall *der*
die Auffahrunfälle
auffallen
fällt auf, fiel auf, ist aufgefallen
auffallend
auffällig
Auffälligkeit *die*
auffangen
fängt auf, fing auf, hat aufgefangen
auffassen
fasst auf, fasste auf*, hat aufgefasst**
Auffassung *die*
Auffassungssache *die*
auffindbar
aufflackern
auffordern
Aufforderung *die*
Aufforderungssatz *der*
aufforsten
auffressen
frisst auf, fraß auf, hat aufgefressen*
auffrischen
Auffrischung *die*
aufführen
Aufführung *die*
Aufgabe *die*
Aufgabenstellung *die*
Aufgang *der*
die Aufgänge
aufgeben
gibt auf, gab auf, hat aufgegeben
aufgebläht
aufgeblasen
Aufgebot *das*
aufgebracht
aufgedunsen
aufgehen
geht auf, ging auf, ist aufgegangen
aufgeklärt
aufgekratzt
Aufgeld *das*
aufgelegt
aufgeräumt
aufgeregt
Aufgeregtheit *die*
aufgeschlossen
Aufgeschlossenheit *die*
aufgeschmissen
aufgeweckt
aufgießen
gießt auf, goss auf, hat aufgegossen*
aufgliedern
aufgreifen
greift auf, griff auf, hat aufgegegriffen
aufgrund / auf Grund
aufgrund dessen
aufgrund von
Aufguss* *der*
die Aufgüsse

aufh

aufhaben
hat auf, hatte auf, hat aufgehabt
aufhalten
hält auf, hielt auf, hat aufgehalten
aufhängen
hängt auf, hing auf,

hat aufgehängt
Aufhänger *der*
Aufhängung *die*
aufheben
hebt auf, hob auf, hat aufgehoben
aufheitern
Aufheiterung *die*
aufhellen
Aufheller *der*
aufhetzen
aufholen
aufhorchen
aufhören
damit aufhören
aufkaufen
aufkeimen
aufklappen
aufklären
Aufklärung *die*
aufkleben
Aufkleber *der*
aufknoten
aufkommen
kommt auf, kam auf, ist aufgekommen
Aufkommen *das*
aufkündigen

aufl

aufladen
lädt auf, lud auf, hat aufgeladen
Auflage *die* (Aufl.)
Auflagenhöhe *die*
auflagenstark
auflassen
*lässt auf**, *ließ auf, hat aufgelassen*
Auflassung *die*
auflauern
auflaufen
läuft auf, lief auf, ist aufgelaufen
auflegen
auflehnen
sich gegen jemanden auflehnen
Auflehnung *die*
aufleuchten
auflisten
Auflistung *die*
auflockern
Auflockerung *die*
auflösen
Auflösung *die*
aufmachen
Aufmachung *die*
aufmalen
Aufmarsch *der*
die Aufmärsche
aufmarschieren
aufmerken
aufmerksam
Aufmerksamkeit *die*
aufmuntern
Aufmunterung *die*
aufmüpfig
Aufnahme *die*
aufnahmefähig
Aufnahmeprüfung *die*
aufnehmen
nimmt auf, nahm auf, hat aufgenommen
aufopfern
Aufopferung *die*
aufopferungsvoll
aufpassen
*passt auf**, *passte auf**, *hat aufgepasst**
Aufpasser/in
aufplatzen
aufpolieren
Aufprall *der*
aufprallen
Aufpreis *der*
aufputschen
Aufputschmittel *das*

aufr

aufraffen
sich aufraffen
aufräumen
Aufräumungsarbeiten
aufrechnen
aufrecht
aufrecht gehen
geht aufrecht, ging aufrecht, ist aufrecht gegangen
Aufrechtgehen *das*
aufrecht sitzen
sitzt aufrecht, saß aufrecht, hat aufrecht gesessen
aufrechterhalten
hält aufrecht, hielt aufrecht, hat aufrechterhalten
aufregen
sich aufregen
aufregend
Aufregung *die*
aufreibend
aufreißen
*reißt auf, riss auf**, *hat aufgerissen*
aufreizend
aufrichten
sich aufrichten
aufrichtig
Aufrichtigkeit *die*
Aufriss* *der*

aufrollen
aufrücken
Aufruf *der*
aufrufen
ruft auf, rief auf, hat aufgerufen
Aufruhr *der*
Aufrührer/in
aufrührerisch
aufrunden
aufrüsten
Aufrüstung *die*
aufrütteln

aufs

aufs (auf das)
aufsagen
aufsammeln
aufsässig
Aufsässigkeit *die*
Aufsatz *der*
die Aufsätze
Aufsatzthema *das*
aufsaugen
aufschauen
aufschäumen
aufscheuchen
aufscheuern
aufschichten
aufschieben
schiebt auf, schob auf, hat aufgeschoben
aufschiebende Wirkung
Aufschlag *der*
die Aufschläge
aufschlagen
schlägt auf, schlug auf, hat aufgeschlagen
aufschließen
schließt auf, schloss auf, hat aufgeschlossen*
Aufschluss* *der*
die Aufschlüsse
aufschlussreich*
aufschlitzen
aufschlüsseln
aufschnappen
aufschneiden
schneidet auf, schnitt auf, hat aufgeschnitten
Aufschnitt *der*
aufschrecken
Aufschrei *der*
aufschreien
schreit auf, schrie auf, hat aufgeschrien
aufschreiben
schreibt auf, schrieb auf, hat aufgeschrieben
Aufschrift *die*
Aufschub *der*
die Aufschübe
aufschütten
Aufschüttung *die*
Aufschwung *der*
aufsehen
sieht auf, sah auf, hat aufgesehen
Aufsehen *das*
Aufsehen erregen
*Aufsehen erregend**
Aufseher/in
auf sein
ist auf, war auf, ist auf gewesen
aufseiten / auf Seiten*
*aufseiten der Arbeitgeber**
aufsetzen
Aufsicht *die*
Aufsicht führen
*Aufsicht führend**
Aufsichtsrat *der*

aufsp

aufspannen
aufsparen
aufspielen
sich aufspielen
aufspießen
aufsplittern
aufspringen
springt auf, sprang auf, ist aufgesprungen
aufsprühen
aufspülen
aufspüren
aufstacheln
Aufstand *der*
die Aufstände
aufständisch
Aufständische *der/die*
aufstehen
steht auf, stand auf, ist aufgestanden
aufsteigen
steigt auf, stieg auf, ist aufgestiegen
Aufsteiger *der*
Aufstieg *der*
Aufstiegsmöglichkeit *die*
aufstellen
Aufstellung *die*
aufstöbern
aufstoßen
stößt auf, stieß auf, hat aufgestoßen
aufstrebend

Aufstrich *der*
aufstützen
aufsuchen

auft

Auftakt *der*
auftanken
auftauchen
auftauen
aufteilen
Aufteilung *die*
Auftrag *der*
die Aufträge
Auftraggeber/in
Auftragsbestätigung *die*
auftragsgemäß
Auftragskunst *die*
auftreiben
treibt auf, trieb auf, hat aufgetrieben
auftrennen
auftreten
tritt auf, trat auf, ist aufgetreten
Auftritt *der*
Auftrieb *der*
auf und ab
das Auf und Ab
auf und davon
sich auf und davon machen
aufwachen
aufwachsen
wächst auf, wuchs auf, ist aufgewachsen
Aufwand *der*
aufwändig*/aufwendig
Aufwandsentschädigung *die*
aufwärmen
aufwärts
aufwärts fahren
fährt aufwärts, fuhr aufwärts, ist aufwärts gefahren
aufwärts gehen*
*geht aufwärts, ging aufwärts, ist aufwärts gegangen**
aufwärts streben
Aufwärtstrend *der*
aufwecken
aufweichen
aufweisen
weist auf, wies auf, hat aufgewiesen
aufwenden
wendet auf, wandte/wendete auf, hat aufgewandt/aufgewendet
aufwendig/aufwändig*
Aufwendung *die*
aufwerten
Aufwertung *die*
aufwickeln
auf Wiedersehen/Auf Wiedersehen
Auf Wiedersehen sagen
aufwiegeln
Aufwind *der*
aufwirbeln
aufwischen
aufzählen
Aufzählung *die*
aufzeichnen
Aufzeichnung *die*
aufzeigen
auf Zeit
aufziehen
zieht auf, zog auf, hat aufgezogen
Aufzug *der*
die Aufzüge
aufzwingen
zwingt auf, zwang auf, hat aufgezwungen

aug

Auge *das*
Augenarzt *der*
Augenblick *der*
augenblicklich
Augenbraue *die*
augenfällig
Augenlid *das*
Augenmerk *das*
Augenpunkt *der*
augenscheinlich
Augenzeuge *der*
augenzwinkernd
Augmentation *die*
Augur *der*
August *der*
Augustiner *der*
Auktion *die*
Auktionator/in
auktorial
auktorialer Erzähler
Aula *die*
au pair
Aupairmädchen*/Au-pair-Mädchen *das*
Aura *die*
Aureole *die*
Aurikel *die*
Aurora *die*
Aurum *das* (Au)

aus
a …
aus Berlin
aus dem Haus gehen
*aus- und eingehen**
A …
das Aus
der Ball ging ins Aus
ausarbeiten
Ausarbeitung *die*
ausarten
ausatmen
ausbaden
ausbaggern
Ausbau *der*
ausbauen
ausbaufähig
ausbedingen
bedingt aus,
bedang aus,
hat ausbedungen
sich etwas ausbedingen
ausbessern
Ausbesserung *die*
ausbeuten
Ausbeuter/in
Ausbeutung *die*
ausbezahlen
ausbilden
Ausbilder/in
Ausbildung *die*
ausbleiben
bleibt aus, blieb aus,
ist ausgeblieben
ausblenden
Ausblick *der*
ausbooten
ausbrechen
bricht aus,
brach aus,
ist ausgebrochen
Ausbrecher/in
Ausbruch *der*
die Ausbrüche
ausbreiten
sich ausbreiten
Ausbreitung *die*
ausbrennen
brennt aus, brannte aus, ist ausgebrannt
ausbrüten
ausbuchen
Ausbund *der*
ein Ausbund an
ausbürgern
Ausbürgerung *die*
auschecken
Auschwitz
Ausdauer *die*
ausdauernd
ausdehnen
Ausdehnung *die*
Ausdehnungskoeffizient *der*
ausdenken
denkt aus, dachte aus, hat ausgedacht
sich etwas ausdenken
ausdifferenzieren
ausdiskutieren
ausdrehen
Ausdruck *der*
die Ausdrücke
ausdrücken
sich klar ausdrücken
ausdrücklich
ausdruckslos
ausdrucksvoll
Ausdrucksweise *die*
ausdünsten
Ausdünstung *die*
auseinander
auseinander brechen*
bricht auseinander,
brach auseinander,
*ist auseinander gebrochen**
auseinander gehen*
geht auseinander,
ging auseinander,
*ist auseinander gegangen**
auseinander halten*
hält auseinander,
hielt auseinander,
*hat auseinander gehalten**
auseinander nehmen*
nimmt auseinander,
nahm auseinander,
*hat auseinander genommen**
auseinander setzen*
*sich auseinander setzen mit**
Auseinandersetzung *die*
Auserwählte *der/die*

ausf

ausfahren
fährt aus, fuhr aus,
ist ausgefahren
Ausfahrt *die*
Ausfall *der*
die Ausfälle
ausfallen
fällt aus, fiel aus,
ist ausgefallen

ausfallend
ausfällig
ausfertigen
Ausfertigung *die*
ausfindig
ausfindig machen
ausflippen
Ausflucht *die*
Ausflug *der*
die Ausflüge
Ausflugsziel *das*
ausformulieren
ausfragen
ausfransen
Ausfuhr *die*
ausführen
ausführlich
Ausführlichkeit *die*
Ausführung *die*
ausfüllen

ausg

Ausgabe *die*
ausgeben
gibt aus, gab aus, hat ausgegeben
Ausgang *der*
die Ausgänge
Ausgangsbasis *die*
ausgebildet
ausgedehnt
ausgedient
ausgefallen
ausgefeimt
ansgefranst
ausgeglichen
Ausgeglichenheit *die*
ausgehen
geht aus, ging aus, ist ausgegangen
ausgehungert
ausgeklügelt
ausgelassen
Ausgelassenheit *die*
ausgelastet
ausgelaugt
ausgelernt
ausgemacht
ausgemergelt
ausgenommen
ausgepicht
ausgeprägt
ausgerechnet
ausgereift
ausgeschlafen
ausgeschlossen
ausgesprochen
ausgestalten
Ausgestaltung *die*
ausgesucht
ausgewachsen
ausgewogen
Ausgewogenheit *die*
ausgezeichnet
ausgiebig
ausgießen
*gießt aus, goss aus**, *hat ausgegossen*
Ausgleich *der*
ausgleichen
gleicht aus, glich aus, hat ausgeglichen
Ausgleichssport *der*
ausgliedern
ausgraben
gräbt aus, grub aus, hat ausgegraben
Ausgrabung *die*
ausgrenzen
Ausguck *der*
Ausguss* *der*
die Ausgüsse

aush

aushaben
hat aus, hatte aus, hat ausgehabt
aushalten
hält aus, hielt aus, hat ausgehalten
aushandeln
aushändigen
Aushang *der*
die Aushänge
aushängen
hängt aus, hing aus, hat ausgehangen / hat ausgehängt
Aushängeschild *das*
aushecken
aushelfen
hilft aus, half aus, hat ausgeholfen
Aushilfe *die*
Aushilfskraft *die*
die Aushilfskräfte
aushilfsweise
ausholen
aushorchen
Aushub *der*
aushungern
ausixen
auskennen
kennt aus, kannte aus, hat ausgekannt
sich auskennen
auskippen
ausklammern
Ausklang *der*
ausklingen
klingt aus, klang aus, hat / ist ausgeklungen

ausklappen
ausknipsen
auskommen
kommt aus, kam aus, ist ausgekommen
Auskommen *das*
auskömmlich
auskosten
auskratzen
auskundschaften
Auskunft *die*
die Auskünfte
auskuppeln
auskurieren

ausl

auslachen
ausladen
lädt aus, lud aus, hat ausgeladen
Auslage *die*
auslagern
Auslagerung *die*
Ausland *das*
Ausländer/in
ausländisch
Auslandsaufenthalt *der*
Auslandsreise *die*
auslassen
lässt aus, ließ aus, hat ausgelassen*
Auslassung *die*
Auslassungszeichen *das*
auslasten
Auslastung *die*
Auslauf *der*
auslaufen
läuft aus, lief aus, ist ausgelaufen
Ausläufer *der*
Auslaut *der*
die Auslaute
auslecken
ausleeren
auslegen
Auslegeware *die*
Auslegung *die*
ausleiern
Ausleihe *die*
ausleihen
leiht aus, lieh aus, hat ausgeliehen
Auslese *die*
auslesen
liest aus, las aus, hat ausgelesen
ausleuchten
ausliefern
Auslieferung *die*
ausliegen
liegt aus, lag aus, hat ausgelegen
auslöschen
auslosen
Auslosung *die*
auslösen
Auslöser *der*
ausloten
ausmachen
ausmalen
ausmanövrieren
Ausmaß *das*
ausmerzen
Ausmerzung *die*
ausmessen
misst aus, maß aus, hat ausgemessen*
ausmisten
ausmustern
Ausmusterung *die*

ausn

Ausnahme *die*
Ausnahmefall *der*
Ausnahmegenehmigung *die*
Ausnahmezustand *der*
ausnahmslos
ausnahmsweise
ausnehmen
nimmt aus, nahm aus, hat ausgenommen
ausnehmend
Ausnüchterung *die*
ausnutzen
auspacken
auspfeifen
pfeift aus, pfiff aus, hat ausgepfiffen
ausplündern
auspowern
ausprägen
auspressen
presst aus, presste aus*, hat ausgepresst**
ausprobieren
Auspuff *der*
Auspuffanlage *die*
ausputzen
ausradieren
ausrangieren
ausrasten
ausräuchern
ausräumen
ausrechnen
Ausrede *die*
ausreden
ausreichen
ausreichend
Ausreise *die*
Ausreisegenehmigung *die*

A B C D E F G H I J K L M N O P Q R S T U V W X Y Z

ausreisen
reist aus, reiste aus, ist ausgereist
ausreisewillig
ausreißen
*reißt aus, riss aus**, *hat/ist ausgerissen*
Ausreißer/in
ausreizen
ausrenken
den Arm ausrenken
ausrichten
Ausrichtung *die*
ausrotten
Ausrottung *die*
ausrücken
Ausruf *der*
ausrufen
ruft aus, rief aus, hat ausgerufen
Ausrufesatz *der*
Ausrufezeichen *das*
ausruhen
sich ausruhen
ausrüsten
Ausrüstung *die*
ausrutschen
Ausrutscher *der*

auss

Aussaat *die*
aussäen
Aussage *die*
aussagen
Aussagesatz *der*
Aussageweise *die*
Aussatz *der*
aussätzig
Aussätzige *der/die*
ausschaben
ausschachten
Ausschachtung *die*
ausschalten
Ausschaltung *die*
Ausschank *der*
ausscharren
Ausschau *die*
Ausschau halten
ausschauen
ausscheiden
scheidet aus, schied aus, ist ausgeschieden
Ausscheidung *die*
Ausscheidungs-kampf *der*
die Ausscheidungs-kämpfe
ausschenken
ausscheren
ausschicken
ausschiffen
Ausschilderung *die*
ausschimpfen
ausschlachten
ausschlafen
schläft aus, schlief aus, hat ausgeschlafen
Ausschlag *der*
die Ausschläge
ausschlagen
schlägt aus, schlug aus, hat ausgeschlagen
ausschlaggebend
das Ausschlagge-bende
ausschließen
*schließt aus, schloss aus**, *hat ausgeschlossen*
ausschließend
ausschließlich
Ausschließlichkeit *die*
Ausschluss* *der*
die Ausschlüsse
ausschmücken
ausschneiden
schneidet aus, schnitt aus, hat ausgeschnitten
Ausschnitt *der*
ausschöpfen
ausschreiben
schreibt aus, schrieb aus, hat ausgeschrieben
Ausschreibung *die*
Ausschreitung *die*
Ausschuss* *der*
die Ausschüsse
Ausschusssitzung*/ Ausschuss-Sitzung* *die*
ausschütten
Ausschüttung *die*
ausschweifen
ausschweifend
Ausschweifung *die*
ausschwitzen
aussehen
sieht aus, sah aus, hat ausgesehen
Aussehen *das*
aus sein
ist aus, war aus, ist aus gewesen

auß

außen
au-ßen
außen vor lassen
nach außen
von außen

Außenantenne *die*
Außenaufnahme *die*
Außendienst *der*
Außenhandel *der*
Außenhandelspolitik *die*
Außenminister/in
Außenministerium *das*
Außenpolitik *die*
außenpolitisch
Außenseite *die*
Außenseiter/in
Außenspiegel *der*
Außenstände
außer
*außer Acht lassen**
außer Atem sein
*außer dass**
außerdem
außer mir
außer Rand und Band
außer sich sein
außer Zweifel
außerdem
außerdienstlich
äußere
ä …
der äußere Schein
Ä …
das Äußere
die Äußere Mongolei
außergewöhnlich
außerhalb
außerirdisch
Außerkraftsetzung *die*
äußerlich
Äußerlichkeit *die*
äußern
sich äußern
Äußerung *die*
außerordentlich
außerparlamentarisch
außerplanmäßig
äußerst
aufs Äußerste gefasst sein*
bis zum Äußersten gehen
das Äußerste befürchten
außerstande/außer Stande*
außerstande/außer Stande sein*
äußerstenfalls
Äußerung *die*
aussetzen

aussi

Aussicht *die*
aussichtslos
Aussichtslosigkeit *die*
Aussichtspunkt *der*
aussichtsreich
aussiedeln
Aussiedler/in
aussöhnen
sich mit jemandem aussöhnen
Aussöhnung *die*
aussondern
aussortieren
ausspannen
Ausspannung *die*
aussparen
aussperren
Aussperrung *die*
ausspielen
ausspionieren
Aussprache *die*
aussprechbar
aussprechen
spricht aus,
sprach aus,
hat ausgesprochen
Ausspruch *der*
die Aussprüche
ausspucken
ausspülen

ausst

ausstaffieren
Ausstand *der*
in den Ausstand treten
ausstatten
Ausstattung *die*
aussteigen
steigt aus, stieg aus,
ist ausgestiegen
Aussteiger/in
ausstellen
Aussteller/in
Ausstellung *die*
Ausstellungsstück *das*
aussterben
stirbt aus, starb aus,
ist ausgestorben
Aussteuer *die*
aussteuern
Aussteuerung *die*
Ausstieg *der*
ausstopfen
Ausstoß *der*
ausstoßen
stößt aus, stieß aus,
hat ausgestoßen
ausstrahlen
Ausstrahlung *die*

ausstrecken
ausstreichen
streicht aus,
strich aus,
hat ausgestrichen
ausströmen
aussuchen
sich etwas aussu-
chen
austarieren
Austausch *der*
austauschbar
austauschen
Austauschmotor *der*
Austausch-
schüler/in
austeilen
Auster *die*
Austernfischer/in
austilgen
austoben
sich austoben
austragen
trägt aus, trug aus,
hat ausgetragen
Austragung *die*
Austragungsort *der*
Australien
Australier/in
australisch
austreiben
treibt aus, trieb aus,
hat ausgetrieben
austreten
tritt aus, trat aus,
ist ausgetreten
Austritt *der*
austricksen
austrinken
trinkt aus, trank aus,
hat ausgetrunken
austrocknen
austüfteln
ausüben
Ausübung *die*
ausufern
Ausverkauf *der*
ausverkauft

ausw

auswachsen
wächst aus,
wuchs aus,
ist ausgewachsen
Auswahl *die*
auswählen
Auswahlmöglichkeit
die
auswalzen
Auswanderer *der*
Auswanderin *die*
auswandern
Auswanderung *die*
auswärtig
a ...
der auswärtige
Dienst
A ...
das Auswärtige Amt
auswärts
auswärts essen
Auswärtsspiel *das*
auswaschen
wäscht aus,
wusch aus,
hat ausgewaschen

auswe

auswechseln
Auswechs(e)lung *die*
Ausweg *der*
ausweglos
Ausweglosigkeit *die*
ausweichen
weicht aus,
wich aus,
ist ausgewichen
ausweichend
Ausweichmanöver
das
Ausweichmöglich-
keit *die*
ausweiden
ausweinen
sich ausweinen
Ausweis *der*
ausweisen
weist aus, wies aus,
hat ausgewiesen
sich ausweisen
Ausweiskontrolle *die*
Ausweispapiere
Ausweisung *die*
ausweiten
Ausweitung *die*
auswendig
auswendig lernen
lernt auswendig,
lernte auswendig,
hat auswendig ge-
lernt
Auswendiglernen
das
auswerten
Auswertung *die*
auswickeln
auswiegen
wiegt aus, wog aus,
hat ausgewogen
auswirken
sich auswirken
Auswirkung *die*
auswischen
auswringen
wringt aus, wrang aus,
hat ausgewrungen

Auswuchs *der*
die Auswüchse
auswuchten
Auswuchtung *die*
Auswurf *der*
auszahlen
Auszahlung *die*
auszählen
auszeichnen
Auszeichnung *die*
ausziehbar
ausziehen
zieht aus, zog aus, hat ausgezogen
Ausziehtisch *der*
Auszubildende *der/die* (Azubi)
Auszug *der*
die Auszüge
auszugsweise

aut

autark
Autarkie *die*
authentisch
Authentizität *die*
autistisch
Autismus *der*
Auto *das*
Auto fahren
fährt Auto, fuhr Auto, ist Auto gefahren
mit dem Auto fahren
Autofahren *das*
Autoatlas *der*
Autobahn *die*
Autobahnauffahrt *die*
Autobahngebühr *die*
Autobahnkreuz *das*
Autobahnraststätte *die*
Autobus *der*
die Autobusse
Autodrom *das*
Autofähre *die*
Autofahrer/in
Automechaniker/in
Automobil *das*
Automobilausstellung *die*
Automobilclub/Automobilklub *der*
Automobilindustrie *die*
Autoradio *das*
Autounfall *der*
Autowerkstatt *die*
Autozubehör *das*
Autobiographie/Autobiografie* *die*
autobiographisch / autobiografisch*
Autodafé *das*
Autodidakt/in
autodidaktisch
Autofokus *der*
autogen
autogenes Training
Autograf/Autograph *das*
Autogramm *das*
Autogrammjäger/in
Autokrat/in
Automat *der*
Automatik *die*
automatisch
automatisieren
Automatisierung *die*
Automatismus *der*
Automobil *das*
autonom
Autonome *der/die*
Autonomie *die*
Autoprotolyse *die*
Autopsie *die*
Autor/in
autorisieren
Autoreverse *das*
autoritär
Autorität *die*
autoritätsgläubig
Autosuggestion *die*

av

Avancen
Avancen machen
avancieren
Avantgarde *die*
avantgardistisch
Ave-Maria *das*
Aventurin *der*
Avenue *die*
Aversion *die*
avisieren
Avocado *die*
AWACS (Airborne early warning and control system)
axial
Axiom *das*
Axt *die*
die Äxte
Axthieb *der*
Azalee *die*
Azetat/fachspr. **Acetat** *das*
Azteke *der*
Azubi *der/die*
Azur *der*
azurblau
azyklisch

B

Baby *das*
die Babys
Babynahrung *die*
Babysitter/in
babylonisch
Bach *der*
die Bäche
Bachforelle *die*
Bachstelze *die*
Bache *die* (Wildschwein)
Backbord *das*
backbord(s)
Backe *die*
Backenzahn *der*
die Backenzähne
Backpfeife *die*
backen
backt/bäckt, backte/buk, hat gebacken
Bäcker/in
Bäckerei *die*
Backfisch *der*
Backhendl *das*
Backofen *der*
die Backöfen
Backpulver *das*
Backstein *der*
Background *der*
Bad *das*
die Bäder
Badeanzug *der*
die Badeanzüge
Badekappe *die*
Bademeister/in
baden
baden gehen
geht baden, ging baden, ist baden gegangen
Badesaison *die*
Badewanne *die*
Badezimmer *das*
Baden-Württemberg
Badenser/Württemberger *der*
badisch/württembergisch
Badminton *das*
BAföG/Bafög *das* (Bundesausbildungsförderungsgesetz)

-b/-p

-b steht,	wenn es erweiterte Wortformen oder verwandte Wörter mit **-b** gibt.
*das Lo**b***	*lo**b**en, lo**b**enswert*
*der Betrie**b***	*die Betrie**b**e, betrei**b**en*
*trü**b**/trü**b**selig*	*trü**b**e, eintrü**b**en, Trü**b**ung*

-p steht,	wenn es erweiterte Wortformen oder verwandte Wörter mit **-p** gibt.
*das Cam**p***	*Cam**p**ing, cam**p**en, cam**p**ieren*
*Mikrosko**p***	*Mikrosko**p**e, mikrosko**p**ieren*
*Ty**p***	*Ty**p**en, ty**p**isch*

bag

Bagage *die*
Bagatelle *die*
bagatellisieren
Bagatellschaden *der*
Bagger *der*
baggern
Baggersee *der*
Baguette *die/das*

bah

bähen
Bahn *die*
Bahn fahren
fährt Bahn, fuhr Bahn, ist Bahn gefahren
bahnbrechend
bahnen
Bahnhof *der*

die Bahnhöfe
Bahnschranke *die*
Bahnsteig *der*
Bahre *die*
Bai *die* (Bucht)
Baiser *das*
Baisse *die*
Bajonett *das*
Bajonettverschluss* *der*
Bake *die*
Bakelit *das*
Bakschisch *das*
Bakterie *die*
bakteriell
bakteriologisch
bakterizid

bal

Balalaika *die*
Balance *die*
Balance halten
balancieren
bald
b …
möglichst bald
baldmöglichst
sobald
B …
in Bälde
baldig
Baldachin *der*
Baldrian *der*
Balg *der*
die Bälge
balgen
Balken *der*
Balkendecke *die*
Balkenkonstruktion *die*
Balkenwaage *die*
Balkon *der*
die Balkons / Balkone
Balkonpflanze *die*
Ball *der*
die Bälle
Ball spielen
Ballspiel *das*
Ballade *die*
balladenhaft
Ballast *der*
Ballaststoff *der*
ballen
die Faust ballen
Ballen *der*
Ballett *das*
Ballettmusik *die*
Balletttänzer/in* / Ballett-Tänzer/in
Ballistik *die*
Ballon *der*
die Ballons / Ballone
Ballonfahrt *die*
Ballung *die*
Ballungsgebiet *das*
Balsaholz *das*
Balsam *der*
balsamieren
Balustrade *die*
Balz *die*
balzen
Bambi *der*
Bambus *der*
die Bambusse
Bambussprossen

ban

banal
Banalität *die*
Banane *die*
Banause *der*
Band *der* (Buch)
die Bände
die (Musikgruppe)
die Bands
das (zum Binden)
die Bänder
am laufenden Band
außer Rand und Band
Bandel *das* / Bändel *der/das*
Bänderriss* *der*
bändigen
Bandmaß *das*
Bandscheibe *die*
Bandwurm *der*
die Bandwürmer
Bandage *die*
bandagieren
Bande *die*
Banderole *die*
Bandit *der*
Bandoneon *das*
Bandscheibe *die*
bange
b …
mir ist angst und bange
bange sein
B …
*Bange machen**
Bangemachen *das*
Banjo *das*
Bank *die*
die Banken (Geld)
die Bänke (sitzen)
Bankbeamte *der*
Banker *der*
Bankgeheimnis *das*
Bankguthaben *das*
Bankier *der*
Bankkonto *das*
Banknote *die*
Bankleitzahl *die* (BLZ)
Banküberfall *der*

Bankverbindung *die*
Bänkelsänger *der*
Bankett *das*
bankrott
bankrott sein
Bankrott *der*
*Bankrott gehen**
Bankrott machen
Bann *das*
bannen
Bannmeile *die*
Bannwald *der*
Banner *das*
Bantamgewicht *das*
Baptist/in
Baptisterium *das*

bar

bar
bar zahlen
in bar
gegen bar
Bargeld *das*
Barzahlung *die*
Bar *die* (Gaststätte)
Barhocker *der*
Barkeeper/in
Barmixer/in
Bär *der*
Bärendienst *der*
einen Bärendienst erweisen
Bärenfell *das*
Bärenhunger *der*
Baracke *die*
Barbar/in
Barbarei *die*
barbarisch
Barbe *die*
Barbecue *das*
Barbier *der*
Barbiturat *das*
barbusig
Barchent *der*
Barde *der*
Barett *das*
barfuß
barfuß gehen
geht barfuß,
ging barfuß,
ist barfuß gegangen
barfuß laufen
läuft barfuß,
lief barfuß,
ist barfuß gelaufen
Bariton *der*
Barium *das* (Ba)
Barkarole *die*
Barkasse *die*
Barke *die*
Bärlapp *der*
barmherzig
Barmherzigkeit *die*
barock
Barock *das/der*
Barockkirche *die*
Barockstil *der*
Barometer *das*
Baron *der*
Baroness*/Baronesse *die*
Barrel *das*
Barren *der*
Barriere *die*
Barrikade *die*
barsch
Barsch *der*
Bart *der*
die Bärte
das Bärtchen
bärtig
bartlos
Bartwuchs *der*
Baryt *der*
Basalt *der*
Basar/Bazar *der*
Base *die*
Baseball *der*
Basedow'sche Krankheit *die*
basieren
Basis *die*
die Basen
Basisgröße *die*
Basilika *die*
Basilikum *das*
Baskenmütze *die*
Basketball *der*
bass*
*bass erstaunt sein**
Bass* *der*
die Bässe
Bassist *der*
Bassstimme*/Bass-Stimme *die*
Basset *der*
Bassin *das*
Basso continuo
Bast *der*
basta
Bastard *der*
Bastei *die*
basteln
Bastion *die*

bat

bat (bitten)
Bataillon *das*
Batik *der/die*
batiken
Batist *der*
Batterie *die*
batteriebetrieben
Batzen *der*
Bau *der*
die Bauten (Gebäude)

die Baue (Unterschlüpfe)
Bauarbeiter *der*
bauen
baufällig
Baugenehmigung *die*
Bauhaus *das*
Bauherr *der*
Bauherrengemeinschaft *die*
Baujahr *das*
Baukasten *der*
die Baukästen
Baukosten
Baukunst *die*
Baumeister/in
Bauplatz *der*
die Bauplätze
bausparen
das Bausparen
Bausparer/in
Bausparkasse *die*
Baustelle *die*
Bauwerk *das*
Bauch *der*
die Bäuche
bauchig
Bauchnabel *der*
bauchreden
Bauchschmerzen
Bauchspeicheldrüse *die*
bauchtanzen
Bauer *der*
Bäuerin *die*
Bauernfrühstück *das*
Bauernhaus *das*
die Bauernhäuser
Bauernhof *der*
die Bauernhöfe
Bauernkrieg *der*
Bauernschläue *die*
bäurisch
Baum *der*
die Bäume
Baumblüte *die*
Bäumchen *das*
Baumschule *die*
Baumstamm *der*
die Baumstämme
Baumwolle *die*
baumwollen
baumeln
Bausch *der*
in Bausch und Bogen
bauschen
Bauxit *der*
Bayern
Bayer/in
bayerisch
Bazar/Basar *der*
Bazillus *der*

be

beabsichtigen
beachten
beachtlich
Beachtung *die*
Beamte *der*
Beamtentum *das*
Beamtenverhältnis *das*
beamtet
Beamtin *die*
die Beamtinnen
beängstigend
beanspruchen
Beanspruchung *die*
beanstanden
Beanstandung *die*
beantragen
beantworten
Beantwortung *die*
bearbeiten
Bearbeitung *die*
beargwöhnen
Beat *der*
Beatles *die*
Beatmusik *die*
beatmen
Beatmung *die*
beaufsichtigen
Beaufsichtigung *die*
beauftragen
Beauftragte *der/die*
Beauftragung *die*
Beaujolais *der*
Beautyfarm *die*
bebauen
Bebauung *die*
Bébé *das*
beben
Beben *das*
bebildern
Bebop *der*
Béchamelsoße *die*
Becher *der*
Becken *das*
beckmessern
beckmesserisch
Becquerel *das*

bed

Bedacht *der*
mit Bedacht
bedächtig
bedanken
sich bedanken
Bedarf *der*
bei Bedarf
bedarfsgerecht
bedauerlich
bedauerlicherweise

bedauern
Bedauern *das*
bedauernswert
bedecken
bedenken
bedenkt, bedachte, hat bedacht
Bedenken *das*
ohne Bedenken
bedenkenlos
bedenkenswert
bedenklich
Bedenkzeit *die*
bedeuten
bedeutend
nichts Bedeutendes
*um ein Bedeutendes**
bedeutsam
Bedeutung *die*
Bedeutungsfeld *das*
Bedeutungsgröße *die*
Bedeutungslehre *die*
bedeutungslos
Bedeutungsunterschied *der*
bedeutungsvoll
Bedeutungswandel *der*
bedienen
Bedienstete *der/die*
Bedienung *die*
bedingen
sich gegenseitig bedingen
bedingt
Bedingung *die*
bedingungslos
Bedingungssatz *der*
bedrängen
Bedrängnis *die*
bedrohen
bedrohlich
Bedrohung *die*
bedrucken
bedrücken
bedrückend
bedrückt
Beduine *der*
bedürfen
bedarf, bedurfte, hat bedurft
Bedarf *der*
Bedürfnis *das*
die Bedürfnisse
bedürfnislos
bedürftig
Bedürftigkeit *die*

bee

Beefsteak *das*
beehren
beeiden
beeidigen
beeilen
Beeilung *die*
beeindrucken
beeinflussbar*
beeinflussen
beeinflusst, beeinflusste*, hat beeinflusst**
Beeinflussung *die*
beeinträchtigen
Beeinträchtigung *die*
Beelzebub *der*
beenden
beendigen
Beendigung *die*
Beengtheit *die*
beerben
beerdigen
Beerdigung *die*
Beere *die*
Beerenobst *das*
Beet *das*
Beete / Bete *die*
*Rote Beete / Bete**

bef

befähigt
Befähigung *die*
befahl (befehlen)
befahrbar
Befahrbarkeit *die*
befahren
befährt, befuhr, hat befahren
Befall *der*
befallen
befällt, befiel, hat befallen
befangen
befangen sein
Befangenheit *die*
befassen
befasst, befasste*, hat befasst**
sich befassen
Befehl *der*
befehlen
befiehlt, befahl, hat befohlen
befehligen
Befehlsform *die*
befehlsgemäß
Befehlshaber *der*
Befehlsverweigerung *die*
befeinden
befestigen
Befestigung *die*
befeuchten
Befeuchtung *die*
Beffchen *das*

befiehlt (befehlen)
befinden
befindet, befand, hat befunden
sich befinden
Befinden *das*
Befindlichkeit *die*
beflaggen
beflecken
befleißigen
sich befleißigen
beflissen
beflügeln
befolgen
befördern
Beförderung *die*
Beförderungsmittel *das*
befrachten
befragen
Befragung *die*
befreien
Befreier *der*
Befreiung *die*
Befreiungskrieg *der*
befremden
Befremden *das*
befremdlich
befreunden
befreundet
befriedigen
befriedigend
Befriedigung *die*
befristen
Befristung *die*
befruchten
Befruchtung *die*
Befugnis *die*
die Befugnisse
befugt
befühlen
Befund *der*
befürchten
Befürchtung *die*
befürworten
Befürwortung *die*

beg

begabt
Begabte *der/die*
Begabung *die*
Begattung *die*
begeben
begibt, begab, hat begeben
sich begeben
Begebenheit *die*
begegnen
Begegnung *die*
begehbar
begehren
Begehren *das*
begehrenswert
begehrlich
begeistern
begeistert sein
Begeisterung *die*
begeisterungsfähig
Begierde/Begier *die*
begierig
begießen
begießt, begoss, hat begossen*
Begine *die*
Beginn *der*
beginnen
beginnt, begann, hat begonnen
beglaubigen
Beglaubigung *die*
begleichen
begleicht, beglich, hat beglichen
begleiten
Begleiter/in
Begleitperson *die*
Begleitung *die*
Begleitwort *das*
beglücken
beglückwünschen
begnadet
begnadigen
Begnadigung *die*
begnügen
sich begnügen mit etwas
Begonie *die*

begr

begraben
begräbt, begrub, hat begraben
Begräbnis *das*
Begräbnisfeier *die*
begradigen
Begradigung *die*
begreifen
begreift, begriff, hat begriffen
begreiflich
begrenzen
begrenzt
Begrenzung *die*
Begriff *der*
begrifflich
Begriffsbestimmung *die*
begriffsstutzig
begründen

A B C D E F G H I J K L M N O P Q R S T U V W X Y Z

begründet
Begründung *die*
Begründungssatz *der*
begrünen
begrüßen
begrüßenswert
Begrüßung *die*
Begrüßungsansprache *die*
begünstigen
Begünstigung *die*
begutachten
Begutachtung *die*
begütert

beh

behaart
Behaarung *die*
behäbig
Behäbigkeit *die*
behaftet
behagen
Behagen *das*
behaglich
Behaglichkeit *die*
behalten
behält, behielt, hat behalten
Behälter *der*
Behältnis *das*
die Behältnisse
behände*
ein behänder Sprung zur Seite*
Behändigkeit* *die*
behandeln
Behandlung *die*
behandlungsbedürftig
behängen
behängt, behing, hat behängt
beharren
beharrlich
Beharrlichkeit *die*
Beharrungsvermögen *das*
behaupten
Behauptung *die*
Behausung *die*
Behaviorismus *der*
beheben
behebt, behob, hat behoben
beheimatet
beheizbar
beheizen
behelfen
behilft, behalf, hat beholfen
sich behelfen mit
behelfsmäßig
behelfsweise
behelligen
(behende > behände*)
beherbergen
beherrschen
sich beherrschen
beherrscht
Beherrschung *die*
beherzigen
beherzigenswert
behilflich
behindern
behindert
Behinderte *der/die*
Behinderung *die*
Behörde *die*
Behördensprache *die*
behördlich
Behuf *der*
behufs
behufs des Verfahrens
behüten
behutsam
Behutsamkeit *die*

bei

bei
bei alledem
bei der Hand sein
bei weitem
beileibe nicht
beinahe
beisammen
beiseite
beizeiten
beibehalten
behält bei, behielt bei, hat beibehalten
beibringen
bringt bei, brachte bei, hat beigebracht
Beichte *die*
beichten
Beichtgeheimnis *das*
Beichtstuhl *der*
Beichtvater *der*
beide, beides
wir beide
die beiden
alle beide
einer von beiden
keiner von beiden
beide Mal
beiderlei
beiderseits
beidseitig
beieinander
beieinander bleiben

bleiben beieinander, blieben beieinander, sind beieinander geblieben
beieinander sitzen*
*sitzen beieinander, saßen beieinander, haben beieinander gesessen**
beieinander stehen*
*stehen beieinander, standen beieinander, sind/haben beieinander gestanden**

beif

Beifahrer/in
Beifahrersitz *der*
Beifall *der*
beifällig
Beifallssturm *der*
beifügen
Beifügung *die*
Beifuß *der*
Beigabe *die*
beige
beige färben
beige sein
Beige *das*
beigefarben
beigeben
gibt bei, gab bei, hat beigegeben
Beigeschmack *der*
Beiheft *das*
beiheften
Beihilfe *die*
beihilfefähig
beikommen
kommt bei, kam bei, ist beigekommen
Beil *das*
Beilage *die*
beiläufig
beilegen
beileibe
beileibe nicht
Beileid *das*
Beileidskarte *die*
beiliegend
beim (bei dem)
beim Spielen
*alles beim Alten lassen**
beimessen
misst bei, maß bei, hat beigemessen*
Bedeutung beimessen
beimischen
Bein *das*
Beinbruch *der*
beinhart
beinah/beinahe
Beiname *der*
beinhalten
Beinwell *der*
Beiordnung *die*
Beipackzettel *der*
beipflichten
Beirat *der*
Beiried *das/die*
beirren
sich nicht beirren lassen

beis

beisammen
beisammenbleiben
bleibt beisammen, blieb beisammen, ist beisammengeblieben
beisammen sein*
*beisammen gewesen**
Beisammensein *das*
beisammensitzen
sitzen beisammen, saßen beisammen, haben beisammengesessen
Beisatz *der*
Beischlaf *der*
Beisein *das*
im Beisein von
beiseite
beiseite legen
beiseite schaffen
beiseite schieben
schiebt beiseite, schob beiseite, hat beiseite geschoben
beiseite stoßen
stößt beiseite, stieß beiseite, hat beiseite gestoßen
beiseite treten
tritt beiseite, trat beiseite
ist beiseite getreten
beisetzen
Beisetzung *die*
Beispiel *das*
beispielhaft
beispiellos
Beispielsatz *der*
die Beispielsätze
beispielsweise
beißen
beißt, biss,*
hat gebissen
beißwütig
Beißzange *die*
Beistand *der*

beistehen
steht bei, stand bei, ist/hat beigestanden
Beistelltisch *der*
Beistellung *die*
Beistrich *der*
Beitel *der*
Beitrag *der*
die Beiträge
beitragen
trägt bei, trug bei, hat beigetragen
Beitragszahlung *die*
beitreten
tritt bei, trat bei, ist beigetreten
Beitritt *der*
Beitrittserklärung *die*
Beiwort *das*
die Beiwörter
Beiz *die*
Beize *die*
beizen
Beizung *die*
beizeiten
sich beizeiten vorbereiten
bejahen
er bejaht die Frage
Bejahung *die*
bejammern
bejubeln

bek

bekämpfen
Bekämpfung *die*
bekannt
bekannt sein
bekannt gewesen
Bekannte *der/die*
Bekanntenkreis *der*
bekannterweise
in bekannter Weise
bekannt geben*
*gibt bekannt, gab bekannt, hat bekannt gegeben**
Bekanntheit *die*
bekanntlich
bekannt machen*
bekannt werden*
Bekanntmachung *die*
Bekanntschaft *die*
bekehren
Bekehrung *die*
bekennen
bekennt, bekannte, hat bekannt
Bekenntnis *das*
die Bekenntnisse
beklagen
beklagenswert
Beklagte *der/die*
beklatschen
bekleiden
Bekleidung *die*
beklemmend
beklommen
Beklommenheit *die*
beknien
jemanden beknien
bekommen
bekommt, bekam, hat bekommen
geschenkt bekommen
bekömmlich
beköstigen
bekräftigen
Bekräftigung *die*
bekreuzen
bekreuzigen
sich bekreuzigen
bekritzeln
bekümmert
bekunden
Bekundung *die*

bel

belächeln
beladen
belädt, belud, hat beladen
Belag *der*
die Beläge
belagern
Belagerung *die*
Belagerungszustand *der*
belämmert*
Belang *der*
von Belang sein
belanglos
Belanglosigkeit *die*
belassen
belässt, beließ, hat belassen*
belastbar
Belastbarkeit *die*
belasten
belastend
Belastung *die*
belästigen
Belästigung *die*
belaufen
beläuft, belief, hat belaufen
sich belaufen
belebt
Belebung *die*
Beleg *der*
belegen
Belegschaft *die*
belegt

belehren
Belehrung *die*
beleidigen
beleidigt
Beleidigung *die*
beleihen
Beleihung *die*
(belemmert >
belämmert*)
belesen
belesen sein
Belesenheit *die*
beleuchten
Beleuchtung *die*
Beleuchtungsanlage
die
beleumdet
belfern
Belgien
Belgier/in
belgisch
belichten
Belichtung *die*
belieben
Belieben *das*
nach Belieben
beliebig
*jeder Beliebige**
beliebt
Beliebtheit *die*
beliefern
Belieferung *die*
Belkanto*/Belcanto
der
bellen
Belletristik *die*
belletristisch
Bellevue *die/das*
belobigen
Belobigung *die*
belohnen
Belohnung *die*
belüften
Belüftung *die*
belügen
belügt, belog,
hat belogen
belustigend
Belvedere *das*

bem

bemächtigen
sich der Erbschaft
bemächtigen
bemalen
Bemalung *die*
bemängeln
bemänteln
bemerkbar
bemerken
bemerkenswert
Bemerkung *die*
bemessen
bemisst, bemaß*
hat bemessen
bemitleiden
bemitleidenswert
bemühen
sich bemühen
Bemühung *die*
bemuttern

ben

benachbart
benachrichtigen
Benachrichtigung
die
benachteiligen
Benachteiligung
die
benannt
(Bendel > Bändel)
Benediktiner/in
Benefiz *das*
Benefizkonzert *das*
benehmen
sich benehmen
benimmt sich,
benahm sich, hat
sich benommen
Benehmen *das*
beneiden
beneidenswert
benennen
benennt, benannte,
hat benannt
Benennung *die*
bengalisch
bengalisches Feuer
Bengel *der*
benommen
Benommenheit
die
benoten
Benotung *die*
benötigen
benutzen
Benutzer/in
benutzerfreundlich
Benutzung *die*
Benutzungsgebühr
die
Benzin *das*
Benzinkanister *der*
Benzinverbrauch
der
Benzol *das*
Benzolsäure *die*
Benzylalkohol *der*
beobachten
Beobachter/in
Beobachtung *die*
Beobachtungsgabe
die
bepacken
bepflanzen

Bepflanzung *die*
bequem
es sich bequem machen
Bequemlichkeit *die*

ber

beraten
berät, beriet, hat beraten
beratend
Berater/in
beratschlagen
Beratung *die*
berauben
berauschend
Berber *der*
Berberteppich *der*
Berberitze *die*

bere

berechenbar
Berechenbarkeit *die*
berechnen
berechnend
Berechnung *die*
berechtigen
berechtigt
berechtigterweise
Berechtigung *die*
bereden
beredsam
Beredsamkeit *die*
beredt
Bereich *der*
bereichern
sich bereichern
Bereicherungsabsicht *die*
bereifen
Bereifung *die*
bereinigen
Bereinigung *die*
bereisen
Bereisung *die*
bereit
sich bereit erklären
sich bereit finden
bereithalten
hält bereit, hielt bereit, hat bereitgehalten
bereitlegen
bereitmachen
Bereitschaft *die*
Bereitschaftspolizei *die*
bereit sein
bereitstehen
steht bereit, stand bereit, ist/hat bereitgestanden
bereitstellen
bereitwillig
bereiten
bereits
bereits heute
bereuen
Berg *der*
zu Berge stehen
bergab
bergab fahren
fährt bergab, fuhr bergab, ist bergab gefahren
bergan
bergauf
bergauf ... bergab
bergauf fahren
fährt bergauf, fuhr bergauf, ist bergauf gefahren
Bergbau *der*
Bergkristall *der*
Bergmann *der*
die Bergleute
bergmännisch
Bergpredigt *die*
Bergspitze *die*
bergsteigen
Bergsteigen *das*
Bergsteiger/in
Berg-und-Tal-Bahn *die*
Bergwerk *das*
Bergamotte *die*
bergen
birgt, barg, hat geborgen
Bergung *die*
Beriberi *die*
Bericht *der*
Bericht erstatten
berichten
Berichterstatter/in
Berichterstattung *die*
berichtigen
Berichtigung *die*
eine Berichtigung anfertigen
berieseln
Berieselungsanlage *die*
beringen
beritten
berittene Polizei
Berliner *der*
Bermudadreieck *das*
Bermudashorts
Bernhardiner *der*

Bernstein *der*
bernsteinfarben
Bernsteinkette *die*
Berserker *der*
bersten
birst, barst,
ist geborsten
berüchtigt
berückend
berücksichtigen
Berücksichtigung
die
Beruf *der*
beruflich
Berufsausbildung
die
Berufsberater/in
berufsbildend
Berufsleben *das*
Berufsschule *die*
berufstätig
Berufstätige *der/die*
berufen
beruft, berief,
hat berufen
Berufung *die*
beruhen
beruhigen
sich beruhigen
Beruhigung *die*
Beruhigungsmittel
das
berühmt
Berühmtheit *die*
berühren
Berührung *die*
Beryll *der*

bes

bes. (besonders)
besagen
besagt
besaitet
*zart besaitet** */zart-*
besaitet
besamen
Besamung *die*
besänftigen
Besatzung *die*
besaufen
sich besaufen

besch

beschädigen
Beschädigung *die*
beschaffen
Beschaffung *die*
beschäftigen
sich mit etwas be-
schäftigen
Beschäftigte
der/die
Beschäftigung *die*
beschäftigungslos
beschämend
beschämt
beschatten
Beschattung *die*
beschauen
Beschauer *der*
beschaulich
Beschaulichkeit *die*
Bescheid *der*
Bescheid geben
gibt Bescheid, gab
Bescheid, hat Be-
scheid gegeben
Bescheid sagen
Bescheid wissen
weiß Bescheid,
*wusste** *Bescheid,*
hat Bescheid ge-
*wusst**
bescheiden
Bescheidenheit *die*
bescheiden (Verb)
bescheidet, beschied,
hat beschieden
ein Gesuch abschlä-
gig bescheiden
bescheinen
bescheint, beschien,
hat beschienen
bescheinigen
Bescheinigung *die*
beschenken
bescheren
Bescherung *die*
beschichten
Beschichtung *die*
beschildern
Beschilderung *die*
beschimpfen
Beschimpfung *die*
Beschlag *der*
in Beschlag nehmen
beschlagen
beschlägt,
beschlug,
hat beschlagen
beschlagen sein
Beschlagnahme *die*
beschlagnahmen
beschleichen
beschleunigen
beschleunigt
Beschleunigung
die
beschließen
beschließt,
*beschloss**,
hat beschlossen
Beschluss* *der*
die Beschlüsse
beschlussfähig*
beschmieren

A B C D E F G H I J K L M N O P Q R S T U V W X Y Z

beschmutzen
beschneiden
beschneidet,
beschnitt,
hat beschnitten
Beschneidung *die*
beschönigen
Beschönigung *die*
beschränken
beschränkt
Beschränktheit *die*
Beschränkung *die*
beschreiben
beschreibt,
beschrieb,
hat beschrieben
Beschreibung *die*
beschreiten
beschreitet, beschritt,
hat beschritten
beschriften
Beschriftung *die*
beschuldigen
Beschuldigte *der/die*
Beschuldigung *die*
beschummeln
Beschuss* *der*
die Beschüsse
beschützen
Beschützer/in
Beschwerde *die*
Beschwerde führen
beschweren
sich beschweren
beschwerlich
Beschwernis *die*
die Beschwernisse
beschwichtigen
Beschwichtigung *die*
beschwindeln
beschwingt
Beschwingtheit *die*
beschwipst
beschwören
beschwört,
beschwor,
hat beschworen
Beschwörung *die*
beseelen
besehen
besieht, besah, hat besehen
beseitigen
Beseitigung *die*
Besen *der*
besenrein
Besenstiel *der*
besessen
von einer Idee besessen sein
besetzen
besetzt
Besetzung *die*

besi

besichtigen
Besichtigung *die*
Besied(e)lung *die*
besiegeln
besiegen
Besiegte *der/die*
besingen
besingt, besang,
hat besungen
besinnen
besinnen, besann,
hat besonnen
sich besinnen
besinnlich
Besinnung *die*
Besinnungsaufsatz *der*
besinnungslos
Besitz *der*
besitzanzeigend
besitzen
besitzt, besaß,
hat besessen
Besitzer/in
besitzlos
besohlen
besolden
Besoldung *die*
Besoldungsgruppe *die*
besondere
b ...
besondere Umstände
insbesondere
B ...
das Besondere suchen
etwas Besonderes
*im Besonderen**
nichts Besonderes
Besonderheit *die*
besonders
besonnen
Besonnenheit *die*
besorgen
sich etwas besorgen
Besorgnis *die*
die Besorgnisse
Besorgnis erregend;*
aber: höchst besorgniserregend
besorgt
Besorgtheit *die*
Besorgung *die*

besp

bespannen

bespielen
bespitzeln
besprechen
bespricht, besprach, hat besprochen
Besprechung *die*
bespritzen
besprühen
besser
b ...
dem Kranken geht es besser
bessere Möglichkeiten haben
B ...
*das Bess(e)re**
eines Bess(e)ren belehren
sich eines Bess(e)ren besinnen
eine Wendung zum Bess(e)ren
etwas Bess(e)res
nichts Bess(e)res
bessern
Bess(e)rung *die*
Besserwisser *der*

best

bestallen
Bestand *der*
die Bestände
Bestandteil *der*
bestanden (bestehen)
beständig
Beständigkeit *die*
bestärken
bestätigen
Bestätigung *die*
bestatten
Bestattung *die*
bestäuben
bestaunen
beste
b ...
der beste Vorschlag
am besten sein
B ...
aufs Beste hoffen
das Beste waren die Ausflüge
das Beste vom Besten
der Beste der Klasse
der erste Beste
*es ist das Beste**
das geschieht zu deinem Besten
zum Besten geben
*zum Besten haben**
zum Besten wenden
ich habe mein Bestes getan
bestechen
besticht, bestach, hat bestochen
bestechlich
Bestechlichkeit *die*
Bestechung *die*
Bestechungsskandal *der*
Besteck *das*
bestehen
besteht, bestand, hat bestanden
bestehen bleiben*
*bleibt bestehen, blieb bestehen, ist bestehen geblieben**
bestehen lassen*
lässt bestehen, ließ bestehen, hat bestehen lassen**
Bestehen *das*
bestehlen
bestiehlt, bestahl, hat bestohlen
besteigen
besteigt, bestieg, hat bestiegen
Besteigung *die*
bestellen
Bestellkarte *die*
Bestellliste *die*
Bestellung *die*
bestenfalls
besteuern
bestgehasst*
bestialisch
Bestialität *die*
Bestie *die*
besticken
bestimmen
bestimmt
Bestimmtheit *die*
mit Bestimmtheit
Bestimmung *die*
bestimmungsgemäß
Bestimmungsort *der*
Bestimmungswort *das*
bestirnt
der bestirnte Himmel
Bestleistung *die*
bestmöglich
Best.-Nr. (Bestellnummer)

bestr

bestrafen
Bestrafung *die*
bestrahlen

Bestrahlung *die*
bestreben
Bestreben *das*
bestrebt sein
bestreiken
bestreiten
bestreitet, bestritt, hat bestritten
besteuern
Bestseller *der*
Bestsellerautor/in
Bestsellerliste *die*
bestürzt
Bestürzung *die*
Besuch *der*
besuchen
Besucher/in
Besucherzahl *die*
Besuchserlaubnis *die*

bet

Beta *das* (β)
Betablocker *der*
Betastrahlen/β-Strahlen
betagt
betätigen
Betätigung *die*
betäuben
Betäubung *die*
Betäubungsmittel *das*
Bete/Beete *die*
*Rote Bete/Beete**
beteiligen
sich beteiligen
Beteiligung *die*
beten
der Buß- und Bettag
beteuern
Beteuerung *die*
Beton *der*
Betonbau *der*
betonieren
betonen
Betonung *die*
Betonie *die*
betören
betörend

betr

betr. (betreffend)
Betracht *der*
in Betracht kommen
in Betracht ziehen
außer Betracht bleiben
betrachten
Betrachter/in
Betrachterstandpunkt *der*
Betrachtung *die*
beträchtlich
*um ein Beträchtliches**
Betrag *der*
die Beträge
betragen
beträgt, betrug, hat betragen
sich betragen
Betragen *das*
betrauen
betrauern
Betreff *der* (Betr.)
betreffen
betrifft, betraf, hat betroffen
betreffend
Betreffende *der/die*
betreffs (betr.)
betreiben
betreibt, betrieb, hat betrieben
Betreiber/in
Betrieb *der*
betreten
betritt, betrat, hat betreten
Betreten *das*
betreuen
Betreuer/in
Betreuung *die*
Betrieb *der*
betrieblich
betriebsam
Betriebsanleitung *die*
Betriebsausflug *der*
die Betriebsausflüge
betriebsbereit
betriebsblind
betriebseigen
Betriebserlaubnis *die*
betriebsfähig
Betriebsferien
Betriebsgeheimnis *das*
die Betriebsgeheimnisse
Betriebsklima *das*
Betriebsleitung *die*
Betriebsrat *der*
die Betriebsräte
Betriebssystem *das*
betrinken
betrinkt, betrank, hat betrunken
sich betrinken
betroffen
Betroffene *der/die*
Betroffenheit *die*
betrüblicherweise
betrübt

Betrug *der*
die Betrügereien
betrügen
betrügt, betrog, hat betrogen
Betrüger/in
betrügerisch
betrunken
Betrunkene *der/die*
Bett *das*
Bettdecke *die*
betten
Bettgestell *das*
Betthupferl *das*
bettlägerig
Bettruhe *die*
Betttuch/Bett-Tuch *das*
Bettwäsche *die*
Bettzeug *das*
betteln
Bettler/in
betucht
betulich
betupfen

beu

Beuge *die*
beugen
sich jemandem beugen
beugsam
Beugung *die*
Beugel *das*
Beule *die*
beunruhigen
sich beunruhigen
beunruhigend
Beunruhigung *die*
beurkunden
Beurkundung *die*
beurlauben
Beurlaubung *die*
beurteilen
Beurteilung *die*
Beurteilungsmaßstab *der*
die Beurteilungsmaßstäbe
Beuschel *das*
Beute *die*
beutegierig
Beutestück *das*
Beutel *der*
beuteln
gebeutelt werden
bevölkern
Bevölkerung *die*
bevollmächtigen
Bevollmächtigte *der/die*
bevor
bevormunden
Bevormundung *die*
bevorstehen
steht bevor, stand bevor, hat bevorgestanden
bevorstehend
bevorzugen
bevorzugt
Bevorzugung *die*

bew

bewachen
Bewachung *die*
bewachsen
bewächst, bewuchs, hat bewachsen
bewaffnen
Bewaffnung *die*
bewahren
Bewahrung *die*
bewähren
sich bewähren
bewährt
Bewährung *die*
Bewährungshelfer/in
Bewährungsprobe *die*
Bewährungszeit *die*
bewahrheiten
sich bewahrheiten
bewaldet
bewältigen
Bewältigung *die*
Bewandtnis *die*
bewässern
Bewässerung *die*
bewegen
(Lage verändern:) bewegte, hat bewegt
(veranlassen:) bewog, hat bewogen
Beweggrund *der*
die Beweggründe
beweglich
bewegt
Bewegung *die*
Bewegungsenergie *die*
bewegungslos
bewegungsunfähig
Bewegungszustand *der*
beweihräuchern
beweinen
Beweis *der*
beweisbar
beweisen
beweist, bewies, hat bewiesen
Beweisführung *die*

A B C D E F G H I J K L M N O P Q R S T U V W X Y Z

beweiskräftig
bewenden
es bewenden lassen
damit hat es sein Bewenden
bewerben
bewirbt, bewarb, hat beworben
sich bewerben
Bewerber/in
Bewerbung *die*
Bewerbungsschreiben *das*
bewerfen
bewirft, bewarf, hat beworfen
bewerkstelligen
bewerten
Bewertung *die*
bewilligen
Bewilligung *die*
bewirken
bewirten
Bewirtung *die*
bewirtschaften
bewohnen
Bewohner/in
bewölken
Bewölkung *die*
Bewölkungsauflockerung *die*
Bewuchs *der*
Bewunderer *der*
Bewunderin *die*
bewundern
bewundernswert
Bewunderung *die*
bewusst*
*bewusst machen**
*bewusst werden**
bewusstlos*
Bewusstlosigkeit* *die*
Bewusstsein* *das*
Bewusstseinsstrom* *der*

bez

bez. (bezüglich)
Bez. (Bezirk)
bezahlen
bezahlt
Bezahlung *die*
bezaubernd
bezeichnen
bezeichnend
bezeichnenderweise
Bezeichner *der*
Bezeichnung *die*
bezeugen
bezichtigen
Bezichtigung *die*
beziehen
bezieht, bezog, hat bezogen
Beziehung *die*
Beziehungsfürwort *das*
beziehungslos
beziehungsweise
beziffern
Bezirk *der*
Bezirksamt *das*
bezirzen/becircen
Bezug *der*
die Bezüge
Bezug nehmen
*in Bezug auf**
mit Bezug auf
bezüglich
Bezugnahme *die*
bezugsfertig
bezuschussen
bezuschusst, bezuschusste*, hat bezuschusst**
bezwecken
bezweifeln
bezwingen
bezwingt, bezwang, hat bezwungen
BfA (Bundesversicherungsanstalt für Angestellte)
BGB (Bürgerliches Gesetzbuch)
BGH (Bundesgerichtshof)
BH (Büstenhalter)
Bhf. (Bahnhof)
Bhagvan/Bhagwan *der*

bi

Biathlet/in
Biathlon *das*
bibbern
Bibel *die*
Bibelwort *das*
biblisch
Biber *der*
Biberpelz *der*

Bibliografie*/Bibliographie *die*
bibliografisch*/bibliographisch
bibliophil
Bibliothek *die*

Bibliothekar/in
Bicinium *das*
Bickbeere *die*
Bidet *das*
bieder
Biedermann *der*
Biedermeier *das*
Biedermeierstil *der*
biegen
biegt, bog,
hat gebogen
sich biegen
auf Biegen und
Brechen
biegsam
Biegsamkeit *die*
Biegung *die*
Biene *die*
bienenfleißig
Bienenhonig *der*
Bienenkorb *der*
die Bienenkörbe
Bienenstich *der*
Bienenstock *der*
die Bienenstöcke
Biennale *die*
Bier *das*
Bierbrauer/in
Bierflasche *die*
Bierglas *das*
die Biergläser
Bierschinken *der*
Biese *die* (Saum)
Biest *das*
bieten
bietet, bot,
hat geboten
Bigamie *die*
Bigamist *der*
Bigband*/Big Band
die
bigott
Bigotterie *die*
Bijou *der/das*
Bijouterie *die*
Bikini *der*

bil

Bilanz *die*
bilanzieren
Bilanzsumme *die*
bilateral
Bild *das*
Bildaufbau *der*
Bildbeschreibung *die*
bilden
bildende Kunst *die*
Bilderbogen *der*
Bilderbuch *das*
die Bilderbücher
bildhaft
Bildhauer/in
bildhübsch
bildlich
Bildnis *das*
die Bildnisse
Bildschirm *der*
bildschön
bilden
sich bilden
Bildung *die*
Bildungschancen
bildungsfähig
Bildungsgang *der*
Bildungslücke *die*
Bildungsroman *der*
Bildungsurlaub *der*
Bilharziose *die*
bilingual
Billard *das*
Billett *das*
Billiarde *die*
billig
billigen
Billigung *die*
Billion *die*
billionstel
Billionstel *das*
Bilsenkraut *das*
Bimetall *das*
bimmeln
Bimsstein *der*

bin

binär
Binde *die*
Bindegewebe *das*
Bindeglied *das*
Bindehaut *die*
binden
bindet, band,
hat gebunden
Binder *der*
Bindestrich *der*
(s. S. 62)
Bindewort *das*
die Bindewörter
Bindfaden *der*
die Bindfäden
Bindung *die*
Bingelkraut *das*
Bingo *das*
binnen
binnen einer Woche
Binnenhafen *der*
die Binnenhäfen
Binnenhandel *der*
Binnensee *der*
Binokel *das*
binomisch
binomischer
Lehrsatz
Binse *die*
Binsenweisheit *die*
Bio
Bioalkohol *der*

Biochemie *die*
Biogas *das*
Biografie* / Biographie *die*
biografisch* / biographisch
Biokost *die*
Biologie *die*
biologisch
Biomasse *die*
Biosphäre *die*
biotisch
Biotop *der / das*
bipolar
Birett *das*
birgt (bergen)
Birke *die*
Birkhuhn *das*
Birne *die*
birnenförmig

Bindestrich, Ergänzungsstrich

Substantivische Zusammensetzungen aus mehreren Wörtern:

der Erste-Hilfe-Lehrgang
das Kopf-an-Kopf-Rennen
die Ich-Erzählung

Zusammengesetzte Namen:

Frau Müller-Stratenau
Eva-Maria
Baden-Württemberg
Hamburg-Altona

Zusammensetzungen mit mehreren Eigennamen:

Heinrich-Heine-Platz
Main-Taunus-Region
Georg-Büchner-Preis

Zusammensetzungen mit einzelnen Buchstaben und Abkürzungen:

*C-Dur, T-Shirt, x-beliebig, y-Achse, Kfz-Schlosser, Dativ-e**

Zusammensetzungen mit Ziffern:

*3-mal, 100-prozentig, 15-jährig, 5:3-Sieg, 2-Zimmer-Wohnung**

Der Ergänzungsstrich steht bei Aufzählungen, bei denen ein Bestandteil ausgelassen wurde:

Vor- und Zuname *bergauf und -ab* *Textilgroß- und -einzelhandel*

* Vor Endungen steht kein Bindestrich: *3fach, 1000stel, ÖTVler ...*

bis

bis
bis jetzt
bis Sonntag
bis zu 10 %
4 bis 5
bisher
bislang
bisweilen
Bisamratte *die*
Bischof *der*
die Bischöfe
bischöflich
Bischofssitz *der*
bisexuell
bisherig
das Bisherige
beim Bisherigen bleiben
Biskotte *die*
Biskuit *das / der*
Bismarckhering *der*
Bismut (fachspr.) **Wismut** *das* (Bi)
Bison *das*
Biss* *der*
ein Bissen
biss* (beißen)
bissig
Bisswunde* *die*
bisschen*
das bisschen
ein bisschen
dieses kleine bisschen
kein bisschen
bist (sein)
Bistro *das*
Bistum *das*
die Bistümer
bisweilen

bit

Bit *das*
bitte
bitte schön!
bitte sehr!
wie bitte?
Bitte *die*
bitten
bittet, bat, hat gebeten
bitter
bitterböse
bitterernst
bitterkalt
Bitterkeit *die*
Bittermandelöl *das*
Bittersalz *das*
Bitumen *das*
bituminös
Biwak *das*
biwakieren
bizarr
Bizeps *der*

bis / Biss

bis

bis heute
bis hierher
bis alle da sind
bis zum Schluss
bisher
bislang
bisweilen

Biss

der Biss des Hundes, er biss
eine Bisswunde
der Imbiss

bisschen

ein bisschen
ein bisschen später
mit ein bisschen Glück
ein klein bisschen

A B C D E F G H I J K L M N O P Q R S T U V W X Y Z

bla

Black-out*/Blackout *das/der*
blähen
Blähung *die*
blamabel
Blamage *die*
blamieren
sich blamieren
blanchieren
blank
blank polieren
*blank poliert**
blanko
Blankoscheck *der*
Blankovollmacht *die*
Blankvers *der*
blankziehen
zieht blank,
zog blank,
hat blankgezogen
Blase *die*
Bläschen *das*
blasen
bläst, blies,
hat geblasen
Bläser/in
Blasinstrument *das*
Blasmusik *die*
blasiert
Blasiertheit *die*
Blasphemie *die*
blasphemisch
blass*
blasser, blasseste
Blässe *die* (Blassheit*)
Blässhuhn*/Blesshuhn* *das*
blassrosa*
Blatt *das*
die Blätter
Blättchen *das*
blättern
Blätterteig *der*
Blattgold *das*
Blattlaus *die*
die Blattläuse
blättrig
Blattern *die*
blatternnarbig
blau
b …
der blaue Brief
blauer Dunst
ein blauer Fleck
Forelle blau
blauer Montag
sein blaues Wunder erleben
blau färben
*blau gestreift**
blau in blau
blau machen (färben)
blaumachen (schwänzen)
blau sein
B …
die Farbe Blau
die Fahrt ins Blaue
die Blaue Grotte
blauäugig
Blaubeere *die*
bläuen
Blaufelchen *das*
blaugrau/blau-grau
Blauhelm *der*
bläulich
*bläulich grün**
Blaulicht *das*
Blaumeise *die*
blaurot/blau-rot
Blazer *der*

ble

Blech *das*
Blechbläser/in
Blechdose *die*
Blechschaden *der*
die Blechschäden
blecken
die Zähne blecken
Blei *das* (Pb)
bleiern
bleifrei
Bleikristall *das*
Bleistift *der*
Bleibe *die*
bleiben
bleibt, blieb,
ist geblieben
bleibend
bleiben lassen*
lässt bleiben,*
ließ bleiben,
*hat bleiben lassen**
bleich
bleichen
Bleichgesicht *das*
Blende *die*
blenden
blendend
*blendend weiß**
Blesse *die* (weißer Stirnfleck)
Blesshuhn*/Blässhuhn* *das*
Blessur *die*
bleu

bli

Blick *der*
blicken
Blickfang *der*
Blickwinkel *der*

blieb (bleiben)
blies (blasen)
blind
Blinddarm *der*
Blinde *der/die*
Blindenhund *der*
Blindheit *die*
blindlings
Blindschleiche *die*
blindwütig
blinken
Blinker *der*
Blinklicht *das*
blinzeln
Blitz *der*
Blitzableiter *der*
blitzartig
blitzen
Blitzkrieg *der*
Blitzlicht *das*
Blitzschlag *der*
blitzschnell
Blizzard *der*

blo

Block *der*
die Blöcke
Blockflöte *die*
blockfrei
blockfreie Staaten
Blockhaus *das*
die Blockhäuser
Blocksatz *der*
Blockade *die*
blockieren
blöd/blöde
blödeln
Blödian *der*
Blödsinn *der*
blödsinnig
blöken
blond
*blond gefärbt**
*blond gelockt**
Blonde *der/die*
blondieren
Blondine *die*
bloß
Was ist bloß los?
Was soll ich bloß machen?
Blöße *die*
bloßstellen
stellt bloß,
stellte bloß,
hat bloßgestellt

blühen – Blüte

*blü**h**en*	
*blü**h**t*	
*es blü**h**te*	*die Blüte*
*geblü**h**t*	*die Baumblüte*
*verblü**h**t*	*der Blütenstaub*

Blouson *das/der*
Blow-up *das*

blu

blubbern
Bluejeans/Blue Jeans*
Blues *der*
Bluff *der*
bluffen
blühen
blüht, blühte,
hat geblüht
blühend
Blüte *die*
Blume *die*
das Blümchen
Blumengeschäft *das*
Blumenkohl *der*
Blumenstrauß *der*
die Blumensträuße
Blumentopf *der*
die Blumentöpfe
blumig
blümerant
mir ist blümerant zu Mute/zumute*
Bluse *die*
Blut *das*
blutarm
Blutbad *das*
Blutbild *das*
Blutdruck *der*
bluten
Blutgefäß *das*
Blutgerinnung *die*
Blutgruppe *die*
blutig
Blutkörperchen *das*
Blutkreislauf *der*
Blutprobe *die*
blutreinigend

das Blut reinigend
blutrot
blutrünstig
Blutspender/in
blutstillend
Bluttransfusion *die*
Blutvergiftung *die*
Blutwurst *die*
Blutzucker *der*
Blüte *die*
die Baumblüte
Blütenstand *der*
die Blütenstände
Blütenstaub *der*
Blütezeit *die*
BLZ (Bankleitzahl)

bo

Bö/Böe *die*
böig
Boa *die*
Bob *der*
Bobbahn *die*
Bobfahrer/in
Boccia *das/die*
Bock *der*
die Böcke
Bock springen
das Bockspringen
bockbeinig
Bockbier *das*
bocken
bockig
Bocksbeutel *der*
Bockshorn *das*
Bockwurst *die*
Bodden *der*
Bodega *die*
Boden *der*
die Böden
Bodenbelag *der*
die Bodenbeläge
bodenlos
Bodenschätze
Bodenturnen *das*
Body *der*
Bodybuilding *das*
Bodycheck *der*
Bodyguard *der*
bog (biegen)
Bogen *der*
die Bögen
Bogenschießen *das*
Bohemien *der*
Bohle *die* (Brett)
böhmisch
Bohne *die*
Bohnenkaffee *der*
Bohnenstange *die*
Bohnenstroh *das*
bohnern
Bohnerwachs *das*
bohren
Bohrer *der*
Bohrinsel *die*
Bohrloch *das*
die Bohrlöcher
Bohrmaschine *die*
Bohrung *die*
Boiler *der*
Boje *die*
Bolero *der*
Böller *der*
Böllerschuss* *der*
die Böllerschüsse
Bollwerk *das*
Bolschewik *der*
Bolzen *der*
bombardieren
Bombardement *das*
Bombe *die*
Bombenangriff *der*
bombensicher
Bomber *der*
bombig
bombastisch
Bon *der*
der Kassenbon
bongen
Bonbon *der/das*
bonbonfarben
Bonbonniere/Bonboniere* *die*
Bond *der*
Bongo *das/die*
Bonität *die*
Bonmot *das*
Bonsai *das*
Bonus *der*
Bonze *der*

boo

Boogie-Woogie *der*
Boom *der*
boomen
Boot *das*
das Bötchen
Boot fahren
fährt Boot,
fuhr Boot,
ist Boot gefahren
Bootsbau *der*
Bootshaus *das*
die Bootshäuser
Bootsmann *der*
Bor *das* (B)
Borax *der/das*
Bord *das* (Wandbrett)
der (Schiffsrand)
an Bord gehen
Mann über Bord!
Bordbuch *das*
Bordcase *das/der*
Bordkante *die*
Bordstein *der*

Börde *die*
Bordeaux *der*
bordeauxfarben
bordeauxrot
Bordell *das*
bördeln
Bordüre *die*
borgen
Borke *die*
Borkenkäfer *der*
Born *der*
borniert
Borniertheit *die*
Borretsch *der*
Borschtsch *der*
Börse *die*
Börsenbericht *der*
Börsenkurs *der*
Börsenmakler/in
Börsianer/in
Borste *die*
borstig
Borte *die*

bos

bös/böse
b …
böse sein
böse werden
B …
*im Bösen**
nichts Böses ahnen
bösartig
Bösewicht *der*
boshaft
Bosheit *die*
böswillig
Böschung *die*
Boskoop/Boskop *der*
Boss* *der*
Bossa Nova *der*
Boßel *der/die*
boßeln (Kugel schieben)
bosseln (kleine Arbeiten machen)
bot (bieten)
Botanik *die*
botanisch
Bote *der*
Botschaft *die*
Botschafter/in
Böttcher *der*
Bottich *der*
Bouclé/Buklee* *das*
Bougainvillea *die*
die Bougainvilleen
Bouillabaisse *die*
Bouillon *die*
Boule *das/die*
Boule spielen
Boulevard *der*
Boulevardpresse *die*
Bouquet/Bukett *das*
Bourgeoisie *die*
Bourrette *die*
Boutique/Butike *die*
Bovist/Bofist *der*
Bowle *die* (Getränk)
Bowlenglas *das*
Bowling *das*
Box *die*
boxen
Boxer *der*
Boxhandschuh *der*
Boxkampf *der*
die Boxkämpfe
Boxkalf/Boxcalf *das*
Boy *der*
die Boys
Boyscout* *der*
Boykott *der*
boykottieren

br

brabbeln
brach (brechen)
brach (unbebaut)
Brache *die*
brachliegen
liegt brach, lag brach, hat brachgelegen
Brachialgewalt *die*
brachte (bringen)
brackig
Brackwasser *das*
Brahmane *der*
Brainstorming *das*
Braintrust* *der*
Bramsegel *das*
Branche *die*
branchenüblich
Branchenverzeichnis *das*
Brand *der*
die Brände
brandaktuell
brandmarken
gebrandmarkt, zu brandmarken
Brandrodung *die*
Brandstiftung *die*
Brandursache *die*
Brandwunde *die*
branden
Brandung *die*
Brandenburg
Brandenburger/in
brandenburgisch
Brandy *der*
brannte (brennen)
Branntwein *der*
Branntweinsteuer *die*
Brasse *die*

braten
brät, briet,
hat gebraten
Braten *der*
bratfertig
Bratfisch *der*
Brathähnchen *das*
Brathendl *das*
Brathering *der*
Bratkartoffeln
Bratpfanne *die*
Bratwurst *die*
die Bratwürste
Bratsche *die*
Bratschist/in
Brauch *der*
die Bräuche
brauchbar
Brauchbarkeit *die*
brauchen
Braue *die*
brauen
Brauerei *die*
Braumeister/in
braun
b ...
braun färben
die braune Farbe
B ...
in Braun
Bräune *die*
bräunen
braun gebrannt*
Braunkohle *die*
bräunlich
Braun'sche* Röhre *die*
Bräunung *die*
Braus *der*
in Saus und Braus
Brause *die*
brausen
Brausen *das*
Braut *die*
die Bräute
Brauteltern
Bräutigam *der*
Brautkleid *das*
Brautpaar *das*
brav
bravissimo
bravo
Bravo*/bravo rufen
Bravoruf *der*
Bravour/Bravur* *die*
bravourös/bravurös*

bre

break!
Breakdance *der*
brechen
bricht, brach,
hat gebrochen
auf Biegen und Brechen
Brecher *der*
Brechstange *die*
Brechung *die*
Bredouille *die*
Brei *der*
breiig
breit
lang und breit
weit und breit
*breit gefächert**
*des Langen und Breiten**
Breite *die*
Breitengrad *der*
Breitenkreis *der*
Breitensport *der*
breit machen*
breitschlagen
schlägt breit,
schlug breit,
hat breitgeschlagen
breitschultrig
Breitseite *die*
breittreten
tritt breit, trat breit,
hat breitgetreten
Bremen
Bremer/in
bremisch
Bremse *die*
bremsen
Bremspedal *das*
Bremsspur *die*
Bremsung *die*
Bremsweg *der*
brennbar
brennen
brennt, brannte,
hat gebrannt
Brennholz *das*
Brennpunkt *der*
Brennstoff *der*
Brennweite *die*
brenzlig/brenzlich
Brennnessel* *die*
Bresche *die*
eine Bresche schlagen
in die Bresche springen
Brett *das*
Bretterwand *die*
Bretterzaun *der*
Brevier *das*
Brezel/Bretzel/Brezen *die*

bri

bricht (brechen)
Bridge *das*
Bridgepartie *die*

Brie *der*
Brief *der*
briefen
Brieffreund/in
Briefkasten *der*
die Briefkästen
brieflich
Briefmarke *die*
eine 80-Pfennig-Briefmarke
Briefmarkensammler/in
Briefpapier *das*
Briefroman *der*
Brieftasche *die*
Brieftaube *die*
Briefträger/in
Briefumschlag *der*
die Briefumschläge
Bries *das*
Brieschen *das*
Brigade *die*
Brigadier *der*
Brigg *die*
Brikett *das*
brillant
Brillant *der*
Brillanz *die*
brillieren
Brille *die*
Brillenetui *das*
Brimborium *das*
bringen
bringt, brachte, hat gebracht
brisant
Brisanz *die*
Brise *die*
britisch

bro

Broccoli/Brokkoli *der*

bröckeln
Brocken *der*
brockenweise
brodeln
Brodem *der*
Brokat *der*
Broker *der*
Brokkoli/Broccoli *der*
Brom *das* (Br)
bromhaltig
Bromwasserstoff *der*
Brombeere *die*
bronchial
Bronchialkatarrh/-katarr* *der*
Bronchie *die*
Bronchitis *die*
Bronze *die*
bronzefarbig
Bronzemedaille *die*
Bronzezeit *die*
bronzieren
Brosamen
Brosche *die*
Broschüre *die*
Brösel *der/das*
bröseln
Brot *das*
Brötchen *das*
Brotgetreide *das*
brotlos
Brotzeit *die*

bru

Bruch *der*
die Brüche
brüchig
bruchlanden
ist bruchgelandet
Bruchlandung *die*
bruchrechnen
Bruchrechnen *das*
bruchsicher
Bruchstück *das*
bruchstückhaft
Bruchteil *der*
Bruchzahl *die*
Brücke *die*
Brückengeländer *das*
Bruder *der*
die Brüder
brüderlich
Brüderlichkeit *die*
Brühe *die*
brühen
Brühwürfel *der*
brüllen
brummen
Brummer *der*
Brummi *der*
brummig
Brunch *der*
brunchen
brünett
Brunft *die*
die Brünfte
Brunftzeit *die*
Brunnen *der*
Brunnenkresse *die*
Brunst *die*
die Brünste
brünstig
brüsk

brüskieren
Brust *die*
die Brüste
brüsten
sich brüsten
Brustkorb *der*
brustschwimmen
Brustschwimmen *das*
Brustwarze *die*
Brüstung *die*
Brut *die*
brutal
Brutalität *die*
brüten
*brütend heiß**
Brüter *der*
Brutkasten *der*
Brutstätte *die*
brutto
Bruttoeinkommen *das*
Bruttosozialprodukt *das*
Bruttoverdienst *der*
brutzeln
Btx (Bildschirmtext)

bu

Bub / Bube *der*
das Bübchen
Bubikopf *der*
Buch *das*
die Bücher
Buchbinder / in
Buchdruck *der*
Buchdrucker / in
Bücherbord *das*
Bücherei *die*
Bücherregal *das*
Bücherschrank *der*
die Bücherschränke
Buchführung *die*
Buchhändler / in
Buchhandlung *die*
Buchmesse *die*
Buche *die*
Buchecker *die*
Buchenholz *das*
buchen
Buchung *die*
Buchfink *der*
Buchsbaum *der*
Buchse *die*
Büchse *die*
Büchsenmilch *die*
Büchsenöffner *der*
Buchstabe *der*
buchstabieren
buchstäblich
Bucht *die*
Buchtel *die*
Buchung *die*
Buchungsnummer *die*
Buchweizen *der*
Buckel *der*
buck(e)lig
bücken
sich bücken
Bückling *der*
Buddel *die*
Buddelschiff *das*
buddeln
Buddha *der*
Buddhismus *der*
Bude *die*
Budget *das*
Büfett *das*
Büfettier *der*
Büffel *der*
büffeln
Bug *der*
Bugspriet *das / der*
Bügel *der*
Bügeleisen *das*
Bügelfalte *die*
bügeln
Buggy *der*
bugsieren
buhlen
Buhmann *der*
die Buhmänner
Buhruf *der*
Buhne *die*
Bühne *die*
Bühnenbild *das*
bühnenwirksam
Bukett / Bouquet *das*
Buklee* / Bouclé *das*
Bulette *die*
Bulgarien
Bulgare *der*
Bulgarin *die*
bulgarisch
Bullauge *das*
Bulldogge *die*
Bulldozer *der*
Bulle *der*
bullig
Bulletin *das*
Bumerang *der*
bummeln
Bummelstreik *der*

bun

Buna *der / das*
Bund *der*
die Bünde
Bundesbank *die*
bundeseigen
Bundesgenosse *der*
Bundesjugendspiele *die*
Bundeskanzler *der*

Bundeslade *die*
Bundesland *das*
die Bundesländer
Bundesliga *die*
die erste Bundesliga
Bundespräsident/in
Bundesrat *der*
Bundesrepublik *die*
Bundestag *der*
Bundeswehr *die*
bundesweit
Bündel *das*
bündeln
bündig
Bündnis *das*
die Bündnisse
Bündnispartner/in
Bungalow *der*
Bunker *der*
Bunsenbrenner *der*
bunt
bunt bemalen
bunt färben
*bunt gestreift**
der bunte Abend
Buntmetall *das*
Buntpapier *das*
Buntsandstein *der*
Buntspecht *der*
Buntstift *der*

bur

Bürde *die*
Bure *der*
Burg *die*
Burgfried *der*
Burgruine *die*
Burgtor *das*
Bürge *der*
bürgen
Bürgschaft *die*
Bürger *der*
Bürgerinitiative *die*
Bürgerkrieg *der*
bürgerlich
Bürgerliches Gesetzbuch *das* (BGB)
Bürgermeister/in
der Erste Bürgermeister
der Regierende Bürgermeister
Bürgersteig *der*
Bürgertum *das*
Burgunder *der*
burlesk
Burnus *der*
Büro *das*
Büroangestellte *der/die*
Büroarbeit *die*
Bürobedarf *der*
Bürogebäude *das*
Bürokratie *die*
bürokratisch
Büromöbel
Bürozeit *die*
Bursche *der*
burschikos
Bürste *die*
bürsten
Bürzel *der*
Bus *der*
die Busse
Busfahrer/in
Bushaltestelle *die*
Busch *der*
die Büsche
Büschel *das*
buschig
Busen *der*
busenfrei
Business* *das*
Bussard *der*
Buße *die*
büßen
Bußgeld *das*
Buß- und Bettag *der*
Busserl *das*
Büste *die*
Büstenhalter (BH) *der*
Butan *das*
Butangas *das*
Butanol *das*
Butike/Boutique *die*
Butler *der*
Butt *der*
Bütt *die*
Büttenredner/in
Büttel *der*
Büttenpapier *das*
Butter *die*
Butterbrot *das*
Buttermilch *die*
Buttersäure *die*
butterweich
weich wie Butter
Butterfly *der*
Button *der*
Butzenscheibe *die*
b. w. (bitte wenden!)

by

Bypass *der*
die Bypässe
Bypassoperation *die*
Byte *das*
byzantinisch
bzw. (beziehungsweise)

C

ca. (zirka)
Cabrio* **/ Kabrio** *das*
CAD (Computer-Aided Design)
Caddie *der*
Caesium (fachspr.) / **Zäsium** *das* (Cs)
Café *das* (Konditorei)
Café complet *der*
Café crème *der*
Cafeteria *die*
Callgirl *das*
Calvados *der*
Calypso *der*
CAM (Computer-Aided Manufacturing)
Camcorder *der*
Camembert *der*
Camp *das*
campen
Camper/in
Camping *das*
Campingplatz *der*
die Campingplätze
Campagne* **/ Kampagne** *die*
Canasta *das*
Canasta spielen
Canaille* **/ Kanaille** *die*
Cancan *der*
canceln
der Flug ist gecancelt
Cannabis *der*
Cannelloni
Cañon *der*
Canossagang* **/ Kanossagang** *der*
Cape *das*
Cappuccino *der*
Capriccio *das*
Caput mortuum *das*
Caravan *der*
Carbonat, fachspr. / **Karbonat** *das*
Carbonsäure (fachspr.)/ Karbonsäure *die*
Caritas *die*
karitativ
Carport *der*
Cartoon *der/das*
Casanova *der*
cash
cash bezahlen
Cashflow* *der*
Cashewnuss* *die*
die Cashewnüsse
Cassata *die*
catchen
Catcher *der*
Cayennepfeffer *der*
cbm (Kubikmeter)
ccm (Kubikzentimeter)
CD-Player *der*
CD-Spieler *der*

ce

Cedille *die*
Cello *das*
Cellophan (fachspr.) / **Zellophan** *das*
Celluloid (fachspr.) / **Zelluloid** *das*
Cellulose (fachspr.) / **Zellulose** *die*
Celsius (C)
10 Grad Celsius (10° C)
Cembalo *das*
Center *das*
Einkaufscenter das
Centrecourt* / Centre Court *der*
Cervelatwurst *die*
Ćevapčići / Cevapcici*

ch

CH (Confoederatio Helvetica)
Cha-Cha-Cha *der*
Chaconne *die*
Chaiselongue *die*

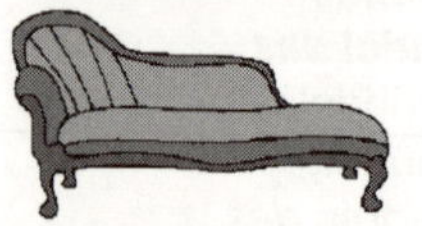

Chalet *das*
chalkogen
Chalzedon *der*
Chamäleon *das*
Champagner *der*
Champagnerglas *das*
Champignon *der*
Champion *der*
Chance *die*
gute Chancen haben
die Chance nutzen
Chancengleichheit *die*
changieren
Chanson *das*
Chansonnette/ Chansonette *die*
Chansonnier/ Chansonier* *der*
Chaos *das*
chaotisch
Charakter *der*
die Charaktere
einen guten Charakter haben
Charaktereigenschaft *die*

charakterisieren
Charakteristik *die*
charakteristisch
charakterlich
Charakterstück *das*
Charge *die*
Chargierte *der*
Charisma *das*
charismatisch
Charleston *der*
charmant/scharmant
Charme/Scharm *der*
Chart *der/das*
die Charts
Charta *die*
Charter *der*
Charterflug *der*
die Charterflüge
chartern
Chassis *das*
Chateau*/Château *das*
Chauffeur *der*
Chaussee *die*
Chausseegraben *der*
Chauvinismus *der*
chauvinistisch

che

checken
Checkliste *die*
Cheeseburger *der*
Chef/in
Chefarzt *der*
Chefredakteur/in
Chefsekretärin *die*
Chemie *die*
Chemikalie *die*
Chemiker/in
chemisch
Chemotherapie *die*
Cherub/Kerub *der*
Chewinggum* *der*
Chiasmus *der*
chic/schick
Chicorée/Schikoree* *der*
Chiffon *der*
Chiffre *die*
chiffrieren
Chili *der*
Chilipulver *das*
Chiliasmus *der*
Chimäre/Schimäre *die*
Chinakohl *der*
Chinchilla *die/das*
chinesisch
die Chinesische Mauer
Chinoiserie *die*
Chinin *das*
Chip *der*
Chippendale *das*
Chiropraktiker/in
Chirurg/in
Chirurgie *die*
chirurgisch
Chitin *das*
Chlor *das* (Cl)
chlorhaltig
Chlorid *das*
Chlorit *das* (ein Salz)
Chloroform *das*
chloroformieren
Chlorophyll *das*
Choke *der*
Cholera *die*
cholerisch
Cholesterin *das*
Cholesterinspiegel *der*
Chor *der*
Chorknabe *der*
Chorleiter/in
Choral *der*
Choreografie*/Choreographie *die*
Chose/Schose *die*
Chow-Chow *der*
Christ *der*
Christbaum *der*
die Christbäume
Christenheit *die*
Christentum *das*
christianisieren
Christkind *das*
christlich
Christrose *die*
Chrom *das* (Cr)
Chromstahl *der*
Chromatin *das*
chromatisch
Chromatographie/Chromatografie* *die*
Chromosom *das*
Chronik *die*
Chronologie *die*
chronologisch
chronisch
Chrysantheme *die*

ci

Cidre/Zider *der*
Cineast/in
cineastisch
circa/zirka (ca.)
Circulus vitiosus *der*
Circus/Zirkus *der*
City *die*
Clair-obscur *das*

A B C D E F G H I J K L M N O P Q R S T U V W X Y Z

Clan/Klan *der*
clean
Clematis/Klematis *die*
Clementine/Klementine *die*
clever
Cleverness* *die*
Cliché/Klischee *das*
Clinch *der*
im Clinch liegen
Clip/Klipp, Klips *der*
Videoclip
Clique *die*
Clivia/Klivie *die*
Clochard *der*
Clou *der*
ein besonderer Clou
Clown *der*
Clownerie *die*
Club/Klub *der*
Club of Rome *der*
Cluster *der*
cm (Zentimeter)
cm² (Quadratzentimeter)
cm³ (Kubikzentimeter)

co

Co/Co. (Compagnie)
Coach *der*
Coat *der*
Coca/Koka *das*
Cocain/Kokain *das*
Cockerspaniel *der*
Cockpit *das*
Cocktail *der*
Cocktailparty *die*
Code (fachspr.)/**Kode** *der*
codieren (fachspr.)/ kodieren
Codierung (fachspr.)/ Kodierung *die*
Coffein/Koffein *das*
Coiffeur *der*
Coitus*/Koitus *der*
Cola *die*
Collage *die*
collagieren
Collie *der*
Collier*/Kollier *das*
Colt *der*

com

Combo *die*
Come-back/ Come-back* *das*
Comic *der*
Comicheft *das*
Comicstrip* *der*
Coming-out *das*
Commonwealth *das*
Compactdisc*/ Compact Disc *die*
Compiler *der*
Computer *der*
computergesteuert
computergestützt
Computergrafik/ Computergraphik* *die*
Computersimulation *die*
Computerspiel *das*
Computervirus *der/das*
Concerto *das*
Concerto grosso *das*
Conférencier *der*
Confiserie/Konfiserie *die*
Confoederatio Helvetica *die* (CH)
Consecutio temporum *die*
Container *der*
Containerschiff *das*
contra/kontra
Controller/in
Controlling *das*
cool
cool bleiben
bleibt cool, blieb cool, ist cool geblieben
cool sein
Copilot/Kopilot *der*
Copyright *das*
Cord/Kord *der*
Cordhose/Kordhose *die*
Cordon bleu *das*
Cornedbeef*/Corned Beef *das*
Cornflakes*
Corporate Identity* *die*
Corps/Korps *das*
Corpus delicti *das*
Cortison (fachspr.)/ **Kortison** *das*
Cosinus/Kosinus *der*
Cotton *der/das*
Couch *die*
Couchtisch *der*

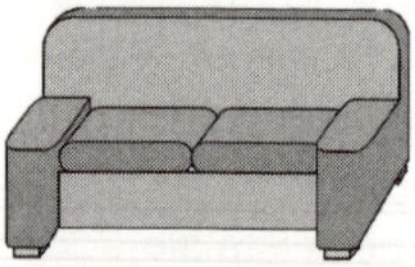

Couleur *die*
Coulomb *das*
Count-down*/ Count-down *der/das*
Countrymusic* *die*
Coup *der*

Coupé/Kupee *das*
Couplet *das*
Coupon/Kupon *der*
Courage *die*
couragiert
Courtage *die*
Couscous/Kuskus *der*
Cousin *der*
Cousine/Kusine *die*
Couturier *der*
Cover *das*
Covergirl *das*
Cowboy *der*
Cowboyhut *der*
die Cowboyhüte
Cox' Orange/Cox Orange *der*
Coyote/Kojote *der*

cr

Crack *der*
Cracker/Kräcker *der*
Crash *der*
Crashtest *der*
Crawl/Kraul
crawlen/kraulen
Credo/Kredo *das*
Creme/Krem(e) *die*
Crème fraîche *die*
Cremetorte *die*
cremig/kremig
Crêpe *die*/**Krepp** *die* (Eierkuchen)
Crêpe *die*/**Krepp** *der* (Stoff)
Crescendo *das*
Crevette/Krevette *die*
Crew *die*
Croissant *das*
Croquette/Krokette *die*
Croupier *der*
Crux/Krux *die*
Csárdás/Csardas* *der*

cu

Cup *der*
Curaçao *der*
Curling *das*
Curriculum *das*
die Curricula
Curry *der/das*
Currywurst *die*
die Currywürste
Cursor *der*
Cut *der*
cutten
Cutter/in
Cyberspace *die*

D

D (Damen)
da
hier und da
da ich keine Zeit hatte ...
*da sein**
dabehalten
behält da, behielt da, hat dabehalten
dabei
dabeibleiben (bei einer Tätigkeit)
bleibt dabei, blieb dabei, ist dabeigeblieben
dabei bleiben (bei einer Meinung)
dabei sein*
*ist dabei, war dabei, ist dabei gewesen**
dabeisitzen (dabei- *ist betont)*
sitzt dabei, saß dabei, hat dabeigesessen
dabei sitzen (sitzen *ist betont)*
dableiben
bleibt da, blieb da, ist dageblieben
Dach *das*
die Dächer
Dachboden *der*
Dachdecker/in
Dachfenster *das*
Dachgeschoss* *das*
Dachluke *die*
Dachrinne *die*
Dachziegel *der*
Dachs *der*
Dachsbau *der*
dachte (denken)
Dackel *der*
Dadaismus *der*
dadurch
dadurch, dass ...*
dafür
*nichts dafür können**
dafür sein
Dafürhalten *das* (Meinen)
nach meinem Dafürhalten
dagegen
wenn Sie nichts dagegen haben ...
dagegen sein
dagegensetzen
Daguerreotypie *die*

dah

daheim

A B C D E F G H I J K L M N O P Q R S T U V W X Y Z

daheim bleiben
bleibt daheim, blieb daheim, ist daheim geblieben
daheim sein
Daheim *das*
daher
das kommt daher, dass …*
dahergelaufen
daherreden
dahin
bis dahin
sich dahin gehend äußern
ein dahin gehender Antrag
dahinab
dahinauf
dahinein
dahingehen (sterben)
geht dahin, ging dahin, ist dahingegangen
dahin gehen (dorthin)
dahingestellt
dahinsiechen
dahinten
dahinter
dahinter kommen*
*kommt dahinter, kam dahinter, ist dahinter gekommen**
dahinter stecken*
dahinter stehen*
steht dahinter, stand dahinter, hat dahinter gestanden
Dahlie *die*
Daktylus *der*
Dalai-Lama *der*
dalassen
lässt da, ließ da, hat dagelassen
daliegen
liegt da, lag da, hat dagelegen
dalli!

dam

damalig
damals
Damast *der*
Dame *die*
Damenbegleitung *die*
Damenbinde *die*
Damenfahrrad *das*
damenhaft
Damentoilette *die*
Damenwahl *die*
Damhirsch *der*

d/t

d steht,	wenn es erweiterte Wortformen oder verwandte Wörter mit **d** gibt.
*der Unterschie**d*** *die Gedul**d*** *entscheiden**d***	*die Unterschie**d**e, unterschei**d**en* *gedul**d**ig, sich gedul**d**en, ungedul**d**ig* *entscheiden**d**e, das Entscheiden**d**e*

t steht,	wenn es erweiterte Wortformen oder verwandte Wörter mit **t** gibt.
*der Ra**t*** *wei**t*** *der Gastwir**t***	*zu Ra**t**e/zura**t**e gehen, ra**t**en, bera**t**en* *wei**t**er, auswei**t**en, die Wei**t**e* *die Gastwir**t**e, jemanden bewir**t**en*

damit
damit einverstanden sein
...damit genug Zeit bleibt
dämlich
Damm *der*
die Dämme
Dammbruch *der*
die Dammbrüche
dämmen
dämm(e)rig
Dämmerlicht *das*
dämmern
Dämmerung *die*
Damnum *das*
Damoklesschwert *das*
Dämon *der*
die Dämonen
dämonisch
Dampf *der*
die Dämpfe
dampfen
Dampfer *der*
Dampfkessel *der*
Dampfmaschine *die*
dämpfen
Dämpfer *der*
Dämpfung *die*

dan

danach
d ...
kurze Zeit danach
sich danach richten
D ...
das Danach
Dancing *das*
Dandy *der*
daneben
daneben gehen (nebenher)
danebengehen (fehlschlagen)
geht daneben, ging daneben, ist danebengegangen
daneben liegen
liegt daneben, lag daneben, hat daneben gelegen
danebenliegen (sich irren)
daneben schießen
schießt daneben, schoss daneben, hat daneben geschossen*
danebenschießen (sich irren)
daneben stehend
Dänemark
Däne *der*
Dänin *die*
dänisch
danieder
daniederliegen
liegt danieder, lag danieder, hat daniedergelegen
dank
dank unserer Anstrengungen
dank seines guten Willens
Dank *der*
Gott sei Dank!
Dank sagen / danksagen
ich sage Ihnen Dank
Dank schulden
zu Dank verpflichtet sein
dankbar
Dankbarkeit *die*
danke!
danken
dankenswert
Dankeschön *das*
dann
dann und wann
Was geschah dann?
dannen
von dannen

dar

daran
dar-an / da-ran
daran denken
daran glauben
daran sein
darangehen
geht daran, ging daran, ist darangegangen
daranmachen
sich daranmachen
daransetzen
alles daransetzen
darauf
darauf ankommen
darauf eingehen
darauf folgend
daraufhin
daraus
es ist nichts daraus geworden
darben
darbieten
bietet dar, bot dar, hat dargeboten
Darbietung *die*
darein
dareinreden
darin / drin

darlegen
Darlegung *die*
Darleh(e)n *das*
Darling *der*
Darm *der*
die Därme
Darminfektion *die*
Darmtätigkeit *die*
Darmverschlingung *die*
darreichen
darstellen
Darsteller/in
Darstellung *die*
Darstellungsweise *die*
Darts *das*
darüber
darüber hinaus
darüber sprechen
spricht darüber,
sprach darüber,
hat darüber gesprochen
darum
darunter
darunter liegen
liegt darunter,
lag darunter,
hat darunter gelegen
Darwinismus *der*

das

das
das Kind
das weiß ich
alles das
das heißt
dasjenige
da sein*
ist da, war da,
ist da gewesen
Dasein *das*
dasitzen
sitzt da, saß da,
hat dagesessen
dass*
*auf dass**
*bis dass**
so dass/sodass**
Dasssatz*/dass-Satz* *der*
dasselbe
Dasselfliege *die*
dastehen
steht da, stand da,
ist/hat dagestanden
Datei *die*
Datenbank *die*
Datenschutz *der*
Datenverarbeitung *die*
datieren
Datierung *die*
Dativ *der*
Dativ-e *das*
Dativobjekt *das*
dato
bis dato
Datscha/Datsche *die*
die Datschen
Dattel *die*
Dattelpalme *die*
Datum *das*
die Daten
Datumsangabe *die*

dau

Daube *die*
Dauer *die*
Dauerauftrag *der*
die Daueraufträge
Dauerfrost *der*
dauerhaft
Dauerlauf *der*
dauern
dauernd
Dauerwelle *die*
Dauerzustand *der*
Daumen *der*
Däumchen *das*
daumenbreit
Daumennagel *der*
Daumenschraube *die*
Däumling *der*
Daune *die*
Daunendecke *die*
daunenweich
Daviscup* *der*
davon
auf und davon
etwas davon
nichts davon
davon kommen *(1. Silbe betont)*
kommt davon,
kam davon,
ist davon gekommen
das kommt davon
davonkommen *(2. Silbe betont)*
mit heiler Haut davonkommen
davontragen
trägt davon,
trug davon,
hat davongetragen
davor
sich davor fürchten
davor schieben*
schiebt davor,
schob davor,
hat davor geschoben
dawider
dazu

dazu bereit sein
dazu gehören *(1. Silbe betont)*
dazugehören *(2. Silbe betont)*
dazugehörig
dazulernen
dazurechnen
Dazutun *das*
ohne mein Dazutun
dazuverdienen
dazwischen
dazwischenkommen
kommt dazwischen, kam dazwischen, ist dazwischengekommen
dazwischen reden
(1. Silbe betont)
dazwischenreden *(2. Silbe betont)*
dazwischenrufen
ruft dazwischen, rief dazwischen, hat dazwischengerufen
Deadline *die*
Dealer *der*

deb

Debakel *das*
Debatte *die*
debattieren
debil
Debilität *die*
Debüt *das*
Debütant/in
debütieren
Dechant *der*
dechiffrieren
Deck *das*
Decke *die*
decken
Deckfarbe *die*
Deckname *der*
Deckung *die*
deckungsgleich
Deckweiß *das*
Deckel *der*
Decoder *der*
decodieren (fachspr.)/ dekodieren
Decodierung (fachspr.)/Dekodierung *die*
Deduktion *die*
deduktiv

def

de facto
De-facto-Anerkennung *die*
Defätismus *der*
defekt
Defekt *der*
defensiv
Defensive *die*
Defilee *das*
defilieren
definieren
Definition *die*
definitiv
Defizit *das*
defizitär
Deflation *die*
Defloration *die*
Deformation *die*
deformieren
Defroster *der*
deftig
Degen *der*
Degenfechten *das*
Degeneration *die*
degenerieren
degoutant
degradieren
degressiv
dehnbar
Dehnbarkeit *die*
dehnen
Dehnung *die*
Dehnungsfuge *die*
Dehnungs-h *das*
Dehnungskoeffizient *der*
Dehnungszeichen *das*
Dehydrierung *die*
Deich *der*
Deichbruch *der*

Datum

Frankfurt, den 18. Mai 1996
Frankfurt, den 18. 5. 1996
Frankfurt, den 18. 5. 96

Wir treffen uns am Sonntag, ***dem*** *18. Mai, um 16 Uhr.*

die Deichbrüche
Deichgraf *der*
Deichkrone *die*
Deichsel *die*
deichseln
deiktisch
dein
dein Buch
deine Sachen
das deine/Deine
die deinen/Deinen
deiner gedenken
*Mein und Dein**
deinerseits
deinesgleichen
deinetwegen
Deismus *der*
de jure

dek

Dekade *die*
dekadent
Dekadenz *die*
Dekagramm *das*
Dekan *der*
Dekanat *das*
dekantieren
Deklamation *die*
deklamatorisch
deklamieren
Deklaration *die*
deklarieren
deklassieren
Deklination *die*
deklinierbar
deklinieren
dekodieren/fachspr.
decodieren
Dekolletee*/Dekolleté *das*
Dekompression *die*
Dekontamination *die*
Dekor *der/das*
Dekorateur/in
Dekoration *die*
dekorativ
dekorieren
Dekostoff *der*
Dekret *das*
dekuvrieren
Delegation *die*
delegieren
Delegierte *der/die*
delektieren
sich delektieren
Delfin*/Delphin *der*
delikat
Delikatesse *die*
Delikatessgurke* *die*
Delikt *das*
Delinquent/in
Delirium *das*
deliziös
Delle *die*
delogieren
Delphin/Delfin* *der*
Delphinarium/Delfinarium* *das*
Delta *das*

dem

Demagoge *der*
Demagogie *die*
demagogisch
Demarche *die*
Demarkationslinie *die*
demaskieren
Dementi *das*
dementieren
dementsprechend
demgegenüber
demilitarisieren
Demilitarisierung *die*
Demission *die*
demissionieren
demnach
demnächst
Demo *die*
demographisch/demografisch*
Demokrat/in
Demokratie *die*
demokratisch
Demokratisierung *die*
demolieren
Demonstrant/in
Demonstration *die*
Demonstrationsrecht *das*
Demonstrationsverbot *das*
demonstrativ
Demonstrativpronomen *das*
demonstrieren
Demontage *die*
demoralisieren
Demoskopie *die*
demoskopisch
demotivieren
Demut *die*
demütig
demütigen
Demütigung *die*
demut(s)voll
demzufolge
denaturieren
Dendrit *der*
denen
mit denen
denken
denkt, dachte, hat gedacht
denkbar
Denken *das*

das logische Denken
Denker *der*
denkfaul
Denkfehler *der*
Denkmal *das*
die Denkmäler
Denkpause *die*
denkwürdig
Denkzettel *der*
denn
mehr denn je
dennoch
den-noch
dennschon
wennschon ... dennschon
denotativ
dental
Dentallaut *der*
Dentist/in
Denunziant/in
Denunziation *die*
denunzieren
Deo *das*
Deodorant/Desodorant *das*
deodorieren
Deoroller *der*
Deospray *der/das*

dep

Departement *das*
Dependance *die* (Zweigstelle)
Dependenz *die* (Abhängigkeit)
Dependenzgrammatik *die*
Depesche *die*
Depilation *die*
deplaciert/deplatziert*
Deponie *die*
deponieren
Deportation *die*
deportieren
Depositen
Depositenbank *die*
Depot *das*
Depotgebühr *die*
Depp *der*
Depression *die*
depressiv
deprimiert
Deprivation *die*
Deputat *das*
Deputierte *der/die*
der
derart
derartig
Derartiges*
etwas Derartiges
derb
Derbheit *die*
Derby *das*
dereinst
deren
derentwegen
derer
dergestalt
dergleichen
Derivat *das*
Derivation *die*
derjenige
dermaßen
Dermatologe *der*
Dermatologie *die*
derselbe
derweilen
Derwisch *der*
derzeit
derzeitig

des

des
Desaster *das*
desavouieren
Desdruent *der*
desensibilisieren
Desensibilisierung *die*
Deserteur/in
desertieren
Desertion *die*
Desertifikation *die*
desgleichen
deshalb
Desiderat *das*
Design *das*
Designer/in
designieren
desillusionieren
Desillusionierung *die*
Desinfektion *die*
Desinfektionsmittel *das*
desinfizieren
Desintegration *die*
Desinteresse *das*
desinteressiert
deskriptiv
Desktoppublishing*/Desktop-Publishing* *das*
Desodorant/Deodorant *das*
desolat
despektierlich
Desperado *der*
desperat
Despot *der*
Despotie *die*
despotisch
dessen

dessentwegen
dessen ungeachtet*
Dessert *das*
Dessertteller *der*
Dessin *das*
Dessous *das*
Destillat *das*
Destillation *die*
destillieren
desto
desto besser
desto mehr
nichtsdestoweniger
destruktiv
deswegen
Deszendent *der*
Detail *das*
detailgetreu
detailliert
Detektei *die*
Detektiv/in
Detektivbüro *das*
Detektivroman *der*
Detektor *der*
Determinante *die*
Determination *die*
determinieren
Determinismus *der*
Detonation *die*
detonieren

deu

Deut *der*
keinen Deut
deuten
deutlich
deutlich machen
Deutlichkeit *die*
Deutung *die*
Deuterium *das* (D)
deutsch
d …
deutsch sprechen (in deutscher Sprache)
die deutsche Sprache
deutschsprachig
D …
*auf Deutsch**
das Deutsch
das heutige Deutsch
im Deutschen
*in Deutsch**
eine Eins in Deutsch haben
Deutsch lernen
Deutsch (Fach) unterrichten
der Deutsch-Französische Krieg (1870/71)
Deutsche Angestellten-Gewerkschaft (DAG)
der Deutsche Bundestag
*der deutsche Schäferhund**
Deutscher Fußball-Bund (DFB)
Deutscher Gewerkschaftsbund (DGB)
Deutsche Jugendherberge (DJH)
Deutsche Lebens-Rettungs-Gesellschaft (DLRG)
Deutsche Mark
Deutsches Rotes Kreuz (DRK)
Deutscharbeit *die*
Deutschland
Deutschlehrer/in
Deutschstunde *die*
Deutschunterricht *der*
Deutung *die*
Deutungsversuch *der*

dev

deviant
Devise *die*
Devisen
Devisenreserve *die*
Devon *das*
devot
Devotion *die*
Devotionalien
Dezember *der*
dezent
dezentralisieren
Dezernat *das*
Dezernent/in
Dezibel *das*
dezidiert
Dezimalsystem *das*
Dezimalzahl *die*
Dezime *die*
dezimieren
DGB (Deutscher Gewerkschaftsbund)
dgl. (dergleichen)
d. h. (das heißt)
Dia *das*
Diapositiv *das*
Diaprojektor *der*
Diabetes *der*
Diabetiker/in
diabetisch
diabolisch
Diadem *das*
Diagnose *die*
diagnostizieren
diagonal
Diagonale *die*

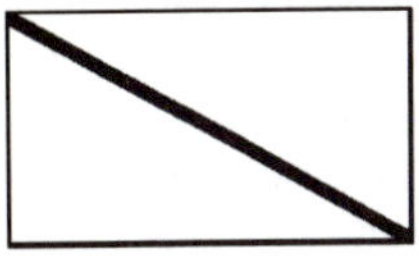

Diagramm *das*
Diakon *der*
Diakonie *die*
diakonisch
Diakonisse *die*
diakritisch
Dialekt *der*
Dialektausdruck *der*
die Dialektaus-drücke
Dialektik *die*
Dialog *der*
dialogbereit
dialogisch
Dialyse *die*
Diamant *der*
diametral
Diärese *die*
Diarrhö *die*
Diaspora *die*
Diastole *die*
diastolisch
Diät *die*
Diät halten
Diät kochen
Diät leben
Diätkoch *der*
die Diätköche
Diätkur *die*
Diäten (Tagegelder)
dich
dicht
dicht machen
*dicht gedrängt**
Dichte *die*
dichthalten
hält dicht,
hielt dicht,
hat dichtgehalten
Dichtung *die*
Dichtungsmittel *das*
dichten
Dichter/in
dichterisch
Dichtkunst *die*
Dichtung *die*
dick
durch dick und dünn
Dicke *die*
dickfellig
dickflüssig
Dickhäuter *der*
Dickicht *das*
Dickkopf *der*
dickköpfig
dicklich
Dickmilch *die*
Didaktik *die*
didaktisch

die

die
Dieb/in
Diebesbande *die*
Diebesgut *das*
diebisch
Diebstahl *der*
Dieffenbachie *die*
diejenige
Diele *die*
dienen
Diener/in
dienlich
Dienst *der*
Dienstausweis *der*
dienstbeflissen
dienstbereit
dienstfrei
diensthabend
Dienstleistung *die*
dienstlich
Dienstreise *die*
Dienststelle *die*
dienstunfähig
Dienstwagen *der*
Dienstweg *der*
Dienstzeit *die*
Dienstag *der* (vgl. S. 351)
am Dienstag
eines Dienstags
am Dienstag früh
*am Dienstagabend**
*jeden Dienstag-abend**
dienstags
dienstagabends* / dienstags abends
dies
diesbezüglich
Diesel *der*
Dieselmotor *der*
Dieselöl *das*
dieselbe
dieser, diese, dieses
diesjährig
diesmal
diesig
diesseits
Diesseits *das*
im Diesseits
Dietrich *der*

dif

diffamieren
different
Differenz *die*
Differenzbetrag *der*
differenzial* / differential

Differenzialgeometrie* *die*
Differenzialgetriebe* *das*
differenzieren
Differenziertheit *die*
differieren
diffizil
diffus
Diffusion *die*
digital
digitalisieren
Diktat *das*
diktieren
Diktiergerät *das*
Diktator *der*
diktatorisch
Diktatur *die*
Dilemma *das*
Dilettant/in
dilettantisch
Dilettantismus *der*
Dill *der*
Dimension *die*
dimensional
Dimethyläther *der*
Dimetrie *die*
diminutiv
Diminutiv *das*
Dimmer *der*

din

DIN (Deutsche Industrie-Norm)
Diner/Dinner *das*
dinieren
Diningroom* *der*
Ding *das*
dingfest machen
Dingsda
Dingo *der*
Dinkel *der*
Dino *der*
Dinosaurier *der*
Diode *die*
dionysisch
Dioptrie *die*
Diorama *das*
Dioxid (fachspr.)**/Dioxyd** *das*
Dioxin *das*
Diözese *die*
Dip *der*
Diphtherie *die*
Diphthong *der*
Dipl.-Ing. (Diplomingenieur/in)
diploid
Diplom *das*
Diplomand *der*
Diplomat/in
Diplomatie *die*
diplomatisch
Diplomingenieur *der* (Dipl.-Ing.)
dir
direkt
Direktion *die*
Direktive *die*
Direktmandat *das*
Direktor/in
Direktorat *das*
Direktrice *die*
Direktübertragung *die*
Dirigent/in
Dirigentenpult *das*
dirigieren
Dirigismus *der*
Dirndl *das*
Dirndlkleid *das*
Dirne *die*

dis

Disagio *das*
Discounter *der*
Discountgeschäft *das*
disfunktional
Disharmonie *die*
disjunkt
Disjunktion *die*
Diskant *der*
Diskette *die*
Disko/Disco *die*
Diskjockey/Discjockey *der*
Diskomusik/Discomusik *die*
Diskothek/Discothek *die*
Diskont *der*
Diskontsatz *der*
diskontinuierlich
diskreditieren
Diskrepanz *die*
diskret
Diskretion *die*
Diskriminante *die*
diskriminieren
Diskriminierung *die*
Diskurs *der*
Diskus *der*
die Diskusse
Diskuswerfer/in
Diskussion *die*
diskussionsfreudig
Diskussionsgegenstand *der*
Diskussionsleiter/in
Diskussionsteilnehmer/in
Diskussionsthema *das*
diskussionswürdig
diskutabel
diskutieren
disparat

Disparität *die*
Dispens *der*
dispensieren
Dispersion *die*
Dispersionsfarbe *die*
Display *das*
disponieren
Disponent *der*
Disposition *die*
disproportional
Disput *der*
disputieren
Disqualifikation *die*
disqualifizieren
Dissens *der*
Dissertation *die*
Dissident/in
Dissonanz *die*
Distanz *die*
distanzieren
distanziert
Distel *die*

Distelfalter *der*
Distelfink *der*
Distichon *das*
distinguiert
Distribution *die*
distributiv
Distrikt *der*
Disziplin *die*
disziplinarisch
Disziplinarverfahren *das*
diszipliniert
disziplinlos
Dithyrambe *die*
dito

div

Diva *die*
divergent
Divergenz *die*
divergieren
divers
Diversifikation *die*
Divertimento *das*
Dividende *die*
dividieren
Division *die*
Divisor *der*
Diwan *der*
Dixie/Dixieland *der*
DJH (Deutsche Jugendherberge)
DLRG (Deutsche Lebens-Rettungs-Gesellschaft)
dm (Dezimeter)
DM (Deutsche Mark)
DNS (Desoxyribonukleinsäure)

do

Dobermann *der*
doch
ja doch
doch nicht
Docht *der*
Dock *das*
docken
Doge *der*
Dogenpalast *der*
Dogge *die* (Hund)
Dogma *das*
Dogmatik *die*
dogmatisch
Dohle *die* (Vogel)
do it yourself
Do-it-yourself-Bewegung *die*
Doktor *der* (Dr.)
Doktorand/in
Doktorarbeit *die*
Doktrin *die*
doktrinär
Dokument *das*
Dokumentarfilm *der*
dokumentarisch
Dokumentation *die*
dokumentieren
Dolby-System *das*
Dolch *der*
Dolchstoß *der*
Dolde *die*
doldig
Dole *die* (Abzugsgraben)
Doline *die*
doll
ganz doll
Dollar *der*
Dollarkurs *der*
Dolmen *der*
dolmetschen
Dolmetscher/in
Dolomit *der*
Dom *der*
Domherr *der*
Domkapitel *das*
Dompfaff *der*
Domäne *die*
domestizieren
dominant
Dominante *die*
Dominanz *die*
dominieren
Dominikaner *der*

A B C D E F G H I J K L M N O P Q R S T U V W X Y Z

Domino *der* (Kostüm)
das (Spiel)
Dominostein *der*
Domizil *das*
Dompteur *der*
Dompteuse *die*
Döner(kebab) *der*
Don Juan *der*
Donner *der*
donnern
Donnerschlag *der*
die Donnerschläge
Donnerwetter *das*
Donnerstag *der* (vgl. S. 351)
am Donnerstag
*am Donnerstag-abend**
donnerstags
doof
Doping *das*
Dopingkontrolle *die*
Doppel *das*
Doppelbindung *die*
doppeldeutig
Doppelfenster *das*
Doppelgänger/in
Doppelkopf *der*
Doppelname *der*
Doppelpunkt *der*
doppelsinnig
doppelt
*doppelt so viel**
doppelt wirksam
Doppelzimmer *das*

dor

Dorado *das*
Dorf *das*
die Dörfer
Dorfbewohner/in
dörflich
Dorfschule *die*
dorisch
dorische Säulen
Dorn *der*
Dornenkrone *die*
dornenreich
dornig
Dornröschen *das*
dörren
Dörrobst *das*
Dörrpflaume *die*
Dorsch *der*
dort
dort drüben
von dort aus
dort sein
dort bleiben*
bleibt dort,
blieb dort,
*ist dort geblieben**
dorther
dorthin
dorthinaus
dortig
dortzulande/dort zu Lande*
DOS (Disc Operating System)
Dose *die*
Dosenmilch *die*
Dosenöffner *der*
dösen
dosieren
Dosierung *die*
Dosis *die*
Dossier *das*
dotieren
Dotter *der/das*
dottergelb
doubeln
Double *das*
Doublé/Dublee *das*
Douglasfichte *die*
Douglasie *die*
Dow-Jones-Index *der*
down
down sein
Doyen *der*
Dozent/in
dozieren
dpa (Deutsche Presse-Agentur)
dpa-Meldung *die*

dr

Dr. (Doktor)
Drache *der* (Fabeltier)
Drachen *der*
Drachenfliegen *das*
Dragee/Dragée *das*
Dragoner *der*
Draht *der*
die Drähte
drahtig
drahtlos
Drahtseil *das*
Drahtseilbahn *die*
Drahtverhau *der*
Drahtzieher *der*
Drainage/Dränage *die*
drakonisch
drakonische Strafen
drall
Dralon *das*
Drama *das*
die Dramen
Dramatik *die*
dramatisch
dramatisieren
Dramaturgie *die*
dran/daran
dranbleiben
bleibt dran,

blieb dran,
ist drangeblieben
drankommen
kommt dran,
kam dran,
ist drangekommen
Dränage / Drainage
die
Drang *der*
drängeln
drängen
Drangsal *die*
drangsalieren
drangvoll
drapieren
drastisch
drauf / darauf
drauf und dran sein
Draufgänger/in
draufgehen
geht drauf,
ging drauf,
ist draufgegangen
drauflegen
drauflos
drauflosreden
draufschlagen
schlägt drauf,
schlug drauf,
hat draufgeschlagen
draußen

dre

drechseln
Drechsler/in
Dreck *der*
Dreckhaufen *der*
dreckig
Dreckspatz *der*
Dreh *der*
Drehbuch *das*
die Drehbücher
drehen
Dreher *der*
Drehleier *die*
Drehmoment *das*
Drehscheibe *die*
Drehsinn *der*
Drehspule *die*
Drehstreckung *die*
Drehung *die*
Drehzahl *die*
drei
d ...
bis drei zählen
die ersten drei
drei Schüler
um drei (Uhr)
wir drei
D ...
die Drei
die Zahl Drei
eine Drei schreiben
eine Drei würfeln
dreibändig
Dreieck *das*
dreieckig
dreieinhalb
dreierlei
dreifach (3fach)
Dreifachbindung
die
Dreifaltigkeit *die*
dreihundert
dreijährig (3-jährig*)
Dreiklang *der*
Dreikönigsfest *das*
dreimal (3-mal*)
Dreipunktegleichung
die
Dreirad *das*
die Dreiräder
Dreisatz *der*
Dreisprung *der*
dreistellig
dreitausend
dreiteilig
drei viertel*
eine Dreiviertelstunde
dreiwertig
dreizehn
Dreizeiler *der*
Dreizimmerwohnung /
3-Zimmer-Wohnung
die
drein / darein
dreinblicken
dreinreden
dreißig
dreißigjährig
(30-jährig*)
der Dreißigjährige
Krieg
dreist
Dreistigkeit *die*
dreschen
drischt, drosch,
hat gedroschen
Dress* *der*
Dressman *der*
dressieren
Dressur *die*
Dressurreiten *das*
Dressing *das*

dri

dribbeln
Drift *die*
Drill *der*
drillen
Drillich *der*
Drillichanzug *der*
Drilling *der*
drin / darin
drinbleiben
bleibt drin,

blieb drin,
ist dringeblieben
drinstehen
steht drin,
stand drin,
hat dringestanden

dringen
dringt, drang,
ist/hat gedrungen
dringend
dringlich
Dringlichkeit *die*

Drink *der*

drinnen

dritt, dritte
d …
der dritte Stand
D …
*der/die Dritte**
das Dritte Reich
Ludwig der Dritte
die Dritte Welt
einem Dritten gegenüber
ein unbeteiligter Dritter
drittletzte

Drittel
das Drittel
zwei Drittel

drittens

Drive *der*

DRK (Deutsches Rotes Kreuz)

Dr. jur. (doctor juris)

Dr. med. (doctor medicinae)

Dr. phil. (doctor philosophiae)

droben

Droge *die*
drogenabhängig
Drogenmissbrauch* *der*

Drogerie *die*
Drogist/in

drohen
Drohung *die*

Drohne *die*

dröhnen

drollig

Dromedar *das*

Drop-out *der*

Drops *der/das*

Drei gleiche Buchstaben

Wenn drei gleiche Buchstaben aufeinander treffen, bleiben alle drei erhalten.

Schiff-Fahrt:	*Schi**fff**ahrt*
Schritt-Tempo:	*Schri**ttt**empo*
See-Elefant:	*S**eee**lefant*

Ausnahmen: *dennoch, Drittel, Mittag*

Droschke *die*

Drossel *die*

drosseln

drüben

drüber/darüber
darüber etwas schreiben
drüberfahren

Druck *der*
Druckbuchstabe *der*
drucken
Drucker/in
Druckerei *die*
Druckerschwärze *die*
Druckfehler *der*
druckfertig
druckfrisch
Druckknopf *der*
die Druckknöpfe
Drucksache *die*
Druckschrift *die*
Druckstock *der*
die Druckstöcke
Druckwasserreaktor *der*

drücken
drückend

drucksen

Drude *die*
Drudenfuß *der*

Drugstore *der*

Druide *der*

drum/darum
das Drumherum
das Drum und Dran

Drummer *der*

Drums

drunten (da unten)

drunter/darunter
drunter und drüber

Druse *der* (Islam)
die (Gestein)

Drüse _die_
dry
extra dry

ds

DSB (Deutscher Sportbund)
Dschungel _der_
Dschungelpfad _der_
Dschunke _die_

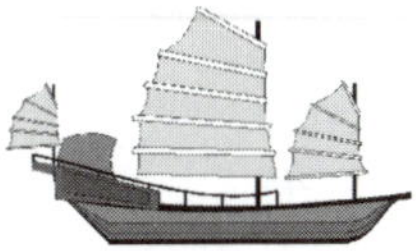

dt. (deutsch)

du

du
_d ..._
Leute wie du und ich
zu jemandem du sagen
_D ..._
_auf Du und Du_*
das Du anbieten
dual
Dualismus _der_
Dualsystem _das_
Dübel _der_
dübeln
dubios / dubiös
Dublee / Doublé _das_
Dubleegold _das_
Dublette _die_
ducken
sich ducken
Duckmäuser _der_
dudeln
Dudelsack _der_
die Dudelsäcke
Duell _das_
Duellant _der_
duellieren
Duett _das_
Dufflecoat _der_
Duft _der_
die Düfte
duften
duftend
duftig
Duftnote _die_
Dukaten _der_
Dukatenesel _der_
Düker _der_
Duktus _der_
dulden
duldsam
Duldsamkeit _die_
Duldung _die_
Duma _die_
dumm
dummdreist
Dummejungenstreich _der_
dummerweise
Dummheit _die_
Dummkopf _der_
die Dummköpfe
dümmlich
Dummy _der / das_
dümpeln
dumpf
dumpfig
Dumping _das_
Dumpingpreis _der_
Düne _die_
Dung _der_
Düngemittel _das_
düngen
Dünger _der_
Düngung _die_
dunkel
_d ..._
dunkel färben
die dunkle Farbe
_D ..._
das Dunkel
_im Dunkeln lassen_*
im Dunkeln nach Hause kommen
_im Dunkeln tappen_*
dunkelblau
dunkelblond
dunkelhäutig
Dunkelheit _die_
Dunkelkammer _die_
Dunkelziffer _die_
Dünkel _der_
dünkelhaft
dünken
dünn
durch dick und dünn
_dünn besiedelt_*
_dünn bevölkert_*
Dünndarm _der_
dünnflüssig
Dünnsäure _die_
Dunst _der_
die Dünste
dünsten
dunstig
Dunstschleier _der_
Dünung _die_
Duo _das_
düpieren
Duplexität _die_
Duplikat _das_
duplizieren

dur

Dur
C-Dur
G-Dur-Tonleiter
durabel
durch

durch und durch
durch die Stadt fahren
durcharbeiten
durchatmen
durchaus
durchbeißen
beißt durch,
biss durch,*
hat durchgebissen
sich durchbeißen
durchblättern
Durchblick *der*
durchblicken
Durchblutung *die*
durchbohren
durchbraten
brät durch,
briet durch,
hat durchgebraten
durchbrechen
(1. Silbe betont)
bricht durch,
brach durch,
ist durchgebrochen
(2. Silbe betont)
durchbricht,
durchbrach,
hat durchbrochen
Durchbruch *der*
die Durchbrüche
durchdiskutieren
durchdrehen
durchdringend
durcheinander
das Durcheinander
durcheinander bringen*
bringt durcheinander, brachte durcheinander, hat durcheinander gebracht
durcheinander gehen*
geht durcheinander,
ging durcheinander,
*ist durcheinander gegangen**
durcheinander kommen*
*kommt durcheinander, kam durcheinander, ist durcheinander gekommen**
durcheinander reden*
durcheinander sein

durchf

durchfahren
(1. Silbe betont)
fährt durch, fuhr durch, ist durchgefahren
(2. Silbe betont)
durchfährt, durchfuhr, hat durchfahren
Durchfahrt *die*
Durchfall *der*
durchfallen
fällt durch, fiel durch, ist durchgefallen
durchfragen
sich durchfragen
durchführbar
Durchführbarkeit *die*
durchführen
Durchführung *die*
Durchgang *der*
durchgängig
durchgehen
geht durch,
ging durch,
ist durchgegangen
durchgehend
durchgeben
gibt durch,
gab durch,
hat durchgegeben
durchgedreht
durchgreifen
greift durch,
griff durch,
hat durchgegriffen
durchgreifend
durchhaben
hat durch,
hatte durch,
hat durchgehabt
durchhalten
hält durch,
hielt durch,
hat durchgehalten
durchkämpfen
durchkommen
kommt durch, kam durch,
ist durchgekommen
Durchkommen *das*
durchkreuzen

durchl

Durchlass* *der*
die Durchlässe
durchlassen
lässt durch,*
ließ durch,
hat durchgelassen
durchlässig
Durchlässigkeit *die*
Durchlaucht *die*
Euer Durchlaucht
Durchlauferhitzer *der*
durchlesen
liest durch,
las durch,

hat durchgelesen
Durchlesen *das*
durchleuchten
durchmachen
Durchmesser *der*
durchmultiplizieren
durchnehmen
nimmt durch,
nahm durch, hat
durchgenommen
durchnummerieren*
durchpausen
durchrechnen
durchregnen
Durchreise *die*
durchreißen
reißt durch,
riss durch,*
hat durchgerissen
durchrosten
durchrutschen
Durchsage *die*
durchsagen
durchschauen
durchscheinen
durchschlafen
schläft durch,
schlief durch,
hat durchgeschlafen
Durchschlag *der*
die Durchschläge
durchschlagend
Durchschlagpapier
das
durchschneiden
schneidet durch,
schnitt durch, hat
durchgeschnitten
Durchschnitt *der*
durchschnittlich
Durchschnittsge-
schwindigkeit *die*
Durchschrift *die*
Durchschuss* *der*
durchsehen
sieht durch,
sah durch,
hat durchgesehen
Durchsicht *die*
durchsichtig
durchsetzen
Durchsetzungsver-
mögen *das*
durchsickern
durchsprechen
spricht durch,
sprach durch, hat
durchgesprochen
durchstarten
durchstellen
durchstoßen
durchstößt,
durchstieß,
hat durchstoßen
Durchstoßpunkt *der*
durchstreichen
streicht durch, strich
durch, ist/hat
durchgestrichen
durchsuchen
durchsucht,
durchsuchte,
hat durchsucht
Durchsuchung *die*
durchtrieben
durchwachsen
Durchwahl *die*
durchwählen
durchweg
durchweichen
durchwühlen
Durchzug *der*
dürfen
darf, durfte,
hat gedurft
dürftig
Dürftigkeit *die*
dürr
Dürre *die*
Durst *der*
dürsten
durstig sein
durstlöschend
durststillend
Durststrecke *die*

dus

Dusche *die*
duschen
Duschvorhang *der*
die Duschvorhänge
Düse *die*
Düsenflugzeug *das*
Düsenjäger *der*
Dussel *der*
düster
Dutt *der*
Dutyfreeshop* / Duty-
free-Shop *der*
Dutzend *das*
ein Dutzend Gläser
dutzendfach
dutzend Mal*
duzen
Duzfreund/in

dy

Dynamik *die*
dynamisch
Dynamit *das*
Dynamo *der*
Dynastie *die*
dynastisch
Dystonie *die*
Dystrophie *die*
D-Zug *der*

E

E (Europastraße)
Easyrider* *der*
Eau de Cologne *das*
Eau de Toilette* *das*
Ebbe *die*
eben
eine ebene Fläche
das ist eben so
eben deshalb
Ebenbild *das*
ebenbürtig
Ebenbürtigkeit *die*
Ebene *die*
ebnen
Ebenholz *das*
ebenso
*ebenso gern**
*ebenso gut**
*ebenso häufig**
*ebenso lang**
*ebenso oft**
*ebenso sehr**
*ebenso viel**
*ebenso wenig**
Eber *der*
Eberesche *die*
ebnen
echauffiert
Echo *das*
Echolot *das*
Echse *die*
echt
echtgolden/echt golden
Echtheit *die*
Echtzeit *die*
Ecke *die*
Eckball *der*
die Eckbälle
Eckdaten
Eckhaus *das*
die Eckhäuser
eckig
Eckpunkt *der*
Eckschrank *der*
die Eckschränke
Eclair *das*
Economyclass/Economyklasse *die*

ed

Edamer *der*
edel
Edelgas *das*
Edelkastanie *die*
Edelmann *der*
die Edelleute
Edelmetall *das*
Edelmut *der*
edelmütig
Edelweiß *das*
Edelzwicker *der*
Eden
der Garten Eden
Edikt *das*
Edition *die*
EDV (elektronische Datenverarbeitung)
Efeu *das*
efeubewachsen
Efeuranke *die*
Effeff *das*
aus dem Effeff
Effekt *der*
effektiv
effektvoll
effizient
Effizienz *die*
egal
egalisieren
Egel *der*
der Blutegel
Egge *die*
eggen
E-Gitarre *die*
Ego *das*
Egoismus *der*
Egoist/in
egoistisch
Egotrip *der*
auf dem Egotrip sein
egozentrisch

eh

eh/ehe
eher, eheste
am ehesten
seit eh und je
ehedem
ehemals
eher
je eher, desto besser
Ehe *die*
die Ehe brechen
Eheberatung *die*
Ehebett *das*
ehebrechen
er bricht die Ehe, er hat die Ehe gebrochen
Ehebrecher/in
Ehebruch *der*
Ehefrau *die*
ehelich
Ehemann *der*
die Ehemänner
Ehepaar *das*
Ehescheidung *die*
Eheschließung *die*
Ehestand *der*
ehern
Ehre *die*
ihm zu Ehren
ehren

ehrenamtlich
Ehrenbürger/in
Ehrengast *der*
die Ehrengäste
ehrenhaft
ehrenhalber
Ehrenmitglied *das*
ehrenrührig
Ehrenrunde *die*
Ehrensache *die*
Ehrentribüne *die*
ehrenvoll
ehrenwert
Ehrenwort *das*
Ehrerbietung *die*
Ehrgefühl *das*
Ehrung *die*
ehrwürdig
Ehrfurcht *die*
Ehrfurcht gebietend*
ehrfürchtig
Ehrgeiz *der*
ehrgeizig
ehrlich
Ehrlichkeit *die*

ei

Ei *das*
Eidotter *der/das*
Eierbecher *der*
eiern
das Rad eiert
Eierschale *die*
Eierschwamm *der*
Eierstock *der*
die Eierstöcke
eiförmig
Eigelb *das*
Eisprung *der*
Eiweiß *das*
Eibe *die*
Eibisch *der*
Eiche *die*
Eichel *die*
Eichelhäher *der*
Eichenholz *das*
Eichenlaub *das*
eichen
Eichmaß *das*
Eichstrich *der*
Eichhörnchen *das*
Eid *der*
*an Eides statt**
eidbrüchig
Eidesformel *die*
eidesstattlich
Eidgenosse *der*
Eidgenossenschaft *die*
eidgenössisch
Eidechse *die*
Eiderdaune *die*
Eiderente *die*
Eifer *der*
eifrig
Eifersucht *die*
eifersüchtig
eigen
e ...
mit eigenen Augen
sein eigenes Zimmer
E ...
*sein Eigen nennen**
*zu Eigen geben**
*zu Eigen machen**
Eigenart *die*
eigenartig
Eigenbrötelei *die*
Eigenfrequenz *die*
eigenhändig
Eigenheim *das*
Eigenlob *das*
eigenmächtig
Eigenname *der*
Eigennutz *der*
eigens
eigenständig
eigenverantwortlich
eigenwillig
Eigenschaft *die*
Eigenschaftswort *das*
Eigensinn *der*
eigensinnig
eigentlich
Eigentor *das*
ein Eigentor schießen
Eigentum *das*
Eigentümer/in
Eigentumswohnung *die*
eigentümlich
Eigentümlichkeit *die*
eigenwillig
eignen
sich eignen für ...
Eignung *die*
Eignungstest *der*
Eiland *das*
Eile *die*
eilen
eilends
eilfertig
eilig
Eilverfahren *das*
Eilzug *der*
Eimer *der*
eimerweise

ein

ein
ein Buch
ein für alle Mal
mein Ein und Alles
ein und aus
das eine und das andere
alle für einen

die einen
einer fehlte
Einakter *der*
einander
einarbeiten
sich einarbeiten
Einarbeitung *die*
einarmig
einäschern
Einäscherung *die*
einatmen
einäugig

einb

Einbahnstraße *die*
einbalsamieren
Einband *der*
die Einbände
einbändig
einbauen
Einbauküche *die*
Einbaumöbel
einbehalten
behält ein,
behielt ein,
hat einbehalten
einberufen
beruft ein, berief ein,
hat einberufen
Einberufung *die*
einbetonieren
einbetten
Einbettzimmer *das*
einbeziehen
bezieht ein,
bezog ein,
hat einbezogen
einbiegen
biegt ein, bog ein,
ist eingebogen
einbilden
sich etwas einbilden
Einbildung *die*
Einbildungskraft *die*
einbinden
bindet ein, band ein,
hat eingebunden
Einbindung *die*
einbläuen*
einblenden
Einblendung *die*
Einblick *der*
Einblick gewähren
einbrechen
bricht ein, brach ein,
hat/ist eingebro-
chen
Einbrecher/in
Einbruch *der*
die Einbrüche
Einbrenne *die*
einbringen
bringt ein, brachte
ein, hat eingebracht
einbürgern
Einbürgerung *die*
Einbuße *die*
einbüßen
einchecken
eincremen/einkre-
men

eind

eindämmen
Eindämmung *die*
eindecken
sich mit etwas ein-
decken
eindeichen
eindeutig
Eindeutigkeit *die*
eindeutschen
Eindeutschung *die*
eindimensional
eindringen
dringt ein, drang ein,
ist eingedrungen
eindringlich
Eindringlichkeit *die*
Eindruck *der*
die Eindrücke
eindrucksvoll
eindübeln
einebnen
eineiig
eineiige Zwillinge
eineinhalb
eineinhalb Stunden
einer
Einer *der*
einerlei
einerseits
einesteils
einfach
e ...
eine einfache Auf-
gabe
eine einfache Fahr-
karte
E ...
aufs Einfachste/ein-
fachste
es ist das Einfachs-
te, wenn * ...
Einfachheit *die*
einfädeln
Einfahrt *die*
Einfall *der*
die Einfälle
einfallen
fällt ein, fiel ein,
ist eingefallen
einfallslos
einfallsreich
Einfalt *die*
einfältig

Einfamilienhaus *das*
die Einfamilienhäuser
einfangen
fängt ein, fing ein, hat eingefangen
einfarbig
einfassen
fasst ein, fasste ein*, hat eingefasst**
Einfassung *die*
einfetten
einfinden
findet ein, fand ein, hat eingefunden
sich einfinden
einfließen
fließt ein, floss ein, ist eingeflossen*
einflößen
Einflugschneise *die*
Einfluss* *der*
die Einflüsse
*Einfluss nehmen**
Einflussnahme* *die*
einflussreich*
einfordern
einförmig
Einförmigkeit *die*
einfrieren
friert ein, fror ein, hat eingefroren
einfügen
Einfügung *die*
einfühlen
sich einfühlen
einfühlsam
Einfühlungsvermögen *das*
Einfuhr *die*
einführen
Einführung *die*
Einfuhrzoll *der*
einfüllen

eing

Eingabe *die*
eingeben
gibt ein, gab ein, hat eingegeben
Eingang *der*
die Eingänge
eingangs
Eingangstür *die*
eingebildet
Eingeborene *der/die*
Eingebung *die*
eingedenk
eingedenk seines Alters
eingefleischt
eingehen
geht ein, ging ein, ist eingegangen
eingehend
eingemeinden
eingenommen
eingeschlossen
eingeschnappt
eingeschränkt
eingespielt
Eingeständnis *das*
die Eingeständnisse
eingestehen
gesteht ein, gestand ein, hat eingestanden
eingetragen
eingetragener Verein (e. V.)
Eingeweide
eingeweiht
eingewöhnen
sich eingewöhnen
Eingewöhnung *die*
eingießen
gießt ein, goss ein, hat eingegossen*
eingleisig
eingliedern
Eingliederung *die*
eingraben
gräbt ein, grub ein, hat eingegraben
eingravieren
eingreifen
greift ein, griff ein, hat eingegriffen
Eingriff *der*
eingrenzen
eingruppieren
einhaken

einh

Einhalt *der*
Einhalt gebieten
einhalten
hält ein, hielt ein, hat eingehalten
Einhaltung *die*
einhämmern
einhandeln
einhängen
hängt ein, hing ein, hat eingehängt
einheften
einheimisch
Einheimische *der/die*
einheimsen
einheiraten
Einheit *die*
einheitlich
Einheitlichkeit *die*
Einheitspreis *der*
Einheitssystem *das*

einheizen
einhelfen
hilft ein, half ein,
hat eingeholfen
einhellig
einhergehen
geht einher,
ging einher,
ist einhergegangen
einholen
Einhorn *das*
einhundert
einig
einig sein
einig werden
einigen
sich einigen
Einigkeit *die*
Einigung *die*
einige
einiges
einige Mal(e)
einigeln
sich einigeln
einigermaßen
einimpfen
einjährig

eink

einkalkulieren
einkapseln
einkassieren
Einkauf *der*
die Einkäufe
einkaufen
Einkäufer/in
Einkaufsbummel *der*
Einkaufscenter *das*
Einkehr *die*
einkehren
kehrt ein, kehrte ein,
ist eingekehrt
einkellern
einkerben
einkerkern
einkesseln
einklagbar
einklagen
einklammern
Einklang *der*
einkleben
einklemmen
einkochen
Einkommen *das*
Einkommensteuer *die*
Einkommensteuer-erklärung *die*
einkommensteuer-pflichtig
einkreisen
Einkristall *der*
Einkünfte
einladen
lädt ein, lud ein,
hat eingeladen
einladend
Einladung *die*
Einlage *die*
einlagern
Einlass* *der*
einlassen
lässt ein, ließ ein,*
hat eingelassen
Einlasskarte* *die*
einlaufen
läuft ein, lief ein,
ist eingelaufen
einläuten
einleben
sich einleben
einlegen
einleiten
einleitend
Einleitung *die*
einlenken
einlesen
liest ein, las ein,
hat eingelesen
einleuchten
einleuchtend
einliefern
Einlieferung *die*
Einlieferungsschein *der*
Einliegerwohnung *die*
einlösen

einm

einmachen
Einmachglas *das*
die Einmachgläser
einmal
auf einmal
nicht einmal
noch einmal
nun einmal
ein- bis zweimal
Einmaleins *das*
einmalig
Einmaligkeit *die*
Einmarsch *der*
einmarschieren
einmauern
einmeißeln
einmischen
Einmischung *die*
einmotten
einmünden
Einmündung *die*
einmütig
Einmütigkeit *die*
einnähen
Einnahme *die*
Einnahmequelle *die*
einnehmen

nimmt ein,
nahm ein,
hat eingenommen
einnehmend
einnisten
sich einnisten
Einöde *die*
einölen
einordnen
sich einordnen
Einordnung *die*

einp

einpacken
einparken
einpendeln
sich einpendeln
einpferchen
einpflanzen
einplanen
einpökeln
einpolig
einprägen
sich etwas einprä-gen
einprägsam
einpudern
einquartieren
Einquartierung *die*
einrahmen
Einrahmung *die*
einrasten
einräumen
Einräumung *die*
Einräumungssatz *der*
einreden
einreiben
reibt ein, rieb ein,
hat eingerieben
Einreibung *die*
einreichen
einreihen
sich einreihen
Einreise *die*
einreisen
reist ein, reiste ein,
ist eingereist
Einreisegenehmi-gung *die*
Einreisevisum *das*
einreißen
reißt ein, riss ein,*
hat eingerissen
einrenken
einrichten
Einrichtung *die*
Einrichtungsgegen-stand *der*
die Einrichtungsge-genstände
einrollen
einrosten
einrücken

eins

eins
e ...
eins sein
es ist eins
halb eins
Nummer eins
um eins
E ...
eine Eins schreiben
drei Einsen würfeln
einsäen
einsalzen
einsam
Einsamkeit *die*
einsammeln
Einsatz *der*
die Einsätze
einsatzbereit
Einsatzbereitschaft *die*
einsatzfähig
einsatzfreudig
Einsatzleiter/in
einschalen
einschalten
Einschalthebel *der*
einschärfen
einschätzen
Einschätzung *die*
einschenken
einscheren
einschicken
einschieben
schiebt ein,
schob ein,
hat eingeschoben
einschlafen
schläft ein, schlief
ein, ist eingeschlafen
einschläfern
Einschlag *der*
die Einschläge
einschlagen
schlägt ein, schlug
ein, ist/hat einge-schlagen
einschlägig
einschleichen
sich einschleichen
einschleifen
schleift ein,
schliff ein,
hat eingeschliffen
einschleppen
einschleusen
einschließen
schließt ein,
schloss ein,*
hat eingeschlossen
einschließlich

Einschluss* *der*
die Einschlüsse
einschmeicheln
einschmelzen
schmilzt ein,
schmolz ein,
hat eingeschmolzen
einschmuggeln
einschnappen
einschneiden
schneidet ein,
schnitt ein,
hat eingeschnitten
einschneidend
Einschnitt *der*
einschnüren
einschränken
sich einschränken
Einschränkung *die*
einschrauben
Einschreib(e)brief *der*
einschreiben
schreibt ein,
schrieb ein,
hat eingeschrieben
einschreiten
schreitet ein, schritt ein, ist eingeschritten
Einschub *der*
die Einschübe
einschüchtern
Einschüchterung *die*
Einschüchterungs-versuch *der*
einschulen
Einschulung *die*
einschütten
einschweißen

einse

einsegnen
Einsegnung *die*
einsehen
sieht ein, sah ein, hat eingesehen
Einsehen *das*
einseifen
einseitig
Einseitigkeit *die*
einsenden
sendet ein, sandte ein,
hat eingesandt / gesendet
Einsender / in
Einsendeschluss* *der*
Einsendung *die*
Einser *der*
einsetzen
Einsetzung *die*
Einsicht *die*
einsichtig
einsichtsvoll
einsickern
Einsiedler / in
einsiedlerisch
einsilbig
Einsilbigkeit *die*
einsinken
sinkt ein, sank ein, ist eingesunken
einsitzen
sitzt ein, saß ein, hat eingesessen
einsortieren
einspannen
einsparen
Einsparmöglichkeit *die*
Einsparung *die*
einsperren
einspielen
sich einspielen
Einspielung *die*
einsprachig
Einsprachigkeit *die*
einspringen
springt ein,
sprang ein,
ist eingesprungen
einspritzen
Einspritzmotor *der*
Einspruch *der*
die Einsprüche
einspurig

einst

einst
einstig
einstmals
einstampfen
Einstand *der*
Einstandspreis *der*
einstauben
einstechen
sticht ein, stach ein, hat eingestochen
einstecken
einsteigen
steigt ein, stieg ein, ist eingestiegen
einstellen
Einstellplatz *der*
die Einstellplätze
Einstellung *die*
Einstellungsgröße *die*
Einstellungsstopp *der*
einstellig
Einstich *der*
Einstieg *der*
einstimmen
Einstimmung *die*
einstimmig

Einstimmigkeit *die*
einstmals
einstöckig
einstreuen
einströmen
einstudieren
einstufen
Einstufung *die*
einstündig
Einsturz *der*
die Einstürze
einstürzen
Einsturzgefahr *die*
einstweilen
einstweilig

eint

Eintagsfliege *die*
eintauchen
eintauschen
eintausend
einteilen
Einteilung *die*
einteilig
eintippen
eintönig
Eintönigkeit *die*
Eintopf *der*
Eintopfgericht *das*
eintopfen
Eintracht *die*
einträchtig
eintragen
trägt ein, trug ein, hat eingetragen
einträglich
Eintragung *die*
eintreffen
trifft ein, traf ein, ist eingetroffen
eintreiben
treibt ein, trieb ein, hat eingetrieben
eintreten
tritt ein, trat ein, ist eingetreten
Eintritt *der*
Eintrittskarte *die*
Eintrittspreis *der*
eintrocknen
eintrüben
sich eintrüben
Eintrübung *die*
eintunken
das Brot in die Milch eintunken
einüben
einunddreißig
einverleiben
Einvernahme *die*
einvernehmen
vernimmt ein, vernahm ein, hat vereinnahmt
Einvernehmen *das*
einvernehmlich
einverstanden
damit einverstanden sein
Einverständnis *das*
Einverständnis-erklärung *die*

einw

Einwaage *die*
einwachsen
wächst ein, wuchs ein, ist eingewachsen
einwachsen *(mit Wachs)*
wachst ein, wachste ein, hat eingewachst
Einwand *der*
die Einwände
einwenden
wendet ein, wandte/wendete ein, hat eingewandt/eingewendet
Einwanderer *der*
Einwanderin *die*
einwandern
ist eingewandert
Einwanderung *die*
einwärts
einwechseln
einwecken
Einweckglas *das*
die Einweckgläser
Einwegflasche *die*
einweichen
einweihen
Einweihung *die*
einweisen
weist ein, wies ein, hat eingewiesen
Einweisung *die*
einwenden
wendet ein, wendete/wandte ein, hat eingewendet/eingewandt
einwerfen
wirft ein, warf ein, hat eingeworfen
Einwurf *der*
die Einwürfe
einwertig
einwickeln
einwilligen
Einwilligung *die*
einwirken
Einwirkung *die*
Einwirkungsmöglichkeit *die*

Einwohner/in
Einwohnerzahl *die*
Einwurf *der*
die Einwürfe
Einzahl *die*
einzahlen
Einzahlung *die*
Einzahlungsbeleg *der*
einzäunen
einzeichnen
einzeilig (1-zeilig*)
Einzel *das*
Einzelerscheinung *die*
Einzelfall *der*
die Einzelfälle
Einzelgänger/in
Einzelhaft *die*
Einzelhandel *der*
Einzelheit *die*
Einzelkind *das*
Einzelstück *das*
Einzelteil *das*
Einzelzimmer *das*
einzeln
e …
einzelne Ausnahmen
einzelne Interessenten
E …
*der/die/das Einzelne**
*bis ins Einzelne**
*jeder Einzelne**
*im Einzelnen**
*als Einzelner**
*ein Einzelner**
Einzelperson *die*
Einzelstück *das*
einziehen
zieht ein, zog ein, ist eingezogen
einzig
e …
die einzige Ausnahme
einzig und allein
E …
*der/die/das Einzige**
*als Einziger**
*kein Einziger**
*etwas Einziges**
einzigartig
Einzigartigkeit *die*
Einzimmerwohnung *die*
einzuckern
Einzug *der*
die Einzüge
Einzugsbereich *der*
einzwängen

eis

Eis *das*
*Eis laufen**
Eisbahn *die*
Eisbär *der*
Eisbecher *der*
Eisbein *das*
Eisberg *der*
Eiscafé *das*
Eiscreme *die*
Eisfläche *die*
eisfrei
eisgekühlt
Eisheilige *der*
Eishockey *das*
eisig
Eiskaffee *der*
eiskalt
Eiskunstlauf *der*
Eiswein *der*
Eiszapfen *der*
Eiszeit *die*
Eisen *das*
*Eisen verarbeitend**
Eisenbahn *die*
Eisenbahnschiene *die*
Eisenerz *das*
eisenhaltig
Eisenstange *die*
Eisenwaren
eisern
e …
mit eiserner Faust
die eiserne Hochzeit
ein eiserner Wille
E …
das Eiserne Kreuz
eisig
eitel
Eitelkeit *die*
Eiter *der*
Eiterbläschen *das*
Eitererreger *der*
Eiterherd *der*
eit(e)rig
eitern
Eiterpickel *der*
Eiweiß *das*
eiweißreich
Ejakulation *die*

ek

Ekel *der*
Ekel erregend
ekelhaft
ekeln
sich ekeln
eklig
Eklat *der*
eklatant
Eklektizismus *der*
Eklipse *die*

Ekstase *die*
ekstatisch
Ekzem *das*

el

Elaborat *das*
Elan *der*
elastisch
Elastizität *die*
Elativ *der*
Elch *der*

Elchkuh *die*
die Elchkühe
Eldorado *das*
Elefant *der*
Elefantenbulle *der*
elegant
Eleganz *die*
Elegie *die*
elegisch
elektrifizieren
Elektrifizierung *die*
Elektriker/in
elektrisch
Elektrizität *die*
Elektrizitätswerk *das*
Elektrode *die*
Elektrogerät *das*
Elektroherd *der*
Elektroindustrie *die*
Elektrokardiogramm *das* (EKG)
Elektrolyse *die*
Elektrolyt *der*
elektromagnetisch
Elektromotor *der*
Elektrotechnik *die*
Elektron *das*
Elektronenhülle *die*
Elektronenmikroskop *das*
Elektronik *die*
elektronisch
Element *das*
elementar
Elementarteilchen *das*
elend
ich fühle mich elend
Elend *das*
im Elend leben
Elendsviertel *das*
Eleve *der*
elf
e ...
elfmal (11-mal)*
elftausend
elftel
E ...
die Elf
Elfmeter *der*
Elfmeterpunkt *der*
Elfmeterschießen *das*
Elfe *die*
Elfenbein *das*
elfenbeinfarben
eliminieren
Elimination *die*
Eliminierung *die*
Elision *die*
elitär
Elite *die*
Elitetruppe *die*
Elixier *das*
Ellbogen/Ellenbogen *der*
Elle *die*
ellenlang
Ellipse *die*
ellipsenförmig
elliptisch
E-Lok *die* (elektrische Lokomotive)
eloquent
Eloquenz *die*
Eloxal *das*
eloxieren
Elritze *die*
Elster *die*
Elsternnest *das*
Eltern
Elternabend *der*
Elternhaus *das*

em

EM (Europameisterschaft)
Email *das*/**Emaille** *die*
emaillieren
Emanation *die*
Emanzipation *die*
emanzipatorisch
emanzipieren
emanzipiert
Embargo *das*
Emblem *das*
Embolie *die*
Embryo *der/das*
embryonal
emeritiert
Emeritierung *die*
Emigrant/in
Emigration *die*
emigrieren
eminent

A B C D E F G H I J K L M N O P Q R S T U V W X Y Z

Eminenz *die*
Emir *der*
Emission *die*
emittieren
Emmentaler *der*
Emotion *die*
emotional
Emotionalität *die*
emotionell
emotionsgeladen
emotionslos
empfahl (empfehlen)
empfand (empfinden)
Empfang *der*
die Empfänge
empfangen
empfängt, empfing,
hat empfangen
Empfänger/in
empfänglich
Empfängnis *die*
die Empfängnisse
Empfängnisverhü-
tung *die*
empfangsberechtigt
Empfangsbestäti-
gung *die*
empfehlen
empfiehlt, empfahl,
hat empfohlen
empfehlenswert
Empfehlung *die*
empfinden
empfindet,
empfand,
hat empfunden
empfindlich
Empfindlichkeit *die*
empfindsam
Empfindsamkeit *die*
Empfindung *die*
Emphase *die*
emphatisch
Empire *das*
Empirestil *der*
empirisch
Empirismus *der*
empor
emporblicken
emporkommen
kommt empor,
kam empor,
ist emporgekommen
emporsteigen
steigt empor,
stieg empor,
ist emporgestiegen
Empore *die*
empören
sich empören
empörend
Empörung *die*
emsig
Emsigkeit *die*
Emu *der*
Emulsion *die*
E-Musik *die*

en

Ende *das*
Ende des Jahres
Ende Mai
zu Ende
Endeffekt *der*
enden

END…/ENT…

END…
hängt mit „Ende“ zusammen:

***End**spurt*
***End**station*
***end**lich*
***end**los*
***End**ung*
***end**gültig*

ENT…
ist eine Vorsilbe:

***Ent**schluss*
***ent**gegen*
***Ent**fernung*
***ent**scheiden*
***ent**decken*
*un**ent**schieden*

Endergebnis *das*
Endfassung *die*
endgültig
Endkampf *der*
Endlager *das*
endlich
Endlichkeit *die*
endlos
Endmoräne *die*
Endrunde *die*
Endspiel *das*
Endspurt *der*
Endung *die*
endungslos
Endverbraucher/in
Endzustand *der*
endemisch
enden
Endivie *die*
Endiviensalat *der*
endlich
endlos
endogen
Endoskopie *die*
endotherm
Energie *die*
Energiebedarf *der*
energiebewusst*
Energieversorgung *die*
energisch
en face
eng
enger, engste
*eng bedruckt**
*eng befreundet**
*eng begrenzt**
Enge *die*
engherzig
Engpass* *der*
die Engpässe
engstirnig
Engstirnigkeit *die*
Engagement *das*
engagieren
sich engagieren
Engel *der*
mit Engelszungen
engelgleich
engelhaft
Engerling *der*
englisch
Englischhorn *das*
Engobe *die*
Engramm *das*
en gros
Enjambement *das*
Enkaustik *die*
Enkel/in
Enkelkind *das*
Enklave *die*
en masse
enorm
en passant
Enquete *die*
Enquetekommission *die*
Ensemble *das*

ent

entarten
entartet
entäußern
sich entäußern
entbehren
entbehrlich
Entbehrung *die*
entbinden
entbindet, entband, hat entbunden
Entbindung *die*
entbrennen
entbrennt, entbrann-te, ist entbrannt
entdecken
Entdecker/in
Entdeckung *die*
Entdeckungsreise *die*
Ente *die*
Entenbraten *der*
Ententeich *der*
Enterich *der*
entehren
enteignen
Enteignung *die*
enteisen (vom Eis be-freien)
enteisent (ohne Eisen)
Entelechie *die*
Entente *die*
enterben
entern
Entertainer/in

entf

entfachen
entfallen
entfällt, entfiel, ist entfallen
entfalten
Entfaltung *die*
entfernen
entfernt
*nicht im Entferntes-ten**
Entfernung *die*
entfesseln
entflammbar
entflammen
entflechten
entflicht, entflocht, hat entflochten
Entflechtung *die*
entfliegen
entfliegt, entflog,

A
B
C
D
E
F
G
H
I
J
K
L
M
N
O
P
Q
R
S
T
U
V
W
X
Y
Z

ist entflogen
entfliehen
entflieht, entfloh, ist entflohen
entfremden
sich entfremden
Entfremdung *die*
Entfroster *der*
entführen
Entführer/in
Entführung *die*
entgegen
entgegenbringen
bringt entgegen, brachte entgegen, hat entgegengebracht
entgegengesetzt
entgegenkommen
kommt entgegen, kam entgegen, ist entgegengekommen
Entgegenkommen *das*
entgegennehmen
nimmt entgegen, nahm entgegen, hat entgegengenommen
entgegnen
entgehen
entgeht, entging, ist entgangen
entgeistert
Entgelt *das*
entgelten
entgilt, entgalt, hat entgolten
entgeltlich
entgiften
entgleisen
Entgleisung *die*
entgleiten
entgleitet, entglitt, ist entglitten

enth

enthaaren
enthalten
enthält, enthielt, hat enthalten
enthaltsam
Enthaltsamkeit *die*
Enthaltung *die*
entheben
enthebt, enthob, hat enthoben
enthüllen
Enthusiasmus *der*
enthusiastisch
Entität *die*
entkernen
entkleiden
entkoffeiniert
entkommen
entkommt, entkam, ist entkommen
Entkommen *das*
entkräften
entkräftet
Entkräftung *die*
entkrampfen
Entkrampfung *die*
entladen
entlädt, entlud, hat entladen
Entladung *die*
entlang
entlangfahren
fährt entlang, fuhr entlang, ist entlanggefahren
entlanggehen
geht entlang, ging entlang, ist entlanggegangen
entlanglaufen
läuft entlang, lief entlang, ist entlanggelaufen
entlarven
Entlarvung *die*
entlassen
entlässt, entließ, hat entlassen*
Entlassung *die*
entlasten
Entlastung *die*
Entlastungsmaterial *das*
entlaufen
entläuft, entlief, ist entlaufen
entledigen
sich einer Sache entledigen
entlegen
entlehnen
Entlehnung *die*
entleihen
entleiht, entlieh, hat entliehen
Entleiher/in
entloben
sich entloben
entlocken
entlohnen
Entlohnung *die*
Entlüftung *die*

entm

entmachten
Entmachtung *die*
entmannen
entmenscht
entmilitarisieren

Entmilitarisierung *die*
entmündigen
Entmündigung *die*
entmutigen
entmutigend
Entmutigung *die*
Entnahme *die*
entnehmen
entnimmt, entnahm, hat entnommen
Entnazifizierung *die*
entnervt
entpflichten
entpuppen
sich entpuppen

entr

entrahmen
entraten
entratet, entriet, hat entraten
enträtseln
Entrechtung *die*
Entrecote *das*
Entree *das*
Entreetür *die*
entreißen
entreißt, entriss, hat entrissen*
entrichten
entrinnen
entrinnt, entrann, ist entronnen
Entrinnen *das*
es gibt kein Entrinnen
entrosten
Entroster *der*
entrücken
entrümpeln
Entrümp(e)lung *die*
entrüsten
entrüstet
Entrüstung *die*

ents

Entsafter *der*
entsagen
Entsagung *die*
entsagungsvoll
entsalzen
Entsalzungsanlage *die*
entschädigen
Entschädigung *die*
entschärfen
Entschärfung *die*
entscheiden
entscheidet, entschied, hat entschieden
entscheidend
Entscheidung *die*
Entscheidungsfrage *die*
Entscheidungsfreiheit *die*
entschieden
Entschiedenheit *die*
entschlacken
Entschlafene *der/die*
entschließen
entschließt, entschloss, hat entschlossen*
sich entschließen
Entschließung *die*
entschlossen sein
Entschlossenheit *die*
Entschluss* *der*
die Entschlüsse
entschlusslos*
entschlüsseln
entschuldigen
sich entschuldigen
Entschuldigung *die*
Entschuldigungsgrund *der*
die Entschuldigungsgründe
entschwefeln
entschwinden
entschwindet, entschwand, ist entschwunden
entseelt
entsenden
entsendet, entsandte, hat entsandt
Entsendung *die*
Entsetzen *das*
entsetzlich
entsetzt
entsichern
entsinnen
entsinnt, entsann, hat entsonnen
sich entsinnen
entsorgen
Entsorgung *die*
entspannen
entspannt
Entspannung *die*
Entspannungspolitik *die*
entsprechen
entspricht, entsprach, hat entsprochen
entsprechend
Entsprechung *die*
entspringen
entspringt,

entsprang,
ist entsprungen
entstammen
entstauben
entstehen
entsteht, entstand,
ist entstanden
Entstehung *die*
Entstehungszeit *die*
entstellen
Entstellung *die*
entstören
Entstörung *die*
Entsühnung *die*
enttabuisieren
enttarnen
enttäuschen
Enttäuschung *die*

entw

entwachsen
entwächst,
entwuchs,
ist entwachsen
entwaffnen
Entwaffnung *die*
entwarnen
Entwarnung *die*
entwässern
Entwässerung *die*
entweder
entweder … oder
*das Entweder-oder**
entweichen
entweicht, entwich,
ist entwichen
entwenden
entwendet, entwen-
dete, hat entwendet
entwerfen
entwirft, entwarf,
hat entworfen
Entwurf *der*
die Entwürfe
entwerten
Entwertung *die*
entwickeln
sich entwickeln
Entwicklung *die*
Entwicklungshilfe
die
Entwicklungsland
das
die Entwicklungs-
länder
Entwicklungsroman
der
entwirren
entwischen
entwöhnen
Entwöhnung *die*
entwürdigend
Entwurf *der*
die Entwürfe
entwurzeln
entzerren
entziehen
entzieht, entzog,
hat entzogen
Entziehungskur *die*
entziffern
entzücken
Entzücken *das*
entzückend
Entzug *der*
Entzugserscheinung
die
entzünden
Entzündung *die*
entzwei
entzwei sein
entzweibrechen
bricht entzwei,
brach entzwei, ist
entzweigebrochen
entzweigehen
geht entzwei,
ging entzwei,
ist entzweigegangen
Environment *das*

enz

Enzephalogramm *das*
Enzian *der*
enzianblau
Enzyklika *die*
Enzyklopädie *die*
enzyklopädisch
Enzym *das*
ephemer
Epidemie *die*
epidemisch
Epidiaskop *das*
epigonal
Epigone *der*
Epigramm *das*
epigrammatisch
Epik *die*
episch
Epos *das*
die Epen
epikureisch
Epilation *die*
Epilepsie *die*
epileptisch
Epilog *der*
Epiphanias *das*
Epiphaniasfest *das*
Episkop *das*
Episkopat *das*
Episode *die*
episodenhaft
Epistel *die*
Epitaph *das*
Epitheton *das*
Epizentrum *das*

epochal
Epoche *die*
*Epoche machend**
Epos *das*
die Epen
Eprouvette *die*
Epsilon *das*
Equalizer *der*
Equipe *die*

er

er
erachten
Erachten *das*
meines Erachtens
erahnen
erarbeiten
Erarbeitung *die*
erbarmen
sich erbarmen
Erbarmen *das*
erbärmlich
erbarmungslos
erbauen
Erbauer/in
erbaulich
Erbe *der* (Person)
das (Erbschaft)
erben
Erbin *die*
Erblasser/in
erblich
Erbpacht *die*
Erbrecht *das*
Erbschaft *die*
Erbschaftssteuer *die*
Erbschein *der*
Erbstück *das*
Erbsünde *die*
erbeben
erben
erbeuten
erbitten
erbittet, erbat,
hat erbeten
erbittert
erbitterte Kämpfe
erblassen
*ist erblasst**
erbleichen
erblich
erblicken
erblinden
erblühen
erblüht, erblühte,
ist erblüht
erbrechen
erbricht, erbrach,
hat erbrochen
Erbrechen *das*
erbringen
erbringt, erbrachte,
hat erbracht
Erbse *die*
erbsengroß
Erbs(en)püree *das*
Erbsensuppe *die*
erdacht
Erdapfel *der*
die Erdäpfel
Erdbeere *die*
Erdbeereis *das*
erdbeerfarben
Erdbeermarmelade
die
Erde *die*
Erdachse *die*
Erdbeben *das*
Erdboden *der*
erden
Erdgas *das*
Erdgeschoss* *das*
Erdhörnchen *das*
Erdkruste *die*
Erdkunde *die*
erdkundlich
Erdnuss* *die*
die Erdnüsse
Erdöl *das*
Erdölraffinerie *die*
Erdrutsch *der*
Erdteil *der*
erdumspannend
Erdung *die*
erdenken
erdenkt, erdachte,
hat erdacht
erdenklich
erdichten
erdreisten
sich erdreisten
erdrosseln
erdrücken
erdrückend
erdulden
ereifern
sich ereifern
ereignen
sich ereignen
Ereignis *das*
die Ereignisse
ereignisreich
Erektion *die*
erigieren
Eremit *der*
Eremitage *die*
ererbt

erf

erfahren
erfährt, erfuhr,
hat erfahren
erfahren sein
Erfahrung *die*
Erfahrungsaus-
tausch *der*

Erfahrungsbericht
der
erfahrungsgemäß
erfassbar*
erfassen
erfasst, erfasste*,*
*hat erfasst**
erfinden
erfindet, erfand,
hat erfunden
Erfinder/in
erfinderisch
Erfindung *die*
erflehen
Erfolg *der*
erfolglos
Erfolglosigkeit *die*
erfolgreich
Erfolgsaussichten
Erfolgserlebnis *das*
die Erfolgserlebnisse
Erfolg versprechend*
höchst erfolgver-
sprechend*
erfolgen
erforderlich
erfordern
Erfordernis *die*
die Erfordernisse
erforschen
Erforschung *die*
erfragen
erfreuen
sich erfreuen
erfreulich
erfreulicherweise
erfrieren
erfriert, erfror,
ist erfroren
Erfrierung *die*
erfrischen
sich erfrischen
erfrischend
Erfrischung *die*
Erfrischungsgetränk
das
erfüllbar
erfüllen
Erfüllung *die*
Erfüllungsort *der*

erg

ergänzen
Ergänzung *die*
Ergänzungsfrage *die*
Ergänzungsstrich
der
ergattern
ergeben
ergibt, ergab,
hat ergeben
sich ergeben
ergeben sein
Ergebenheit *die*
Ergebnis *das*
die Ergebnisse
ergebnislos
Ergebnisprotokoll *das*
ergehen
ergeht, erging,
ist ergangen
Ergehen *das*
ergiebig
Ergiebigkeit *die*
ergießen
ergießt, ergoss,*
hat ergossen
sich ergießen
ergo
Ergometer *das*
Ergometrie *die*
Ergonomie *die*
ergötzen
sich ergötzen
ergreifen
ergreift, ergriff,
hat ergriffen
ergreifend
ergriffen
Ergriffenheit *die*
ergründen
Erguss* *der*
die Ergüsse

erh

erhaben
sich erhaben fühlen
Erhabenheit *die*
erhalten
erhält, erhielt,
hat erhalten
erhaltenswert
erhältlich
Erhaltung *die*
erhängen
erhängt, erhing,
hat erhängt
erhärten
erheben
erhebt, erhob,
hat erhoben
erhebend
erheblich
Erhebung *die*
erheitern
Erheiterung *die*
erhellen
erhitzen
sich erhitzen
Erhitzung *die*
erhoffen
erhöhen
Erhöhung *die*
erholen
sich erholen
erholsam

Erholung *die*
erholungsbedürftig
Erholungsgebiet *das*
erhören
erigieren
Erika *die*
erinnern
sich erinnern
Erinnerung *die*
Erinnerungsfoto *das*
Erinnerungslücke *die*
erkälten
sich erkälten
Erkältung *die*
Erkältungskrankheit *die*
erkämpfen
erkaufen
erkennen
erkennt, erkannte, hat erkannt
Erkenntnis *die*
die Erkenntnisse
Erkennung *die*
Erkennungszeichen *das*
Erker *der*
Erkerfenster *das*
erklärbar
erklären
erklärend
erklärlich
Erklärung *die*
Erklärungsversuch *der*
erklecklich
um ein Erkleckliches
erklimmen
erklimmt, erklomm, ist/hat erklommen
erklingen
erklingt, erklang, ist erklungen
erkranken
Erkrankung *die*
erkundigen
sich erkundigen
Erkundigung *die*
Erkundung *die*

erl

erlahmen
erlangen
Erlangung *die*
Erlass* *der*
die Erlasse
erlassen
erlässt, erließ, hat erlassen*
erlauben
jemandem etwas erlauben
Erlaubnis *die*
erlaucht
erläutern
Erläuterung *die*
Erle *die*
erleben
Erlebnis *das*
die Erlebnisse
Erlebniserzählung *die*
erlebnisreich
erledigen
erledigt
Erledigung *die*
erlegen
erleichtern
erleichtert
Erleichterung *die*
erleiden
erleidet, erlitt, hat erlitten
erlernen
erlesen
der erlesene Geschmack
Erleuchtung *die*
erliegen
erliegt, erlag, ist erlegen
Erliegen *das*
zum Erliegen kommen
Erlös *der*
erlösen
Erlöser *der*
Erlösung *die*

erm

ermächtigen
Ermächtigung *die*
Ermächtigungsgesetz *das*
ermahnen
Ermahnung *die*
ermangeln
ermäßigen
Ermäßigung *die*
ermatten
ermessen
ermisst, ermaß, hat ermessen*
Ermessen *das*
Ermessensfrage *die*
ermitteln
Ermittlung *die*
Ermittlungsverfahren *das*
ermöglichen
ermorden
Ermordung *die*
ermüden
Ermüdungserscheinung *die*

A B C D E F G H I J K L M N O P Q R S T U V W X Y Z

ermuntern
Ermunterung *die*
ermutigen
Ermutigung *die*
ernähren
sich ernähren
Ernährer/in
Ernährung *die*
ernennen
ernennt, ernannte, hat ernannt
Ernennung *die*
Ernennungsurkunde *die*
erneuern
sich erneuern
Erneuerung *die*
erneuerungsbedürftig
erneut
erniedrigen
erniedrigend
Erniedrigung *die*
ernst
e ...
die Lage ist ernst
*ernst gemeint**
ernst nehmen
*ernst zu nehmend**
es ernst meinen
es wird ernst
E ...
der Ernst
im Ernst
das ist mein Ernst
Ernst machen
es ist mir Ernst damit
es wurde Ernst
mein voller Ernst
allen Ernstes
Ernstfall *der*
ernsthaft
Ernsthaftigkeit *die*
ernstlich
Ernte *die*
Erntedankfest *das*
ernten
Erntezeit *die*
Ernüchterung *die*

ero

Eroberer *der*
erobern
Eroberung *die*
eröffnen
Eröffnung *die*
erogen
erörtern
Erörterung *die*
Eros *der*
Erosion *die*
Erotik *die*
erotisch
Erpel *der*
erpicht
auf etwas erpicht sein
erpressbar*
erpressen
erpresst, erpresste*, hat erpresst**
Erpresser/in
Erpressung *die*
Erpressungsversuch *der*
erproben
erprobt
Erprobung *die*
erquicken
sich erquicken
erraten
errät, erriet, hat erraten
errechnen
erregbar
Erregbarkeit *die*
erregen
sich erregen
Erreger *der*
Erregung *die*
Erregungszustand *der*
erreichen
errichten
Errichtung *die*
erringen
erringt, errang, hat errungen
Errungenschaft *die*
erröten
Erröten *das*

ers

Ersatz *der*
Ersatzdienst *der*
ersatzlos
Ersatzmann *der*
Ersatzprobe *die*
Ersatzrad *das*
Ersatzteil *das*
ersatzweise
erschaffen
erschafft, erschuf, hat erschaffen
Erschaffung *die*
erscheinen
erscheint, erschien, ist erschienen
Erscheinen *das*
Erscheinung *die*
Erscheinungsjahr *das*
erschießen
erschießt, erschoss, hat erschossen
Erschießung *die*
erschlaffen
ist erschlafft
erschlagen

erschlägt, erschlug, hat erschlagen
erschließen
*erschließt, erschloss**, *hat erschlossen*
Erschließung *die*
erschöpft
Erschöpfung *die*
Erschöpfungszustand *der*
erschrecken
(Schrecken einflößen:) erschreckt, erschreckte, hat erschreckt (selbst erschreckt werden:) erschreckt, erschrak, ist erschrocken
erschreckend
erschüttern
erschütternd
Erschütterung *die*
erschweren
erschwerend
Erschwernis *die*
die Erschwernisse
erschwinglich
ersehen
ersieht, ersah, hat ersehen
ersehnen
ersetzen
ersichtlich
ohne ersichtlichen Grund
erspähen
ersparen
Ersparnisse
ersprießlich
erspüren

erst

erst
erst jetzt
erst recht
erst mal
erstarken
erstarren
erstatten
Erstattung *die*
Erstaufführung *die*
erstaunen
Erstaunen *das*
erstaunlich
erstaunlicherweise
erste
e …
*das erste Mal**
beim ersten Mal
zum ersten Mal
*der erste Beste**
die erste Bundesliga
die erste Geige
*die erste Hilfe**
die erste Klasse
der erste Rang
die ersten beiden
die ersten drei
erstmals
E …
*der/die/das Erste**
der Erste Vorsitzende
*fürs Erste**
am Ersten des Monats
die Ersten werden die Letzten sein
*als Erster durchs Ziel gehen**
*als Erstes**
Erstes Deutsches Fernsehen
erstere
*der/die/das Erstere**
erstgenannt
erstklassig
Erstkommunion *die*
Erstling *der*
erstmals
erstrangig
Erststimme *die*
erstechen
ersticht, erstach, hat erstochen
erstehen
ersteht, erstand, hat/ist erstanden
ersteigen
ersteigt, erstieg, hat erstiegen
ersteigern
erstellen
ersticken
Erstickung *die*
Erstickungstod *der*
erstmals
erstrahlen
erstreben
erstrebenswert
erstrecken
erstürmen
Erstürmung *die*
ersuchen
Ersuchen *das*

ert

ertappen
erteilen
einen Auftrag ertei-

A B C D E F G H I J K L M N O P Q R S T U V W X Y Z

len
ertönen
Ertrag *der*
die Erträge
ertragen
erträgt, ertrug,
hat ertragen
erträglich
ertragreich
ertränken
erträumen
ertrinken
ertrinkt, ertrank,
ist ertrunken
Ertrinken *das*
Ertrinkende *der/die*
ertrunken
Ertüchtigung *die*
erübrigen
sich erübrigen
eruieren
Eruption *die*
eruptiv

erw

erwachen
ist erwacht
Erwachen *das*
erwachsen
erwächst, erwuchs,
ist erwachsen
Erwachsene *der/die*
erwägen
erwägt, erwog,
hat erwogen
erwägenswert
Erwägung *die*
erwählen
erwähnen
erwähnenswert
Erwähnung *die*
erwärmen
sich erwärmen
Erwärmung *die*
erwarten
Erwartung *die*
erwartungsgemäß
erwartungsvoll
erwecken
erwehren
sich erwehren
erweichen
erweisen
erweist, erwies,
hat erwiesen
erweitern
Erweiterung *die*
Erwerb *der*
erwerben
erwirbt, erwarb,
hat erworben
Erwerbsleben *das*
erwerbstätig
Erwerbstätigkeit *die*
erwidern
die Liebe erwidern
Erwiderung *die*
erwiesenermaßen
erwirken
erwirtschaften
erwischen
erworben
erwünscht
erwürgen
Erythrozyt *der*
Erz *das*
Erzader *die*
erzhaltig
erzählen
Erzähler/in
auktorialer Erzähler
personaler Erzähler
erzählerisch
Erzählperspektive *die*
Erzählung *die*
Erzählweise *die*
analytische Erzähl-
weise
Erzbischof *der*
erzbischöflich
Erzbistum *das*
die Erzbistümer
Erzengel *der*
erzeugen
Erzeuger *der*
Erzeugerpreis *der*
Erzeugnis *das*
die Erzeugnisse
Erzeugung *die*
Erzfeind *der*
Erzherzog/in
erzkonservativ
erziehen
erzieht, erzog,
hat erzogen
Erzieher/in
erzieherisch
Erziehung *die*
erzielen
erzittern
erzürnen
erzwingen
erzwingt, erzwang,
hat erzwungen
erzwungenermaßen

es

es
es regnet, ich höre es
Eschatologie *die*
eschatologisch
Esche *die* (Baum)
Eschenholz *das*
Esel *der*
Eselin *die*
Eselsbrücke *die*

Eselsohr *das*
Eskalation *die*
eskalieren
eskamotieren
Eskapade *die*
Eskimo *der*
Eskorte *die*
eskortieren
Esoterik *die*
esoterisch
Espe *die*
Espenlaub *das*
Esperanto *das*
Esplanade *die*
Espresso *der*
Espressomaschine *die*
Esprit *der*
Essay *der/das*
die Essays
Essayist/in
essayistisch
essen
isst, aß,*
hat gegessen, iss!*
essbar
Essbarkeit* *die*
Essen *das*
Essenszeit *die*
Essgewohnheit* *die*
Esslust* *die*
Esszimmer* *das*
essenziell*/essentiell
Essenz *die*
Essig *der*
Essigessenz *die*
Essiggurke *die*
essigsauer
Essigsäure *die*
Establishment *das*
Ester *der*
Estland
Este *der*
Estin *die*
estnisch
Estragon *der*
Estrich *der*

et

etablieren
sich etablieren
Etablissement *das*
Etage *die*
Etagenheizung *die*
Etappe *die*
etappenweise
Etat *der*
etatmäßig
Etatposten *der*
etc. (et cetera)
Eternit *das/der*
Eternitplatte *die*
Ethan (fachspr.)/**Äthan** *das*
Ether (fachspr)./**Äther** *der*
Ethik *die*
ethisch
Ethos *das*
ethnisch
Ethnologie *die*
ethnologisch
Etikett *das* (Warenschild)
etikettieren
Etikette *die* (feine Sitte)
etliche
etliche Tage
etliches brauchen
etliche Mal
Etüde *die*
Etui *das*
etwa
etwa 50 Personen
etwaige Schwierigkeiten
etwas
e …
etwas anderes
etwas Besseres
etwas Gutes
E …
ein gewisses Etwas
Etymologie *die*
etymologisch

eu

euch
Eucharistie *die*
eucharistisch
Eudämonismus *der*
euer
eure Fragen
der/die Eurige/eurige
der/die Eure/eure
eurerseits
euretwegen
euretwillen
Eukalyptus *der*
euklidisch
euklidische Geometrie
Eule *die*
Eulenspiegelei *die*
Eunuch *der*
Eunuchenstimme *die*
Euphemismus *der*
euphemistisch
Euphorie *die*
euphorisch
Eurasien
Eurocheque *der*
Europa
Europäer/in
europäisch
Europarekord *der*

europaweit
Eurovision *die*
Eurhythmie / Eurythmie *die*
Euter *das*
Euthanasie *die*

ev

ev. (evangelisch)
e. V. (eingetragener Verein)
evakuieren
Evakuierung *die*
Evaluation *die*
evaluieren
Evangeliar *das*
evangelikal
evangelisch
evangelisch-lutherisch
evangelisch-reformiert
Evangelist *der*
Evangelium *das*
Evaporation *die*
Evasion *die*
Eventualität *die*
eventuell
Evergreen *der / das*
evident
Evidenz *die*
Evolution *die*
Evolutionstheorie *die*
evozieren
evtl. (eventuell)
ewig
Ewigkeit *die*

ex

exakt
Exaktheit *die*
exaltiert
Examen *das*
Examenskandidat / in
examinieren
Exegese *die*
exegetisch
exekutieren
Exekution *die*
Exekutive *die*
Exekutivgewalt *die*
Exempel *das*
Exemplar *das*
exemplarisch
exemplifizieren
exerzieren
Exerzitien
Exhibition *die*
exhumieren
Exil *das*
Exilliteratur *die*
Exilregierung *die*
Existenz *die*
Existenzialismus* / Existentialismus *der*
existenzialistisch* / existentialistisch
existenziell* / existentiell
Existenzminimum *das*
existieren
Exitus *der*
Exklave *die*
exklusiv / exklusive
Exklusivinterview *das*
Exklusivität *die*
Exkommunikation *die*
exkommunizieren
Exkönig / in
Exkrement *das*
Exkurs *der*
Exkursion *die*
Exlibris *das*
Exmatrikulation *die*
exmatrikulieren
Exodus *der*
exorbitant
Exorzismus *der*
exoterisch
exotherm
Exotik *die*
exotisch
Expander *der*
expandieren
Expansion *die*
Expansionspolitik *die*
expatriieren
Expedient / in
expedieren
Expedition *die*
Experiment *das*
experimentell
experimentieren
Experte *der*
Expertise *die*
explizieren
explizit
explodieren
Explosion *die*
explosionsartig
Explosionsgefahr *die*
explosiv
Exploration *die*
explorieren
Exponat *das*
Exponent / in
exponentiell
exponieren
exponiert
Export *der*
exportabhängig

Exporteur *der*
exportieren
Exposee* / **Exposé** *das*
Exposition *die*
Express* *der*
Expressgut* *das*
Expressionismus *der*
expressionistisch
expressis verbis
expressiv
Expressivität *die*
exquisit

ext

extemporieren
extensiv
extern
exterritorial
Exterritorialität *die*
Extinktion *die*
extra
extra dry
Extra *das*
Extraausgabe *die*
extrahieren
Extrakt *der*
Extraktion *die*
extraterrestrisch
Extratour *die*
extravagant
Extravaganz *die*
extrem
Extrem *das*
Extremfall *der*
die Extremfälle
Extremismus *der*
Extremist/in
Extremitäten
Extremwert *der*
extrovertiert* / **extravertiert**
exzellent
Exzellenz *die*
Exzentrik *die*
exzeptionell
exzerpieren
Exzerpt *das*
Exzess* *der*
exzessiv
Eyeliner *der*

F

f. (folgende Seite)
ff. (folgende Seiten)
Fabel *die*
fabelhaft
fabulieren
Fabrik *die*
Fabrikant/in
Fabrikarbeiter/in
Fabrikat *das*
Fabrikation *die*
fabrikneu
fabrizieren

fac

Facette / **Fassette*** *die*
Fach *das*
die Fächer
dreifach
Facharbeiter/in
Facharzt *der*
die Fachärzte
Fachausdruck *der*
die Fachausdrücke
Fachberater/in
Fachbereich *der*
Fachbuch *das*
die Fachbücher
Fachgebiet *das*
Fachgeschäft *das*
Fachhochschule *die*
fachkundig
Fachlehrer/in
fachlich
Fachliteratur *die*
Fachmann *der*
die Fachleute
fachmännisch
Fachsimpeln *das*
Fachsprache *die*
Fachwerkhaus *das*
die Fachwerkhäuser
Fachzeitschrift *die*
fächeln
Luft zufächeln
Fächer *der*
fächerförmig
fächern
fachkundig
fachlich
fachmännisch
fachsimpeln
Fackel *die*
fackeln
nicht lange fackeln
Fackelzug *der*
die Fackelzüge
fad / **fade**
Fadheit *die*
Faden *der*
die Fäden
fadenscheinig
Fading *das*
Fagott *das*
Fagottist/in

fah

fähig
Fähigkeit *die*
fahl
fahlgelb
fahnden
Fahnder *der*
Fahndung *die*

Fahndungsfoto *das*
Fahne *die*
fahnenflüchtig
Fahnenstange *die*
Fähnrich *der*
Fähre *die*
Fährschiff *das*
fahren
fährt, fuhr,
ist gefahren
Auto fahren
Bahn fahren
*Rad fahren**
*fahren lassen**
fahren lernen
Fahrbahn *die*
Fahrbahnmarkie-
rung *die*
fahrbereit
Fahrer/in
Fahrerflucht *die*
Fahrgast *der*
die Fahrgäste
Fahrgeld *das*
Fahrkarte *die*
Fahrkartenautomat
der
Fahrlehrer/in
Fahrplan *der*
die Fahrpläne
fahrplanmäßig
Fahrrad *das*
die Fahrräder
Fahrrinne *die*
Fahrschule *die*
Fahrstuhl *der*
die Fahrstühle
Fahrt *die*
Fahrtdauer *die*
Fahrtenschreiber *der*
fahrtüchtig
Fahrzeit *die*
Fahrzeug *das*
fahrig
Fahrigkeit *die*
fahrlässig
Fahrlässigkeit *die*
Fährte *die*
Fährtensucher *der*
Faible *das*
fair
Fairness* *die*
Fairplay*/Fair Play*
das

fak

Fäkalien
Fakir *der*
Faksimile *das*
Fakt *der/das*
Faktenwissen *das*
faktisch
Faktizität *die*
Faktum *das*
Faktor *der*
textexterne Faktoren
Faktotum *das*
fakturieren
Faktura *die*
Fakultas *die*
Fakultät *die*
fakultativ

fal

falb
Falbe *der*
Falke *der*
Falkenauge *das*

f/pf

*sie **f**and einen Groschen*
*der **F**ahrer des Busses*
*die **F**eile*

*er **f**ährt nach Berlin*
*sie **f**licht einen Kranz*
*der **F**lug des Vogels*
*ge**f**unden*

*das **Pf**and, die **Pf**andflasche*
*der **Pf**arrer in der Kirche*
*der **Pf**eil*

*das **Pf**erd*
*die **Pf**licht erfüllen*
*mit dem **Pf**lug **pf**lügen*
*ein **Pf**und Butter*

Falkenjagd *die*
Falkner *der*
Fall *der*
die Fälle
von Fall zu Fall
zu Fall bringen
bestenfalls
gegebenenfalls
jedenfalls
keinesfalls
Falle *die*
eine Falle stellen
fallen
fällt, fiel, ist gefallen
fallen lassen*
lässt fallen, ließ fallen, hat fallen lassen**
Fallobst *das*
fällen
fällig
Fälligkeit *die*
Fallout/Fall-out* *der*
Fallreep *das*
falls
falls möglich
falls nötig
falls es zu spät ist
Fallschirm *der*
Fallschirmjäger *der*
Fallschirmspringer/in
falsch
f ...
falsch rechnen
F ...
kein Falsch
ohne Falsch
Falschgeld *das*
Falschmeldung *die*
Falschspieler *der*
fälschen
Fälscher/in
fälschlich
Fälschung *die*
Falsett *das*
Falsifikat *das*
Falte *die*
Faltboot *das*
falten
faltig
Falter *der*
der Zitronenfalter
Falz *der*
falzen

fam

Fama *die*
familiär
Familie *die*
Familienangelegenheit *die*
Familienbetrieb *der*
Familienfeier *die*
Familienleben *das*
Familienname *der*
famos
Famulus *der*
Fan *der*
Fanklub *der*
Fanal *das*
Fanatiker/in
fanatisch
Fanatismus *der*
fand (finden)
Fandango *der*
Fanfare *die*
Fang *der*
die Fänge
fangen
fängt, fing, hat gefangen
Fänger *der*
Fango *der*
Fangopackung *die*
Fantasia *die*
Fantasie*/Phantasie *die*
fantasiebegabt* / phantasiebegabt
fantasieren*/phantasieren
fantasievoll*/phantasievoll
Fantast*/Phantast *der*
fantastisch*/phantastisch
Fantasy *die*
Farad *das* (Maßeinheit)
Faraday'scher Käfig
Farbe *die*
farbecht
farbenblind
farbenfroh
farbenprächtig
Farbfoto *das*
farbig
Farbige *der/die*
farblich
Farbschicht *die*
Farbstoff *der*
Farbton *der*
färben
Färber *der*
Färbung *die*
Farce *die*
Farm *die*
Farmer *der*
Farmersfrau *die*
Farn *der*
Farnkraut *das*
Farnwedel *der*
Färse *die* (junge Kuh)

fas

Fasan *der*
Fasanerie *die*

Fasche *die*
Fasching *der*
Faschingskostüm *das*
Faschismus *der*
Faschist/in
faschistisch
faschistoid
faseln
Faser *die*
faserig
Fashion *die*
fashionable
Fass *das*
die Fässer
Fassbier* *das*
Fässchen* *das*
Fassade *die*
fassbar*
fassen
fasst, fasste*,*
*hat gefasst**
fasslich*
Fassette*/Facette *die*
Fasson *die*
Fassung *die*
fassungslos
Fassungsvermögen *das*
fast
fast ganz
fast zu viel
fasten
Fasten *das*
Fastenkur *die*
Fastenzeit *die*
Fastfood*/ Fast Food*
Fastnacht/Fasnacht *die*
Fastnachtsspiel *das*
Fastnachtstreiben *das*
Faszination *die*
faszinieren
faszinierend
fatal
Fatalismus *der*
Fatalist *der*
Fata Morgana *die*
fauchen/pfauchen
faul
faul sein
Fäule *die*
faulen (verderben)
faulenzen
Faulheit *die*
faulig
Fäulnis *die*
Faulpelz *der*
Faultier *das*
Fauna *die*
Faust *die*
die Fäuste
Faustball *der*
faustdick
faustgroß
Fausthieb *der*
Faustrecht *das*
Faustregel *die*
Faustschlag *der*
die Faustschläge
Fauteuil *der*
Fauvismus *der*
Fauxpas *der*
favorisieren
Favorit/in
Fax (Telefax)
faxen
Fayence *die*
Fayenceteller *der*
Fazit *das*
FCKW (Fluorchlorkohlenwasserstoff)

fe

Feature *das*
Februar *der*
fechten
ficht, focht,
hat gefochten
Fechter/in
Fechtkunst *die*
Fechtmeister/in
Fedajin *der*
Feder *die*
Federball *der*
federführend
Federhalter *der*
federleicht
Federmappe *die*
federn
Federstiel *der*
Federstrich *der*
Federvieh *das*
Federweiße *der*
Federzeichnung *die*
Fee *die*
die Feen
feenhaft
Feedback/ Feed-back* *das*
Feeling *das*
Fegefeuer *das*
fegen

feh

Fehde *die*
der Fehdehandschuh
fehl
f …
fehl am Platz sein
F …
ohne Fehl sein
Fehlanzeige *die*
Fehlbetrag *der*
die Fehlbeträge
Fehldiagnose *die*

Fehlentscheidung *die*
Fehlgeburt *die*
fehlgehen
geht fehl, ging fehl, ist fehlgegangen
in der Annahme fehlgehen
Fehlkonstruktion *die*
Fehlschlag *der*
die Fehlschläge
fehlschlagen
schlägt fehl, schlug fehl, ist fehlgeschlagen
Fehlstart *der*
Fehltritt *der*
Fehlverhalten *das*
Fehlzündung *die*

fehlen
Fehlen *das*

Fehler *der*
fehlerfrei
fehlerhaft
fehlerlos
Fehlerquelle *die*
Fehlerzahl *die*

Feier *die*
die 100-Jahr-Feier
Feierabend *der*
feierlich
Feierlichkeiten
feiern
Feiertag *der*
sonn- und feiertags

feig/feige
Feigheit *die*
Feigling *der*

Feige *die*
Feigenbaum *der*
Feigenblatt *das*
die Feigenblätter
Feigenkaktus *der*

feil
feilbieten
bietet feil, bot feil, hat feilgeboten

Feile *die*
feilen

feilschen

fein
f ...
*fein gemahlen**
sehr fein
F ...
das Feinste vom Feinen
feinfühlig
Feingefühl *das*
Feingold *das*
Feinheit *die*
feinkörnig
Feinkost *die*
fein machen*
*sich fein machen**
Feinschmecker/in
feinsinnig

Feind *der*
*jemandem Feind sein**
Feindesland *das*
feindlich
Feindschaft *die*
feindselig

feist

feixen

fel

Felbel *der*

Felchen *der* (Fisch)

Feld *das*
Feldarbeit *die*
Feldherr *der*
Feldjäger *der*
Feldlinie *die*
Feldmarschall *der*
Feldmaus *die*
die Feldmäuse
Feldstecher *der*
Feldwebel *der*
Feldweg *der*

Felge *die*
Felgenbremse *die*

Fell *das*
Fellpflege *die*

Fellache *der*

Fels/Felsen *der*
Felsblock *der*
die Felsblöcke
felsenfest
felsig
Felswand *die*

Feme *die*
Femegericht *das*

feminin
Femininum *das*
Feminismus *der*
Feministin *die*
feministisch

Fenchel *der*
Fencheltee *der*

Fenn *das*

Fenster *das*
Fensterbrett *das*
fensterln
Fensterputzer *der*
Fensterrahmen *der*
Fensterscheibe *die*

fer

Ferien
Ferienbeginn *der*
Ferienende *das*
Ferienjob *der*
Ferienreise *die*
Ferientag *der*

Ferienwohnung *die*
Ferienzeit *die*
Ferkel *das*
Ferkelzucht *die*
Fermate *die*
Ferment *das*
fermentieren

fern

fern
f …
von nah und fern
von fern her
F …
der Ferne Osten
Fernbedienung *die*
fernbleiben
bleibt fern, blieb fern, ist ferngeblieben
Fernbleiben *das*
Ferne *die*
ferner
Fernfahrer *der*
ferngelenkt
Ferngespräch *das*
Fernglas *das*
die Ferngläser
Fernlicht *das*
fern liegen*
*liegt fern, lag fern, hat fern gelegen**
*fern liegend**
Fernmeldetechnik *die*
Fernost
fernöstlich
Fernschreiber *der*
Fernsprecher *der*
Fernverkehr *der*
Fernwirkung *die*
fernsehen
sieht fern, sah fern, hat ferngesehen
Fernsehen *das*
Fernseher *der*
Fernsehfilm *der*
Fernsehkamera *die*
fernsehmüde
Fernsehprogramm *das*
Fernsehshow *die*
Fernsehspiel *das*
Fernsehturm *der*
Fernsehzeitschrift *die*
ferromagnetisch
Ferse *die* (Teil des Fußes)

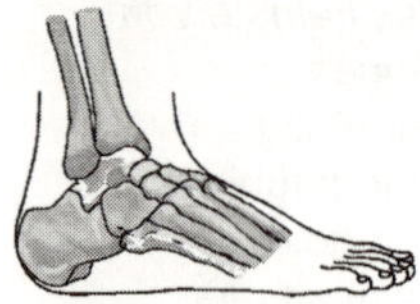

fertig
fertig bekommen*
*bekommt fertig, bekam fertig, hat fertig bekommen**
fertig bringen*
*bringt fertig, brachte fertig, hat fertig gebracht**
fertigen
Fertighaus *das*
die Fertighäuser
Fertigkeit *die*
fertig machen*
fertig sein
fertig stellen*
Fertigstellung *die*
Fertigung *die*

fes

Fes/Fez *der*
fesch
fesch aussehen
Fessel *die*
fesseln
fesselnd
fest
fest angestellt
Festbetrag *der*
festbinden (anbinden)
bindet fest, band fest, hat festgebunden
festfahren
fährt fest, fuhr fest, ist festgefahren
fest gefügt*
fest halten
festhalten (schriftlich)
hält fest, hielt fest, hat festgehalten
festigen
Festigkeit *die*
festklammern
festkleben
Festland *das*
festlegen
sich festlegen
festmachen
Festnahme *die*
festnehmen (verhaften)
nimmt fest, nahm fest, hat festgenommen
Festplatte *die*
Festpreis *der*
festschnallen
festschrauben
festsetzen
den Termin festsetzen
feststehen (klar sein)
steht fest, stand fest, hat festgestanden

Fest *das*
Festakt *der*
Festansprache *die*
Festfreude *die*
Festkomitee *das*
festlich
Festlichkeit *die*
Festsaal *der*
die Festsäle
Festschrift *die*
Festspiel *das*
Festspielhaus *das*
Festtag *der*
Festival *das*
festlich
Festung *die*
Festungswall *der*
Fete *die* (Fest)
Fetisch *der*
Fetischist *der*
fett
fett drucken
*fett gedruckt**
Fett *das*
Fettauge *das*
fetten
Fettfleck *der*
Fettgehalt *der*
fettig
Fettnäpfchen *das*
Fettsäure *die*
Fettschicht *die*
Fetus / Fötus *der*
Fetzen *der*
feucht
Feuchtgebiet *das*
Feuchtigkeit *die*
feuchtwarm
feudal
Feudalismus *der*
feudalistisch
Feudalsystem *das*
Feuer *das*
Feueralarm *der*
Feuerbestattung *die*
Feuer fangen
fängt Feuer, fing Feuer, hat Feuer gefangen
feuerfest
feuergefährlich
Feuerlöscher *der*
Feuermelder *der*
feuerrot
Feuer speiend*
Feuerversicherung *die*
Feuerwehr *die*
Feuerwehrmann *der*
die Feuerwehrmänner / die Feuerwehrleute
Feuerwerk *das*
Feuerzeug *das*
feurig
Feuilleton *das*
feuilletonistisch

fi

Fiaker *der*
Fiasko *das*
Fibel *die*
Fiber *die* (Faser)
Fibrin *das*
Fiche *das / die*
ficht (fechten)
Fichte *die*
Fichtennadel *die*
Ficus *der*

FER.../VER...

FER...
gehört zum Wortstamm:

***Fer**kel*
***Fer**ment*
***fer**n*
***fer**ner*
***Fer**se*
***fer**tig*

VER...
ist eine Vorsilbe:

***Ver**besserung*
***ver**bieten*
***ver**loren*
***Ver**teidiger*
***ver**schwinden*
***ver**gessen*

A B C D E F G H I J K L M N O P Q R S T U V W X Y Z

fidel
Fidibus *der*
Fieber *das* (Krankheit)
fieberfrei
Fieberkurve *die*
fiebernd
fiebersenkend
Fieberthermometer *das*
fiebrig
Fiedel *die* (Geige)
fiel (fallen)
fiepen
fies
Fiesta *die*
FIFA/Fifa *die* (Fédération Internationale de Football Association)
fifty-fifty
fighten
Figur *die*
Figuration *die*
Figurengedicht *das*
Figurenkonstellation *die*
Figurenrede *die*
Figurine *die*
figürlich
Fiktion *die*
fiktional
fiktiv
File *das*
Filet *das*
Filetsteak *das*
Filiale *die*
Filialleiter/in
Filigran *das*
Filius *der*
Film *der*
Filmemacher/in
filmen
Filmfestspiele *die*
filmisch
Filmmusik *die*
Filmschnitt *der*
Filmstar *der*
Filmverleih *der*
Filou *der*
Filter *der/das*
filtern
Filterpapier *das*
Filtertüte *die*
Filterung *die*
Filterzigarette *die*
Filtrat *das*
filtrieren
Filz *der*
filzig
Filzstift *der*
Fimmel *der*

fin

Finale *das*
Finalsatz *der*
die Finalsätze
Finanz *die*
Finanzamt *das*
die Finanzämter
Finanzen
finanziell
Finanzier/Financier *der*
finanzieren
Finanzierung *die*
Finanzminister/in
Findelkind *das*
finden
findet, fand, hat gefunden
Finder *der*
Finderlohn *der*
findig
Findling *der*
Finesse *die*
fing (fangen)
Finger *der*
Fingerabdruck *der*
die Fingerabdrücke
fingerbreit
einen Finger breit
fingerdick
fingerfertig
Fingernagel *der*
die Fingernägel
Fingerspitze *die*
Fingerspitzengefühl *das*
Fingerübung *die*
fingieren
Finish *das*
finit
finite Form des Verbs
Fink *der*
Finne *die* (Wurm)
Finnland
Finne *der*
Finnin *die*
finnisch
Finnwal *der*
finster
f…
finster dreinblicken
die finstre Nacht
F…
das Finstere
*im Finstern tappen**
Finsternis *die*
Finte *die*
fintenreich

fir

Firlefanz *der*
firm
in etwas firm sein
Firma *die*

die Firmen
Firmenchef/in
Firmenschild *das*
firmieren
Firmament *das*
firmen
Firmling *der*
Firmung *die*
Firn *der*
Firnis *der*
firnissen
First *der*
der Dachfirst
First-Class-Hotel* *das*
Fisch *der*
Fischadler *der*
Fischbrötchen *das*
fischen
Fischer *der*
Fischerboot *das*
Fischerei *die*
Fischerhafen *der*
die Fischerhäfen
Fischernetz *das*
Fischgericht *das*
Fischgeschäft *das*
Fischgräte *die*
Fischkutter *der*
Fischotter *der*
Fischstäbchen *das*
Fischsuppe *die*
Fisimatenten
Fiskus *der*
fiskalisch
Fisole *die*
Fistelstimme *die*

fit

fit
fitter, fitteste
Fitness* *die*
Fitnesscenter* *das*
Fitnesstest* *der*
Fittich *der*
fix
fix und fertig
Fixativ *das*
Fixelement *das*
fixen
Fixgerade *die*
fixieren
Fixkosten
Fixpunkt *der*
Fixstern *der*
Fjord *der*
FKK (Freikörperkultur)
FKK-Strand *der*

fl

flach
Flachdach *das*
die Flachdächer
Fläche *die*
flächendeckend
Flächeninhalt *der*
Flächennutzungs-
plan *der*
Flachland *das*
Flachs *der*
flachsblond
flackern
Fladen *der*
Flageolett *das*
Flagge *die*
flaggen
Flaggschiff *das*
flagrant
in flagranti erwi-
schen
Flair *das*
Flak *die*
Flakhelfer/in
Flakon *der/das*
flambieren
Flamenco *der*
Flamingo *der*
Flamme *die*
Flammentod *der*
Flanell *der*
flanieren
Flanke *die*
flankieren
Flansch *der*
flapsig
Flasche *die*
Fläschchen *das*
Flaschenhals *der*
Flaschenöffner *der*
Flaschenzug *der*
flatterhaft
flattern
flau
Flaum *der*
Flaumfeder *die*
flaumweich
flauschig
Flause *die*
Flausen im Kopf ha-
ben
Flaute *die*
Flechte *die*
flechten
flicht, flocht,
hat geflochten
Flechtwerk *das*
Fleck/Flecken *der*
fleckenlos
Fleckerlteppich *der*
fleckig
fleddern
Fledermaus *die*
die Fledermäuse
Flegel *der*
flegelhaft
Flegeljahre
flehen

flehentlich
Fleisch *das*
Fleisch essen
*Fleisch fressend**
Fleischbrühe *die*
Fleischer *der*
Fleischerei *die*
Fleischermeister/in
fleischfarben
Fleischhauer *der*
fleischig
Fleischkäse *der*
Fleischkonserve *die*
Fleischsalat *der*
Fleischwolf *der*
Fleischwurst *die*
Fleiß *der*
Fleißarbeit *die*
fleißig
flektierbar
flektieren
Flexion *die*
Flexionsendung *die*
flennen
fletschen
Fleurop *die*
flexibel
Flexibilität *die*

fli

flicht (flechten)
flicken
Flicken *der*
Flickflack *der*
Flieder *der*
Fliederbusch *der*
die Fliederbüsche
fliederfarben
Fliederstrauß *der*
die Fliedersträuße
Fliege *die*
Fliegenfänger *der*
Fliegenpilz *der*
fliegen
fliegt, flog,
ist geflogen
fliegend
Flieger *der*
Fliegerhorst *der*
fliegerisch
fliehen
flieht, floh,
ist geflohen
Fliehkraft *die*
Fliese *die*
fliesen
Fliesenleger *der*
Fließband *das*
die Fließbänder
Fließbandarbeiter/in
fließen
fließt, floss,*
ist geflossen
fließend
flimmern
flink
Flinkheit *die*
Flinte *die*
Flintenschuss* *der*
die Flintenschüsse
Flip *der*
Flipper *der*
Flirt *der*
flirten
Flittchen *das*
Flitter *der*
Flitterwochen
flitzen
Flitzer *der*

flo

floaten
flocht (flechten)
Flocke *die*
Flöckchen *das*
flockig
flog (fliegen)
floh (fliehen)
Floh *der*
die Flöhe
Flohmarkt *der*
die Flohmärkte
Flokati *der*
Flomen *der*
Flop *der*
Floppydisk*/Floppy Disk* *die*
Flor *der*
Flora *die*
florieren
Florist/in
Florett *das*
Florettfechten *das*
Floskel *die*
floskelhaft
floss* (fließen)
Floß *das*
die Flöße
Flosse *die*
Flöte *die*
Flöte spielen
flöten
flöten gehen*
geht flöten,
ging flöten,
*ist flöten gegangen**
Flötenspiel *das*
Flötist/in
flott
flott machen (schnell)
flottmachen (fahrtüchtig machen)
Flotte *die*
Flottenbasis *die*
Flöz *das*

ein Kohlenflöz
Fluch *der*
die Flüche
fluchen
Flucht *die*
fluchtartig
flüchten
flüchtig
Flüchtigkeitsfehler *der*
Flüchtling *der*
Fluchtpunkt *der*
Fluchtversuch *der*
Fluchtweg *der*
Flug *der*
die Flüge
Flugbahn *die*
Flugblatt *das*
die Flugblätter
flügge
Flughafen *der*
die Flughäfen
Fluglotse *der*
flugs
Flugschreiber *der*
Flugschrift *die*
Flugverkehr *der*
Flugzeug *das*
Flugzeugträger *der*
Flügel *der*
flügellahm
flugs
Fluid *das*
Fluidum *das*
Fluktuation *die*
fluktuieren
Flunder *die*
flunkern
Flunsch *der/die*
Fluor *das* (F)
Fluorid *das* (ein Salz)
Fluorit *das* (Mineral)
Flur *die* (Land)
Feld und Flur
der (Gang)
der Hausflur
Flurbereinigung *die*
Fluse *die*
Fluss* *der*
die Flüsse
flussab*
flussaufwärts*
Flussbett* *das*
Flussmündung* *die*
Flusspferd* *das*
Flusssand*/Fluss-Sand* *der*
Flussufer* *das*
flüssig
*flüssig machen**
Flüssiggas *das*
Flüssigkeit *die*
flüstern
Flut *die*
fluten
Flutkatastrophe *die*
Flutlicht *das*
Flutwelle *die*

fo

focht (fechten)
Fock *die*
Focksegel *das*
föderal
Föderalismus *der*
föderalistisch
Föderation *die*
föderativ
Fohlen *das*
Föhn *der*
föhnen
föhnig
Föhre *die*
Fokus *der*
fokussieren

fol

Folge *die*
Folge leisten
infolge
zufolge
folgen
folgend
f . . .
das folgende Zitat
die folgenden Gründe
F . . .
*das Folgende**
durch das Folgende
*aus Folgendem**
*im Folgenden**
*in Folgendem**
*Folgendes**
*durch Folgendes**
folgendermaßen
folgenschwer
folgerichtig
folgern
Folgerung *die*
Folgesatz *der*
folglich
folgsam
Folie *die*
folienverpackt
Folio *das*
Foliant *der*
Folklore *die*
Folklorismus *der*
folkloristisch
Folksong *der*
Follikel *der*
Folter *die*
Folterkammer *die*
foltern

Folterung *die*
(Fön > Föhn)
Fond *der*
Fonds *der* (Geldmittel)
der Aktienfonds
Fondue *das/die*
Fonduegabel *die*
Fontäne *die*
Football *der*
foppen

for

forcieren
Förde *die*
fordern
Forderung *die*
fördern
förderlich
Förderturm *der*
die Fördertürme
Förderung *die*
förderungswürdig
Forelle *die*
Forelle blau
Forellenzucht *die*
Forke *die*
Form *die*
geschlossene Form
in Form sein
formal
Formalie *die*
formalisieren
Formalismus *der*
formalistisch
Formalität *die*
Format *das*
formatieren
Formation *die*
formbar
formbeständig
Formblatt *das*
die Formblätter
formen
Formenlehre *die*
Formfehler *der*
formieren
förmlich
formlos
Formsache *die*
formschön
formvollendet
Formaldehyd *das*
Formel *die*
formelhaft
formell
Formular *das*
formulieren
Formulierung *die*
forsch
forschen
Forscher/in
Forschung *die*
Forschungsbericht *der*
Forschungsreise *die*
Forst *der*
Förster *der*
Försterei *die*
Forstfrevel *der*
Forsthaus *das*
die Forsthäuser
Forstrevier *das*
Forstverwaltung *die*
Forsythie *die*

fort

fort
fort sein
und so fort
in einem fort
fortan
Fort *das*
fortbestehen
besteht fort, bestand fort, ist/hat fortbestanden
fortbewegen
sich fortbewegen
Fortbewegung *die*
fortbilden
sich fortbilden
Fortbildung *die*
fortbleiben
bleibt fort, blieb fort, ist fortgeblieben
fortbringen
bringt fort, brachte fort, hat fortgebracht
fortdauern
fortdauernd
forte
fortissimo
fortentwickeln
sich fortentwickeln
Fortentwicklung *die*
fortfahren
fährt fort, fuhr fort, ist fortgefahren
Fortfall *der*
fortfallen
fällt fort, fiel fort, ist fortgefallen
fortführen
Fortgang *der*
fortgehen

geht fort, ging fort, ist fortgegangen
fortgeschritten
fortgesetzt
fortjagen
fortkommen
kommt fort, kam fort, ist fortgekommen
Fortkommen *das*
fortlassen
lässt fort, ließ fort, hat fortgelassen*
fortlaufend
*fortlaufend nummeriert**
fortmüssen
muss fort, musste* fort, hat fortgemusst**
fortpflanzen
sich fortpflanzen
Fortpflanzung *die*
fortschicken
fortschreiben
schreibt fort, schrieb fort, hat fortgeschrieben
Fortschreibung *die*
fortschreiten
schreitet fort, schritt fort, ist fortgeschritten
fortschreitend
Fortschritt *der*
fortschrittlich
fortsetzen
Fortsetzung *die*
forttragen
trägt fort, trug fort, hat fortgetragen
Fortuna *die*
Fortüne *die*
fortwährend
fortwerfen
wirft fort, warf fort, hat fortgeworfen
fortziehen
zieht fort, zog fort, ist fortgezogen
Forum *das*
die Foren
Forumsdiskussion *die*

fos

Fossil *das*
fossil
fossile Brennstoffe
Foto *das*
Fotoalbum *das*
die Fotoalben
Fotoapparat *der*
fotogen
Fotograf/in
Fotografie/Photographie *die*
fotografieren
fotografisch
Fotokopie *die*
Fotomodell *das*
Fotomontage *die*
Fotorealismus *der*
Fotosynthese/Photosynthese *die*
Fotozelle *die*
Fötus/Fetus *der*
Foul *das*
Foulelfmeter *der*
foulen (rempeln)
Foulspiel *das*
Foxterrier *der*
Foxtrott *der*
Foyer *das*

fra

Fracht *die*
Frachter *der*
Frachtschiff *das*
Frachtverkehr *der*
Frack *der*
die Fräcke/Fracks
Frage *die*
*in Frage stellen/infrage stellen**
indirekte Frage
Fragebogen *der*
die Fragebögen
Fragefürwort *das*
die Fragefürwörter
fragen
Fragesatz *der*
die Fragesätze
Fragestunde *die*
Frage-und-Antwort-Spiel *das*
Fragezeichen *das*
fraglich
fraglos
fragil
Fragment *das*
fragmentarisch
fragwürdig
Fragwürdigkeit *die*
Fraktal *das*
Fraktion *die*
fraktionell
Fraktionsdisziplin *die*
Fraktionsstärke *die*
Fraktur *die*
Franc *der*
frank
frank und frei
Franken *der*
der Schweizer Franken
frankieren
fränkisch
frankophon

Frankreich
Franzose *der*
Französin *die*
französisch
Franse *die*
Franzbranntwein *der*
Franziskaner/in
französisch
Französischunterricht *der*
frappant
frappieren
Frappee*/Frappé *das*
Fräse *die* (Maschine)
fräsen
Fraß *der*
fraß (fressen)
fraternisieren
Fratze *die*
fratzenhaft
Frau *die*
Frauenarzt *der*
die Frauenärzte
Frauenliteratur *die*
Frauenquote *die*
Frauenrolle *die*
Frauensprache *die*
Frauenzeitschrift *die*
fraulich
Fräulein *das*

fre

Freak *der*
frech
Frechheit *die*
Freesie *die*

Fregatte *die*
Fregattvogel *der*
frei
f ...
frei Haus
frei sein
freie Fahrt
freie Hand lassen
freie Rhythmen
freier Mitarbeiter
freies Geleit
frei sprechen (ohne Manuskript)
F ...
im Freien
Freie und Hansestadt Hamburg
Freibad *das*
die Freibäder
freibekommen
bekommt frei, bekam frei, hat freibekommen
freiberuflich
freibleibend
Freidenker/in
freien
Freier *der*
Freigabe *die*
freigeben
gibt frei, gab frei, hat freigegeben
freigebig
Freigebigkeit *die*
freihaben
hat frei, hatte frei, hat freigehabt
Freihafen *der*
die Freihäfen
freihalten
hält frei, hielt frei, hat freigehalten
Freihandel *der*
Freihandelszone *die*
freihändig
Freiheit *die*
freiheitlich
Freiheitskampf *der*
freiheitsliebend
Freiheitsstatue *die*
Freiheitsstrafe *die*
Freiherr *der*
die Freiherren

freik

Freikarte *die*
Freikirche *die*
Freikörperkultur *die* (FKK)
Freiland *das*
Freilandgemüse *das*
freilassen
lässt frei, ließ frei, hat freigelassen*
Freilassung *die*
freilich
Freilichtbühne *die*
Freilos *das*
freimachen
sich freimachen
Freimaurer *der*
Freimaurerei *die*
Freimaurerloge *die*
freimütig
freischaffend
Freischärler *der*
freischwimmen
schwimmt frei, schwamm frei, ist freigeschwommen
Freischwimmer *der*
freisprechen (für unschuldig erklären)
hat freigesprochen

frei sprechen (ohne Manuskript)
Freispruch *der*
die Freisprüche
Freistaat *der*
Freistaat Bayern
freistehen
steht frei, stand frei, hat/ist freigestanden
freistehend
freistellen
Freistellung *die*
Freistil *der*
Freistoß *der*
die Freistöße
Freistunde *die*
Freitag *der* (vgl. S. 351)
am Freitag
am Freitagabend
freitags
Freitod *der*
freitragend
Freiübung *die*
freiwillig
Freiwillige *der/die*
Freiwilligkeit *die*
Freizeit *die*
Freizeitbeschäfti-gung *die*
freizügig
Freizügigkeit *die*

frem

fremd
fremdartig
Fremde *der/die*
Fremdenverkehr *der*
Fremdenzimmer *das*
fremdgehen
geht fremd, ging fremd, ist fremdgegangen
Fremdheit *die*
Fremdkörper *der*
Fremdling *der*
Fremdsprache *die*
fremdsprachig
fremdsprachlich
Fremdwort *das*
die Fremdwörter
frenetisch
frequentieren
Frequenz *die*
Freske *die*/**Fresko** *das*
fressen
frisst, fraß, hat gefressen*
Fressen *das*
Fraß *der*
Fressalien
Fressnapf* *der*
*die Fressnäpfe**
Frettchen *das*
fretten
sich fretten
Freude *die*
freudestrahlend
vor Freude strahlend
freudig
freudlos
freuen
sich freuen
Freund/in
Freunde sein
Freunde werden
Freundeskreis *der*
Freundschaft *die*
freundschaftlich
freundlich
freundlich grüßen
Mit freundlichen Grüßen
freundlicherweise
Freundlichkeit *die*
Frevel *der*
frevelhaft
freventlich
Frevler/in

fri

Friede/Frieden *der*
Friedensbruch *der*
friedenserhaltend
Friedenskonferenz *die*
Friedenstaube *die*
Friedensvertrag *der*
die Friedensverträge
friedfertig
Friedfertigkeit *die*
friedlich
friedliebend
friedlos
Friedhof *der*
die Friedhöfe
Friedhofskapelle *die*
frieren
friert, fror, hat gefroren
Fries *der*
Frieselfieber *das*
frigid/frigide
Frigidität *die*
Frigidaire*/Frigidär* *der*
Frikadelle *die*
Frikassee *das*
Friktion *die*
Frisbee *das*
frisch
frisch gestrichen
Frische *die*
Frischgemüse *das*
Frischling *der*
Frischluft *die*
Frischmilch *die*

frischweg
Friseur/Frisör *der*
Friseurin/Frisörin *die*
frisieren
Frisur *die*
frisst* (fressen)
Frist *die*
fristen
fristgemäß
fristlos
Fritteuse *die*
Fritate *die*
fritieren
Frittüre *die*
frivol
Frivolität *die*

fro

froh
frohgemut
fröhlich
Fröhlichkeit *die*
frohlocken
Frohsinn *der*
Fromage *der*
fromm
Fromme *der/die*
Frömmigkeit *die*
Fron *die*
Frondienst *der*
fronen
frönen
Fronleichnam
Front *die*
frontal
Frontalzusammenstoß *der*
die Frontalzusammenstöße
Frontlinie *die*
Frontsoldat *der*
fror (frieren)
Frosch *der*
die Frösche
Froschmann *der*
Froschschenkel *der*
Frost *der*
frostbeständig
Frostbeule *die*
frösteln
frostfrei
Frostschutzmittel *das*
Frottee/Frotté *das/der*
Frotteehandtuch *das*
die Frotteehandtücher
frottieren
frotzeln
Frucht *die*
die Früchte
fruchtbar
Fruchtbarkeit *die*
fruchten
Fruchtfleisch *das*
Fruchtfolge *die*
fruchtig
fruchtlos
Fruchtlosigkeit *die*
Fruchtsaft *der*
die Fruchtsäfte
frugal
früh
morgen früh
am Sonntag früh
*von früh auf**
von früher
von früh bis spät
*früh verstorben**
Frühbeet *das*
Frühe *die*
früher
frühestens
frühestmöglich
Frühgeburt *die*
Frühjahr *das*
frühmorgens
frühreif
Frühschicht *die*
frühzeitig
Frühling *der*
Frühlingsanfang *der*
Frühstück *das*
frühstücken
Frühstücksbrot *das*
Frühstücksei *das*
Frühstücksfernsehen *das*
Fruktose/Fructose *die*
Frust *der*
Frustration *die*
frustrieren

fu

Fuchs *der*
die Füchse
Fuchsbau *der*
die Fuchsbaue
fuchsen
Füchsin *die*
Fuchsjagd *die*
Fuchsschwanz *der*
die Fuchsschwänze
Fuchsie *die*
Fuchtel *die*
fuchteln
Fuder *das*
fuderweise
Fug *der*
mit Fug und Recht
Fuge *die*
das Fugen-s
fugenlos
fügen
sich fügen

fügsam
Fügung *die*
fühlen
Fühler *der*
Fühlungnahme *die*
fuhr (fahren)
Fuhre *die*
Fuhrmann *der*
Fuhrpark *der*
Fuhrunternehmen *das*
Fuhrwerk *das*
führen
führend
Führer *der*
führerlos
Führerschein *der*
Führung *die*
Führungstor *das*
Fülle *die*
füllen
Füller *der*
Füllsel *das*
Füllung *die*
Füllwort *das*
die Füllwörter
Füllen *das* (Fohlen)
Fulltimejob* *der*
fulminant
fummeln

fun

Fund *der*
Fundbüro *das*
fündig
Fundort *der*
Fundsache *die*
Fundstätte *die*
Fundament *das*
fundamental
Fundamentalist *der*
Fundi *der*
fundieren
Fundus *der*
fünf
f ...
fünf Schüler
die fünf Sinne
um fünf (Uhr)
F ...
eine Fünf schreiben
eine Fünf würfeln
Fünfeck *das*
fünfeinhalb
fünffach (5fach)
fünfhundert
Fünfkampf *der*
fünfmal (5-mal*)
Fünfmarkstück *das*
Fünfprozentklausel *die*
fünfstellig
zu fünft
fünftausend
ein Fünftel
fünftens (5.)
fünfzig
fünfzigjährig (50-jährig*)
fungieren
Fungizid *das*
Funk *der*
Funkamateur *der*
Funke/Funken *der*
funkeln
funkelnagelneu
funken
SOS funken
Funker *der*
Funkgerät *das*
Funkkolleg *das*
Funkstille *die*
Funkstreife *die*
Funktaxi *das*
Funkturm *der*
Funkverbindung *die*
Funkwagen *der*
Funktion *die*
funktional
Funktionalität *die*
Funktionär *der*
funktionell
funktionieren
funktionsfähig
funktionstüchtig
Funktionsverb *das*
Funktionswort *das*
Funzel/Funsel *die*

fur

für
f ...
ein für allemal
für mich
F ...
das Für und Wider
fürbass*
füreinander
Fürbitte *die*
Fürbitte leisten
Furche *die*
furchig
Furcht *die*
*Furcht einflößend**
*Furcht erregend**
furchtbar
fürchten
sich fürchten
fürchterlich
furchtlos
Furchtlosigkeit *die*
furchtsam
Furchtsamkeit *die*
füreinander
füreinander einstehen

A B C D E F G H I J K L M N O P Q R S T U V W X Y Z

*füreinander da sein**
Furie *die*
furios
Furioso *das*
fürlieb
*fürlieb nehmen**
*nimmt fürlieb, nahm fürlieb, hat fürlieb genommen**
Furnier *das*
furnieren
Furnierholz *das*
die Furnierhölzer
Furnierung *die*
Furore *die*
Furore machen
fürs (für das)
fürs Erste*
Fürsorge *die*
Fürsorge-empfänger/in
Fürsorger/in
fürsorglich
Fürsorglichkeit *die*
Fürsprache *die*
Fürsprecher/in
Fürst/in
Fürstentum *das*
Fürsterzbischof *der*
fürstlich
Fürst-Pückler-Eis *das*
Furt *die*
Furunkel *der*
fürwahr
Fürwort *das*
die Fürwörter
Furz *der*

fus

fuschen
Fusel *der*
Fusion *die*
fusionieren
Fusionierung *die*
Fuß *der*
die Füße
Fuß fassen
zu Fuß
Fußangel *die*
Fußball *der*
die Fußbälle
Fußball spielen
Fußballklub *der*
Fußballmannschaft *die*
Fußballspiel *das*
Fußballstadion *das*
Fußball-WM *die*
Fußboden *der*
die Fußböden
Fußbodenheizung *die*
fußen
Fußende *das*
Fußgänger/in
Fußgängerampel *die*
Fußgängerzone *die*
fußhoch
fußkalt
Fußmarsch *der*
Fußnote *die*
Fußpflege *die*
Fußpilz *der*
Fußsohle *die*
Fuß(s)tapfen
in die Fuß(s)tapfen treten
Fußtritt *der*
Fußweg *der*
Fussel *die/der*
fusslig*/fusselig

fut

Futon *der*
futsch
Futter *das*
Futterhäuschen *das*
Futtermittel *das*
futtern
füttern
Futterneid *der*
Fütterung *die*
Futteral *das*
Futur *das*
das Futur I und II
futurisch
Futurismus *der*
Futurologe *der*
futorologisch

G

g (Gramm)
gab (geben)
Gabardine *der/die*
Gabardinemantel *der*
Gabe *die*
Gabentisch *der*
Gabel *die*
Gabelstapler *der*
gackern
Gackern *das*
gaffen
Gaffer *der*
Gag *der*
Gage *die*
gähnen

gal

Gala *die*
Galaabend *der*
Galakonzert *das*
Galauniform *die*
galant
Galanterie *die*
Galaxie *die*
Galaxis *die*
galaktisch
Galeere *die*
Galeerensklave *der*
Galione/Galeone *die*
Galionsfigur *die*
Galerie *die*
Galerist/in
Galgen *der*
Galgenfrist *die*
Galgenhumor *der*
Galle *die*
Gallenblase *die*
Gallenkolik *die*
Gallenstein *der*
Gallert *das*
gallertartig
Gallone *die*
Galopp *der*
galoppieren
Galopprennen *das*
galt (gelten)
galvanisch
galvanisieren
Gamasche *die*
Gambe *die*
Viola da Gamba
Gameboy *der*
Gamma *das*
Gammastrahlen (γ-Strahlen)
gammeln
Gammler/in
Gams der/*die*/*das*
Gämse* *die*

gan

Gang *der*
die Gänge
g ...
gang und gäbe
G ...
in Gang bringen
in Gang halten
gangbar
gängig
Gangschaltung *die*
Gängelei *die*
gängeln

g/k

g steht,	wenn es erweiterte Wortformen oder verwandte Wörter mit **g** gibt.
*der Betru**g***	*betrü**g**en, Betrü**g**ereien*
*en**g***	*en**g**er, die En**g**e*
*flu**g**s*	*flie**g**en, die Flü**g**e*

k steht,	wenn es erweiterte Wortformen oder verwandte Wörter mit **k** gibt.
*Dan**k***	*des Dan**k**es, dan**k**en*
*Wer**k***	*des Wer**k**es, Handwer**k**er*
*das Boot san**k***	*sin**k**en, versun**k**en*

Ganglion *das*
Gangster *der*
Gangsterboss* *der*
Gangway *die*
Ganove *der*
Ganovenehre *die*
Gans *die*
die Gänse
Gänseblümchen *das*
Gänsebraten *der*
Gänsefüßchen *das*
Gänsehaut *die*
Gänseleber *die*
Gänsemarsch *der*
Gänserich/Ganter *der*
Gänseschmalz *das*
Ganter *der*
ganz
g …
ganz bestimmt
ganz und gar
die ganze Zahl
G …
aufs Ganze
das Ganze
das große Ganze
es geht ums Ganze
*im Ganzen**
*im großen Ganzen**
*im Großen und Ganzen**
als Ganzes
Ganzheit *die*
ganzjährig
gänzlich
ganztägig
ganztags
Ganztagsschule *die*

gar

gar
gar kein
gar nicht
gar nichts
gar
das Fleisch ist gar
gar kochen
das gar gekochte* Fleisch
garen
Garzeit *die*
Garage *die*
Garagentor *das*
Garantie *die*
garantieren
Garantieschein *der*
Garaus *der*
den Garaus machen
Garbe *die*
Garde *die*
die Schweizergarde
Gardeoffizier *der*
Gardist *der*
Garderobe *die*
Garderobenständer *der*
Gardine *die*
Gardinenstange *die*
gären
gärt, gor/gärte, ist/hat gegoren
Gärung *die*
gar kein
Garn *das*
Garnele *die*
garni
Hotel garni
gar nicht
gar nichts
garnieren
Garnierung *die*
Garnitur *die*
Garnison *die*
garstig
Garten *der*
die Gärten
Gartenarbeit *die*
Gartenbau *der*
Gartenhaus *das*
die Gartenhäuser
Gartenzaun *der*
die Gartenzäune
Gartenzwerg *der*
Gärtner/in
Gärtnerei *die*
Gärung *die*
Garzeit *die*

gas

Gas *das*
Gasanzünder *der*
Gasexplosion *die*
gasförmig
Gashahn *der*
die Gashähne
Gasheizung *die*
Gasherd *der*
Gasmaske *die*
Gasometer *der*
Gaspedal *das*
Gasuhr *die*
Gaswerk *das*
Gasse *die*
*das Gässchen**
Gassi gehen
Gast *der*
die Gäste
zu Gast sein
Gastarbeiter/in
Gästebett *das*
Gästehaus *das*
Gästetoilette *die*
Gastfreund *der*
Gastgeber/in
Gasthaus *das*

die Gasthäuser
Gasthof *der*
die Gasthöfe
gastieren
gastlich
Gaststätte *die*
Gastwirt *der*
Gastwirtschaft *die*
Gastritis *die*
Gastronom *der*
Gastronomie *die*
Gatte *der*
Gattin *die*
Gatter *das*
Gattung *die*

gau

GAU (größter anzunehmender Unfall)
Gau *der*
Gaube/Gaupe *die*
Gaudium *das*
gaukeln
Gaukler *der*
Gaul *der*
die Gäule
Gaumen *der*
Gauner *der*
Gaunersprache *die*
Gavotte *die*
Gaze *die*
Gazelle *die*
Gazette *die*

ge

geachtet
geartet
geb. (geboren/e)
Gebäck *das*
Gebälk *das*
Gebärde *die*
gebärden
sich gebärden
gebären
gebärt, gebar,
hat geboren
ist geboren worden
Gebärmutter *die*
Gebäude *das*
Gebäudeteil *der*
Gebeine
Gebell *das*
geben
gibt, gab,
hat gegeben
Geber/in
Gebet *das*
Gebetsmühle *die*
Gebiet *das*
Gebietskörperschaft *die*
gebietsweise
gebieten
gebietet, gebot,
hat geboten
Gebieter/in
gebieterisch
Gebilde *das*
gebildet
Gebildete *der/die*
Gebirge *das*
gebirgig
Gebirgsjäger *der*
Gebirgsmassiv *das*
Gebirgszug *der*
die Gebirgszüge
Gebiss* *das*
die Gebisse
Gebläse *das*
geblümt
Geblüt *das*
gebogen
geboren
geboren werden
geborgen
Geborgenheit *die*
Gebot *das*
gebrandmarkt
gebrannt
Gebräu *das*
Gebrauch *der*
gebrauchen
gebräuchlich
Gebrauchsanweisung *die*
gebrauchsfertig
Gebrauchsgegenstand *der*
die Gebrauchsgegenstände
Gebrauchsliteratur *die*

gibt	
er gibt *er gibt das Geld aus* *der Klügere gibt nach* *es ergibt sich so* *es gibt hitzefrei*	*ausgiebig* *beliebig* *nachgiebig* *ergiebig*

Gebrauchtwagen *der*
Gebrechen *das*
gebrechlich
Gebrechlichkeit *die*
gebrochen
Gebrüder
Gebrüll *das*
Gebühr *die*
über Gebühr
Gebühreneinheit *die*
Gebührenerhöhung *die*
gebührenpflichtig
gebühren
gebührend
gebührlich
gebündelt
gebunden
Gebundenheit *die*
Geburt *die*
Geburtenkontrolle *die*
Geburtenrate *die*
geburtenschwach
geburtenstark
Geburtsdatum *das*
Geburtsfehler *der*
Geburtshaus *das*
Geburtsjahr *das*
Geburtsort *der*
Geburtstag *der*
Geburtstagsgeschenk *das*
Geburtstagskind *das*
Geburtsurkunde *die*
Gebüsch *das*
Geck *der*
Gecko *der*

ged

Gedächtnis *das*
Gedächtnislücke *die*
Gedächtnisstütze *die*
gedämpft
Gedanke *der*
Gedankenfigur *die*
Gedankenfreiheit *die*
Gedankengang *der*
die Gedankengänge
gedankenlos
Gedankenstrich *der*
gedankenvoll
gedanklich
Gedeck *das*
Gedeih *der*
auf Gedeih und Verderb
gedeihen
gedeiht, gedieh, ist gediehen
gedeihlich
gedenken
gedenkt, gedachte, hat gedacht
Gedenken *das*
Gedenkminute *die*
Gedenkstätte *die*
Gedenktag *der*
Gedicht *das*
ein Goethegedicht
Gedichtinterpretation *die*
Gedichtsammlung *die*
gediegen
Gediegenheit *die*
gedieh (gedeihen)
Gedöns *das*
Gedränge *das*
gedrängt
gedrückt
Gedruckte *das*
gedrungen
Geduld *die*
gedulden
sich gedulden
geduldig
Geduldsprobe *die*
gedunsen
geeignet
Geest *die*

gef

Gefahr *die*
*Gefahr bringend**
*Gefahr drohend**
Gefahr laufen
gefährden
Gefährdung *die*
Gefahrenquelle *die*
Gefahrenzone *die*
gefährlich
Gefährlichkeit *die*
gefahrlos
gefahrvoll
Gefährte *der*
Gefährtin *die*
Gefälle *das*
gefallen
gefällt, gefiel, hat gefallen
Gefallen *der*
einen Gefallen tun
Gefallen finden
gefällig
Gefälligkeit *die*
gefälligst
gefangen
Gefangene *der/die*
Gefangenenlager *das*

gefangen halten*
hält gefangen,
hielt gefangen,
*hat gefangen gehalten**
Gefangennahme *die*
gefangen nehmen*
nimmt gefangen,
nahm gefangen,
*hat gefangen genommen**
Gefangenschaft *die*
Gefängnis *das*
die Gefängnisse
Gefängnisstrafe *die*
Gefängniszelle *die*
Gefäß *das*
gefasst*
*auf alles gefasst sein**
Gefasstheit *die**

gefe

Gefecht *das*
gefechtsbereit
gefechtsmäßig
gefeit
gegen etwas gefeit sein
Gefieder *das*
gefiedert
Gefilde *das*
Geflecht *das*
gefleckt
geflissentlich
Geflügel *das*
Geflügelschere *die*
geflügeltes Wort
Gefolge *das*
Gefolgschaft *die*
gefräßig
Gefreite *der*
gefrieren
gefriert, gefror,
ist gefroren
Gefrierfach *das*
die Gefrierfächer
gefriergetrocknet
Gefriertruhe *die*
Gefüge *das*
gefügig
Gefügigkeit *die*
Gefühl *das*
gefühllos
Gefühlsleben *das*
gefühlsmäßig
gefühlvoll
gefüllt

geg

gegeben
*es ist das Gegebene**
gegebenenfalls
Gegebenheit *die*
gegen
gegen Abend
gegen alle Vernunft
Gegenargument *das*
Gegenbesuch *der*
Gegenbeweis *der*
Gegend *die*
Gegendarstellung *die*
gegeneinander
gegeneinander drücken*
gegeneinander kämpfen
gegeneinander stellen*
gegeneinander stoßen*
stößt gegeneinander,
stieß gegeneinander,
*ist/hat gegeneinander gestoßen**
Gegenfahrbahn *die*
Gegengewicht *das*
gegenläufig
Gegenleistung *die*
gegenlesen
liest gegen,
las gegen,
hat gegengelesen
Gegenlicht *das*
Gegenliebe *die*
keine Gegenliebe finden
Gegenmaßnahme *die*
Gegenrede *die*
Gegensatz *der*
die Gegensätze
gegensätzlich
Gegenseite *die*
gegenseitig
Gegenseitigkeit *die*
gegensinnig
Gegenspieler/in
Gegensprechanlage *die*
Gegenstand *der*
die Gegenstände
gegenständlich
gegenstandslos
gegensteuern
Gegenstimme *die*
Gegenteil *das*
im Gegenteil
gegenteilig
gegenüber
Gegenüber *das*
mein Gegenüber
gegenüberliegen
liegt gegenüber,
lag gegenüber, hat gegenübergelegen
sich gegenüberliegen

gegenüberstehen
steht gegenüber, stand gegenüber, ist/hat gegenübergestanden
sich gegenüberstehen
gegenüberstellen
Gegenüberstellung *die*
Gegenverkehr *der*
Gegenvorschlag *der*
die Gegenvorschläge
Gegenwart *die*
gegenwärtig
Gegenwartsliteratur *die*
Gegenwartssprache *die*
Gegenwehr *die*
Gegenwind *der*
bei Gegenwind
gegenzeichnen
Gegner/in
gegnerisch
Gegnerschaft *die*

geh

Gehabe *das*
Gehackte *das*
Gehalt *der* (Inhalt)
das (Lohn)
Gehaltskonto *das*
Gehaltsstufe *die*
gehaltvoll
gehandikapt
Gehänge *das*
gehässig
Gehässigkeit *die*
gehäuft
Gehäuse *das*
gehbehindert
Gehbehinderte *der/die*
Gehege *das*
geheim
g …
geheim bleiben
*geheim halten**
G …
*im Geheimen**
Geheimer Rat
Geheimes Staatsarchiv
Geheimdienst *der*
Geheimhaltung *die*
Geheimnis *das*
die Geheimnisse
geheimnisvoll
Geheimnummer *die*
Geheimtipp *der*
Geheiß *das*
auf Geheiß
gehemmt
gehen
geht, ging, ist gegangen
baden gehen
schlafen gehen
Gehen *das*
20-km-Gehen
gehen lassen*
lässt gehen, ließ gehen, hat gehen lassen**
*sich gehen lassen**
Gehenkte/Gehängte *der*
gehetzt
geheuer
das ist mir nicht geheuer
Geheul *das*
Gehilfe *der*
Gehilfin *die*
Gehirn *das*
Gehirnerschütterung *die*
Gehirnschlag *der*
Gehirnwäsche *die*
gehoben
Gehöft *das*
Gehölz *das*
Gehör *das*
gehörgeschädigt
gehörlos
gehorchen
gehören
Wem gehört das Buch?
gehörig
Gehörn *das*
gehorsam
Gehorsam *der*
Gehorsamsverweigerung *die*
Gehrung *die*

gei

Geier *der*
Geifer *der*
Geige *die*
Geigenbauer *der*
Geigenkasten *der*
die Geigenkästen
Geiger/in
Geigerzähler *der*
geil
Geilheit *die*
Geisel *die* (Gefangener)
jemanden als Geisel nehmen
Geiselnahme *die*
Geiselnehmer/in
Geiser/Geysir *der*
Geisha *die*
Geiß *die*

Geißbock *der*
die Geißböcke
Geißlein *das*
Geißel *die* (Plage)
Aids ist eine Geißel der Menschheit
geißeln
Geist *der*
Geisterbahn *die*
Geisterfahrer *der*
Geisterhand *die*
geistern
Geisterstunde *die*
geistesabwesend
Geistesblitz *der*
Geistesgegenwart *die*
geistesgegenwärtig
geistesgestört
geisteskrank
Geisteskranke *der/die*
Geisteswissenschaft *die*
geistig
geistlos
geistreich
geistvoll
geistlich
geistliche Musik
Geistliche *der*
Geistlichkeit *die*
Geiz *der*
Geizhals *der*
die Geizhälse
geizig
Gejammer *das*

gek

geknickt
gekonnt
gekränkt
Gekreuzigte *der*
Gekritzel *das*
Gekröse *das*
gekünstelt

gel

Gel *das*
Gelächter *das*
geladen
Gelage *das*
gelähmt
Gelähmte *der/die*
Gelände *das*
geländegängig
Geländemarsch *der*
die Geländemärsche
Geländewagen *der*
Geländer *das*
gelang (gelingen)
gelangen
gelangweilt
Gelass* *das*
gelassen
gelassen reagieren
Gelassenheit *die*
Gelatine *die*
geläufig
Geläufigkeit *die*
gelaunt
*gut gelaunt**
*schlecht gelaunt**
Geläute *das*
gelb
g ...
gelbe Rüben
das gelbe Trikot
die gelbe Karte
G ...
*der Gelbe Fluss**
die Ampel steht auf Gelb
bei Gelb fahren
Gelbfieber *das*
gelbgrün/gelb-grün
gelblich
Gelbsucht *die*
Geld *das*
Geldangelegenheit *die*
Geldanlage *die*
Geldbeutel *der*
Geldbuße *die*
Geldentwertung *die*
geldgierig
geldlich
Geldquelle *die*
Geldschein *der*
Geldsorgen
Geldstrafe *die*
Geldwäsche *die*
Geldwechsel *der*
Geldwert *der*
Gelee *das*
gelieren

Geld / gelten

*Gel**d***
*Gel**d**er*
*Gel**d**wechsel*
*Gel**d**strafe*

*gel**t**en*
*Gel**t**ung*
*Entgel**t***
*unentgel**t**lich*

A B C D E F G H I J K L M N O P Q R S T U V W X Y Z

Gelege *das*
gelegen
es kommt mir gelegen
Gelegenheit *die*
Gelegenheitskauf *der*
die Gelegenheitskäufe
gelegentlich
gelehrig
gelehrsam
gelehrt
Gelehrte *der/die*
Geleit/Geleite *das*
geleiten
Geleitzug *der*
Gelenk *das*
gelenkig
Gelenkigkeit *die*
gelernt
Geliebte *der/die*
gelieren
Geliermittel *das*
Gelierzucker *der*
gelinde
gelingen
gelingt, gelang, ist gelungen
Gelingen *das*
gellen
geloben
Gelöbnis *das*
die Gelöbnisse
gelogen (lügen)
gelt?
gelten
gilt, galt, hat gegolten
geltend
Geltung *die*
Geltungsbereich *der*
Gelübde *das*
gelungen (gelingen)
Gelüste *das*

gem

Gemach *das*
die Gemächer
gemächlich
Gemahl/in
Gemälde *das*
Gemäldegalerie *die*
Gemarkung *die*
gemasert
gemäß
gemäßigt
Gemäuer *das*
gemein
Gemeineigentum *das*
gemeingefährlich
Gemeinheit *die*
Gemeinnutz *der*
gemeinnützig
Gemeinplatz *der*
die Gemeinplätze
Gemeinsinn *der*
gemeinverständlich
Gemeinwesen *das*
Gemeinwohl *das*
Gemeinde *die*
Gemeinderat *der*
die Gemeinderäte
Gemeindeschwester *die*
Gemeindeverwaltung *die*
gemeinhin
gemeinsam
Gemeinsamkeit *die*
Gemeinschaft *die*
gemeinschaftlich
Gemeinschaftsantenne *die*
Gemeinschaftskunde *die*
Gemenge *das*
Gemetzel *das*
Gemisch *das*
gemischtsprachig
Gemischtwaren
Gemischtwarenhandel *der*
Gemme *die*
(Gemse > Gämse*)
Gemüse *das*
Gemüsebeet *das*
Gemüsegarten *der*
die Gemüsegärten
Gemüsepflanze *die*
gemustert
Gemüt *das*
gemütlich
Gemütlichkeit *die*
Gemütsart *die*
gemütskrank
Gemütszustand *der*
die Gemütszustände
gemütvoll

gen

Gen *das*
Genbank *die*
Genmutation *die*
Gentechnik *die*
genant (sich genieren)
genas (genesen)
genau
g ...
*genau genommen**
genaue Zahlen haben
G ...
nichts Genaues

*aufs Genaueste**/
genaueste
Genauigkeit *die*
genauso
*genauso gut**
*genauso oft**
*genauso viel**
Genbank *die*
Gendarm *der*
Gendarmerie *die*

gene

Genealogie *die*
genehm
genehmigen
Genehmigung *die*
genehmigungs-
pflichtig
geneigt
Geneigtheit *die*
General *der*
die Generäle/Gene-
rale
Generalangriff *der*
Generalbass* *der*
Generalbevollmäch-
tigte *der*
Generalgouverneur
der
Generalinspekteur
der
generalisieren
Generalität *die*
Generalkonsulat *das*
Generalprobe *die*
Generalsekretär *der*
Generalstaatsanwalt
der
die Generalstaats-
anwälte
Generalstab *der*
die Generalstäbe
Generalstreik *der*
generalüberholen
Generalüberholung
die
Generalvertreter/in
Generation *die*
Generationenunter-
schied *der*
Generationenwech-
sel *der*
Generator *der*
generell
generieren
generös
Genese *die*
Genesis *die*
genesen
genest, genas,
ist genesen
Genesung *die*
Genetik *die*
genetisch
Genever *der*
genial
Genialität *die*
Genie *das*
Genick *das*
Genickschuss* *der*
genieren
sich genieren
genierlich
genießen
genießt, genoss,*
hat genossen
genießbar
Genießer/in
genießerisch
genital
Genitalien
Genitiv *der* (Gen.)
Genitivattribut *das*
Genitivobjekt *das*
Genius *der*
Genmutation *die*
genoss* (genießen)
Genosse *der*
Genossin *die*
Genossenschaft *die*
genossenschaftlich
Genozid *der/das*
Genre *das*
genrehaft
Gentechnik *die*
Gentleman *der*
gentlemanlike
genug
zur Genüge
genügen
genügend
genügsam
Genügsamkeit *die*
Genugtuung *die*
genuin
Genus *das* (Gattung)
die Genera
*Genus Verbi**
Genuss* *der*
die Genüsse
genüsslich*
Genussmittel* *das*
Genusssucht*/
Genuss-Sucht* *die*
genussvoll*

geo

Geodreieck *das*
Geographie/Geogra-
fie* *die*
geographisch/geo-
grafisch*
Geologie *die*
geologisch
Geometrie *die*
geometrisch

A B C D E F G H I J K L M N O P Q R S T U V W X Y Z

Geophysik *die*
geophysikalisch
Geopolitik *die*
geopolitisch
geordnet
Gepäck *das*
Gepäckabfertigung *die*
Gepäckannahme *die*
Gepäckaufbewahrung *die*
Gepäcknetz *das*
Gepäckstück *das*
Gepäckträger *der*
Gepard *der*
gepfeffert
gepflegt
Gepflegtheit *die*
Gepflogenheit *die*
geplagt
Geplätscher *das*
Gepräge *das*

ger

gerade / grade
Gerade *die*
geradeaus
gerade biegen*
*biegt gerade, bog gerade, hat gerade gebogen**
Geradengleichung *die*
gerade sitzen*
sitzt gerade, saß gerade, hat gerade gesessen
geradeso
*geradeso gut**
gerade stehen* (aufrecht)
*steht gerade, stand gerade, ist/hat gerade gestanden**
geradestehen für etwas
geradewegs
geradezu
geradlinig
gerädert
sich wie gerädert fühlen
Geranie *die*

Gerät *das*
Geräteschuppen *der*
Geräteturnen *das*
Gerätschaften
geraten
gerät, geriet, ist geraten
Geratewohl *das*
aufs Geratewohl
geraum
geraume Zeit
geräumig
Geräumigkeit *die*
Geräusch *das*
geräuscharm
geräuschempfindlich
geräuschlos
geräuschvoll
gerben
Gerberei *die*
Gerbsäure *die*
Gerbera *die*
gerecht
Gerechtigkeit *die*
Gerechtigkeitsliebe *die*
gerechtigkeitsliebend
Gerede *das*
geregelt
gereizt
Gereiztheit *die*
Geriatrie *die*

geri

Gericht *das*
gerichtlich
Gerichtsgebäude *das*
Gerichtskosten
Gerichtssaal *der*
die Gerichtssäle
Gerichtsverhandlung *die*
Gerichtsvollzieher/in
gerichtet
gering
g …
gering achten*
geringe Unkosten
G …
*das Geringste**
*nicht das Geringste**
*nicht im Geringsten**
kein Geringerer als …
nichts Geringeres
geringfügig
Geringfügigkeit *die*
geringschätzig
geringstenfalls
gerinnen
Gerinnsel *das*

Gerinnung *die*
Gerippe *das*
gerissen
Gerissenheit *die*
Germ *der*
Germane *der*
germanisch
Germanistik *die*
germanistisch
gern / gerne
*allzu gern**
gar zu gern
*gern gesehen**
gerne sehen
jemanden gern haben
Geröll *das*
Geröllhalde *die*
Gerste *die*
Gerstenkorn *das*
die Gerstenkörner
Gerte *die*
gertenschlank
Geruch *der*
die Gerüche
geruchlos
Geruchsbelästigung *die*
Gerücht *das*
gerüchteweise
geruhen
gerührt
geruhsam
Geruhsamkeit *die*
Gerümpel *das*
Gerundium *das*
Gerundiv *das*
Gerüst *das*
Gerüstbau *der*

ges

gesalzen
gesammelt
gesamt
g ...
das gesamte Vermögen
insgesamt
G ...
*im Gesamten**
Gesamtausgabe *die*
Gesamteindruck *der*
Gesamtergebnis *das*
Gesamtheit *die*
Gesamthochschule *die*
Gesamtschule *die*
Gesandte *der / die*
Gesandtschaft *die*
Gesang *der*
die Gesänge
Gesangbuch *das*
die Gesangbücher
Gesangverein *der*
Gesäß *das*
gesättigt
gesch. (geschieden)
Geschädigte *der / die*
geschafft (schaffen)
Geschäft *das*
geschäftig
geschäftlich
Geschäftsbericht *der*
Geschäftsführer / in
Geschäftsinhaber / in
Geschäftsleben *das*
Geschäftsleitung *die*
Geschäftsmann *der*
die Geschäftsleute
geschäftsmäßig
Geschäftspartner / in
Geschäftsreise *die*
Geschäftsstelle *die*
geschäftstüchtig
geschehen
geschieht, geschah, ist geschehen
Geschehen *das*
Geschehnis *das*
die Geschehnisse
gescheit
gescheit sein
Geschenk *das*
Geschenkpapier *das*
geschenkt
etwas geschenkt bekommen

geschi

Geschichte *die*
geschichtlich
Geschichtsbuch *das*
die Geschichtsbücher
Geschichtsunterricht *der*
Geschick *das*
Geschicklichkeit *die*
geschickt
geschieden
Geschiedene *der / die*
geschieht (geschehen)
Geschirr *das*
Geschirrreiniger* / Geschirr-Reiniger* *der*
Geschirrspüler *der*
Geschirrspülmaschine *die*
geschlagen
Geschlecht *das*
geschlechtlich
geschlechtskrank
Geschlechtskrankheit *die*

Geschlechtsmerkmal *das*
Geschlechtsorgan *das*
geschlechtsreif
Geschlechtsverkehr *der*
Geschlechtswort *das*
die Geschlechtswörter
geschliffen
geschlossen
Geschlossenheit *die*
Geschmack *der*
geschmacklich
geschmacklos
Geschmacksrichtung *die*
Geschmackssache *die*
geschmackvoll
schmecken
Geschmatze *das*
Geschmeide *das*
geschmeidig
Geschmeiß *das*
Geschnatter *das*
geschniegelt
Geschöpf *das*
Geschoss* *das*
die Geschosse
geschossig
viergeschossig
Geschrei *das*
geschrieben (schreiben)
Geschütz *das*
Geschützrohr *das*
Geschwader *das*
Geschwätz *das*
geschwätzig
Geschwätzigkeit *die*
geschweift
geschweifte Klammer
geschweige
geschwind
Geschwindigkeit *die*
Geschwindigkeitsbegrenzung *die*
Geschwindigkeitskontrolle *die*
Geschwister
geschwisterlich
geschwollen
Geschworene *der/die*
Geschwulst *die*
Geschwür *das*

gese

gesegnet
Geselle *der*
Gesellenprüfung *die*
Gesellenstück *das*
gesellig
Geselligkeit *die*
Gesellschaft *die*
Gesellschaft mit beschränkter Haftung (GmbH)
gesellschaftlich
Gesellschaftsroman *der*
Gesellschaftsspiel *das*
Gesellschaftswissenschaften
Gesetz *das*
Gesetzbuch *das*
die Gesetzbücher
Gesetzesinitiative *die*
Gesetzestext *der*
gesetzgebend
Gesetzgeber *der*
gesetzlich
gesetzlos
gesetzmäßig
gesetzwidrig
gesetzt den Fall
ges. gesch. (gesetzlich geschützt)
Gesicht *das*
Gesichtsausdruck *der*
Gesichtsfeld *das*
Gesichtspunkt *der*
Gesichtswinkel *der*
Gesichtszüge
Gesims *das*
Gesinde *das*
Gesindel *das*
Gesinnung *die*
gesinnungslos
Gesinnungswandel *der*
gesittet
gesondert
gesonnen
gesotten

gesp

gespalten
Gespann *das*
gespannt
Gespanntheit *die*
Gespenst *das*
gespensterhaft
gespenstisch
gesperrt (sperren)
Gespinst *das*
ein Hirngespinst
Gespött *das*
Gespräch *das*
gesprächig

gesprächsbereit
Gesprächsformen
Gesprächsstoff *der*
Gesprächsthema *das*
gesprächsweise
gespreizt
Gespür *das*

gest

Gestade *das*
Gestagen *das*
Gestalt *die*
gestalten
attraktiv gestalten
gestalterisch
Gestaltung *die*
Gestammel *das*
Gestampfe *das*
geständig
Geständnis *das*
die Geständnisse
Gestänge *das*
Gestank *der*
Gestapo (Geheime Staatspolizei)
gestatten
Geste *die*
Gestik *die*
gestikulieren
Gesteck *das*
gestehen
gesteht, gestand, hat gestanden
Gestein *das*
Gesteinsschicht *die*
Gestell *das*
gestern
g …
bis gestern
*gestern Abend**
*gestern Morgen**
*gestern Nacht**
ich sah sie gestern G …
das Gestern
gestrig
Gestik *die*
gestikulieren
Gestirn *das*
gestirnt
Gestöber *das*
das Schneegestöber
gestochen
gestochen scharf
gestohlen (stehlen)
gestorben (sterben)
gestört (stören)
Gestotter *das*
Gesträuch *das*
gestreckt
gestreift
Gestrüpp *das*
Gestühl *das*
Gestüt *das*
Gestütshengst *der*
Gesuch *das*
gesucht
gesund
gesund bleiben
gesund sein
wieder gesund werden
Gesunde *der/die*
gesunden
Gesundheit *die*
gesundheitlich
gesundheitsschädigend
Gesundheitszustand *der*
gesundschreiben*
*schreibt gesund, schrieb gesund, hat gesundgeschrieben**
gesundschrumpfen
Gesundung *die*

get

getäfelt
getauft
Getier *das*
getigert
Getöse/Getose *das*
Getränk *das*
Gekränkeautomat *der*
Getränkekarte *die*
getrauen
sich getrauen
Getreide *das*
Getreideanbau *der*
Getreideernte *die*
Getreidefeld *das*
getrennt
getrennt leben
getrennt schreiben
schreibt getrennt, schrieb getrennt, hat getrennt geschrieben
Getrenntschreibung *die*
getreu
getreulich
Getriebe *das*
Getriebeöl *das*
Getriebeschaden *der*
die Getriebeschäden
getrost
Getto/Ghetto *das*
Getue *das*
Getuschel *das*

geübt
Gevatter/in
Geviert *das*

gew

Gewächs *das*
gewachsen
Gewächshaus *das*
die Gewächshäuser
gewagt
Gewagtheit *die*
gewählt
Gewähltheit *die*
gewahr
gewahr werden
gewahren
Gewähr *die* (Bürgschaft)
ohne Gewähr
es besteht keine Gewähr
gewähren
Gnade gewähren
gewährleisten/Gewähr leisten
Gewahrsam *der/das*
Gewährsmann *der*
Gewalt *die*
Gewaltakt *der*
Gewaltenteilung *die*
gewaltfrei
gewaltig
gewaltlos
Gewaltmonopol *das*
gewaltsam
gewalttätig
Gewaltverzicht *der*
Gewand *das*
die Gewänder
gewandt
sich gewandt ausdrücken
Gewandtheit *die*
gewann (gewinnen)
gewärtigen
Gewässer *das*
Gewässerschutz *der*

gewe

Gewebe *das*
Gewehr *das* (Waffe)
Gewehrkolben *der*
Gewehrlauf *der*
die Gewehrläufe
Geweih *das*
geweiht
Gewerbe *das*
Gewerbefreiheit *die*
Gewerbegebiet *das*
Gewerbelehrer/in
Gewerbesteuer *die*
gewerbetreibend
gewerblich
gewerbsmäßig
Gewerkschaft *die*
gewerkschaftlich
Gewerkschaftsbund *der*
Gewerkschaftsfunktionär/in
Gewerkschaftsmitglied *das*
gewesen (sein)
Gewicht *das*
gewichten
Gewichtheben *das*
gewichtig
Gewichtskontrolle *die*
Gewichtung *die*
gewieft
gewillt
Gewimmel *das*
Gewinde *das*
Gewindebohrer *der*
Gewinn *der*
Gewinnanteil *der*
Gewinnausschüttung *die*
Gewinn bringend*/gewinnbringend
Gewinnchance *die*
gewinnen
gewinnt, gewann, hat gewonnen
gewinnend
Gewinner/in
Gewinnzahl *die*
Gewinsel *das*
Gewirr *das*
gewiss*
in gewissem Sinne
bis zu einem gewissen Grad
ein gewisser Jemand
ein gewisses Etwas
nichts Gewisses
gewissermaßen
Gewissen *das*
gewissenhaft
Gewissenhaftigkeit *die*
gewissenlos
Gewissenlosigkeit *die*
Gewissensbiss* *der*
Gewissensentscheidung *die*
Gewissensfrage *die*
Gewissensfreiheit *die*
Gewissenskonflikt *der*
gewissermaßen
Gewissheit* *die*

Gewitter *das*
gewittern
Gewitterregen *der*
Gewitterwolke *die*
gewittrig
gewitzt

gewo

gewogen
Gewogenheit *die*
gewöhnen
sich gewöhnen
Gewohnheit *die*
gewohnheitsgemäß
Gewohnheitsrecht *das*
gewöhnlich
gewohnt
gewöhnt
Gewöhnung *die*
Gewölbe *das*
gewölbt
Gewölle *das*
Gewühl *das*
gewunden (winden)
Gewürz *das*
Gewürzgurke *die*
Gewürzmischung *die*
gewürzt
Gewürztraminer *der*
Geysir / Geiser *der*
gez. (gezeichnet)
Gezeiten
gezielt
geziemen
es geziemt sich
geziemend
Gezweig *das*
Gezwitscher *das*
gezwungenermaßen
GG (Grundgesetz)
ggf. (gegebenenfalls)
Ghetto / Getto *das*
Ghostwriter *der*
gib, gibt (geben)
Gibbon *der*
Gicht *die*
gichtbrüchig
Giebel *der*
Giebelwand *die*
die Giebelwände
Gier *die*
gierig
gießen
*gießt, goss**, *hat gegossen*
Gießerei *die*
Gießkanne *die*
Gift *das*
giftfrei
Giftgas *das*
giftig
Giftigkeit *die*
Giftmüll *der*
Giftpilz *der*
Giftschrank *der*
die Giftschränke
Gigant *der*
gigantisch
Gigantomanie *die*
Gigolo *der*
Gilde *die*
Gilet *das*
gilt (gelten)
Gimpel *der*
Gin *der*
Ginfizz* / Gin-Fizz *der*
Gin Tonic *der*
ging (gehen)
Ginger-ale* *das*
Ginkgo / Ginko* *der*
Ginseng *der*
Ginster *der*
Gipfel *der*
Gipfelkonferenz *die*
gipfeln
Gipfelpunkt *der*
Gips *der*
Gipsabdruck *der*
die Gipsabdrücke
Gipsbein *das*
Gipsfigur *die*
Gipsverband *der*
die Gipsverbände
Giraffe *die*
Girl *das*
Girlande *die*
Giro *das*
Girokonto *das*
Giroverkehr *der*
Gischt *der / die*
Gitarre *die*

Gitarrenspieler / in
Gitarrist / in
Gitter *das*
Gitterfenster *das*

gl

Glacé / Glacee* *der*
Glacéhandschuhe
Gladiator *der*
Gladiole *die*
Glamour *der / das*
Glanz *der*
glänzen
glänzend
*glänzend schwarz**
Glanzleistung *die*
glanzlos

Glas *das*
die Gläser
Glasbaustein *der*
Gläschen *das*
Glaser/in
Glaserei *die*
gläsern
Glasfaserkabel *das*
Glashütte *die*
glasieren
glasig
glasklar
Glasmalerei *die*
Glasscheibe *die*
Glasschrank *der*
die Glasschränke
Glasschüssel *die*
Glastür *die*
Glasur *die*
glasieren

glat

glatt
glatter/glätter
glatt gehen*
geht glatt, ging glatt, ist glatt gegangen
glatt hobeln*
glattmachen (für: bezahlen)
Glätte *die*
Glatteis *das*
glätten
Glattstellung *die*
glattweg
Glatze *die*
glatzköpfig
Glaube/Glauben *der*
glauben
Glaubensbekenntnis *das*
glaubhaft
gläubig
Gläubige *der/die*
glaubwürdig
Glaubwürdigkeit *die*
Glaubersalz *das*
Glaukom *das*
glazial

gle

gleich
g …
gleich groß
gleich gut
gleich klingend
ich komme gleich
G …
*das Gleiche**
*aufs Gleiche hinauskommen**
Gleiches mit Gleichem vergelten
ein Gleiches tun
gleichartig
gleichbedeutend
Gleichbehandlung *die*
gleichberechtigt
Gleichberechtigung *die*
gleichbleibend
gleichen
gleicht, glich, hat geglichen
gleichermaßen
gleichfalls
gleichförmig
gleichgeartet
gleichgerichtet
gleichgesinnt
Gleichgewicht *das*
gleichgültig
Gleichgültigkeit *die*
Gleichheit *die*
Gleichheitszeichen *das*
gleichlang
Gleichmacherei *die*
gleichmäßig
Gleichmäßigkeit *die*
Gleichmut *der/die*
gleichnamig
Gleichnis *das*
die Gleichnisse
gleichnishaft
Gleichrichter *der*
gleichsam
gleichschenklig
Gleichschritt *der*
gleichseitig
gleichsetzen
Gleichsetzungsnominativ *der*
Gleichstand *der*
gleichstellen
Gleichstrom *der*
Gleichung *die*
einfache Gleichung
lineare Gleichung
quadratische Gleichung
gleichwertig
gleichwinklig
gleichzeitig
Gleichzeitigkeit *die*
Gleis *das*
Gleisbau *der*
Gleisdreieck *das*
gleiten
gleitet, glitt, ist geglitten
gleitend
Gleitflug *der*
Gleitreibung *die*
Glencheck *der*

Gletscher *der*
Gletscherspalte *die*
Gletscherzunge *die*

gli

glibberig
glich (gleichen)
Glied *das*
Gliedmaßen
Gliedsatz *der*
die Gliedsätze
gliedern
sich gliedern
Gliederung *die*
glimmen
glimmt, glomm / glimmte, hat geglimmt / geglommen
Glimmlampe *die*
Glimmstängel *der*
Glimmer *der*
glimpflich
Glissando *das*
glitschig
glitt (gleiten)
glitzern
global
Globetrotter *der*
Globus *der*
die Globusse / die Globen
Glocke *die*
Glöckchen *das*
Glockengeläute *das*
Glockenklang *der*
Glockenläuten *das*
Glockenschlag *der*
die Glockenschläge
Glockenspiel *das*
Glockenturm *der*
die Glockentürme
glockig
Glöckner *der*
glomm (glimmen)
Gloria *das*
mit Glanz und Gloria
Glorienschein *der*
glorifizieren
glorios
glorreich
Glossar *das*
Glosse *die*
glossieren
glotzen
Gloxinie *die*
Glück *das*
Glück auf!
viel Glück!
glückbringend
glücken
glücklich
glücklicherweise
Glücksache *die*
glückselig
Glückseligkeit *die*
Glücksgefühl *das*
Glückspfennig *der*
Glückspilz *der*
Glückszahl *die*
Glückwunsch *der*
die Glückwünsche
Glucke *die*
gluckern
glucksen
Glühbirne *die*
glühen
glühend
*glühend heiß**
Glühwein *der*
Glühwürmchen *das*
Glukose / fachspr. **Glucose** *die*
Glut *die*
Glutamat *das*
Glutaminsäure *die*
Glykol *das*
Glykose *die*
Glyptothek *die*
Glyzerin / fachspr. **Glycerin** *das*
Glyzinie *die*
GmbH (Gesellschaft mit beschränkter Haftung)
Gnade *die*
Gnadenbrot *das*
Gnadengesuch *das*
gnadenlos
gnädig
Gneis *der*
Gnom *der*
gnomenhaft
Gnosis *die*
Gnostik *die*
gnostisch
Gnu *das*

go

Goal *das*
Goalkeeper *der*
Gobelin *der*
Gockel *der*
Goi *der*
die Gojim
Gokart* *der*
Gold *das*
Goldamsel *die*
Goldbarren *der*
Goldbarsch *der*
goldblond
golden
g …
die goldene Hochzeit
*der goldene Schnitt**
*das goldene Zeitalter**

G ...
das Goldene Buch
das Goldene Kalb
die Goldene Stadt
das Goldene Vlies
Goldfasan *der*
Goldfisch *der*
goldgelb
Goldgräber *der*
Goldgrube *die*
goldig
Goldmedaille *die*
Goldmünze *die*
Goldrand *der*
goldrichtig
Goldschmied/in
Goldstück *das*
Goldwaage *die*
Goldzahn *der*
die Goldzähne
Golden Delicious *der*
Golf *der* (Meeresbucht)
das (Rasenspiel)
Golfplatz *der*
die Golfplätze
Golfschläger *der*
Golfspiel *das*
Golfstrom *der*
Goliath *der*

gon

Gondel *die*
gondeln
Gondoliere *der*
Gong *der*
Gongschlag *der*
die Gongschläge
gönnen
Gönner/in
gönnerhaft
gor (gären)
Gör *das*/**Göre** *die*
Gorgonzola *der*
Gorilla *der*
Gospel *das/der*
Gospelsong *der*
goss* (gießen)
Gosse *die*
Gotik *die*
gotisch
Gott *der*
die Götter
Gott sei Dank!
weiß Gott!
um Gottes willen
Götterbild *das*
gottergeben
Götterspeise *die*
Gottesdienst *der*
Gotteslästerung *die*
Gottessohn *der*
gottgefällig
gottgewollt
Göttin *die*
die Göttinen
göttlich
gottlob!
gottlos
gottserbärmlich
gottverlassen
Gottvertrauen *das*
gottvoll
Götze *der*
Götzenbild *das*
Götzendienst *der*
Gouache *die*
Gouda *der*
Gourmet *der*
goutieren
Gouvernante *die*
Gouverneur *der*

gr

Grab *das*
die Gräber
zu Grabe tragen
graben
gräbt, grub,
hat gegraben
Graben *der*
Grabhügel *der*
Grabmal *das*
die Grabmäler
Grabstein *der*
Grabung *die*
Gracht *die*
grad. (graduiert)
Grad *der* (Maßeinheit)
Gradeinteilung *die*
Gradnetz *das*
graduell
graduieren
gradweise
grad/gerade
Graecum *das*
Graf *der*
Gräfin *die*
die Gräfinnen
gräflich
Grafschaft *die*
Graffito *der/das*
die Graffiti
Grafik/Graphik *die*
grafisch/graphisch
Gram *der*
jemandem gram sein
grämen
sich grämen
gramvoll
Gramm *das*
500 Gramm (g)
Grammatik *die*
grammatisch
Grammeln *die*
Grammophon/Grammofon* *das*

Granat *der*
Granatschmuck *der*
Granatapfel *der*
Granate *die*
Granatwerfer *der*
Grand *der*
Grandhotel *das*
grandios
Grand ouvert *der*
Grand Prix *der*
Grandseigneur *der*
Grandslam* / Grand Slam *der*
Granit *der*
granitartig
Granitblock *der*
die Granitblöcke
grantig
Grantigkeit *die*
Granulat *das*
granulieren
Grapefruit *die*
Graphik / Grafik *die*
graphisch / grafisch
Graphit / Grafit* *der*
graphitgrau / grafitgrau*
Graphologie / Grafologie* *die*
graphologisch / grafologisch*
Grappa *die / der*
eine / n Grappa trinken
grapschen
Gras *das*
die Gräser
grasen
Grasfläche *die*
Grashalm *der*
Grasnarbe *die*
grassieren
grässlich*
Grat *der* (Bergkamm)
Gratwanderung *die*
Gräte *die*
die Fischgräten
grätenlos
Gratifikation *die*
gratis
Gratisaktie *die*
gratinieren
Grätsche *die*
grätschen
Gratulant / in
Gratulation *die*
gratulieren

grau

grau
g …
graue Haare
alles grau in grau malen
der graue Star
G …
das Grau
die Grauen Panther
graublau / grau-blau
Graubrot *das*
gräulich
grauhaarig
graumeliert
Grauschimmel *der*
Grauschleier *der*
grauen
Gräuel* *der*
Gräuelmärchen* *das*
Gräuelpropaganda* *die*
Gräueltat* *die*
Grauen *das*
grauenhaft
grauenvoll
gräulich*
Graupe *die*
Graupensuppe *die*
Graupel *die*
Graupelschauer *der*
Graus *der*
grausam
Grausamkeit *die*
Grausen *das*
grausen
grausig
Graveur / in
gravieren
gravierend
Gravierung *die*
Gravur *die*
Gravitation *die*
gravitätisch
Grazie *die*
grazil
graziös
Gräzist / in
Gräzistik *die*

gre

Greenhorn *das*
Greenpeace
greifen
greift, griff, hat gegriffen
Greifvogel *der*
die Greifvögel
Greis / in
greisenhaft
Greißler *der*
grell
*grell beleuchtet**
Gremium *das*
die Gremien
Grenadier *der*
Grenadine *die*

Grenze *die*
grenzen
grenzenlos
ins Grenzenlose
Grenzkontrolle *die*
Grenzsituation *die*
grenzüberschreitend
Grenzverkehr *der*
Grenzwert *der*
(Greuel > Gräuel*)

gri

Griebe *die*
Griebenschmalz *das*
Griechenland
Grieche *der*
Griechin *die*
griechisch
griechisch-orthodox
Griesgram *der*
griesgrämig
Grieß *der*
Grießbrei *der*
Grießklöße
Griff *der*
griffbereit
griffig
Griffel *der*
Grill *der*
auf dem Grill garen
grillen
grillieren
Grillplatz *der*
Grille *die*
grillenhaft
Grimasse *die*
Grimm *der*
Grimmen *das*
grimmig
Grind *der*
grinsen
Grippe *die*
Grippeepidemie *die*
grippekrank
Grippevirus *das / der*
Grippewelle *die*
Grisaille *die*
Grislibär / Grizzlybär *der*

gro

grob
gröber, gröbste
aus dem Gröbsten heraus sein
Grobheit *die*
Grobian *der*
gröblich
grobmaschig
Grog *der*
groggy
grölen
Grölen *das*
Groll *der*
grollen
Groschen *der*
Groschenheft *das*
Gros *das*
groß
größer, größte
g …
*im großen Ganzen**
am größten
die große Anfrage
die großen Ferien
die große Kreisstadt
das große Latinum
*das große Los**
die große Pause
G …
*Groß und Klein** (jedermann)
die Große Strafkammer
der Große Wagen / Bär
die Großen und die Kleinen
*im Großen und Ganzen**
etwas Großes
nichts Großes
großartig
das Großartige
etwas Großartiges
Großauftrag *der*
die Großaufträge
Groß-Berlin
Großbetrieb *der*
Großbuchstabe *der*
Größe *die*
Großeltern
Größenunterschied *der*
Größenwahn *der*
Großfahndung *die*
Großhandel *der*
Großkundgebung *die*
Großmacht *die*
die Großmächte
Großmarkt *der*
großmütig
Großmutter *die*
die Großmütter
großspurig
Großraumwagen *der*
Großreinemachen *das*
großschreiben* (mit großem Anfangsbuchstaben)
*schreibt groß, schrieb groß, hat großgeschrieben**
Großschreibung *die*
großspurig
Großstadt *die*

die Großstädte
großstädtisch
Großstadtliteratur *die*

größtenteils
Großvater *der*
die Großväter
großzügig

Großbritannien
Brite *der*
Britin *die*
britisch

Großschreibung

Satzanfang, Überschrift

***G**estern waren wir in Heidelberg.*
***D**er Schimmelreiter*
***G**rüne Woche (in Berlin)*
***M**it freundlichen Grüßen*

Anredepronomen

Sie, Ihr, Ihnen ... (aus Höflichkeit)

*Würden **S**ie mir bitte helfen?*
*Wie geht es **I**hnen?*

Immer kleingeschrieben werden:
du, dir, dich, dein; ihr, euch, euer

Eigennamen

***M**atthias **C**laudius*
***W**olfgang **A**madeus **M**ozart*

Adjektive

- denen die Wörter *etwas, alles, viel, wenig, nichts* vorausgehen

  *alles **G**ute, nichts **B**esonderes, etwas **K**omisches*

- die zu Eigennamen gehören

  *das Kap der **G**uten Hoffnung, das **R**ote Meer, **R**heinisch-**W**estfälische Elektrizitätswerke*

- die auf -er enden und von geografischen Eigennamen abgeleitet sind

  *die **B**erliner Bevölkerung*
  *die **M**ecklenburger Landschaft*

Substantive (Nomen) (s. S. 347)

***B**uch, **W**ort, **R**echtschreibung, **A**ufsatz, **C**omputer*

Ebenso Wörter, die als Substantive gebraucht werden.

*es ist das **B**este*
*am **E**rsten des Monats*
*das ist zum **L**achen*
*ich habe **V**ertrauen zu dir*

Grossist *der*
grotesk
Groteske *die*
groteskerweise
Grotte *die*

gru

grub (graben)
Grube *die*
Grubenunglück *das*
grübeln
Grübler *der*
grüblerisch
grüezi
Gruft *die*
grün
g …
jemandem nicht grün sein
die grüne Grenze
die grüne Minna
der grüne Punkt
die grüne Welle
am grünen Tisch
G …
bei Grün weiterfahren
dasselbe in Grün
die Ampel steht auf Grün
das Grüne Gewölbe (Dresden)
die Grüne Woche (Berlin)
die Grünen (Partei)
Grünanlage *die*
Gründonnerstag *der*
grünen
Grünfläche *die*
Grünfutter *das*
Grünkohl *der*
grünlich
Grünspan *der*
Grünstreifen *der*
Grund *der*
die Gründe
*auf Grund / aufgrund**
im Grunde genommen
*zu Grunde / zugrunde gehen**
Grundbedeutung *die*
Grundbegriff *der*
Grundbesitz *der*
Grundbuch *das*
grundehrlich
Grunderwerb *der*
grundfalsch
Grundgedanke *der*
Grundgesetz *das*
Grundlage *die*
grundlegend
grundlos
Grundrecht *das*
Grundregel *die*
Grundriss* *der*
Grundsatz *der*
die Grundsätze
grundsätzlich
Grundschule *die*
Grundstein *der*
Grundstück *das*
Grundstufe *die*
Grundton *der*
Grundwasser *das*
Grundwort *das*
die Grundwörter
Grundzahl *die*
gründen
Gründer / in
Gründerzeit *die*
Gründung *die*
grundieren
Grundierung *die*
gründlich
*gründlich sauber machen**
Gründlichkeit *die*
grundlos
grundsätzlich
grunzen
Gruppe *die*
Grüppchen *das*
Gruppenarbeit *die*
Gruppenbild *das*
gruppenweise
gruppieren
Gruselgeschichte *die*
gruslig / gruselig
gruseln
Gruß *der*
die Grüße
grüßen
Grußwort *das*
Grütze *die*
Gruyère *der*

gu

Guano *der*
gucken / kucken
Guerilla *die*
Guerillakrieg *der*
Guerillero *der*
Gugelhupf *der*
Guillotine *die*
guillotinieren
Gulasch *das / der*
Gulaschsuppe *die*
Gulden *der*
Gülle *die*
Gully *der / das*
gültig
Gültigkeit *die*
Gummi *der / das*
Gummiband *das*

die Gummibänder
Gummibaum *der*
die Gummibäume
gummieren
Gummihandschuh *der*
Gundermann *der*
Gunst *die*
zu ihren Gunsten
*zugunsten/zu Gunsten von**
günstig
günstigstenfalls
Günstling *der*
Guppy *der*

gur

Gurgel *die*
gurgeln
Gurke *die*
Gurkensalat *der*
gurren
Gurt *der*
der Sicherheitsgurt
Gürtel *der*
gurten
Guru *der*
Guss* *der*
die Güsse
Gusseisen* *das*
Gussstahl*/Guss-Stahl* *der*
Gusto *der*
gustieren
gut
besser, beste
g ...
gute Nacht
gut und gern
so weit, so gut
es gut meinen
jenseits von gut und böse sein*
G ...
das Gute
*es im Guten sagen**
des Guten zu viel tun
zum Guten wenden
etwas Gutes
nichts Gutes
alles Gute
Kap der Guten Hoffnung
gutartig
Gutartigkeit *die*
gut aussehend*
gutbürgerlich
gut gehen*
gut gehend*
gut gelaunt*
gut gemeint*
gutgläubig
Guthaben *das*
gutheißen
gutherzig
gütig
gut machen (z. B. eine Arbeit)
gutmachen (z. B. einen Gewinn)
*wieder gutmachen**
gutmütig
Gutmütigkeit *die*
Gutschein *der*
gut schreiben (einen Text)
gutschreiben (anrechnen)
schreibt gut, schrieb gut, hat gutgeschrieben
Gutschrift *die*
gut situiert
gut unterrichtet
gut tun*
gut werden
gutwillig
Gutwilligkeit *die*
Gut *das*
die Güter
Güterverkehr *der*
Güterwagen *der*
Gutsbesitzer/in
Gutshaus *das*
die Gutshäuser
Gutshof *der*
die Gutshöfe
Gutachten *das*
Gutachter/in
gutachterlich
Güte *die*
gütig
gütlich
Gutschein *der*
Guttemplerorden *der*
guttural

gy

Gymnasiallehrer/in
Gymnasiast/in
Gymnasium *das*
Gymnastik *die*
gymnastisch
Gynäkologie *die*
gynäkologisch
Gyros *das*

H

H (Herren)
Haar *das*
das Härchen
um Haaresbreite
Haarausfall *der*
haaren
Haarfarbe *die*
haargenau
haarig
haarklein
haarscharf
Haarschnitt *der*
Haarspalterei *die*
Haarspray *das*
haarsträubend
Haarwuchs *der*
Habanera *die*
Habe *die*
das Hab und Gut
haben
Habenichts *der*
Habenzinsen
habhaft
Habgier *die*
aus Habgier
habgierig
Habicht *der*
Habilitation *die*
habilitieren
sich habilitieren
Habit *das*
habitualisieren
habituell
Habitus *der*
Habseligkeiten
Habsucht *die*
habsüchtig
Hachse / Haxe *die*
Hackbraten *der*
Hackbrett *das*
Hacke *die* (Gerät)
hacken
Hackepeter *der*
Hackfrucht *die*
die Hackfrüchte
Häcksel *das / der*
Hacksteak *das*
Hacke *die* **/ Hacken** *der*
(Ferse)
Hader *der*
hadern

haf

Hafen *der*
die Häfen
Hafenamt *das*
Hafenrundfahrt *die*
Hafenstadt *die*
die Hafenstädte
Hafer *der*
Haferflocken
Haff *das*
Haft *die*
Haftanstalt *die*

haben

ich habe *du hast* * *er, sie, es hat* *wir haben* *ihr habt* *sie haben*	*ich hatte* *du hattest* *er, sie, es hatte* *wir hatten* *ihr hattet* *sie hatten*	*ich hätte* *du hättest* *er, sie, es hätte* *wir hätten* *ihr hättet* *sie hätten*

ich habe gehabt
du hast gehabt …

habend

* Aber: *du ha**ss**t* (von „hassen“), *verha**ss**t; die Ha**s**t* (= Eile).

haftbar
Haftbefehl *der*
haftfähig
Häftling *der*
Haftpflicht *die*
haftpflichtig
Haftpflichtversiche-
rung *die*
Haftrichter/in
haftunfähig
Haftung *die*
haften
*haften bleiben**
Haftschale *die*

hag

Hag *der*
Hagebutte *die*
Hagedorn *der*
Hagel *der*
Hagelkorn *das*
die Hagelkörner
hageln
Hagelschauer *der*
Hagelzucker *der*
hager
Hagerkeit *die*
Häher *der*
Hahn *der*
die Hähne
Hähnchen *das*
Hahnenschrei *der*
Hahnrei *der*
Hai *der*

Hain *der*
Hairstylist* *der*
häkeln
Häkelnadel *die*
Haken *der*
Häkchen *das*
hakenförmig

hal

Halali *das*
halb
h ...
halb eins
halbe Stunde
ein halbes Dutzend
achteinhalb Prozent
H ...
ein Halbes trinken
nichts Halbes und nichts Ganzes
Halbbruder *der*
die Halbbrüder
halbdunkel
halbfett
Halbfinale *das*
halbherzig
halbieren
Halbierung *die*
Halbinsel *die*
halbjährig
halbjährlich
Halbkreis *der*
Halbkugel *die*
Halbleiter *der*
halbleer
auf halbmast
Halbmond *der*
Halbpension *die*
halbrund
Halbschuh *der*
halbseitig
halbtags
halbtot
halbvoll
Halbwahrheit *die*
Halbwaise *die*
halbwegs
Halbwertzeit *die*
Halbzeit *die*
halber
der Ehre halber
umständehalber
halbieren
Halde *die*
auf Halde liegen
half (helfen)
Hälfte *die*
Halfter *das*
Hall *der*
hallen
Halle *die*
Hallenbad *das*
die Hallenbäder
Halleluja *das*
Hallig *die*
Hallimasch *der*
hallo!
das Hallo
mit großem Hallo
hallodrio!
Halluzination *die*
Halm *der*
Halma *das*
halogen
Halogenlampe *die*
Hals *der*
die Hälse
Halsband *das*
die Halsbänder
Hals-Nasen-Ohren-
Arzt *der*
Halsschmerzen
halsstarrig
Halstuch *das*
die Halstücher
Hals- und Bein-
bruch!
Halsweh *das*

A B C D E F G H I J K L M N O P Q R S T U V W X Y Z

halt!
*Halt/halt rufen**
Halt *der*
Halt finden
*Halt machen**
halten
hält, hielt,
hat gehalten
Haltepunkt *der*
Halter/in
Halterung *die*
Haltestelle *die*
Halteverbot *das*
haltlos
haltbar
Haltbarkeit *die*
Haltung *die*
Halunke *der*

ham

Hämatom *das*
Hamburg
Hamburger/in
hamburgisch
Häme *die*
hämisch
hamitisch
Hammel *der*
Hammelbeine
Hammelbraten *der*
Hammelkeule *die*
Hammelsprung *der*
Hammer *der*
die Hämmer
hämmern
Hammerwerfen *das*
Hammondorgel *die*
Hämoglobin *das*
Hämorrhoiden/Hä-morriden*
Hampelmann *der*
hampeln
Hamster *der*
hamstern

han

Hand *die*
die Hände
etwas bei der Hand haben
freie Hand haben
zu Händen von
abhanden
allerhand
anhand
*eine Hand voll**
kurzerhand
*überhand nehmen**
(nimmt überhand, nahm überhand, hat überhand ge-nommen)
*unter der Hand**
vorderhand
Handarbeit *die*
Handball *der*
Handball spielen
Handbewegung *die*
Handbremse *die*
Händedruck *der*
händeringend
Händeschütteln *das*
Handfeger *der*
Handfertigkeit *die*
handfest
Handgelenk *das*
Handgemenge *das*
Handgepäck *das*
handgeschrieben
Handgranate *die*
handgreiflich
Handgriff *der*
Handhabe *die*
handhaben
leicht zu handhaben
Handkuss* *der*
die Handküsse
Handlanger *der*
handlich
Handreichung *die*
Handschlag *der*
Handschrift *die*
handschriftlich
Handschuh *der*
Handschuhfach *das*
Handstand *der*
Handtasche *die*
Handtuch *das*
die Handtücher
Handumdrehen *das*
im Handumdrehen
Handvoll *die*
Handwörterbuch *das*
Handel *der*
Handel treiben
*Handel treibend**
handeln
Handelsabkommen *das*
Handelsbilanz *die*
handelseinig
Handelskammer *die*
handelsüblich
Handelsvertrag *der*
die Handelsverträge
Händler/in
Handikap/Handicap *das*
handlich
Handlung *die*
Handlungsablauf *der*
die Handlungs-abläufe
handlungsfähig
Handlungsraum *der*

Handlungsverb *das*
Handlungsweise *die*
Hand-out*/Handout *das*
Handwerk *das*
Handwerker *der*
handwerklich
Handwerksbetrieb *der*
Handwerkskammer *die*
Handwerkszeug *das*
Handy *das*
hanebüchen
Hanf *der*
Hang *der*
die Hänge
hangeln
sich hangeln
Hangar *der*
Hängematte *die*
hängen
hängt, hing, hat gehangen
hängen bleiben*
*bleibt hängen, blieb hängen, ist hängen geblieben**
hängen lassen*
lässt hängen, ließ hängen, hat hängen lassen**
Hängepartie *die*
Hansaplast *das*
Hansdampf *der*
hänseln
Hanswurst *der*
Hanse *die*
hanseatisch
Hansekogge *die*
Hansestadt *die*
die Hansestädte
hänseln
Hantel *die*
hantieren

hap

hapern
haploid
Häppchen *das*
Happen *der*
happig
Happening *das*
happy
Happyend*/Happy End* *das*
haptisch
Harakiri *das*
Hardcover*/Hard Cover* *das*
Hardliner *der*
Hardrock*/Hard Rock* *der*
Hardware *die*
Harem *der*
Häresie *die*
Häretiker/in
häretisch
Harfe *die*
Harfenspiel *das*
Harke *die*
harken
Harlekin *der*
harmlos
Harmlosigkeit *die*
Harmonie *die*
Harmonielehre *die*
harmonieren
Harmonika *die*
harmonisch
harmonisieren
Harmonisierung *die*
Harmonium *das*
Harn *der*
Harnblase *die*
Harnleiter *der*
Harnstoff *der*
harntreibend
Harnisch *der*
Harpune *die*
harpunieren
harren
harsch
Harsch *der*
hart
härter, härteste
hart auf hart
*hart gekocht**
*hart gesotten**
Härte *die*
härten
Hartfaserplatte *die*
hartherzig
Hartkäse *der*
hartleibig
hartnäckig
Hartnäckigkeit *die*
Härtung *die*
Harz *der* (Gebirge)
das (zähflüssige Absonderung)
harzig

has

Hasard *das*
Hasardspiel *das*
Haschee *das*
haschieren
haschen
Haschen *das*
Haschen spielen
Haschisch *das/der*
Hase *der*
Hasenbraten *der*
Hasenpfeffer *der*

Hasenscharte *die*
Häsin *die*
Haselnuss* *die*
die Haselnüsse
Haselnussstrauch*/
Haselnuss-Strauch*
der
die Haselnuss-
sträucher / Hasel-*
*nuss-Sträucher**
Hass* *der*
hassen
hasst, hasste*,*
*hat gehasst**
hassenswert
hasserfüllt*
Hassgefühle*
hässlich*
Hässlichkeit* *die*
hast (haben) s. S. 156
Hast *die*
hasten
hastig
hätscheln
Hattrick *der*
Hatz *die*

hau

Haube *die*
Haubenlerche *die*
Haubitze *die*
Hauch *der*
hauchdünn
hauchen
hauen
haut, haute / hieb,
hat gehauen
Hauer *der*
häufeln
Haufen *der*
häufen
Haufenreim der
haufenweise
häufig
Häufigkeit *die*
Häufung *die*
Haupt *das*
die Häupter
hauptamtlich
Hauptbahnhof *der*
Hauptdarsteller / in
Haupteingang *der*
Hauptfach *das*
die Hauptfächer
Hauptgewinn *der*
Häuptling *der*
Hauptperson *die*
Hauptsache *die*
hauptsächlich
Hauptsaison *die*
Hauptsatz *der*
die Hauptsätze
Hauptschulab-
schluss* *der*
Hauptschule *die*
Hauptseminar *das*
Hauptstadt *die*
die Hauptstädte
hauptstädtisch
Hauptstraße *die*
Hauptteil *der*
Hauptversammlung
die (HV)
Hauptwort *das*
die Hauptwörter
Haus *das*
die Häuser
nach Hause / nach-
*hause** (österr.,
schweiz.)
*zu Hause / zuhause**
(österr., schweiz.)
von zu Hause / zu
*hause** (österr.,
schweiz.)
das Zuhause
Hausarbeit *die*
Hausarzt *der*
die Hausärzte
Hausaufgabe *die*
Hausbau *der*
Hausbesitzer / in
Hausbewohner / in
hausen
Hausfrau *die*
hausfraulich
Haushalt *der*
Haus halten* / haus-
halten
Hausherr *der*
haushoch
Hausmeister / in
Hausnummer *die*
Hausrat *der*
Hausschlüssel *der*
Haustier *das*
Haustür *die*
Hauswirtschaft *die*
hausieren
Hausierer / in
Hausse *die*

haut

Haut *die*
die Häute
Hautausschlag *der*
Häutchen *das*
Hautcreme / Haut-
kreme* *die*
häuten
sich häuten
hauteng
Hautfarbe *die*
hautnah
Häutung *die*
Haute Couture *die*

Hautevolee *die*
Hautgout *der*
Havarie *die*
Havarist *der*
Haxe/Hachse *die*
Hazienda *die*
Hbf. (Hauptbahnhof)
h. c. (honoris causa = ehrenhalber)

he

Headline *die*
Hearing *das*
Hebamme *die*
Hebel *der*
heben
hebt, hob, hat gehoben
Hebewerk *das*
Hebung *die*
hebräisch
Hebräische *das*
hecheln
Hecht *der*
Hechtsprung *der*
Heck *das*
Heckscheibe *die*
Hecke *die*
Heckenrose *die*
Hederich *der*
Heer *das*
Heerstraße *die*
Hefe *die*
Hefekuchen *der*
Hefeteig *der*
Heft *das*
heften
Hefter *der*
heftig
Heftigkeit *die*
Hegemonie *die*
hegen
Hehl *das/der*
kein(en) Hehl daraus machen
hehlen
Hehler/in
hehr (erhaben, heilig)

hei

Heide *die* (Ödland)
Heidekraut *das*
Heidschnucke *die*
Heide *der* (Nichtchrist)
Heidenspaß *der*
Heidentum *das*
heidnisch
Heidelbeere *die*
heikel
heil
Heil *das*
Heiland *der*
Heilanstalt *die*
heilbar
heilen
Heilerfolg *der*
heilfroh
Heilkraft *die*
die Heilkräfte
heillos
Heilmittel *das*
Heilpflanze *die*
Heilpraktiker/in
heilsam
Heilsarmee *die*
Heilung *die*
Heilbutt *der*
heilig
h …
das heilige Abendmahl
die heilige Kommunion
die heilige Messe
der heilige Paulus
heilig sein
*heilig sprechen**
H …
das Heilige Grab
das Heilige Land
die Heilige Dreifaltigkeit
die Heilige Jungfrau
die Heilige Nacht
die Heilige Schrift
der Heilige Abend
der Heilige Geist
der Heilige Vater
die Heiligen Drei Könige
der/die/das Heilige
etwas Heiliges
heiligen
Heiligenschrein *der*
Heiligkeit *die*
Heiligtum *das*
Heim *das*
Heimat *die*
Heimatfilm *der*
Heimatkunde *die*
heimatlich
heimatlos
Heimatmuseum *das*
Heimatstadt *die*
Heimatvertriebene *der/die*
heimbringen
bringt heim, brachte heim, hat heimgebracht
heimfahren
fährt heim, fuhr heim, ist heimgefahren
heimführen
heimgehen

geht heim,
ging heim,
ist heimgegangen
heimisch
Heimkehr *die*
heimkehren
Heimkehrer *der*
Heimleiter/in
Heimreise *die*
heimsuchen
Heimstätte *die*
Heimweg *der*
Heimweh *das*
heimzahlen
heimlich
*heimlich tun**
Heimlichkeit *die*
Heimlichtuerei *die*
heimtückisch
Heinzelmännchen *das*
Heirat *die*
heiraten
Heiratsantrag *der*
die Heiratsanträge
Heiratsanzeige *die*
heiratslustig
Heiratsschwindler/in
Heiratsurkunde *die*
heischen
heiser
Heiserkeit *die*
heiß
ein heißes Eisen
*heiß ersehnt**
*heiß geliebt**
heißblütig
Heißhunger *der*
Heißmangel *die*
heißen
heißt, hieß,
hat geheißen
heiter
Heiterkeit *die*
heizen
heizbar
Heizer *der*
Heizkessel *der*
Heizkörper *der*
Heizkosten
Heizung *die*

hek

Hektar *das/der*
Hektik *die*
hektisch
hektographieren
Hektoliter *der*
helau!
Held/in
heldenhaft
Heldenlied *das*
Heldentat *die*
helfen
hilft, half,
hat geholfen
Helfer/in
Helfershelfer/in
Helikopter *der*
heliozentrisch
Helium *das* (He)
hell
*hell leuchtend**
*hell strahlend**
hellblau
hellblond
Helligkeit *die*
helllicht*
*am helllichten Tag**
hellwach
Hellebarde *die*
Hellenismus *der*
Heller *der*
auf Heller und Pfennig
Hellseher/in
hellsehen
hellsehen können
hellsichtig
Helm *der*
helvetisch
die Helvetische Republik

hem

Hemd *das*
Hemdchen *das*
Hemdsärmel *der*
hemdsärmelig
Hemisphäre *die*
hemmen
Hemmnis *das*
die Hemmnisse
Hemmschuh *der*
Hemmschwelle *die*
Hemmung *die*
hemmungslos
Hendiadyoin *das*
Hendl *das*
das Brathendl
Hengst *der*
Henkel *der*
Henkelkrug *der*
die Henkelkrüge
Henker *der*
Henkersmahlzeit *die*
Henna *die/das*
Henne *die*
Hepatitis *die*
Heptan *das*
her
hin und her
das ewige Hin und Her

herab
herabfallen
fällt herab,
fiel herab,
ist herabgefallen
herablassend
herabsetzen
Herabsetzung *die*
Heraldik *die*
heraldisch
heran
heranfahren
fährt heran,
fuhr heran,
ist herangefahren
heranführen
heranholen
herankommen
kommt heran, kam heran, ist herange-kommen
heranlassen
lässt heran, ließ heran, hat herange-lassen*
heranreichen
heranwachsen
wächst heran,
wuchs heran,
ist herangewachsen
Heranwachsende *der/die*
heranwagen
sich heranwagen
heranziehen
zieht heran, zog heran, hat herange-zogen
herauf
heraufbringen
bringt herauf,
brachte herauf,
hat heraufgebracht
heraufsetzen
heraus
herausbekommen
bekommt heraus,
bekam heraus,
hat herausbekom-men
herausbringen
bringt heraus,
brachte heraus,
hat herausgebracht
herausfinden
findet heraus,
fand heraus,
hat herausgefunden
herausfordern
herausfordernd
Herausforderung *die*
Herausgabe *die*
herausgeben
gibt heraus,
gab heraus,
hat herausgegeben
Herausgeber *der*
heraushalten
sich heraushalten
hält sich heraus,
hielt sich heraus,
hat sich herausge-halten
herausholen
herauskommen
kommt heraus,
kam heraus, ist her-ausgekommen
herauskristallisieren
herausnehmen
nimmt heraus,
nahm heraus, hat herausgenommen
herausragen
herausragend
herausschlagen
schlägt heraus,
schlug heraus, hat herausgeschlagen
herausstellen

herb
Herbheit *die*
Herbarium *das*
herbei
herbeiführen
herbeirufen
ruft herbei,
rief herbei,
hat herbeigerufen
herbeischaffen
herbeisehnen
herbeiwünschen
herbekommen
bekommt her,
bekam her,
hat herbekommen
herbemühen
sich herbemühen
Herberge *die*
Herbergseltern
herbestellen
herbitten
bittet her, bat her, hat hergebeten
Herbizid *das*
herbringen
bringt her,
brachte her,
hat hergebracht
Herbst *der*
Herbstanfang *der*
Herbstferien

herbstlich
Herbstzeitlose *die*
Herd *der*
Herdplatte *die*
Herde *die*
Herdentier *das*
Herdentrieb *der*
herein
hereinbringen
bringt herein,
brachte herein,
hat hereingebracht
hereinfallen
fällt herein, fiel herein, ist hereingefallen
hereinführen
hereinholen
hereinkommen
kommt herein,
kam herein,
ist hereingekommen
hereinlassen
lässt * *herein,*
ließ herein,
hat hereingelassen
hereinlegen
hereinreichen
hereinschaffen
hereinströmen
hereintragen
trägt herein, trug herein, hat hereingetragen
Herfahrt *die*
herführen
Hergang *der*
hergeben
gibt her, gab her,
hat hergegeben
hergebracht
hergehen
geht her, ging her,
ist hergegangen
hergehören
herhalten
hält her, hielt her,
hat hergehalten
herholen
herhören

heri

Hering *der*
Heringsfang *der*
Heringsfilet *das*
Heringssalat *der*
herinnen
herkommen
kommt her, kam her,
ist hergekommen
herkömmlich
Herkunft *die*
Herkunftsort *der*
Herlitze *die*
hermachen
sich hermachen
Hermelin *das*
Hermeneutik *die*
hermeneutisch
hermetisch
hernach
hernehmen
nimmt her, nahm her,
hat hergenommen
hernieder
Heroin *das*
heroinsüchtig
heroisch
Heroe *der*
Heroin / Heroine *die*
Heros *der*
Herold *der*
Herpes *der*
Herr *der*
die Herren
einer Sache Herr werden
Herrenbegleitung *die*
Herrenbekleidung *die*
Herrenfahrrad *das*
die Herrenfahrräder
herrenlos
Herrentoilette *die*
Herrgott *der*
herrisch
herrichten
herrlich
Herrlichkeit *die*
Herrschaft *die*
herrschaftlich
herrschen
herrschend
Herrscher *der*
Herrschsucht *die*
herrschsüchtig
herrufen
ruft her, rief her,
hat hergerufen
herrühren

hers

herschicken
hersehen
sieht her, sah her,
hat hergesehen
herstellen
Hersteller *der*
Herstellung *die*
Herstellungskosten *die*
Hertz *das* (Hz) (Maßeinheit)
Kilohertz
herüber
herüberbringen

bringt herüber,
brachte herüber, hat
herübergebracht
herüberholen
herüberkommen
kommt herüber,
kam herüber, ist
herübergekommen
herüberreichen
Herübersetzung *die*
herum
herumalbern
herumdrehen
herumexperimentie-
ren
herumirren
herumkommandie-
ren
herumkommen
kommt herum, kam
herum, ist herumge-
kommen
herumkritisieren
herumlaufen
läuft herum, lief he-
rum, ist herumge-
laufen
herumliegen
liegt herum, lag he-
rum, hat herumgele-
gen
herumsitzen
sitzt herum, saß he-
rum, hat herumge-
sessen
herumsprechen
spricht herum,
sprach herum, hat
herumgesprochen
sich herumsprechen
herumstöbern
herumtreiben
treibt herum,
trieb herum,
hat herumgetrieben
sich herumtreiben
herunten
herunter
herunterdrücken
herunterfallen
fällt herunter,
fiel herunter,
ist heruntergefallen
herunterholen
herunterkommen
kommt herunter,
kam herunter, ist
heruntergekommen
herunterspielen
herunterziehen
zieht herunter,
zog herunter,
hat heruntergezogen

herv

hervor
hervorbringen
bringt hervor,
brachte hervor,
hat hervorgebracht
hervorgehen
geht hervor,
ging hervor,
ist hervorgegangen
hervorheben
hebt hervor,
hob hervor,
hat hervorgehoben
hervorholen
hervorkommen
kommt hervor,
kam hervor,
ist hervorgekommen
hervorragend
hervorrufen
ruft hervor,
rief hervor,
hat hervorgerufen
hervorziehen
zieht hervor,
zog hervor,
hat hervorgezogen

herz

Herz *das* (Organ)
sich etwas zu Her-
zen nehmen
von Herzen
Herzanfall *der*
die Herzanfälle
Herzass* *das*
Herzchirurgie *die*
Herzensangelegen-
heit *die*
Herzenslust *die*
nach Herzenslust
Herzenswunsch *der*
herzerfrischend
herzergreifend
Herzfehler *der*
herzhaft
Herzinfarkt *der*
Herzkatheter *der*
Herzklappe *die*
herzkrank
Herzkranzgefäß *das*
herzlich
*auf das herzlichste / Herzlichste**
Herzlichkeit *die*
herzlos
Herzschlag *der*
die Herzschläge
Herzschrittmacher
der
Herztransplantation

die
Herzversagen *das*
herzzerreißend
herziehen
zieht her, zog her, hat/ist hergezogen
Herzog/in
herzoglich
Herzogtum *das*
herzu

hes

Hessen
Hesse *der*
Hessin *die*
hessisch
Hetäre *die*
heterogen
heterosexuell
heterozygot
Hetze *die*
hetzen
Hetzer *der*
Hetzerei *die*
Hetzrede *die*
Heu *das*
Heuernte *die*
Heuhaufen *der*
Heuschnupfen *der*
Heuchelei *die*
heucheln
Heuchler/in
heuer (in diesem Jahr)
heurig
Heurige *der*
Heuer *die*
heulen
Heuler *der*
Heuristik *die*
heuristisch
Heuschrecke *die*
heute
*heute Abend**
*heute Morgen**
heute früh
bis heute
Heute *das*
heutig
heuzutage
Hexachord *der/das*
Hexagon *das*
Hexe *die*
hexen
Hexenschuss* *der*
Hexerei *die*
Hg. (Herausgeber)

hi

Hiat *der*
Hibiskus *der*

Hieb *der*
hieb- und stichfest
hielt (halten)
hier
hier und da
von hier aus
hier sein*
hieran
Hierarchie *die*
hierarchisch
hierauf
hieraus
hierbei
hier bleiben*
*bleibt hier, blieb hier, ist hier geblieben**
hierdurch
hierfür
hierher
hierher gehören*
hierher kommen*
kommt hierher, kam hierher, ist hierher gekommen
hierher schicken
hierin
hier lassen*
lässt hier, ließ hier, hat hier gelassen**
Hieroglyphe *die*
hiermit
hierüber
hierüber sprechen
sich hierüber einigen
hiervon
hierzu
hierzulande/hier zu Lande*
hiesig
hieß (heißen)
hieven
Hi-Fi (High Fidelity*)
Hi-Fi-Anlage *die*
Highlife *das*
Highlight *das*
Highsociety*/High Society* *die*
Hightech*/High Tech* *das/die*
Hijacker *der*
Hilfe *die*
Hilfe suchen
*Hilfe suchend**
*mit Hilfe/mithilfe**
zu Hilfe kommen
Hilfeleistung *die*
Hilferuf *der*

Hilfestellung *die*
hilflos
Hilflosigkeit *die*
hilfreich
Hilfsaktion *die*
Hilfsarbeiter/in
hilfsbedürftig
hilfsbereit
Hilfsbereitschaft *die*
Hilfsmittel *das*
Hilfsverb *das*
Hilfswerk *das*
hilfswillig
Hilfszeitwort *das*
die Hilfszeitwörter
Himbeere *die*
himbeerfarben
Himbeergeist *der*
Himbeersaft *der*
Himmel *der*
mir ist himmelangst
himmelblau
Himmelfahrt *die*
himmelschreiend
Himmelsrichtung *die*
himmlisch

hin

hin
hin und her
das ewige Hin und Her
hin- und her gehen
geht hin und her,
ging hin und her,
*ist hin und her gegangen**
hinab
hinabfallen
fällt hinab, fiel hinab,
ist hinabgefallen
hinan
hinauf
hinaufblicken
hinaufbringen
bringt hinauf,
brachte hinauf,
hat hinaufgebracht
hinaufgehen
geht hinauf,
ging hinauf,
ist hinaufgegangen
hinaufklettern
hinaufreichen
hinaufschauen
hinaufsetzen
hinaufziehen
zieht hinauf, zog hinauf, hat hinaufgezogen
hinaus
hinausblicken
hinausfahren
fährt hinaus, fuhr hinaus, ist hinausgefahren
hinausführen
hinausgehen
geht hinaus,
ging hinaus,
ist hinausgegangen
hinausschieben
schiebt hinaus,
schob hinaus, hat hinausgeschoben
hinauszögern
hinbekommen
bekommt hin,
bekam hin,
hat hinbekommen
Hinblick *der*
im Hinblick auf

hind

hinderlich
hindern
Hindernis *das*
die Hindernisse
Hinderungsgrund *der*
hindeuten
Hinduismus *der*
hindurch
hindurchmüssen
muss hindurch,*
musste hindurch,*
*hat hindurchgemusst**
hindurchzwängen
hinein
hineinbringen
bringt hinein,
brachte hinein,
hat hineingebracht
hineinfinden
findet hinein, fand hinein, hat hineingefunden
sich hineinfinden
hineingehen
geht hinein,
ging hinein,
ist hineingegangen
hineingeraten
gerät hinein,
geriet hinein,
ist hineingeraten
hineinreden
hineinregnen
hineinreichen
hineinreißen
reißt hinein,
riss hinein,*
hat hineingerissen
hineinschauen
hineinschreiben
schreibt hinein,
schrieb hinein, hat

A B C D E F G H I J K L M N O P Q R S T U V W X Y Z

hineingeschrieben
hineinstecken
hineinversetzen
sich hineinversetzen

hinf

hinfahren
fährt hin, fuhr hin, ist hingefahren
Hinfahrt *die*
hinfallen
fällt hin, fiel hin, ist hingefallen
hinfällig
Hinflug *der*
die Hinflüge
Hin- und Rückflug
hing (hängen)
hingeben
gibt hin, gab hin, hat hingegeben
hingebungsvoll
hingegen
hingerissen
hinhalten
hält hin, hielt hin, hat hingehalten
Hinhaltetaktik *die*
hinhören
hinken
hinkommen
kommt hin, kam hin, ist hingekommen
hinlänglich
hinlegen
hinnehmen
nimmt hin, nahm hin, hat hingenommen
hinnen
von hinnen
hinreichend
Hinreise *die*
hinreißen
reißt hin, riss hin, hat hingerissen*
sich hinreißen lassen
hinreißend
hinrichten
Hinrichtung *die*
hinschauen
hinschicken
hinschieben
schiebt hin, schob hin, hat hingeschoben
hinschreiben
schreibt hin, schrieb hin, hat hingeschrieben
hinsehen
sieht hin, sah hin, hat hingesehen
hinsetzen
sich hinsetzen
Hinsicht *die*
in Hinsicht auf
hinsichtlich
hinstellen

hint

hintanstellen
hinten
hintenrum
hinter
hintere, hinterste
Hinterachse *die*
Hinterausgang *der*
Hinterbliebene *der/die*
hintereinander
hintereinanderher
hintereinander schreiben*
*schreibt hintereinander, schrieb hintereinander, hat hintereinander geschrieben**
Hintereingang *der*
hinterfragen
Hintergedanke *der*
hintergehen
hintergeht, hinterging, hat hintergangen
jemanden hintergehen
Hintergrund *der*
die Hintergründe
hintergründig
Hintergrundinformation *die*
Hintergrundmusik *die*
Hinterhalt *der*
in einen Hinterhalt geraten
hinterhältig
Hinterhand *die*
Hinterhaus *das*
die Hinterhäuser
hinterher
hinterherhinken
hinterher sein*
Hinterhof *der*
die Hinterhöfe
Hinterkopf *der*
Hinterland *das*
Hinterlassenschaft *die*
hinterlegen
Hinterlegung *die*
Hinterlist *die*
hinterlistig
Hintermann *der*
Hintern *der*

Hinterrad *das*
die Hinterräder
hinterrücks
hintersinnig
Hinterteil *das*
Hintertreffen *das*
ins Hintertreffen geraten
Hintertreppe *die*
Hintertür *die*
Hinterwäldler *der*
hinterziehen
hinterzieht, hinterzog, hat hinterzogen
hintreten
tritt hin, trat hin, ist hingetreten

hinu

hinüber
hinüberbringen
bringt hinüber, brachte hinüber, hat hinübergebracht
hinübergehen
geht hinüber, ging hinüber, ist hinübergegangen
hinüberkommen
kommt hinüber, kam hinüber, ist hinübergekommen
hinüberlassen
lässt hinüber, ließ hinüber, hat hinübergelassen*
hinüberwerfen
wirft hinüber, warf hinüber, hat hinübergeworfen
hin und her
nach längerem Hin und Her
hin und her gehen
die Hin- und Rückfahrt
hinunter
hinunterblicken
hinunterstürzen
hinunterwerfen
wirft hinunter, warf hinunter, hat hinuntergeworfen

hinw

hinweg
hinwegfegen
hinwegraffen
hinwegsetzen
sich darüber hinwegsetzen
Hinweg *der*
Hinweis *der*
hinweisen
hinweisendes Fürwort
Hinweisschild *das*
hinwenden
sich hinwenden
Hinwendung *die*
hinwerfen
wirft hin, warf hin, hat hingeworfen
Hinz
Hinz und Kunz
hinziehen
zieht hin, zog hin, hat hingezogen
hinzu
hinzufügen
hinzukaufen
hinzukommen
kommt hinzu, kam hinzu, ist hinzugekommen
hinzulernen
hinzurechnen
hinzuzählen
hinzuziehen
zieht hinzu, zog hinzu, hat hinzugezogen
Hiobsbotschaft *die*
Hippe *die*
Hippie *der*
hippokratisch
Hirn *das*
Hirngespinst *das*
Hirnhautentzündung *die*
hirnverbrannt
hirnverletzt
Hirsch *der*
Hirschgeweih *das*
Hirschkäfer *der*
Hirse *die*
Hirsebrei *der*
Hirt/Hirte *der*
Hirtenbrief *der*
hissen
Histamin *das*
Historie *die*
Historiker/in
historisch
Historismus *der*
Historität *die*
Hit *der*
Hitliste *die*
Hitparade *die*
Hitze *die*
hitzebeständig
gegen Hitze beständig
Hitzeferien
hitzefrei
Hitzewelle *die*

hitzig
Hitzschlag *der*
HIV-Virus *der/das*
Hiwi *der* (Hilfswilliger)
H-Milch *die* (haltbare Milch)
HNO-Arzt (Hals-Nasen-Ohren-Arzt)

ho

hob (heben)
Hobby *das*
die Hobbys
Hobbygärtner/in
Hobbyraum *der*
die Hobbyräume
Hobel *der*
Hobelbank *die*
die Hobelbänke
hobeln
Hobelspäne

hoc

hoch
höher, höchste
h ...
höchst selten
das hohe C
*das hohe Haus**
die höhere Schule
das höchste der Gefühle
H ...
*Hoch und Niedrig**
*das Hohe Lied** *(aus der Bibel)*
*der Hohe Priester**
Hoch *das*
Hochachtung *die*
hochachtungsvoll
Hochbau *der*
hochbegabt
Hochbetrieb *der*
hochbezahlt
hochdeutsch
*auf Hochdeutsch**
hochdeutsch sprechen
Hochdeutsch *das*
Hochdruck *der*
Hochdruckgebiet *das*
Hochebene *die*
hochempfindlich
hocherfreut
Hochform *die*
in Hochform sein
Hochformat *das*
hochfrequent
Hochfrequenz *die*
hoch geachtet
hochgebildet
Hochgebirge *das*
hochgehen
geht hoch, ging hoch, ist hochgegangen
hochgemut
hochgestellt
Hochgenuss* *der*
die Hochgenüsse
hochgesteckt
hochgiftig
Hochglanz *der*
hochgradig
Hochhaus *das*
die Hochhäuser
hochheben
hebt hoch, hob hoch, hat hochgehoben
hochintelligent
hochinteressant
hochkant
hochkant stellen
hochkarätig
Hochland *das*
Hochleistung *die*
Hochleistungssport *der*
Hochmut *der*
hochmütig
hochnäsig
Hochnebel *der*
Hochofen *der*
die Hochöfen
hochprozentig
hoch qualifiziert*
hochrangig
hochrechnen
Hochrechnung *die*
Hochsaison *die*
hochschieben
schiebt hoch, schob hoch, hat hochgeschoben
hochschlagen
schlägt hoch, schlug hoch, hat hochgeschlagen
Hochschule *die*
Pädagogische Hochschule
Technische Hochschule
Hochschullehrer/in
Hochschulreife *die*
hochschwanger
Hochsee *die*
Hochseeangeln *das*
Hochseejacht *die*
Hochsitz *der*
Hochsommer *der*
Hochspannung *die*
Hochspannungsleitung *die*
Hochsprache *die*
Hochsprung *der*

höchst
h …
höchst überrascht
es ist höchste Zeit
H …
aufs Höchste/aufs höchste*
nach dem Höchsten streben
Höchstbetrag *der*
höchstens
Höchstfall *der*
im Höchstfall
Höchstgeschwindigkeit *die*
Höchstleistung *die*
Höchstmaß *das*
höchstpersönlich
Höchststufe *die*
höchstwahrscheinlich
höchstzulässig
Hochstapler/in
Hochtour *die*
auf Hochtouren
hochtrabend
Hochverrat *der*
Hochverräter *der*
Hochwasser *das*
hochwerfen
wirft hoch,
warf hoch,
hat hochgeworfen
Hochwürden
Euer Hochwürden
Hochzeit *die*
Hochzeitsfeier *die*
Hochzeitsgeschenk *das*
Hochzeitskleid *das*
Hochzeitsreise *die*
Hochzeitstag *der*

Hocke *die*
hocken
Hocker *der*
Höcker *der*
Hockey *das*
Hockeyspieler *der*
Hoden *der*
Hodensack *der*

hof

Hof *der*
die Höfe
Hof halten*
hält Hof, hielt Hof*, hat Hof* gehalten*
Hofhund *der*
hofieren
höfisch
Hoffart *die*
hoffärtig
hoffen
hoffentlich
Hoffnung *die*
hoffnungslos
Hoffnungsschimmer *der*
Hoffnungsträger *der*
hoffnungsvoll
hofieren
höfisch
höflich
Höflichkeit *die*
Höflichkeitsbesuch *der*

hoh

hohe
h …
*das hohe Haus**
der hohe Berg
auf hoher See
H …
die Hohen Tauern
Höhe *die*
Höhenflug *der*
die Höhenflüge
Höhenlage *die*
Höhenrücken *der*
Höhensatz *der*
Höhensonne *die*
Höhenunterschied *der*
Höhepunkt *der*
höher
höher stufen*
Hoheit *die*
hoheitlich
Hoheitsgebiet *das*
Hoheitszeichen *das*
hohl
Höhle *die*
Höhlenmalerei *die*
Hohlkörper *der*
Hohlmaß *das*
Hohlraum *der*
die Hohlräume
Hohlsaum *der*
die Hohlsäume
Hohlspiegel *der*
Hohlweg *der*
Hohn *der*
höhnen
höhnisch
Hohn lachen*
Hohn sprechen*
spricht Hohn, sprach Hohn, hat Hohn gesprochen
Hokuspokus *der*
hold
holdselig
Holdinggesellschaft *die*
holen

Holländer/in
holländisch
Hölle *die*
Höllenmaschine *die*
Höllenstein *der*
höllisch
Hollywoodschaukel *die*
Holm *der*
Holocaust *der*
Hologramm *das*
holpern
holprig
Holunder *der*
der Schwarze Holunder
Holunderbeere *die*
Holz *das*
die Hölzer
Holzbläser *der*
Holzblasinstrument *das*
holzen
hölzern
Holzfäller *der*
holzfrei
Holzhacker *der*
holzig
Holzkohle *die*
Holzschnitt *der*
Holzschuh *der*
Holzschutzmittel *das*
Holz verarbeitend
Holzweg *der*
auf dem Holzweg sein
Holzwolle *die*
Holzwurm *der*
die Holzwürmer
Home
Homeland *das*
Hometrainer *der*
Hommage *die*
homogen
homolog
homonym
Homonym *das*
Homöopathie *die*
homöopathisch
homophon/homofon*
Homophonie/Homofonie* *die*
Homo sapiens *der*
homosexuell
Homosexuelle *der/die*
homozygot

hon

Honig *der*
honiggelb
Honigkuchen *der*
Honiglecken
das ist kein Honiglecken
Honigmelone *die*
Honneurs
die Honneurs machen
Honorar *das*
die Honorare
Honorarprofessor *der*
Honoratioren
honorieren
honorig
Hooligan *der*
Hopfen *der*
hoppeln
hopsen
horchen
Horde *die*
hordenweise
hören
vom Hörensagen
Hörer/in
Hörerrolle *die*
Hörerwünsche
Hörfunk *der*
Hörgerät *das*
hörgeschädigt
hörig
Hörigkeit *die*
Hörsaal *der*
die Hörsäle
Hörspiel *das*
Hörsturz *der*
Hörweite *die*
Horizont *der*
horizontal
die Horizontale
Hormon *das*
hormonal
hormonell
Hormonpräparat *das*
Horn *das*
die Hörner
Hörnchen *das*
Hornhaut *die*
Hornist/in
Hornisse *die*
Hornissennest *das*
Horoskop *das*
horrend
Horror *der*
Horrorfilm *der*
Horst *der*
der Adlerhorst
Hort *der*
horten
Hortensie *die*

hos

Hose *die*
Höschen *das*

Hosenbein *das*
Hosenbund *der*
Hosenknopf *der*
die Hosenknöpfe
Hosennaht *die*
Hosentasche *die*
Hosenträger *der*
Hosianna / Hosanna *das*
Hospital *das*
die Hospitäler
Hospiz *das*
hospitieren
Hostess* *die*
Hostie *die*
Hotdog* / Hot Dog* *das / der*
Hotel *das*
Hotelführer *der*
Hotel garni *das*
Hotelier *der*
Hotelkette *die*
Hotelzimmer *das*
Hrsg. / Hg. (Herausgeber)
Hub *der*
die Hübe
Hubbrücke *die*
Hubraum *der*
Hubschrauber *der*
hüben
hüben und drüben
hübsch
hübsch anzusehen
huckepack
huckepack nehmen
nimmt huckepack, nahm huckepack, hat huckepack genommen
huckepack tragen
hudeln

huf

Huf *der*
Hufeisen *das*
Hufschmied *der*
Huflattich *der*
Hüfte *die*
Hüftgelenk *das*
Hüfthalter *der*
Hüftknochen *der*
Hügel *der*
hüglig / hügelig
Hügelkette *die*
Hugenotte *der*
hugenottisch
Huhn *das*
die Hühner
Hühnchen *das*
Hühnerauge *das*
Hühnerbrühe *die*
Hühnerbrust *die*
Hühnerei *das*
Hühnerfrikassee *das*
Hühnerhof *der*
Hühnerstall *der*
die Hühnerställe
hui
in einem Hui
Hula-Hoop / Hula-Hopp *der / das*
Huld *die*
huldigen
Huldigung *die*
huldreich
huldvoll
Hülle *die*
hüllen
hüllenlos
Hülse *die*
Hülsenfrucht *die*
die Hülsenfrüchte

hum

human
Humanismus *der*
Humanist *der*
humanistisch
humanitär
Humanität *die*
Humanmedizin die
Humbug *der*
Hummel *die*
Hummer *der*
Humor *der*
Humoreske *die*
Humorist *der*
humoristisch
humorlos
humorvoll
humpeln
humplig
Humpen *der*
Humus *der*
Humuserde *die*
humusreich
Hund *der*
Hündchen *das*
hundeelend
Hundefutter *das*
Hundehalter *der*
Hundehütte *die*
Hundekuchen *der*
hundemüde
Hunderasse *die*
Hundesteuer *die*
Hündin *die*
hündisch
hundsgemein
Hundstage
hundert
h ...
hundert Mark
Tempo hundert

H …
ein halbes Hundert
Hunderte von Menschen
viele Hunderte
hundertfach (100fach)
das Hundertfache
hundertjährig
hundertmal (100-mal*)/hundert Mal (besondere Betonung)
Hundertmeterlauf / Hundert-Meter-Lauf* / 100-m-Lauf *der*
hundertprozentig/ 100-prozentig/ 100%ig
hundertste
vom Hundertsten ins Tausendste
eine hundertstel Sekunde / Hundertstelsekunde / 100stel-Sekunde**
hunderttausend
Hüne *der*
Hünengrab *das*
die Hünengräber
hünenhaft
Hunger *der*
Hunger haben
*hungers sterben**
Hungergefühl *das*
hungern
Hungersnot *die*
die Hungersnöte
Hungerstreik *der*
hungrig
Hupe *die*
hupen
Hupkonzert *das*
hüpfen

hur

Hürde *die*
Hürdenlauf *der*
Hure *die*
huren
Hurensohn *der*
Hurerei *die*
hurra!
Hurra / hurra schreien*
Hurraruf *der*
Hurrikan *der*
hurtig
Husar *der*
die Husaren
Husarenstück *das*
huschen
Husky *der*
*die Huskys**

hüsteln
husten
Husten *der*
Hustenbonbon *der*
Hustensaft *der*
Hut *der*
die Hüte
Hutkrempe *die*
Hutschnur *die*
Hut *die*
auf der Hut sein
hüten
Hutsche *die*
Hütte *die*
Hüttenkäse *der*
Hüttenwerk *das*

hy

Hyäne *die*
Hyazinthe *die*
hybrid
Hybride *die*
Hybris *die*
Hydrant *der*
Hydraulik *die*
hydraulisch
hydrieren
Hydrierung *die*
Hydrokultur *die*
Hydrat *das*
Hydraulik *die*
Hydrolyse *die*
Hydroxid *das*
Hygiene *die*
hygienisch
Hymen *das/der*
Hymne *die*
hymnisch
Hyperbel *die*
Hyperfunktion *die*
hypermodern
hypersensibel
Hypertonie *die*
Hypnose *die*
hypnotisch
hypnotisieren
Hypochonder *der*
Hypophyse *die*
Hypotaxe *die*
Hypotenuse *die*
Hypothek *die*
Hypothekenbank *die*
Hypothese *die*
hypothetisch
Hysterie *die*
hysterisch

I

i. A. (im Auftrag)
i-Punkt* *der*
Ibis *der*
die Ibisse

ic

ICE (Intercityexpress/Intercity-Express*)
ich
ich komme
das Ich
das *lyrische Ich*
ichbezogen
Icherzähler*/Ich-Erzähler *der*
Ich-Erzählung *die*
Ichform/Ich-Form *die*
Ichsucht/Ich-Sucht *die*

id

ideal
Ideal *das*
Idealfall *der*
idealisieren
Idealismus *der*
Idealist/in
idealistisch
idealtypisch
Idee *die*
die Ideen
ideell
ideenlos
ideenreich
Identifikation *die*
identifizieren
identisch
Identität *die*

Langes i

ie in deutschen Wörtern

*L**ie**be, D**ie**b, verl**ie**ren, n**ie**mand, sch**ie**ben …*

Ausnahmen: *dir, mir, wir, gibt, Bibel, Biber, Brise, Fibel, Igel, Liter, Nische, Primel, Tiger, Wisent; Lid (Auge), Mine (Sprengkörper), Stil (Kunstrichtung), wider (gegen) …*

ie am Stamm-Ende von Fremdwörtern

*Lotter**ie**, Depon**ie**, Iron**ie** …*
*Man**ier**, Offiz**ier**, Pion**ier** …*
*prob**ieren**, nummer**ieren** …*

Ausnahmen: *Saphir, Souvenir, Vampir …*

i in Fremdwörtern

*Famil**i**e, Vent**i**l, Kr**i**se, **I**ris, **I**dee …*

ih nur in den Wörtern:

***ih**m, **ih**n, **ih**nen, **ih**r, **ih**re …*

ieh nur in wenigen Wörtern:

*er bef**ieh**lt (befehlen), fl**ieh**en, gesch**ieh**t (geschehen), V**ieh**, w**ieh**ern, z**ieh**en, s**ieh** (sehen)*

Ideologe *der*
Ideologie *die*
ideologisch
Idiom *das*
Idiomatik *die*
idiomatisch
Idiot/in
idiotensicher
Idiotie *die*
idiotisch
Idol *das*
Idolatrie *die*
Idyll *das*
Idylle *die*
idyllisch

ig

IG (Industriegewerkschaft)
Igel *der*
Iglu *der/das*
Ignorant *der*
Ignoranz *die*
ignorieren
IHK (Industrie- und Handelskammer)
ihm
ihn
ihnen
ich danke Ihnen
ihr
ihre
ihrer
ihrerseits
ihresgleichen
ihretwegen
ihrig
das ihrige/Ihrige
die ihrigen/Ihrigen
Ikebana *das*
Ikone *die*
Ikonographie/auch Ikonografie *die*
Ikonologie *die*
Ilex *der/die*
illegal
Illegalität *die*
illegitim
Illumination *die*
illuminieren
Illusion *die*
illusionistisch
illusionslos
illusorisch
Illustration *die*
illustrieren
illustriert
Illustrierte *die*
Iltis *der*

die Iltisse

im

im (in dem)
*im Allgemeinen**
*im Besonderen**
*im Einzelnen**
*im Falle, dass** …
*im Folgenden**
*im Ganzen**
*im Geringsten**
*im Großen und Ganzen**
im Grunde genom-

Adverbiale Ausdrücke mit *im …*

im Allgemeinen
im Besonderen
im Einzelnen
nicht im Entferntesten
im Folgenden
im Ganzen
im Geringsten
im Großen und Ganzen
im Guten
im Mindesten
im Klaren sein
im Nachfolgenden
im Nachhinein
im Reinen sein
im Stillen
im Übrigen
im Ungewissen
im Unklaren
im Verborgenen
im Voraus
im Vorausgehenden
im Weiteren
im Wesentlichen

men
*im Klaren sein**
*im Mindesten**
*im Nachhinein**
*im Reinen sein**
imstande/im Stande sein*
*im Übrigen**
*im Voraus**

Image *das*
Imagepflege *die*
imaginär
Imagination *die*

Imam *der*

Imbiss* *der*
Imbissstube*/Im-biss-Stube* *die*

Imitation *die*
imitieren

Imker/in
Imkerei *die*

immanent

Immatrikulation *die*
immatrikulieren

immens

immer
immer mehr
immer noch
immer wieder
immerhin
immerfort
immerzu

Immigrant/in
Immigration *die*
immigrieren

Immission *die*
Immissionsschutz *der*

Immobilie *die*
Immobilienmakler/in

Immoralist/in

Immortelle *die*

immun
immunisieren
Immunisierung *die*
Immunität *die*
Immunschwäche *die*

imp

Imperativ *der*

Imperfekt *das*

imperial
Imperialismus *der*
imperialistisch
Imperium *das*

impertinent
Impertinenz *die*

Impetus *der*

impfen
Impfpass* *der*
die Impfpässe
Impfpflicht *die*
Impfstoff *der*
Impfung *die*
Impfzwang *der*

Implantat *das*
Implantation *die*
implantieren

Implikation *die*
implizieren
implizit

implodieren
Implosion *die*

imponieren
imponierend
Imponiergehabe *das*

Import *der*
importabhängig
Importbeschrän-kung *die*
Importeur *der*
importieren

imposant

impotent
Impotenz *die*

imprägnieren
Imprägnierung *die*

Impresario *der*

Impression *die*
Impressionismus *der*
Impressionist *der*
impressionistisch

Impressum *das*

Impromptu *das*

Improvisation *die*
improvisieren

Impuls *der*
impulsiv

imstande
imstande/im Stande sein*

in

in
in Anbetracht
in bar
*in Bezug auf**
in dem Zimmer
in eins
in Frage/infrage kommen*
in spe
indem
indem es klopfte

inadäquat

inaktiv

inakzeptabel

Inanspruchnahme *die*

Inbegriff *der*
inbegriffen

Inbrunst *die*

Indefinitpronomen *das*

A B C D E F G H I J K L M N O P Q R S T U V W X Y Z

indem (während)
indessen
Index *der*
die Indexe / Indizes / Indices
indizieren
Indianer *der*
Indianergeschichte *die*
Indianerhäuptling *der*
Indianerstamm *der*
die Indianerstämme
indianisch
indifferent
Indifferenz *die*
indigniert
Indigo *der / das*
indigoblau
Indikation *die*
Indikationslösung *die*
Indikator *der*
Indikativ *der*
Indio *der*
indirekt
indisch
indiskret
Indiskretion *die*
indiskutabel
indisponiert
Indisposition *die*
indiszipliniert
Individualismus *der*
Individualist/in
individualistisch
Individualität *die*
individuell
Individuum *das*
die Individuen
Indiz *das*
die Indizien
Indizienbeweis *der*
indizieren
indoeuropäisch
indogermanisch
Indoktrination *die*
indoktrinieren
Induktion *die*
induktiv
industrialisieren
Industrialisierung *die*
Industrie *die*
die Industrien
Industriegebiet *das*
Industriegewerkschaft *die* (IG)
industriell
Industrielle *der / die*
Industrie- und Handelskammer *die* (IHK)
induzieren

ine

ineffektiv
ineffizient
Ineffizienz *die*
ineinander
ineinander fügen*
ineinander greifen*
*greift ineinander, griff ineinander, hat ineinander gegriffen**
ineinander schieben*
*schiebt ineinander, schob ineinander, hat ineinander geschoben**

inf

infam
Infamie *die*
Infanterie *die*
Infanterist *der*
infantil
Infantilismus *der*
Infantilität *die*
Infarkt *der*
der Herzinfarkt
Infekt *der*
grippaler Infekt
Infektion *die*
Infektionskrankheit *die*
infizieren
sich infizieren
Inferiorität *die*
Inferno *das*
Infiltration *die*
infiltrieren
infinit
infinite Verbform
Infinitesimalrechnung *die*
Infinitiv *der*
Infinitivsatz *der*
die Infinitivsätze
infizieren
in flagranti
Inflation *die*
Inflationsrate *die*
inflatorisch
Influenz *die*
Info (Information)
infolge
infolgedessen
Informand *der* (bekommt Informationen)
Informant *der* (liefert Informationen)
Informatik *die*
Information *die*

Informationsaustausch *der*
Informationsbeschaffung *die*
Informationsbüro *das*
informativ
informell
informieren
sich informieren

infrage* / **in Frage**
... kommen
... stellen

infrarot
Infrarotstrahler *der*
Infrastruktur *die*

Infusion *die*

ing

Ing. (Ingenieur)

Ingenieur *der*
Ingenieurbüro *das*
ingeniös

Ingrediens *das* / **Ingredienz** *die*
die Ingredienzen

Ingwer *der*

Inhaber/in

inhaftieren
Inhaftierung *die*

Inhalation *die*
inhalieren

Inhalt *der*
inhaltlich
Inhaltsangabe *die*
inhaltsreich
Inhaltsübersicht *die*
Inhaltsverzeichnis *das*
die Inhaltsverzeichnisse

inhärent
Inhärenz *die*

inhomogen

inhuman

Initiale *die*
Initialzündung *die*

Initiative *die*
die Bürgerinitiative
Initiator/in
initiieren

Injektion *die*
injektiv
injizieren

Injurie

ink

Inkarnation *die*

Inkasso *das*
Inkassovollmacht *die*

inklusive

inkognito
Inkognito *das*

inkohärent
Inkohärenz *die*

inkommensurabel

inkompatibel
Inkompatibilität *die*

inkompetent
Inkompetenz *die*

inkonsequent
Inkonsequenz *die*

Inkraftsetzung *die*
In-Kraft-Treten* *das*

Inkreis *der*

inkriminieren

Inkubation *die*
Inkubationszeit *die*

Inkunabel *die*

Infinitive als Substantive

Infinitiv:	**Substantiv/Nomen:**
Auto fahren	*das Autofahren*
sitzen bleiben	*das Sitzenbleiben*
abhanden kommen	*das Abhandenkommen*
Ski laufen	*das Skilaufen*
Klavier spielen	*das Klavierspielen*
(Zwei Wörter)	(Ein Wort)

inl

Inland *das*
Inlandflug *der*
die Inlandflüge
inländisch
Inlay *das*
Inlett *das*
inmitten
inmitten der Freunde
inne
innehaben
hat inne, hatte inne, hat innegehabt
innehalten
hält inne, hielt inne, hat innegehalten
innewerden
wird inne, wurde inne, ist innegeworden
innen
i …
von außen nach innen
innere Angelegenheiten
innere Medizin
I …
im Innersten
Innenarchitekt/in
Innendienst *der*
Inneneinrichtung *die*
Innenhof *der*
die Innenhöfe
Innenministerium *das*
innenpolitisch
Innenseite *die*
Innenstadt *die*
die Innenstädte
Innenwinkel *der*
Innere *das*
Innereien
innerhalb
innerlich
Innerlichkeit *die*
innig
Innigkeit *die*
innigst
innerorts
Innerste *das*
bis ins Innerste
im Innersten
innert
innert drei Tagen
innewerden
wird inne, wurde inne, ist innegeworden
Innovation *die*
innovativ
Innung *die*
Innungsmeister/in
inoffiziell
inopportun
Input *der/das*
Inquisition *die*
inquisitorisch

ins

ins (in das)
Insasse *der*
die Insassen des Autos
insbesondere
Inschrift *die*
Insekt *das*
Insektengift *das*
Insektizid *das*
Insel *die*
Inselgruppe *die*
Insulaner *der*
Inserat *das*
inserieren
insgeheim
insgesamt
Insider *der*
Insidergeschäft *das*
Insignien
insistieren
Inskription *die*
insofern
insolvent
Insolvenz *die*
insoweit
Inspekteur/in
Inspektion *die*
Inspektor/in
Inspiration *die*
inspirieren
inspizieren
Inspizient *der*
Installateur/in
Installation *die*
installieren
instand/in Stand* halten
Instandhaltung *die*
instand/in Stand setzen*
… gesetzt
inständig
Instantkaffee *der*
Instanz *die*
Instanzenweg *der*
Instinkt *der*
instinktiv
instinktlos
Instinktlosigkeit *die*
Institut *das*
Institution *die*
institutionalisieren
institutionell

instruieren
Instruktion *die*
instruktiv
Instrument *das*
instrumental
Instrumentalmusik *die*
Instrumentation *die*
instrumentieren
Insubordination *die*
insuffizient
Insuffizienz *die*
Insulaner *der*
Insulin *das*
inszenieren
Inszenierung *die*

int

intakt
intakt bleiben
bleibt intakt, blieb intakt, ist intakt geblieben
intakt sein
Intarsie *die*
Intarsienmalerei *die*
integer
Integrität *die*
integral
Integralrechnung *die*
Integration *die*
integrativ
integrieren
Intellekt *der*
intellektuell
Intellektuelle *der/die*
intelligent
Intelligenz *die*
Intelligenzquotient *der* (IQ)
intelligibel
Intendant/in
Intendanz *die*
intendieren
Intension *die*
intensional
Intensität *die*
intensiv
intensivieren
Intensivstation *die*
Intention *die* (Absicht)

inter

Interaktion *die*
interaktiv
Intercity-Express*
Intercityexpress* *der* (ICE)
interessant
interessanterweise
Interesse *das*
interessehalber
Interessengebiet *das*
Interessent/in
Interessenvertretung *die*
interessieren
sich für etwas interessieren
interessiert sein
Interferenz *die*
Interferon *das*
interfraktionell
Interieur *das*
Interim *das*
Interimslösung *die*
Interimsregierung *die*
Interjektion *die*
interjektional
interkontinental
Interludium *das*
intermediär
Intermezzo *das*
interministeriell
intern
Internalisierung *die*
Internat *das*
Internatsschule *die*
international
i ... internationales Recht
I ... Internationales Olympisches Komitee (IOK)
Internationales Rotes Kreuz (IRK)
internieren
Internierung *die*
Internist *der*
interpersonal
interplanetarisch
Interpol *die*
Interpolation *die*
Interpret/in
Interpretation *die*
Interpreter *der*
Interpretationsmethode *die*
interpretieren
Interpunktion *die*
Interrailticket *das*
Interregio *der*
Interregnum *das*
interrogativ
Interrogativpronomen *das*
Intervall *das*
Intervalllänge*/Intervall-Länge* *die*
intervenieren
Intervention *die*
Interview *das*

interviewen
Inthronisation *die*
inthronisieren
Intifada *die*
intim
Intimbereich *der*
Intimität *die*
Intimsphäre *die*
Intimus *der*
intolerant
Intoleranz *die*
Intonation *die*
Intrada *die*
intransitiv
intransitives Verb
intravenös
intrigant
Intrigant/in
Intrige *die*
Intrigenspiel *das*
intrigieren
Introduktion *die*
introvertiert
Intuition *die*
intuitiv
intus
etwas intus haben

inv

Invalide *der*
Invalidenrente *die*
Invalidität *die*
invariabel
Invarianz *die*
Invasion *die*
Inventar *das*
inventarisieren
Inventarverzeichnis *das*
Inventur *die*
Invention *die*
Inversion *die*
in Vertretung (i.V.)
investieren
Investition *die*
Investitionsprogramm *das*
Investment *das*
Investmentfonds *der*
Investmentzertifikat *das*
involvieren
inwendig
inwiefern
inwieweit
Inzest *der*
inzestuös
Inzucht *die*
inzwischen
IOK (Internationales Olympisches Komitee)
Ion *das*
Ionenaustausch *der*
ionisieren
ionisch
Iota* **/ Jota** *das*
i-Punkt* *der*

ir

IR (Interregio)
i. R. (im Ruhestand)
irden
ein irdenes Gefäß
irdisch
irgend
irgendein
irgend so ein
irgendetwas*
irgend so etwas
irgendjemand*
irgendwann
irgendwas
irgendwer
irgendwie
irgendwo
irgendwohin
Iris *die*
Irishstew *das*
Irland
Ire *der*
Irin *die*
irisch
Ironie *die*
ironisch
ironisieren
irrational
irre
irre sein
in die Irre gehen
irreführend
Irreführung *die*
irrewerden*
irreal
Irrealis *der*
irrelevant
irren
sich irren
Irrenanstalt *die*
Irrfahrt *die*
irrig
Irrläufer *der*
Irrsinn *der*
irreparabel
irreversibel
Irritation *die*
irritieren
Irrtum *der*
die Irrtümer
irrtümlich
irrtümlicherweise
Irrweg *der*
ISBN (= Internationale Standardbuchnummer)

Ischias *der/das*
Ischiasnerv *der*
Islam *der*
islamisch
islamistisch
Island
Isländer/in
isländisch
Isolation *die*
Isolationismus *der*
Isolator *der*
Isolierband *das*
isolieren
isoliert
Isolierung *die*
Isometrie *die*
isometrisch
Isotop *das*
isst* (essen)
ist (sein)
Isthmus *der*
die Isthmen
Italien
Italiener/in
italienisch
i-Tüpfelchen* *das*
i. V. (in Vertretung)

J

ja
j …
aber ja doch
ach ja
na ja
J …
Ja sagen/ja sagen*
das Ja
mit Ja antworten
mit Ja stimmen
sein Ja
Jasager *der*
Jastimme *die*
jawohl
Jawort *das*
Jacht/Yacht *die*
Jachthafen *der*
Jacke *die*
Jackentasche *die*
Jackett *das*
Jackpot *der*
Jade *der/die*

jag

Jagd *die*
auf die Jagd gehen
Jagdbeute *die*
Jagdfieber *das*
Jagdhund *der*
Jagdhütte *die*
Jagdschein *der*
Jagdwurst *die*
jagen
jagt, jagte, hat gejagt
Jäger *der*
Jägerschnitzel *das*
Jaguar *der*
jäh
Jähheit* *die*
jählings
Jahr *das*
jahraus … jahrein
Jahrbuch *das*
die Jahrbücher
jahrelang
mehrere Jahre lang
jähren
sich jähren
Jahresanfang *der*
Jahrestag *der*
Jahreswagen *der*
Jahreswechsel *der*
Jahreszeit *die*
jahreszeitlich
Jahrgang *der* (Jg.)
die Jahrgänge
Jahrhundert *das* (Jh.)
das 2. Jahrhundert nach Christus (2. Jh. n. Chr.)
jahrhundertelang
jährig
jährlich
Jahrmarkt *der*
die Jahrmärkte
Jahrtausend *das*
Jahrzehnt *das*
jahrzehntelang
Jähzorn *der*
jähzornig
Jak/Yak *der*
Jalousie *die*
Jambus *der*
die Jamben
jambisch
Jammer *der*
jämmerlich
jammern
jammervoll

jan

Janker *der*
Jänner *der*
Januar *der*
Januskopf *der*
janusköpfig
Japan
Japaner/in
japanisch
japsen
Jargon *der*
Jasmin *der*
Jaspis *der*
die Jaspisse

jäten
Jauche *die*
Jauchegrube *die*
jauchzen
Jauchzer *der*
jaulen
Jause *die*
jausen
Jausenstation *die*
jawohl
Jazz *der*
Jazzband *die*
Jazzfan *der*
Jazzfestival *das*
Jazzmusik *die*
Jazztrompeter *der*

je

je
je länger, je lieber
je mehr
je nachdem
je zwei
seit je
Jeans
Jeansjacke *die*
Jeck *der*
jedenfalls
jeder
eine jede
auf jeden Fall
*jeder Beliebige**
*jeder Einzelne**
ein jeder
jedermann
jederzeit
zu jeder Zeit
jedes Mal
jedoch
Jeep *der*
jeglich
ein jeglicher
jeher
von jeher
Jehova
jemals
jemand
j …
*irgendjemand**
sonst jemand
jemand anders
J …
ein gewisser Jemand
jener
jene, jenes
jenseits
jenseits liegen
Jenseits *das*
im Jenseits
Jersey *der*
Jesuit *der*
jesuitisch
Jesus Christus
Jesuskind *das*
Jesus People
Jet *der*
Jetliner *der*
Jetset*/Jet-set *der*
jetten
Jeton *der*
jetzig
die jetzige Regierung
jetzt
j …
bis jetzt
von jetzt an
J …
das Jetzt
Jetztzeit *die*
jeweils
Jg. (Jahrgang)
Jh. (Jahrhundert)
JH (Jugendherberge)
jiddisch
Jiddische *das*
Jiu-Jitsu *das*

jo

Job *der*
jobben
Jobsharing* *das*
Joch *das*
Jockei/Jockey* *der*

Jod *das*
jodhaltig
jodieren
Jodtinktur *die*
jodeln
Jodeln *das*
Jodler/in
Joga*/Yoga *der/das*
joggen
Jogger *der*
Jogging *das*
Jogginganzug *der*
die Jogginganzüge
Joghurt/Jogurt*
der/das
Johannisbeere *die*
Johanniskäfer *der*
Johanniter *der*
johlen
Joint *der*
Jointventure*/Joint Venture* *das*
Joker *der*
Jolle *die*
Jongleur *der*
jonglieren

Joppe *die*
das Jöppchen
Jota/Iota *das*
kein Jota
Joule *das* (J)
Journal *das*
Journalismus *der*
Journalist/in
journalistisch
jovial
Jovialität *die*
Joystick *der*

ju

Jubel *der*
jubeln
Jubilar/in
Jubiläum *das*
jubilieren
jucken
Juckreiz *der*
Jude *der*
Judentum *das*
Jüdin *die*
die Jüdinnen
jüdisch
Judikative *die*
Judo *das*
Jugend *die*
Jugendamt *das*
die Jugendämter
Jugenderinnerungen
jugendfrei
Jugendfreund *der*
Jugendherberge *die*
jugendlich
Jugendliche *der/die*
Jugendlichkeit *die*
Jugendliebe *die*
Jugendschutz *der*
Jugendsprache *die*
Jugendstil *der*
Jugendsünde *die*
Jugendwerk *das*
Jugendzeit *die*
Juice *der/das*
Jukebox *die*
Juli *der*
Julei *der*
Julklapp *der*
Jumbo *der*
*Jumbojet**
jumpen
jung
jünger, jüngste
j ...
jung sein
von jung auf
J ...
*Jung und Alt**
die Junge Gemein-de
das Jüngste Gericht
er gehört nicht mehr zu den Jüngsten
mein Jüngster
Junge *der* (Knabe)
die Jungen/Jungs
das (kleines Tier)
jungenhaft
Jungenschule *die*
Jünger *der*
Jüngerschaft *die*
Jungfer *die*
Jungfernfahrt *die*
Jungfernrede *die*
Jungfrau *die*
jungfräulich
Junggeselle *der*
Junggesellenbude *die*
Jüngling *der*
jüngst
Juni/Juno *der*
Junikäfer *der*
junior
Junior *der*
Juniorchef/in
Juniorpartner/in
Junker *der*
Junkie *der*
Junktim *das*
Junta *die*

jur

Jura
Jura studieren
Jurastudent/in
Jurisprudenz *die*
Jurist/in
Juristerei *die*
juristisch
Juror/in
Jury *die*
Jurte *die*
just
justieren
justiziabel/justitiabel
Justiziar/in // Justiti-ar/in
Justiz *die*
Justizbeamter *der*
Justizirrtum *der*
Justizvollzugsanstalt *die*
Jute *die*
Jutespinnerei *die*
Juwel *das*
die Juwelen
Juwelier/in
Juweliergeschäft *das*
Jux *der*

K

Kaaba *die*
Kabale *die*
Kabarett *das*
Kabarettist/in
kabarettistisch
kabbeln
sich mit jemandem kabbeln
Kabel *das*
Kabelfernsehen *das*
Kabeljau *der*
Kabine *die*
Kabinett *das*
Kabrio/Cabrio *das*
Kabriolett/Cabriolet *das*
Kachel *die*
kacheln
Kachelofen *der*
die Kachelöfen
Kadaver *der*
Kadenz *die*
Kader *der*
Kadett *der*
Kadi *der*
Kadmium/fachspr. **Cadmium** *das* (Cd)

kaf

Käfer *der*
Kaffee *der*
Kaffee kochen
Kaffee trinken
Kaffeebohne *die*
Kaffeeersatz*/Kaffee-Ersatz *der*
Kaffeefilter *der*
Kaffeekanne *die*
Kaffeeklatsch *der*
Kaffeemaschine *die*
Kaffeetasse *die*
Käfig *der*
Kaftan *der*
kahl
*kahl fressen**
*kahl scheren**
*kahl schlagen**
Kahlheit *die*
kahlköpfig
Kahlschlag *der*
die Kahlschläge
Kahn *der*
die Kähne
Kahnfahrt *die*
Kai/Quai *der*
Kaimauer *die*
Kaiman *der*
Kainsmal *das*
Kaiser/in
Kaiserkrone *die*
kaiserlich
Kaiserschmarren *der*
Kaiserschnitt *der*
Kajak *der*
Kajal *das*
Kajüte *die*
Kakadu *der*
Kakao *der*
Kakaobaum *der*
die Kakaobäume
Kakaopulver *das*
Kakerlak *der*
die Kakerlaken
Kaki/Khaki *der/das*
kakifarben/khakifarben
Kakophonie/Kakofonie* *die*
Kaktee *die*/**Kaktus** *der*
die Kakteen
Kaktusfeige *die*

kal

Kalamität *die*
Kalaschnikow *die*
Kalauer *der*
Kalb *das*
die Kälber
kalben
Kalbfleisch *das*
Kalbsbraten *der*
Kalbsleberwurst *die*
Kalbsmedaillon *das*
Kalbsschnitzel *das*
Kaldaune *die*
die Kaldaunen
Kalebasse *die*
Kaleidoskop *das*
Kalender *der*
Kalenderblatt *das*
die Kalenderblätter
Kalendergeschichte *die*
Kalenderjahr *das*
Kalendertag *der*
Kalenderwoche *die*
Kalesche *die*
Kalfakter/Kalfaktor *der*
Kali *das*
Kalidünger *der*
Kalilauge *die*
Kalisalz *das*
Kalium *das* (K)
Kaliumpermanganat *das*
Kaliber *das*
Kalif *der*
die Kalifen
Kalk *der*
kalken
kalkhaltig
kalkig

Kalkstein *der*
kalkweiß
Kalkül *das/der*
Kalkulation *die*
kalkulierbar
kalkulieren
Kalligraphie/Kalligrafie* *die*
Kalmar *der*
Kalmus *der*
Kalorie *die*
kalorienarm
kalorienbewusst*
kalt
kälter, kälteste
k ...
es wird kalt
*kalt stellen**
K ...
*der Kalte Krieg**
kaltblütig
Kaltblütigkeit *die*
Kälte *die*
kälteempfindlich
Kältewelle *die*
kaltherzig
kalt lassen*
lässt kalt, ließ kalt, hat kalt gelassen**
Kaltmiete *die*
Kaltschnäuzigkeit *die*
Kaltwasser *das*
kalvinistisch/calvinistisch
Kalvinismus/Calvinismus *der*
Kalzium/fachspr. **Calcium** *das* (Ca)

kam

kam (kommen)
Kambrium *das*
Kamee *die*
die Kameen
Kamel *das*
Kamelhaar *das*
Kamelie *die*
Kamelle *die*
Kamera *die*
Kameramann *der*
die Kameramänner
Kameraperspektive *die*
kamerascheu
Kamerad *der*
Kameradschaft *die*
kameradschaftlich
Kamikaze *der*
Kamille *die*
Kamillentee *der*
Kamin *der*
Kaminfeuer *das*
Kaminkehrer *der*
Kamm *der*
die Kämme
kämmen
sich kämmen
Kammgarn *das*
Kammer *die*
Kämmerer *die*
Kammerjäger *der*
Kammermusik *die*
Kammersänger/in
Kammerton *der*
Kampagne/Campagne* *die*
Kampanile *der*
Kampf *der*
die Kämpfe
kampfbereit
kämpfen
Kämpfer *der*
Kampfhandlung *die*
kampflos
kampfunfähig
Kampfer *der*
Kampferöl *das*
kampieren

kan

Kanadier *der*
Kanaille/Canaille *die*
Kanal *der*
die Kanäle
Kanalisation *die*
kanalisieren
Kanalisierung *die*
Kanapee *das*
Kanarienvogel *der*
die Kanarienvögel
Kandare *die*
an die Kandare nehmen
Kandelaber *der*
Kandidat/in
Kandidatur *die*
kandidieren
kandieren
Kandis *der*
Kandiszucker *der*
Känguru* *das*
Kaninchen *das*
Kanister *der*
Kannbestimmung*/Kann-Bestimmung *die*
Kanne *die*
kannenweise
Kännel *der*
Kannibale *der*
kannibalisch
Kannibalismus *der*
kannte (kennen)
Kanon *der*
kanonisch

Kanone *die*
Kanonenkugel *die*
Kanonenschuss* *der*
die Kanonenschüsse
Kanossagang / Canossagang* *der*
Kantate *die*
Kante *die*
Kanten *der*
kantig
Kantersieg *der*
Kantine *die*
in der Kantine essen
Kantinenessen *das*
Kanton *der* (Kt.)
kantonal
Kantonsschule *die*
Kantonsspital *das*
die Kantonsspitäler
Kantor *der*
Kantorei *die*
Kanu *das*

Kanute *der*
Kanüle *die*
Kanzel *die*
Kanzelrede *die*
kanzerogen
Kanzlei *die*
Kanzler *der*
Kanzlerkandidat *der*
Kanzone *die*
Kaolin *das / der*
Kaolinerde *die*

kap

Kap *das*
Kap der Guten Hoffnung
Kap Hoorn
Kapaun *der*
Kapazität *die*
Kapelle *die*
Kapellmeister / in
Kaper *die*
Kapernsoße *die*
kapern
ein Schiff kapern
Kaperung *die*
kapieren
kapillar
Kapillare *die*
Kapillargefäß *das*
Kapital *das*
Kapitalanlage *die*
Kapitalismus *der*
Kapitalist *der*
kapitalistisch
Kapitalkraft *die*
Kapitalmarkt *der*
die Kapitalmärkte
Kapitalverbrechen *das*
Kapitälchen *das*
Kapitän *der*
Kapitänspatent *das*
Käpten *der*
Kapitel *das* (Buchabschnitt)
Kapitelüberschrift *die*
Kapitell / Kapitäl *das* (Säulenabschluss)
Kapitulation *die*
kapitulieren
Kaplan *der*
Kappe *die*
Käppi *das*
kappen
Kappes *der*
Kapriole *die*
kapriziös
Kapsel *die*
Kaput *der* (Mantel)
kaputt
kaputtgehen
geht kaputt, ging kaputt, ist kaputtgegangen
kaputtmachen
kaputtschlagen
schlägt kaputt, schlug kaputt, hat kaputtgeschlagen
Kapuze *die*
Kapuziner *der*
Kapuzineraffe *der*

kar

Karabiner *der*
Karabinerhaken *der*
Karacho *das*
mit Karacho
Karaffe *die*
Karambolage *die*
Karamell* *der / das*
Karamellbonbon* *der / das*
Karamelle *die*
Karamellpudding* *der*
Karamellzucker* *der*
Karaoke *das*
Karat *das*
Karate *das*
Karavelle *die*
Karawane *die*
Karawanserei *die*

Karbid/fachspr. **Carbid** *das*
Karbidlampe *die*
Karbon/Carbon *das*
Karbonat/fachspr. **Carbonat** *das*
karbonisieren

kard

Kardamom *der/das*
mit Kardamom würzen
Kardantunnel *der*
Kardanwelle *die*
Karde *die*
Kardinal *der*
die Kardinäle
Kardinalfrage *die*
Kardinalshut *der*
Kardinaltugend *die*
Kardinalzahl *die*
Kardiogramm *das*
Kardiologie *die*
kardiologisch
Karenz *die*
Karenztag *der*
Karenzzeit *die*
Karfiol *der*
Karfreitag *der*
Karfunkel *der*
karg
der karge Boden
Kargheit *die*
kärglich
Kargo/Cargo* *der*
Karibu *das*
Karies *die*
kariös
kariert
Karikatur *die*
Karikaturist/in
karikieren
karitativ
Karmeliter/in
karminrot
Karneval *der*
Karnevalist *der*
karnevalistisch
Karnevalsverein *der*
Karnevalszug *der*
die Karnevalszüge
Karnickel *das*
Karo *das*
kariert
karolingisch
Karosse *die*
Karosserie *die*
Karotin *das*
Karotte *die*
Karotis *die*
Karpfen *der*
Karpfenteich *der*
Karpfenzucht *die*
Karre *die*
karren
Karree *das*
Karriere *die*
Karriere machen
Karrierist *der*
Karst *der*
karstig
Karstlandschaft *die*
Kartätsche *die*
Kartäuser *der*
Karte *die*
Karten legen
Karten spielen
Kärtchen *das*
Kartenspiel *das*
Kartei *die*
Karteikarte *die*
Karteikasten *der*
die Karteikästen
Karteileiche *die*
Kartell *das*
Kartellamt *das*
kartesianisch/kartesisch
karthagisch
Kartoffel *die*
Kartoffelbrei *der*
Kartoffelchip *der*
Kartoffelmehl *das*
Kartoffelpuffer *der*
Kartoffelpüree *das*
Kartoffelsalat *der*
Kartographie/Kartografie* *die*
Karton *der*
kartoniert
Kartusche *die*
Karussell *das*
Karwoche *die*
Karzer *der*
Karzinom *das*

kas

kaschieren
Käse *der*
Käsekuchen *der*
Käsemesser *das*
Käsetorte *die*
käsig
Kasematte *die*
Kaserne *die*
Kasernenhof *der*
die Kasernenhöfe
kasernieren
Kasino *das*
Kaskade *die*
Kasko *der*
kaskoversichert
Kaskoversicherung *die*
Kasper *der*
Kasper(le)theater *das*

Kassabuch *das*
die Kassabücher
Kassakurs *der*
Kassandraruf *der*
Kassation *die*
Kasse *die*
Kassenarzt *der*
die Kassenärzte
Kassenbon *der*
Kassenpatient/in
kassieren
Kassierer/in
Kasserolle *die*

Kassette *die*
Kassettenrekorder/
Kassettenrecorder
der
Kassiber *der*
Kassie/Kassia *die*
Kassler/Kasseler *das*
Kastagnette *die*
Kastanie *die*
Kastanienbaum *der*
die Kastanienbäume
kastanienbraun
Kaste *die*
kasteien
sich kasteien
Kastell *das*
Kasten *der*
die Kästen
Kastrat *der*
Kastration *die*
kastrieren
Kasuistik *die*
Kasus *der*
die Kasus
Kasusendung *die*
Kasusrektion *die*

kat

Kat *der* (Katalysator)
Katachrese *die*
Katafalk *der*
Katakombe *die*
Katalog *der*
katalogisieren
Katalysator *der*
katalytisch
Katamaran *der*
Katapult *das*
katapultieren
Katarakt *der*
Katarrh/Katarr* *der*
Bronchialkatarr(h) der
Kataster *der/das*
Katasteramt *das*
katastrophal
Katastrophe *die*
Katastrophenschutz
der
Kate *die*
Katechese *die*
Katechet/in
Katechismus *der*
Kategorie *die*
kategorisch
Kater *der*
Katerstimmung *die*
kath. (katholisch)
Katharsis *die*
Katheder *das/der*
(Rednerpult)
Kathedrale *die*
Kathete *die*
Kathetensatz *der*
Katheter *der* (medizi-
nisches Instrument)
der Herzkatheter
Kathode/fachspr. **Ka-
tode** *die*
Katholik/in
Katholikentag *der*
katholisch
Kation *das*
Kattun *der*
Katze *die*
Kätzchen *das*
Katzenauge *das*
Katzenfell *das*
Katzenjammer *der*
Katzensprung *der*
Katzenwäsche *die*
Katz-und-Maus-
Spiel *das*

kau

Kauderwelsch *das*
kauen
Kautabak *der*
kauern
sich kauern
Kauf *der*
die Käufe
in Kauf nehmen
kaufen
Käufer/in
Kaufhaus *das*
die Kaufhäuser
Kaufkraft *die*
käuflich
Kaufmann *der*
die Kaufleute
kaufmännisch
Kaufpreis *der*
Kaufvertrag *der*
die Kaufverträge
Kaugummi *der/das*
Kaulquappe *die*
kaum
kausal
Kausalität *die*

Kausalsatz *der*
Kausativ *das*
Kautabak *der*
Kaution *die*
Kautionssumme *die*
Kautschuk *der*
Kauz *der*
die Käuze
Käuzchen *das*
kauzig
Kavalier *der*
Kavallerie *die*
Kavallerist *der*
Kavatine *die*
Kaverne *die*
Kaviar *der*

keb

Kebab *der*
keck
Keckheit *die*
Keeper *der*
Keepsmiling* *das*
Kees *das* (Gletscher)
Kefir *der*
Kegel *der*
*Kegel schieben**
Kegelbahn *die*
kegelförmig
Kegelklub/Ke-
gelclub *der*
kegeln
Kegelschnitt *der*
Kehle *die*
Kehlkopf *der*
Kehre *die*
kehren
Kehrbesen *der*
Kehrblech *das*
Kehricht *der/das*
Kehrmaschine *die*
Kehrreim *der*
Kehrseite *die*
kehrtmachen
Kehrtwendung *die*
Kehrwert *der*
keifen
Keil *der*
keilförmig
Keilriemen *der*
Keilschrift *die*
Keiler *der*
Keilerei *die*
Keim *der*
Keimblatt *das*
die Keimblätter
keimen
keimfrei
Keimzelle *die*
kein
keiner/keine/
kein(e)s
kein anderer
auf keinen Fall
keinerlei
keinesfalls
keineswegs
Keks *der*
Keksdose *die*

kel

Kelch *der*
kelchförmig
Kelim *der*
Kelimstickerei *die*
Kelle *die*
Keller *der*
Kellerfenster *das*
Kellermeister/in
Kellertreppe *die*
Kellner/in
Kelte *der*
keltern
Kelvin *das* (K)
0 Kelvin = –273,15 °C
Kemenate *die*
kennen
kennt, kannte,
hat gekannt
kennen lernen*
Kenner *der*
Kennermiene *die*
Kennkarte *die*
Kennnummer* /
Kenn-Nummer* *die*
kenntlich
Kenntnis *die*
die Kenntnisse
Kenntnisnahme *die*
Kenntnisstand *der*
Kennwort *das*
Kennzeichen *das*
kennzeichnen
kennzeichnend
Kennzeichnung *die*
Kennziffer *die*
kentern
Keramik *die*
keramisch
Kerbe *die*
kerben
Kerbholz *das*
Kerbel *der*
Kerker *der*
Kerkermeister *der*
Kerl *der*
Kerlchen *das*
Kern *der*
Kernbeißer *der*
Kernenergie *die*
Kernfrage *die*
Kernfusion *die*
Kerngehäuse *das*
kerngesund
kernig
Kernkraft *die*

kernlos
Kernphysik *die*
Kernwaffen
Kerosin *das*
Kerub / Cherub *der*
Kerze *die*
kerzeng(e)rade
Kerzenlicht *das*
Kerzenständer *der*

kes

kess*
Kessheit* *die*
Kessel *der*
Kesseltreiben *das*
Kesselwagen *der*
Ketogruppe *die*
Ketschup* / Ketchup
der / das
ketschen / kätschen
Kettcar *der / das*
Kette *die*
ketteln
ketten
Kettenhund *der*
Kettenraucher *der*
Kettenreaktion *die*
Ketzer / in
Ketzerei *die*
ketzerisch
keuchen
Keuchhusten *der*
Keule *die*
keulenförmig
keusch
Keuschheit *die*
Keyboard *das*
Kfz (Kraftfahrzeug)
Kfz-Schlosser *der*
Kfz-Werkstatt *die*
kg (Kilogramm)
KG (Kommanditgesell-
schaft)
Khaki / Kaki* der / *das*
kHz (Kilohertz)

ki

Kibbuz *der*
die Kibbuzim / Kib-
buze
Kichererbse *die*
kichern
Kick *der*
Kick-down* /
Kickdown *der / das*
Kick-off / Kickoff*
der
kicken
Kicker *der*
Kid *das*
die Kids
kidnappen
Kidnapper *der*
kiebig
Kiebitz *der*
kiebitzen
Kiefer *der* (Knochen)
Kieferbruch *der*
Kieferknochen *der*

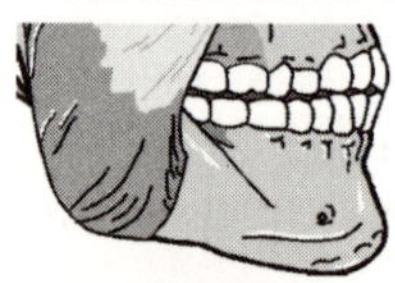

die (Baum)
Kiefernholz *das*
Kiefernwald *der*
die Kiefernwälder
Kiel *der*
Kiellinie *die*
kieloben
kieloben treiben
treibt kieloben,
trieb kieloben,
ist kieloben getrie-
ben
Kielwasser *das*
Kieme *die*
Kiemenatmung
die
Kien *der*
auf dem Kien
sein
Kienapfel *der*
die Kienäpfel
Kienspan *der*
die Kienspäne
Kiepe *die*
Kiepenkerl *der*
Kies *der*
Kiesel *der*
Kieselsäure *die*
Kiesgrube *die*
Kiez *der* (Ortsteil)
Kikeriki *das*
killen
Killer *der*
Killervirus *der / das*
Kilo *das*
Kilobyte *das* (KB)
Kilogramm *das* (kg)
Kilohertz *das* (kHz)
Kilometer *der* (km)
kilometerlang
kilometerweit
viele Kilometer weit
Kilowatt *das* (kW)

Kilt *der*
Kimme *die*
Kimono *der*
Kind *das*
*an Kindes statt**
Kindchen *das*
Kinderbuch *das*
die Kinderbücher
kinderfreundlich
Kindergarten *der*
die Kindergärten
Kindergeld *das*
Kinderkrankheit *die*
Kinderlähmung *die*
kinderleicht
kinderlieb
kinderlos
kinderreich
Kinderspiel *das*
Kinderspielzeug *das*
Kindersprache *die*
Kinderwagen *der*
Kinderzimmer *das*
Kindheit *die*
kindisch
kindlich
Kindlichkeit *die*
kinematographisch/ kinematografisch*
Kinetik *die*
Kinn *das*
Kinnhaken *der*
Kino *das*
Kinokarte *die*
Kinoprogramm *das*
Kinoreklame *die*
Kiosk *der*
Kipferl *das*
Kippe *die*
kippen
Kippfenster *das*

kir

Kirche *die*
Kirchenbesucher *der*
Kirchenchor *der*
Kirchenglocke *die*
Kirchenjahr *das*
Kirchenlied *das*
Kirchenrat *der*
Kirchensteuer *die*
Kirchentag *der*
Kirchenvorstand *der*
die Kirchenvorstände
Kirchgeld *das*
Kirchhof *der*
die Kirchhöfe
kirchlich
Kirchspiel *das*
Kirchturm *der*
die Kirchtürme
Kirchweih *die*
Kirmes *die*
kirre
kirre machen
kirre sein
Kirsche *die*
Kirschbaum *der*
die Kirschbäume
Kirschkern *der*
Kirschsaft *der*
Kirschwasser *das*
Kissen *das*
Kissenbezug *der*
die Kissenbezüge
Kissenfüllung *die*
Kiste *die*
kistenweise
Kitsch *der*
kitschig
Kitt *der*
kitten
Kittchen *das*
Kittel *der*
Kittelschürze *die*
Kitz *das*
ein Rehkitz
Kitze *die*
kitzeln
Kitzler *der*
kitzlig
Kiwi *die* (Frucht)
der (Vogel)
kJ (Kilojaule)
KKW (Kernkraftwerk)

kl

Kl. (Klasse)
Klabautermann *der*
Klacks *der*
Kladde *die*
klaffen
kläffen
Klafter *das*
vier Klafter Holz
Klage *die*
Klagelied *das*
Klagemauer *die*
klagen
klagend
Kläger/in
kläglich
klaglos
Klamauk *der*
Klamm *die*
Klammer *die*
klammern
klammheimlich
Klamotte *die*
Klan/Clan *der*
Klang *der*
die Klänge
Klangfarbe *die*

Klangfigur *die*
klanglos
klangvoll

klap

Klappe *die*
klappen
es hat geklappt
Klappfahrrad *das*
Klappfenster *das*
Klappmesser *das*
klapprig
Klappsitz *der*
Klapper *die*
klappern
Klaps *der*
klar
k ...
klar denken
klar sein
*klar werden**
K ...
der Klare (Schnaps)
*ins Klare kommen**
*im Klaren sein**
Kläranlage *die*
klären
Klarheit *die*
klarkommen (zurechtkommen)
kommt klar,
kam klar,
ist klargekommen
klarlegen (erklären)
klarmachen (verdeutlichen)
klar sehen* (verstehen)
sieht klar, sah klar,
*hat klar gesehen**
Klarsichtfolie *die*
klarstellen (klären)
Klarstellung *die*
Klärung *die*
Klarinette *die*

Klarinettist/in
Klasse *die*
*das ist Klasse**
Klassenarbeit *die*
Klassenaufsatz *der*
die Klassenaufsätze
Klassenbuch *das*
die Klassenbücher
Klassenhass* *der*
Klassenkamerad/in
Klassenkampf *der*
Klassenlehrer/in
Klassensprecher/in
klassenweise
Klassenzimmer *das*
Klassifikation *die*
klassifizieren
Klassifizierung *die*
Klassement *das*
Klassik *die*
Klassiker *der*
klassisch
Klassizismus *der*
Klatsch *der*
klatschen
Klatschmohn *der*
klatschnass*
Klatschsucht *die*

–kk–

Es gibt nur wenige Wörter, die man mit –**kk**– schreibt:

*A**kk**ord*	*Ma**kk**aroni*	*Schiro**kk**o*
*A**kk**usativ*	*Maro**kk**o*	*Si**kk**ativ*
*A**kk**u*	*Mo**kk**a*	*Sta**kk**ato*
*a**kk**urat*	*Sa**kk**o*	*To**kk**ata*

In den meisten Wörtern schreibt man –**ck**– *(Zu**ck**er, la**ck**ieren, kna**ck**ig ...).*

klauben
Klaue *die*
klauen
Klause *die*
Klausel *die*
Klausur *die*
eine Klausur schreiben
Klausurarbeit *die*
Klausurtagung *die*
Klaviatur *die*
Klavichord *das*
Klavier *das*
Klavier spielen
Klavierauszug *der*
die Klavierauszüge
Klavierkonzert *das*
Klavierunterricht *der*

kle

kleben
*kleben bleiben**
Kleber *der*
klebrig
Klebstoff *der*
kleckern
Klecks *der*
klecksen
Klee *der*
Kleeblatt *das*
die Kleeblätter
Klei *der*
Kleid *das*
kleiden
sich kleiden
Kleiderbügel *der*
Kleiderschrank *der*
die Kleiderschränke
kleidsam
Kleidung *die*
Kleidungsstück *das*
Kleie *die*
klein
k …
klein gedruckt*
ein klein wenig
von klein auf
kleine Fische
kleine Leute
der kleine Mann
kleines Latinum
K …
Klein Erna
*Groß und Klein**
der Kleine Bär/Wagen
die Kleinen (= Kinder)
im Kleinen wie im Großen
etwas Kleines
Kleines Walsertal
*bis ins Kleinste**
Kleinanzeige *die*
Kleinbildkamera *die*
Kleingarten *der*
die Kleingärten
Kleingedruckte/klein Gedruckte *das*
Kleingeld *das*
Kleinigkeit *die*
Kleinkind *das*
kleinlaut
kleinlich
kleinlich sein
kleinmütig
klein schreiben* (mit kleiner Schrift)
kleinschreiben* (mit kleinem Anfangsbuchstaben)
*schreibt klein, schrieb klein, hat kleingeschrieben**
Kleinschreibung *die*
Kleinstadt *die*
die Kleinstädte
Kleinod *das*
Kleister *der*
Klematis *die*
Klementine *die*
Klemme *die*
klemmen
Klempnerei *die*
Klempnermeister/in
Klepper *der*
Kleptomanie *die*
klerikal
Kleriker *der*
Klerus *der*
Klette *die*
Klettverschluss* *der*
die Klettverschlüsse
klettern
Kletterpflanze *die*

kli

klicken
Klient *der*
Klientel *die*
Kliff *das*
Klima *das*
Klimaanlage *die*
Klimadiagramm *das*
klimatisch
klimatisieren
Klimawechsel *der*
Klimazone *die*
Klimakterium *das*
Klimax *die*
Klimbim *der*
klimmen
klimmt, klomm/klimmte, ist geklommen/geklimmt
Klimmzug *der*
die Klimmzüge

klimpern
Klinge *die*
Klingel *die*
Klingelbeutel *der*
klingeln
klingen
klingt, klang, hat geklungen
Klinik *die*
die Kliniken
Klinikum *das*
klinisch
Klinke *die*
Klinkenputzer *der*
Klinker *der*
Klinkerbau *der*
klipp
klipp und klar
Klipp / Klips / Clip *der*
der Ohrklipp
Klippe *die*
klirren
Klischee *das*
klischeehaft
Klischeevorstellung *die*
Klistier *das*
Klitoris *die*
klitschnass*
klitzeklein

klo

Klo (Klosett) *das*
Kloake *die*
Kloben *der*
klobig
klomm (klimmen)
klonen
Klon *der* (künstliches Lebewesen)
klönen
klopfen
ein starkes Klopfen hören
Klopfzeichen *das*
klöppeln
Klops *der*
Klosett *das*
Kloß *der*
die Klöße
Kloster *das*
die Klöster
Klosterfrau *die*
klösterlich
Klotz *der*
die Klötze
klotzen
nicht kleckern, sondern klotzen
klotzig
Klub / Club *der*
Klubhaus *das*
die Klubhäuser
Klubsessel *der*
Kluft *die*
klug
klüger, klügste
*klug reden**
*es ist das Klügste**
klugerweise
Klugheit *die*
Klugscheißer *der*
Klumpen *der*
Klümpchen *das*
Klumpfuß *der*
klumpig
Klüngel *der*
Klunker *die / der*
Kluntje *das*
Klüver *der*
km (Kilometer)
km/h (Kilometer je Stunde)
km-Stand *der*

kn

knabbern
Knabe *der*
Knabenchor *der*
knabenhaft
Knäckebrot *das*
knacken
knackig
Knacklaut *der*
Knäkente *die*
Knall *der*
Knalleffekt *der*
knallen
Knallerei *die*
Knallgas *das*
knallhart
Knallkörper *der*
knallrot
knapp
Knappheit *die*
Knappe *der*
Knappschaft *die*
Knappschaftsrente *die*
knarren
Knast *der*
knattern
Knäuel *der / das*
Knauf *der*
die Knäufe
knausern
knausrig
knautschen
Knautschzone *die*
Knebel *der*
knebeln
Knecht *der*
Knechtschaft *die*
kneifen
kneift, kniff, hat gekniffen

Kneifer *der*
Kneifzange *die*
Kneipe *die*
Kneippkur *die*
kneippen
kneten
Knetmaschine *die*
Knetmasse *die*
Knick *der*
knicken
Knickerbocker
knick(e)rig
Knicks *der*
einen Knicks machen
knicksen
Knie *das*
die Knie
auf den Knien
Kniebeuge *die*
Kniefall *der*
kniefällig
kniefrei
Kniegelenk *das*
Kniekehle *die*
knielang
knien
ich knie
sie knien alle
Kniescheibe *die*
Kniff *der*
kniffen
knifflig
Knigge *der*
knipsen
Knipser *der*
Knirps *der*
knirschen
knistern
Knittelvers *der*
knitterfest
knitterfrei
knittern
knittrig

kno

knobeln
Knobelbecher *der*
Knoblauch *der*
Knoblauchzehe *die*
Knöchel *der*
knöchellang
Knochen *der*
Knochenbau *der*
Knochenmark *das*
knöchern
knochig
knock-out*/knockout (k.o.)
Knock-out*/Knockout *der*
Knödel *der*
Knolle *die*
Knollen *der*
Knöllchen *das*
Knollenblätterpilz *der*
knollenförmig
Knopf *der*
die Knöpfe
Knopfdruck *der*
knöpfen
Knopfloch *das*
die Knopflöcher
Knorpel *der*
knorp(e)lig
knorrig
Knospe *die*
in Knospe stehen
Knoten *der*
knoten
Knotenpunkt *der*
Know-how *das*
knüllen
Knüller *der*
knüpfen
Knüpfung *die*
Knüppel *der*
knüppeldick
Knüppelschaltung *die*
knurren
knurrig
knusprig
Knute *die*
knutschen

ko

k.-o.*/ko.
k.o. schlagen
K.-o.-Schlag *der*
Koalabär *der*
koalieren/koalisieren
Koalition *die*
Koalitionspartner *der*
Koalitionsregierung *die*
Koautor/in
Kobalt *das* (Co)
kobaltblau
Koben *der*
Kobold *der*
Kobra *die* (Schlange)
Koch *der*
die Köche
Kochbuch *das*
die Kochbücher
kochecht
kochen
*kochend heiß**
kochfertig
Köchin *die*
die Köchinnen
Kochlöffel *der*
Kochsalz *das*
Kochtopf *der*
die Kochtöpfe
Kochwäsche *die*

köcheln
Köchelverzeichnis *das*
Köcher *der*
Koda / Coda *die*
Kode / fachspr. **Code** *der*
kodieren / fachspr. codieren
Kodierung *die*
kodifizieren
Kodein / Codein* *das*
Köder *der*
ködern
Kodex / Codex* *der*
die Kodexe / Kodizes

koe

Koedukation *die*
Koeffizient *der*
Koexistenz *die*
Kofel *der*
Koffein / Coffein *das*
koffeinfrei / coffeinfrei*
Koffer *der*
Kofferkuli *der*
Kofferradio *das*
Kofferraum *der*
die Kofferräume
Kogel *der*
Kogge *die* (Schiff)
Kognak *der*
Kognakbohne *die*
Kognakkirsche *die*
Kognakschwenker *der*
kognitiv
kohärent
Kohärenz *die*
Kohäsion *die*
Kohl *der*
Kohlmeise *die*
Kohlrabi *der*
Kohlroulade *die*
Kohlrübe *die*
Kohlweißling *der*
Kohle *die*
Kohlebergwerk *das*
Kohlekraftwerk *das*
Kohlenhydrat *das*
Kohlenmonoxyd / Kohlenmonoxid *das*
Kohlensäure *die*
Kohlenstaub *der*
Kohlenstoff *der*
Kohlenwasserstoff *der*
Köhler *der*
Kohlezeichnung *die*
Kohlrabi *der*
Koinzidenz *die*
Koitus / Coitus *der*
Koje *die*
Kojote / Coyote *der*
Koka *die*
Kokain *das*
Kokastrauch *der*
die Kokasträucher
Kokarde *die*
Kokerei *die*
koken
Koks *der*
kokett
kokettieren
Kokke *die* (Bakterie)
Kokon *der*
Kokosflocken
Kokosmilch *die*
Kokosnuss* *die*
die Kokosnüsse
Kokospalme *die*
Koks *der*
Koksofen *der*
die Koksöfen

kol

Kolben *der*
Kolbenring *der*
Kolbenstange *die*
Kolchose *die*
Kolchosbauer *der*
Kolibakterien *die*
Kolibri *der*
Kolik *die*
Kolk *der*
Kolkrabe *der*
kollabieren
Kollaborateur *der*
Kollaboration *die*
kollaborieren
Kollagen *das*
Kollaps *der*
Kolleg *das*
Kollege / Kollegin
kollegial
Kollegialität *die*
Kollegium *das*
Kollegmappe *die*
Kollegstufe *die*
Kollekte *die*
Kollektion *die*
kollektiv
kollektiv arbeiten
Kollektiv *das*
kollektivieren
Kollektivierung *die*
Kollektivschuld *die*
Kollektivstrafe *die*
Koller *der*
einen Koller bekommen
kollidieren
Kollision *die*
Kollier / Collier *das*
Kolloquium *das*
Kölnischwasser /

kölnisch Wasser* *das*
kolonial
Kolonialismus *der*
Kolonie *die*
Kolonisation *die*
kolonisieren
Kolonnade *die*
Kolonne *die*
Koloratur *die*
Koloratursängerin *die*
kolorieren
Kolorit *das*
Koloss* *der*
kolossal
Kolpinghaus *das*
Kolportage *die*
kolportieren
Kölsch *das*
Kolumne *die*
Kolumnist/in

kom

Koma *das* (Bewusstlosigkeit)
im Koma liegen
Kombi *der*
Kombinat *das*
Kombination *die*
Kombinatorik *die*
kombinieren
Kombizange *die*
Kombüse *die*
Komet *der*
kometenhaft
Kometenschweif *der*
Komfort *der*
komfortabel
Komfortwohnung *die*
Komik *die*
Komiker/in
komisch
komischerweise
Komitee *das*

komm

Komma *das* (s. S. 200f.)
ein Komma setzen
Kommafehler *der*
Kommaregel *die*
Kommandant *der*
Kommandeur *der*
kommandieren
Kommando *das*
Kommandobrücke *die*
Kommanditgesellschaft *die* (KG)
Kommanditist/in
kommen
kommt, kam, ist gekommen
kommend
Kommen *das*
das Kommen und Gehen
kommensurabel
Komment *der*
Kommentar *der*
kommentarlos
Kommentator/in
kommentieren
Kommersbuch *das*
Kommerz *der* (Wirtschaft)
kommerziell
Kommilitone *der*
Kommilitonin *die*
Kommiss* *der*
Kommissbrot* *das*
Kommissar *der*
Kommissariat *das*
kommissarisch
Kommission *die*
Kommode *die*
Kommodore *der*
kommunal
Kommunalbeamter *der*
Kommunalpolitik *die*
Kommunalverwaltung *die*
Kommune *die*
Kommunikation *die*
Kommunikationsmittel *das*
Kommunikationssituation *die*
Kommunikationsstörung *die*
kommunikativ
Kommuniqué/Kommunikee* *das*
kommunizieren
Kommunion *die*
Kommunismus *der*
Kommunist/in
kommunistisch
Komödiant/in
Komödie *die*
Kompagnon *der*
kompakt
Kompaktanlage *die*
Kompaktheit *die*
Kompanie *die*
Kompaniechef *der*
Kompanieführer *der*
komparabel
Komparation *die*
Komparativ *der*
Komparativsatz *der*
die Komparativsätze
Komparse *der*
Komparserie *die*
Kompass* *der*

Komma (Die wichtigsten Regeln)

Teilsätze

Das Komma steht zwischen den Teilsätzen eines Ganzsatzes.

Als der Briefträger kam, *hörte ich,* *dass er bei uns Briefe einwarf.*
1. Teilsatz – 2. Teilsatz – 3. Teilsatz

Mein Vater wollte wissen, *ob die Versicherung geschrieben hat.*
1. Teilsatz – 2. Teilsatz

Eingeschobene Sätze

Ein Komma steht vor und hinter dem eingeschobenen Satz.

Den wichtigen Brief, der angekommen war, gab ich meinem Vater.
eingeschobener Satz

Vater las den Brief, den er erwartet hatte, und war zufrieden.
eingeschobener Satz

Aufzählungen

Das Komma steht (statt „und") zwischen aufgezählten Wörtern und Wortgruppen.

In dem Brief ging es um Prämien, Versicherungsleistungen und Fristen.
1. 2. und 3.

Die Versicherung ersetzt Schäden durch Einbruch, Diebstahl, Feuer usw.
1. 2. 3.

sondern

Das Komma steht immer vor „sondern".

Nicht nur der Versicherungsnehmer selbst, sondern auch die Angehörigen sind mitversichert.

Die Versicherung tritt nicht sofort in Kraft, sondern erst nach einigen Monaten.

Zusätze, Erläuterungen

Das Komma steht vor Zusätzen, nachträglichen genaueren Erläuterungen (besonders wenn sie mit *zum Beispiel, und zwar, das heißt, nämlich, insbesondere* eingeleitet werden).

Mein Vater will noch eine weitere Versicherung abschließen, nämlich eine Rechtsschutzversicherung.

Sie ersetzt Kosten bei einem Gerichtsverfahren, zum Beispiel die Rechtsanwaltskosten.

Kompassnadel* *die*
kompatibel
Kompatibilität *die*
Kompendium *das*
Kompensation *die*
Kompensations-geschäft *das*
kompensieren
kompetent
Kompetenz *die*
Kompetenzstreitig-keiten
kompilieren
komplementär
Komplementärfarbe *die*
komplett
komplettieren
komplex
komplexe Sätze
Komplex *der*
der Vitamin-B-Kom-plex
Komplexität *die*
Komplikation *die*
komplikationslos
Kompliment *das*
Komplize/Komplice* *der*
Komplizenschaft *die*
kompliziert
Kompliziertheit *die*
Komplott *das*
Komponente *die*
komponieren
Komponist/in
Komposition *die*
Kompositum *das*
Kompost *der*
Komposterde *die*
Komposthaufen *der*
kompostieren
Kompott *das*
Kompottteller*/
Kompott-Teller* *der*
Kompresse *die*
Kompression *die*
Kompressor *der*
komprimieren
Kompromiss* *der*
kompromissbereit*
kompromisslos*
Kompromisslösung* *die*
Kompromissvor-schlag* *der*

Komma (Zwei Ergänzungen)

Teilsätze mit „und“

Das Komma *kann* zwischen Teilsätzen stehen, die mit „und“ verbunden sind.

Mein Vater zeigte den Brief meiner Mutter(,) und sie las ihn aufmerksam durch.

Erweiterte Infinitive

Das Komma *kann* den erweiterten Infinitiv mit „zu“ abtrennen, besonders um Missverständnissen vorzubeugen.

Auch sie konnte sich nicht entschließen(,) dafür zu stimmen.
Erweiterung — Infinitiv mit „zu“

Meine Mutter setzte sich an den Schreibtisch(,) um die Anträge sorgfältig auszufüllen.
Erweiterung — Infinitiv mit „zu“

*die Kompromissvorschläge**
kompromittieren
Komtess* / Komtesse *die*
Komtur *der*

kon

Kondensat *das*
Kondensation *die*
Kondensator *der*
kondensieren
Kondensmilch *die*
Kondensor *der*
Kondensstreifen *der*
Kondenswasser *das*
Kondition *die*
konditional
Konditional *das*
Konditionalsatz *der*
die Konditionalsätze
konditioniert
Konditor / in
Konditorei *die*
Kondolenz *die*
Kondolenzbesuch *der*
kondolieren
Kondom *das / der*
Kondor *der*
Kondukteur *der*
Konduktor *der*
Konfekt *das*
eine Packung Konfekt
Konfektion *die*
konfektionieren
Konfektionsgröße *die*
Konferenz *die*
Konferenzbeschluss* *der*
die Konferenzbeschlüsse
Konferenzteilnehmer / in
Konferenztisch *der*
konferieren
Konfession *die*
konfessionell
konfessionslos
Konfessionsschule *die*
Konfetti *das*
Konfettiparade *die*
Konfiguration *die*
Konfirmand *der*
die Konfirmanden
Konfirmandenunterricht *der*
Konfirmation *die*
konfirmieren
Konfiserie / Confiserie* *die*
konfiszieren
Konfiskation *die*
Konfitüre *die*
Konflikt *der*
Konfliktsituation *die*
Konfliktstoff *der*
Konföderation *die*
konform
Konformismus *der*
Konformist *der*
konformistisch
Konformität *die*
Konfrontation *die*
konfrontieren
konfus
Konfusion *die*
Konfuzianismus *der*

kong

kongenial
Kongenialität *die*
Konglomerat *das*
Kongregation *die*
Kongress* *der*
Kongresshalle* *die*
Kongressstadt* / Kongress-Stadt* *die*
Kongressteilnehmer / in*
Kongresszentrum* *das*
kongruent
kongruente Figuren
Kongruenzsatz *der*
Kongruenz *die*
grammatische Kongruenz
Konifere *die*
König *der*
Königin *die*
die Königinnen
Königinpastete *die*
königlich
Königliche Hoheit
Königreich *das*
königsblau
Königskuchen *der*
Königsweg *der*
Königtum *das*
konisch
Konjugation *die*
konjugierbar
konjugieren
Konjunktion *die*
Konjunktiv *der*
Konjunktur *die*
konjunkturbedingt
konjunkturell
Konjunkturprogramm *das*
Konjunkturschwankung *die*

konkav
Konklave *das*
Konklusion *die*
Konkordanz *die*
Konkordat *das*
konkret
konkretisieren
Konkretisierung *die*
Konkretum *das*
Konkurrent/in
Konkurrenz *die*
konkurrenzfähig
Konkurrenzkampf *der*
konkurrenzlos
konkurrieren
Konkurs *der*
Konkurseröffnung *die*
Konkursverfahren *das*
können
kann, konnte, hat gekonnt
Können *das*
Könner *der*
Konnotation *die*
Konquistador *der*
Konrektor *der*

kons

konsekutiv
Konsekutivsatz *der*
die Konsekutivsätze
Konsens *der*
konsensfähig
konsequent
konsequenterweise
Konsequenz *die*
konservativ
Konservative *der/die*
Konservativismus *der*
Konservator/in
konservatorisch
Konservatorium *das*
Konserve *die*
Konservendose *die*
konservieren
Konservierung *die*
Konservierungsmittel *das*
Konsilium *das*
konsistent
Konsistenz *die*
Konsistorialrat *der*
die Konsistorialräte
Konsistorium *das*
Konsole *die*
konsolidieren
Konsolidierung *die*
Konsonant *der*
konsonantisch
Konsonanz *die*
Konsortium *das*
Konspiration *die*
konspirativ
konspirieren
konstant
Konstante *die*
Konstanz *die*
konstatieren
Konstellation *die*
konsterniert
Konstipation *die*
Konstituente *die*
konstituieren
sich konstituieren
Konstituierung *die*
Konstitution *die*
konstitutionell
konstitutiv
konstruieren
Konstrukt *das*
Konstrukteur *der*
Konstruktion *die*
konstruktiv
Konsul *der*
konsularisch
Konsulat *das*
Konsultation *die*
konsultieren
Konsum *der*
Konsument/in
Konsumgesellschaft *die*
konsumieren
konsumtiv

kont

Kontakt *der*
kontaktarm
kontaktfreudig
kontaktieren
Kontaktlinse *die*
kontaktlos
Kontaktperson *die*
Kontamination *die*
Kontemplation *die*
kontemplativ
Konteradmiral *der*
Konterfei *das*
kontern
Konterrevolution *die*
Kontext *der*
kontextuell
Kontinent *der*
kontinental
Kontinentalklima *das*
Kontinentalverschiebung *die*
Kontingent *das*
kontingentieren
Kontingentierung *die*
kontinuierlich
Kontinuität *die*
Kontinuum *das*
Konto *das*

die Konten
Kontoauszug *der*
die Kontoauszüge
Kontoinhaber/in
Kontonummer *die*
Kontostand *der*
die Kontostände
Kontor *das*
Kontorist/in
kontra/contra
das Pro und das Kontra
jemandem Kontra geben
Kontrabass* *der*
die Kontrabässe
kontradiktorisch
Kontrahent *der*
Kontrapunkt *der*
konträr
Kontrakt *der*
Kontraktion *die*
Kontrast *der*
Kontrastfarbe *die*
kontrastieren
kontrastreich
Kontrazeption *die*
Kontribution *die*
Kontrolle *die*
Kontroller *der*
Kontrolleur *der*
kontrollieren
Kontrollturm *der*
die Kontrolltürme
Kontrollstempel *der*
kontrovers
Kontroverse *die*
Kontur *die*
konturieren
Konus *der*
die Konusse/Konen
Konvent *der*
Konvention *die*
konventional
Konventionalstrafe *die*
konventionell
konvergent
Konvergenz *die*
konvergieren
Konversion *die*
Konversation *die*
Konversations-lexikon *das*
Konverter *der*
konvertibel
konvertierbar
Konvertierbarkeit *die*
konvertieren
Konvertit/in
konvex
Konvikt *das*
Konvoi *der*
Konvolut *das*

konz

konzedieren
Konzentrat *das*
Konzentration *die*
Konzentrationslager *das* (KZ)
Konzentrations-schwäche *die*
konzentrieren
sich konzentrieren
konzentriert
Konzentriertheit *die*
konzentrisch
Konzept *das*
Konzeption *die*
konzeptionell
konzeptionslos
Konzeptionslosigkeit *die*
Konzeptpapier *das*
Konzern *der*
Konzert *das*
Konzertabend *der*
konzertant
konzertieren
Konzertprogramm *das*
Konzertsaal *der*
die Konzertsäle
Konzession *die*
Konzessionen machen
konzessionsbereit
konzessiv
Konzessivsatz *der*
die Konzessivsätze
Konzil *das*
konziliant
Konzilianz *die*
konzipieren

koo

Koog/Kog *der*
die Köge
Kooperation *die*
kooperationsbereit
kooperativ
kooperieren
Koordinate *die*
Koordinatensystem *das*
Koordination *die*
Koordinator/in
koordinieren
Kopf *der*
die Köpfe
Kopf-an-Kopf-Rennen
Kopfball *der*
die Kopfbälle

Kopfbedeckung *die*
köpfen
Kopfhörer *der*
Kopfkissen *das*
kopflastig
kopflos
kopfrechnen
Kopfrechnen *das*
Kopfschmerzen
kopfschüttelnd
Kopfsprung *der*
die Kopfsprünge
Kopf stehen*
steht Kopf,
stand Kopf,
*hat Kopf gestanden**
kopfüber
Kopfzerbrechen *das*
Kopie *die*
kopieren
Kopierer *der*
Copyright *das*
Kopilot/in
Koppe *die*
Koppel *die* (Weide)
das (Gürtel)
koppeln
Koproduktion *die*
Kopula *die*
Kopulation *die*
kopulieren

kor

Koralle *die*
Koralleninsel *die*
Korallenriff *das*
korallenrot
Koran *der*
Koransure *die*
Korb *der*
die Körbe
Korbball *der*
Körbchen *das*
Kordel *die*
Kordhose*/Cordhose *die*
Kordon *der*
die Kordone/Kordons
Koreferat (österr.)/ **Korreferat** *das*
Koreferent (österr.)/ Korreferent *der*
Koriander *der*
Korinthe *die*
korinthisch
Kork *der*
Korkeiche *die*
Korken *der*
Korkenzieher *der*
korkig
Kormoran *der*
Korn *das*
die Körner
Kornblume *die*
Kornfeld *das*
körnig
Kornett *das*
Korona *die*
koronar
Körper *der*
Körperbau *der*
körperbehindert
Körperbehinderte *der/die*
körperlich
Körperpflege *die*
Körperschaft *die*
Körpersprache *die*
Körperteil *der*
Korporal *der*
Korporation *die*
Korps/Corps *das*
Korpsgeist *der*
korpulent
Korpulenz *die*
Korpus *der*
Korreferat/Koreferat (österr.) *das*
Korreferent/Koreferent (österr.)
korrekt
korrekterweise
Korrektheit *die*
Korrektiv *das*
Korrektur *die*
Korrektur lesen
korrigieren
Korrelat *das*
Korrelation *die*
korrelativ
Korrepetitor *der*
Korrespondent/in
Korrespondenz *die*
korrespondieren
Korridor *der*
korrigieren
Korrosion *die*
korrosionsfest
Korrosionsschutz *der*
korrumpieren
korrupt
Korruption *die*
Korruptionsskandal *der*

kors

Korsar *der*
Korsett *das*
Korso *der*
Kortison/fachspr. **Cortison** *das*
Korund *der*
Korvette *die*
Korvettenkapitän *der*
Koryphäe *die*

kos

koscher
K.-o.-Schlag *der*
K.-o.-Schläge die
K.-o.-Sieger *der*
kosen
Kosename *der*
Kosinus / Cosinus *der*
Kosmetik *die*
Kosmetiker / in
Kosmetiksalon *der*
Kosmetiktasche *die*
kosmetisch
kosmisch
Kosmologie *die*
Kosmonaut / in
kosmopolitisch
Kosmos *der*
Kost *die*
Kostprobe *die*
kostbar
Kostbarkeit *die*
kosten
„Was kostet das?"
Kosten
Kostenerstattung *die*
Kostenfrage *die*
kostengünstig
kostenlos
Kostenvoranschlag *der*
die Kostenvoranschläge
kostspielig
köstlich
Köstlichkeit *die*
Kostprobe *die*
Kostverächter / in
Kostüm *das*
Kostümfest *das*
kostümieren
sich kostümieren
Kot *der*
Kotflügel *der*
Kotangens *der*
Kotau *der*
einen Kotau machen
Kotelett *das*
Koteletten (Backenbart) *die*
Köter *der*
Kothurn *der*
Koton *der*
Kotten *der*
kotzen
zum Kotzen

kr

Krabbe *die*
Krabbenfischer *der*
Krabbenkutter *der*
krabbeln
krabblig
Krach *der*
mit Ach und Krach
Krach machen
Krach schlagen
krachen
Krachen *das*
krächzen
Kräcker / Cracker *der*
Krad *das* (Kraftrad)
kraft
kraft seines Amtes
Kraft *die*
die Kräfte
außer Kraft setzen
in Kraft setzen
in Kraft treten
Kraftanstrengung *die*
Kräftegleichgewicht *das*
Kraftfahrer / in
Kraftfahrzeug *das*
Kraftfahrzeugbrief *der*
Kraftfahrzeughalter / in
Kraftfahrzeugschein *der*
Kraftfahrzeugsteuer *die*
kräftig
kräftigen
sich kräftigen
kraftlos
Kraftstoff *der*
Kraftstoffverbrauch *der*
kraftvoll
Kraftwerk *das*
Kragen *der*
Kragenweite *die*
Krähe *die*
krähen
Krake *der*
krakeelen
kraklig / krakelig
die krakelige Schrift
Krakowiak *der*
Kral *der*
Kralle *die*
krallen
Kram *der*
kramen
Krämer *der*
Krämergeist *der*
Krammarkt *der*
die Krammärkte
Krampe *die*
Krampf *der*
die Krämpfe
Krampfader *die*
krampfartig
krampfhaft
krampfstillend

Krampus *der*
Kran *der*

die Kräne / Krane
Kranführer *der*
Kranwagen *der*
Kranich *der*
krank
krank sein
sich krank fühlen
*jemanden krank-schreiben**
Kranke *der / die*
kränkeln
Krankenbett *das*
Krankengeld *das*
Krankenhaus *das*
die Krankenhäuser
Krankenkasse *die*
Krankenpflege *die*
Krankenschwester *die*
Krankenversiche-rung *die*
Krankenwagen *der*
krankhaft
Krankheit *die*
krankheitshalber
kränklich
krankmachen (krank sein)
krank machen (Krankheit hervorru-fen)
krankmelden (sich arbeitsunfähig mel-den)
kränken
kränkend
Kränkung *die*
Kranz *der*
die Kränze
Kranzschleife *die*
Kranzspende *die*
Krapfen *der*
krass*
Krassheit* *die*

krat

Krater *der*
Krätze *die*
kratzen
Kratzer *der*
kratzig
krauchen
Kraul / Crawl *das*
kraulen
Kraulschwimmen *das*
kraus
Krause *die*
kräuseln
kraushaarig
Kraut *das*
die Kräuter
Kräuterlikör *der*
Krautwickel *der*
Krawall *der*
Krawallmacher *der*
Krawatte *die*
kraxeln

kre

Kreation *die*
kreativ
Kreatur *die*
Krebs *der*
krebsartig
Krebsfrüherkennung *die*
Krebsgeschwür *das*
krebskrank
kredenzen
Kredit *der*
Kreditanstalt *die*
kreditfähig
Kreditkarte *die*
Kreditwesen *das*
kreditwürdig
Kredo / Credo *das*
Kreide *die*
kreidebleich
kreideweiß
kreieren
Kreis *der*
Kreisausschnitt *der*
Kreisbogen *der*
Kreisdurchmesser *der*
kreisen
kreisförmig
kreisfrei
eine kreisfreie Stadt
Kreislauf *der*
Kreislaufkollaps *der*
Kreisstadt *die*
die Kreisstädte
Kreisverkehr *der*
Kreiswehrersatzamt *das*
kreischen
Kreisel *der*
Kreiselkompass* *der*
kreisen
kreißen (in Geburts-wehen liegen)
Kreißsaal *der*
die Kreißsäle

krem

Krem / Kreme / Creme *die*
kremig
Krematorium *das*
Kreml *der*
Krempe *die*
Krempling *der*
Krempel *der*
Kremser *der*
Kren *der*
Krenfleisch *das*
krepieren
Krepp / Crêpe *der*
Krepppapier* / Krepp-Papier* *das*
Kreppsohle *die*
Kresse *die*
die Brunnenkresse
Kretin *der*
kreuchen
Kreuz *das*
kreuz und quer
Kreuzass* *das*
kreuzen
sich kreuzen
Kreuzfahrt *die*
Kreuzfeuer *das*
Kreuzgang *der*
die Kreuzgänge
kreuzigen
Kreuzigung *die*
Kreuzotter *die*
Kreuzreim *der*
Kreuzung *die*
Kreuzverhör *das*
Kreuzweg *der*
kreuzweise
Kreuzworträtsel *das*
Kreuzzug *der*
die Kreuzzüge
Kreuzer *der*
kreuzigen
kreuzweise
Krevette / Crevette *die*

kri

kribbeln
kribblig
Kricket *das*
Kricketspieler *der*
kriechen
kriecht, kroch, ist gekrochen
Kriecher *der*
kriecherisch
Kriechspur *die*
Kriechtier *das*
Krieg *der*
Krieger *der*
kriegerisch
Krieg(s)führung *die*
kriegsbeschädigt
Kriegsbeschädigte *der*
Kriegsdienst *der*
Kriegsdienstverweigerung *die*
Kriegsgefangene *der*
Kriegsgefangenschaft *die*
Kriegsschiff *das*
Kriegsverbrecher *der*
Kriegszustand *der*
kriegen
Krill *der*
Krimi *der*
Kriminalbeamte *der*
Kriminalfilm *der*
Kriminalgeschichte *die*
Kriminalität *die*
Kriminalkommissar *der*
Kriminalpolizei *die*
Kriminalroman *der*
kriminell
Kringel *der*
Kripo (Kriminalpolizei) *die*
Kripochef *der*
Krippe *die*
Krippenspiel *das*
Krise / Krisis *die*
krisenfest
Krisengebiet *das*
krisenhaft
Krisensituation *die*
Kristall *der*
Kristallglas *das*
die Kristallgläser
kristallin
Kristallisation *die*
kristallisieren
kristallklar
Kristallvase *die*
Kriterium *das*
Kritik *die*
Kritiker/in
kritikfähig
kritiklos
kritisch
kritisch denken
kritisch urteilen
kritisieren
kritteln
kritzeln
kritzlig

kro

Kroatien
Kroate *der*
Kroatin *die*

kroatisch
kroch (kriechen)
Krocket *das*
Krocket spielen
Krokant *der*
Krokette / Croquette *die*
Krokodil *das*
Krokodilleder *das*
Krokodilstränen
Krokus *der*
die Krokusse
Krone *die*
krönen
Kronjuwelen
Kronleuchter *der*
Kronprinz *der*
Krönung *die*
Kronzeuge *der*
Kropf *der*
die Kröpfe
kropfig
kross*
Krösus *der*
Kröte *die*
Kroton *der*
Krs. (Kreis)
Krücke *die*
Krückstock *der*
die Krückstöcke
Krug *der*
die Krüge
Kruke *die*
Krümel *der*
krümeln
krümlig
krumm
krumm sitzen
krümmen
sich krümmen
Krümmung *die*
krump(e)lig
Krupp *der* (Krankheit)
Kruppe *die*
Krüppel *der*
krüpplig
Kruste *die*
Krustentier *das*
Krux / Crux *die*
Kruzifix *das*
Krypta *die*
die Krypten
Krypton *das* (Kr)
Kt. (Kanton)
Kto. (Konto)

ku

Kübel *der*
Kubikmeter *der* (m^3)
Kubikzentimeter *der* (cm^3)
kubisch
Kubismus *der*
Kubus *der*
Küche *die*
Küchenschrank *der*
die Küchenschränke
Küchentisch *der*
Kuchen *der*
Kuchenform *die*
Kuchengabel *die*
Kuchenteig *der*
kucken / gucken
aus dem Fenster kucken / gucken
Kuckuck *der*
Kuckucksei *das*
Kuckucksuhr *die*
Kufe *die*
Küfer *der*
Kugel *die*
Kugelabschnitt *der*
Kugeldurchmesser *der*
kugelförmig
Kugellager *das*
kugelrund
Kugelschreiber *der*
Kugelstoßen *das*
kuglig
Kuh *die*
die Kühe
Kuhfladen *der*
Kuhhandel *der*
Kuhhaut *die*
Kuhstall *der*
die Kuhställe
kühl
Kühle *die*
kühlen
Kühlschrank *der*
die Kühlschränke
Kühltruhe *die*
Kühlung *die*
Kühlwasser *das*
Kuhle *die*
kühn
Kühnheit *die*
Küken *das*
kulant
Kulanz *die*
Kuli *der*
der Kofferkuli
kulinarisch
Kulisse *die*
kullern
Kulmination *die*
kulminieren
Kult *der*
Kultfigur *die*
kultivieren
kultiviert
Kultivierung *die*
Kultur *die*
kulturell
Kulturfilm *der*

Kulturgut *das*
Kulturpflanze *die*
Kultus *der*
Kultusminister/in
Kümmel *der*
Kummer *der*
kummervoll
kümmerlich
kümmern
sich kümmern um
Kumpan *der*
Kumpanei *die*
Kumpel *der*
Kumulation *die*
kumulieren
Kumulus *der*
die Kumuluswolken
Kunde *der* (Käufer)
die (Nachricht)
künden
Kundenberatung *die*
Kundendienst *der*
kundig
Kundschaft *die*
kundgeben
gibt kund, gab kund, hat kundgegeben
Kundgebung *die*
kundtun
kundig
kündigen
Kündigung *die*
Kündigungsgrund *der*
die Kündigungsgründe
Kündigungsschutz *der*
Kundschaft *die*
Kundschafter *der*
künftig
künftigen Monats
kungeln
Kunst *die*
die Künste
Kunstausstellung *die*
Kunstdünger *der*
Kunstepoche *die*
Kunsterzieher/in
Kunstfaser *die*
Kunstfehler *der*
kunstfertig
Kunstfertigkeit *die*
kunstgerecht
Kunstgewerbe *das*
Kunstgriff *der*
Kunstkritiker *der*
Künstler/in
künstlerisch
künstlich
Kunstmaler/in
Kunstpause *die*
Kunststoff *der*
Kunststück *das*
kunstverständig
kunstvoll
Kunstwerk *das*
kunterbunt

kup

Kupfer *das*
Kupferblech *das*
Kupferdraht *der*
die Kupferdrähte
kupfern
Kupferstich *der*
Kupfersulfat *das*
Kupfervitriol *das*
kupieren
den Schwanz kupieren
Kupon/Coupon *der*
Kuppe *die*
Kuppel *die*
Kuppelbau *der*
Kuppelei *die*
kuppeln
Kupplung *die*
Kupplungspedal *das*

kur

Kur *die*
Kuraufenthalt *der*
kuren
Kurgast *der*
die Kurgäste
kurieren
Kurkarte *die*
Kurkonzert *das*
Kurpark *der*
Kurpfuscher *der*
Kurpromenade *die*
Kurtaxe *die*
Kür *die*
die Kür laufen
Kürass* *der*
Kürassier *der*
Kurator *der*
Kuratorium *das*
Kurbel *die*
kurbeln
Kurbelwelle *die*
Kürbis *der*
die Kürbisse
Kürbiskern *der*
Kurfürst *der*
Kurfürstentum *das*
kurfürstlich
Kurie *die*
Kurienkardinal *der*
die Kurienkardinäle
Kurier *der*
kurieren
kurios
Kuriosität *die*

Kuriosum *das*
Kurs *der*
Kursbuch *das*
die Kursbücher
Kursgewinn *der*
Kurssystem *das*
Kursverlust *der*
Kurswagen *der*
Kürschner/in
kursieren
kursiv
Kursivschrift *die*
kursorisch
Kursus *der*
Kurtisane *die*
Kurve *die*
Kurvendiskussion *die*
kurvenförmig
Kurvenlineal *das*
kurvenreich
kurvig
kurz
kürzer, kürzeste
k ...
kurz entschlossen
*kurz treten**
kurz und bündig
kurz und gut
kurz und klein schlagen
über kurz oder lang
binnen kurzem
seit kurzem
vor kurzem
am kürzesten
kurzerhand
K ...
etwas Kurzes
*den Kürzeren ziehen**
Kurzarbeit *die*
kurzarbeiten
kurz arbeiten (nicht lange)
Kürze *die*
in Kürze
kürzen
Kürzung *die*
Kürzel *das*
Kurzfilm *der*
kurzfristig
kurz gefasst*
Kurzgeschichte *die*
kürzlich
Kurzschluss* *der*
die Kurzschlüsse
Kurzschlussreaktion* *die*
Kurzschrift *die*
kurzsichtig
Kurzsichtigkeit *die*
kurzum
kurzweilig
Kurzwelle *die*
Kurzzeitgedächtnis *das*

kus

kuscheln
Kuscheltier *das*
kuschlig/kuschelig
kuschen
vor jemandem kuschen
Kusine/Cousine *die*
Kuskus/Couscous *der/das*
Kuss* *der*
die Küsse
Küsschen* *das*
küssen
küsst, küsste*, hat geküsst**
Küste *die*
Küstenschifffahrt*/ Küstenschiff-Fahrt* *die*
Küster *der*
Kustos *der*
die Kustoden
Kutsche *die*
Kutscher *der*
kutschieren
Kutte *die*
Kutteln
Kuttelfleck *der*
Kutter *der*

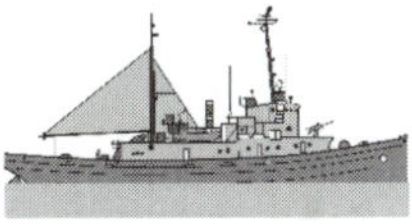

Kuvert *das*
kuvertieren
Kuvertüre *die*
Küvette *die*
kW (Kilowatt)
kWh (Kilowattstunde)

ky

Kybernetik *die*
kybernetisch
Kyrie *das*
Kyrieeleison *das*
kyrillisch/zyrillisch
KZ (Konzentrationslager)

A B C D E F G H I J K L M N O P Q R S T U V W X Y Z

L

l (Liter)
Lab *das*
Labmagen *der*
labberig
Label *das*
laben
sich laben
labern
viel zu labern haben
labial
labil
Labilität *die*
Labor *das*
Laborant/in
Laboratorium *das*
laborieren
Laborversuch *der*
Labsal *das/die*
Labskaus *das*
Labyrinth *das*

Lache *die*
lächeln
Lächeln *das*
lachen
Lachen *das*
das ist zum Lachen
lächerlich
ins Lächerliche ziehen
Lächerlichkeit *die*
Lachs *der*
Lachsfang *der*
lachsfarben
Lachsschinken *der*
Lack *der*
lackieren
Lackierung *die*
Lackmus *der/das*
Lackmuspapier *das*
Lacrimoso *das*

lad

Lade *die*
die Schublade
laden
lädt/ladet, lud, hat geladen
Ladung *die*
Laden *der*
die Läden
Ladendieb/in
Ladenhüter *der*
Ladentisch *der*
lädieren
Lady *die*
*die Ladys**
ladylike
Lafette *die*
Laffe *der* (Geck)
die (Löffelteil)
lag (liegen)
Lage *die*
Lageplan *der*
die Lagepläne
Lagenschwimmen *das*
Lager *das*
etwas auf Lager haben
Lagerfeuer *das*
Lagerhaus *das*
die Lagerhäuser
Lagerist/in
lagern
Lagerung *die*
Lagune *die*
lahm
*lahm legen**
Lähmung *die*
Lahnung *die*
Laib *der*
ein Brotlaib
ein Laib Käse
Laibchen *das* (Gebäck)
Laich *der*
laichen
Laichplatz *der*
die Laichplätze
Laie *der*
Laienbühne *die*
laienhaft
Laienspiel *das*
Laizismus *der*
Laisser-faire *das*

lak

Lakai *der*
lakaienhaft
Lake *die*
Laken *das*
das Bettlaken
lakonisch
Lakritze *die*
lallen
Lallen *das*
Lama *das*
Lamaismus *der*
Lambada *die/der*
Lambda *das*
Lambdasonde *die*
Lamelle *die*
lamentieren
Lamento *das*
Lametta *das*
Lamm *das*
die Lämmer
Lammfleisch *das*
lammfromm

Lammkeule *die*
Lampe *die*
Lampenfieber *das*
Lampenlicht *das*
Lampion *der*

lan

lancieren
Land *das*
die Länder
Landarbeiter/in
landauf, landab
landaus … landein
Landbevölkerung *die*
Landesherr *der*
Landeskunde *die*
landeskundlich
Landessprache *die*
Landesverrat *der*
landesweit
Landeszentralbank *die*
Landflucht *die*
Landfrieden *der*
Landgericht *das*
Landhaus *das*
die Landhäuser
Landkarte *die*
Landkreis *der*
landläufig
ländlich
Landrat *der*
die Landräte
Landratte *die*
Landreform *die*
Landschaft *die*
landschaftlich
Landschaftsschutzgebiet *das*
Landsmann *der*
die Landsleute
Landstraße *die*
Landstreicher *der*
Landtag *der*
Landwirt *der*
Landwirtschaft *die*
landwirtschaftlich
Landauer *der*
landen
landet, landete, ist gelandet
Landebahn *die*
Landung *die*
Landungssteg *der*
Ländler *der*
Landrover *der*
lang
länger, längste
*lang gehegt**
lang und breit
einen Meter lang
über kurz oder lang
seit langem
vor langem
seit längerem
langatmig
lange
länger, längste
Länge *die*
Längenkreis *der*
Längezeichen *das*
Langeweile *die*
langweilen
langweilig
langfristig
lang gezogen*
langjährig
Langlauf *der*
langlebig
länglich
langmütig
längs
Längsachse *die*
langsam
langsam fahren
Langsamkeit *die*
längstens
Languste *die*
langweilen
sich langweilen
langweilig
Langwelle *die*
langwierig
Langzeitarbeitslose *der/die*
Langzeitwirkung *die*
Lanze *die*
Lanzette *die*

lap

lapidar
Lapislazuli *der*
Lappalie *die*
das ist nur eine Lappalie
Lappen *der*
läppern
sich läppern
läppisch
Lapsus *der*
Laptop *der*
Lärche *die* (Baum)

Largo *das*
larifari
Lärm *der*
Lärmbelästigung *die*

A B C D E F G H I J K L M N O P Q R S T U V W X Y Z

lärmen
Lärmschutz *der*
Larve *die*

las

las (lesen)
lasch
Laschheit *die*
Lasche *die*
Laser *der*
Laserdrucker *der*
Laserstrahl *der*
lasieren
Lasur *die*
lassen
*lässt**, *ließ,*
hat gelassen
lässig
Lässigkeit *die*
lässlich*
Lasso *das*
Last *die*
zur Last legen
*zu Lasten von/zulasten von**
lasten
Laster/Lastwagen *der* (Lastkraftwagen)
lästig
lästig fallen
Laster *das* (Untugend)
lasterhaft
lästern
Lästerung *die*
Lastex *das*
last, not least
Last-Minute-Ticket *das*
Lasur *die*
lasziv
Latein *das*
lateinisch
*auf Lateinisch**
die lateinische Schrift
Lateinische *das*
Latinum *das*
latent
Latenz *die*
Laterne *die*
Laternenpfahl *der*
Latex *der*
Latinum *das*
das große Latinum
Latrine *die*
Latsche *die*
Latschenkiefer *die*
Latte *die*
Lattenrost *der*
Lattenzaun *der*
Lattich *der*
Latz *der*
Lätzchen *das*

lau

lau
Lauheit *die*
lauwarm
Laub *das*
Laub tragend*
Laubbaum *der*
die Laubbäume
Laubfrosch *der*
die Laubfrösche
Laubhüttenfest *das*
Laubsäge *die*
Laubwald *der*
die Laubwälder
Laube *die*
Lauch *der*
Laudatio *die*
Lauer *die*
auf der Lauer sein
lauern
Lauf *der*
die Läufe
der 100-m-Lauf
Laufbahn *die*
laufen
läuft, lief,
ist gelaufen
*Eis laufen**
Ski/Schi laufen
Gefahr laufen
laufend
*auf dem Laufenden sein**
Läufer/in
Laufschritt *der*
Laufzettel *der*
läufig
Lauge *die*
Laune *die*
launenhaft
launig
launisch
Laus *die*
die Läuse
Lausbub *der*
lausig
lauschen
Lauscher *der*
lauschig
laut
laut Gesetz
laut
laut reden
etwas laut werden lassen
laute Musik
Laut *der*
lauten
lauthals
lautlos
Lautmalerei *die*
Lautschrift *die*

Lautsprecher *der*
Lautstärke *die*
Lautverschiebung *die*
Lautwandel *der*
Laute *die*

Lautenspiel *das*
läuten
Läutewerk *das*
lauter
lauter dummes Zeug
lauter Lügen
die lautere Gesinnung
Lauterkeit *die*
läutern
lautlos
lauwarm

lav

Lava *die*
Lavastrom *der*
die Lavaströme
Lavendel *der*
lavieren
Lavieren *das*
Lawine *die*
Lawinengefahr *die*
lawinensicher
lax
Laxheit *die*
Lay-out* / Layout *das*
Lazarett *das*

le

Leader *der*
der Bandleader
leasen
ein Auto leasen
Leasing *das*
leben
Leben *das*
am Leben sein
das In-den-Tag-hinein-Leben
lebend
lebendig
Lebendigkeit *die*
Lebensabend *der*
Lebensaufgabe *die*
lebensbedrohend
lebensbejahend
Lebensdauer *die*
Lebensende *das*
Lebenserfahrung *die*
Lebenserwartung *die*
lebensfremd
Lebensfreude *die*
Lebensgefahr *die*
lebensgefährlich
Lebenshaltungskosten *die*
Lebensjahr *das*
lebenslänglich
Lebenslauf *der*
die Lebensläufe
Lebensmittel *das*
lebensnotwendig
Lebensretter/in
Lebensstandard *der*
Lebensunterhalt *der*
Lebensversicherung *die*
Lebenszeichen *das*
Lebewesen *das*
leblos
Lebzeiten
zu Lebzeiten von …
Leber *die*
Leberfleck *der*
Leberkäse *der*
Lebertran *der*
Leberwurst *die*
Leberzirrhose *die*
lebhaft
Lebhaftigkeit *die*
Lebkuchen *der*
lechzen
Leck *das*
leckschlagen
lecken
lecker
Leckerbissen *der*
Leder *das*
Ledergürtel *der*
Lederhose *die*
Ledermantel *der*
die Ledermäntel
ledern
ledig
ledig bleiben
ledig sein
Ledige *der/die*
lediglich (nur)
Lee *die/das*
Leeseite *die*
leer (nicht voll)
l …
leer stehen
*leer stehend**
leer trinken
das leere Glas
L …
ins Leere starren
ein Schlag ins Leere
Leere *die*
leeren (leer machen)
Leergewicht *das*
Leerlauf *der*
Leertaste *die*

A B C D E F G H I J K L M N O P Q R S T U V W X Y Z

Leerung *die*
Leerzimmer *das*
Lefze *die*

leg

legal
legalisieren
Legalität *die*
Legasthenie *die*
Legastheniker/in
legasthenisch
Legat *der*
Legation *die*
Legato *das*
legen
sich legen
gelegt
legendär
Legende *die*
leger
leger gekleidet
Leggings/Leggins *die*
legieren
Legierung *die*
Legion *die*
Legionär *der*
Legislative *die*
Legislatur *die*
Legislaturperiode *die*
legitim
Legitimation *die*
legitimieren
Leguan *der*
Leguminose *die*
Lehen *das*
Lehnswesen *das*
Lehnübersetzung *die*
Lehnwort *das*
die Lehnwörter
Lehm *der*
Lehmboden *der*
die Lehmböden
lehmig
Lehne *die*
lehnen
sich lehnen
Lehnstuhl *der*
die Lehnstühle
Lehre *die*
Lehrbuch *das*
die Lehrbücher
lehren (unterrichten)
Lehrer/in
die Lehrerinnen
Lehrerkollegium *das*
Lehrerkonferenz *die*
Lehrerzimmer *das*
Lehrdichtung *die*
Lehrgeld *das*
Lehrjahr *das*
Lehrkörper *der*
Lehrling *der*
Lehrmittel *das*
Lehrplan *der*
die Lehrpläne
Lehrprobe *die*
Lehrsatz *der*
die Lehrsätze
Lehrstelle *die*
Lehrstuhl *der*
die Lehrstühle
Lehrzeit *die*

lei

Leib *der* (Körper)
mit Leib und Seele
zu Leibe rücken
beileibe nicht
Leibchen *das*
leibeigen
Leibeserziehung *die*
Leibeskräfte
Leibesübungen
Leibgericht *das*
leibhaftig
leiblich
Leibschmerzen
Leibwache *die*
leibt
wie er leibt und lebt
Leiche *die*
leichenblass*
Leichenhalle *die*
Leichnam *der*
leicht
l ...
leicht zu lernen
das ist leicht zu verstehen
eine leichte Erkältung
leichter Regen
L ...
*es ist ein Leichtes**
etwas Leichtes
nichts Leichtes
Leichtathletik *die*
leicht bewaffnet*
leicht fallen*
*fällt leicht, fiel leicht, ist leicht gefallen**
leichtfertig
Leichtfertigkeit *die*
leichtgläubig
leichtherzig
Leichtigkeit *die*
leicht machen*
*es jemandem leicht machen**
Leichtmetall *das*
leicht nehmen*
nimmt leicht, nahm leicht, hat leicht genommen

Leichtsinn *der*
leichtsinnig
leicht verderblich*
leicht verletzt*
leicht verständlich*
Leichtwasserreaktor *der*

Leid *das*
l …
leid sein
ich bin es leid
L …
das Leid
*es tut mir Leid**
in Freud und Leid
zu Leide/zuleide tun*
Leideform *die*
leiden
leidet, litt, hat gelitten
Leiden *das*
leidend
leidig
Leidtragende *der/die*
Leidwesen *das*
zum Leidwesen

Leidenschaft *die*
leidenschaftlich

leider
leider Gottes

leidig

leidlich

Leier *die*
Leierkasten *der*
leiern

leih

leihen
leiht, lieh, hat geliehen
Leihbücherei *die*
Leihgebühr *die*
Leihwagen *der*
leihweise

Leim *der*
leimen

Leine *die*

Leinen *das*
Leinwand *die*
die Leinwände

leis/leise
leise sprechen

Leiste *die*

Leisten *der*

leisten
sich etwas leisten
Leistung *die*
Leistungsbilanz *die*
Leistungsdruck *der*
leistungsfähig
Leistungsfähigkeit *die*
leistungsgerecht
Leistungsgrenze *die*
Leistungssport *der*
Leistungsstand *der*
leistungsstark
Leistungssteigerung *die*

Leitantrag *der*
die Leitanträge
Leitartikel *der*
leiten
Leitende *der/die*
Leiter/in
Leitfaden *der*
Leitgedanke *der*
Leitmotiv *das*
Leitplanke *die*
Leitung *die*
Leitwährung *die*
Leitwerk *das*
Leitzins *der*

Leiter *der* (Chef)
die (zum Klettern)
Leiterwagen *der*

Leitung *die*
Leitungswasser *das*

lek

Lektion *die*

Lektor/in
Lektorat *das*

Lektüre *die*

Lemming *der*

Lende *die*
Lendenschurz *der*
Lendenwirbel *der*

Leninismus *der*

lenken
Lenker *der*
Lenkrad *das*
Lenkradschloss* *das*
Lenkung *die*

Lenz *der*

Leopard *der*

Leporelloalbum *das*
die Leporelloalben

Lepra *die*
leprös

Lerche *die* (Vogel)

lernen
Deutsch lernen
*kennen lernen**
lesen lernen
*lieben lernen**
reiten lernen
*schätzen lernen**
schwimmen lernen
lernfähig
Lernmittel *das*
Lernprozess* *der*
Lernziel *das*

Lesbe *die*
Lesbierin *die*
lesbisch
lesen
liest, las,
hat gelesen
Lesebuch *das*
die Lesebücher
lesenswert
Leser/in
Leseratte *die*
Leserbrief *der*
leserlich
Lesesaal *der*
die Lesesäle
Lesezirkel *der*
Lesung *die*
Lethargie *die*
lethargisch
Letter *die*
Lettland
Lette *der*
Lettin *die*
lettisch
Lettner *der*
letzte
l ...
die letzte Ehre
das letzte Mal
*der letzte Wille**
letzten Endes
die letzten zwei Tage
L ...
zu guter Letzt
der/die/das Letzte
der Letzte des Monats
*bis ins Letzte**
die Letzte Ölung
die Letzten werden die Ersten sein
*bis zum Letzten**
sein Letztes geben
letztens
letztere
*das Letztere**
letztgenannt
Letztgenannte
der/die
letzthin
letztmalig
letztmals
letztmöglich

leu

Leu *der*
Leuchte *die*
leuchten
leuchtend
*leuchtend rot**
Leuchter *der*
Leuchtfeuer *das*
Leuchtturm *der*
die Leuchttürme
leugnen
es hilft kein Leugnen
Leukämie *die*
Leukozyt *der*
Leumund *der*
einen guten Leumund haben
Leute
Leutnant *der*
leutselig
Leutseligkeit
die
Level *der*
Leviten
jemandem die Leviten lesen
Levkoje *die*
Lexem *das*
Lexik *die*
lexikalisch
Lexikon *das*
die Lexika
Lezithin/fachspr. **Lecithin** *das*

li

Liaison *die*
Liane *die*
Libelle *die*
liberal
Liberale *der/die*
liberalisieren
Liberalismus *der*
Liberalität *die*
Libero *der*
Libero spielen
Libido *die*
Libretto *das*
Licht *das*
l ...
es wird licht
die lichte Weite
L ...
Licht machen
bei Licht besehen
hinters Licht führen
lichtbeständig
Lichtbild *das*
lichtempfindlich
lichten
lichterloh
lichterloh brennen
Lichthupe *die*
Lichtquelle *die*
Lichtschalter *der*
lichtscheu
Lichtschranke *die*
Lichtschutzfaktor
der
Lichtstärke *die*
Lichtung *die*
Lichtverhältnisse

Lid _das_ (Augendeckel)

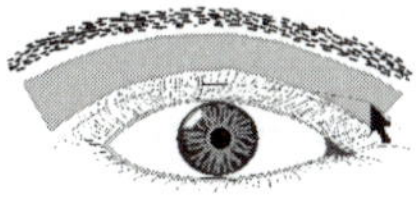

Lidschatten _der_

lie

lieb
_l ..._
jemanden lieb haben*
der liebe Gott
am liebsten
mir zuliebe
_L ..._
Unsere Liebe Frau
mein Lieber
viel Liebes
liebäugeln
liebäugelt, liebäugelte, hat geliebäugelt
Liebe _die_
ihm zuliebe
Liebelei _die_
lieben
Liebende _der/die_
liebenswert
liebenswürdig
liebenswürdigerweise
Liebenswürdigkeit _die_
Liebesbrief _der_
Liebeserklärung _die_
Liebeskummer _der_
Liebeslyrik _die_
Liebespaar _das_
liebevoll
lieb gewinnen*
gewinnt lieb, gewann lieb, hat lieb gewonnen*
lieb geworden*
Liebhaber/in
Liebhaberei _die_
Liebhaberwert _der_
liebkosen
liebkost, liebkoste, hat liebkost
lieblich
Liebling _der_
Lieblingsfarbe _die_
lieblos
Liebstöckel _das/der_
Lied _das_ (Gesang)
ein Lied singen
Liederbuch _das_
die Liederbücher
Liedermacher _der_
liederlich
lief (laufen)
Lieferant/in
lieferbar
Lieferfrist _die_
liefern
Lieferschein _der_
Lieferstopp _der_
Lieferung _die_
Lieferwagen _der_
Lieferzeit _die_
Liege _die_
Liegehalle _die_
liegen
liegt, lag, hat gelegen
liegen bleiben*
bleibt liegen, blieb liegen, ist liegen geblieben*
liegend
liegen lassen*
lässt* liegen, ließ liegen, hat liegen gelassen*
Liegesitz _der_
Liegestuhl _der_
die Liegestühle
Liegestütz _der_
Liegewagen _der_
Liegewiese _die_
lieh (leihen)
liest (lesen)
ließ (lassen)
Lifestyle _der_
Lift _der_
liften

lig

Liga _die_
Ligatur _die_
Lightshow* _die_
Liguster _der_
liieren
sich mit jemandem liieren
Likör _der_
Likörglas _das_
die Likörgläser
lila
das Lila
ein lila Kleid
lilafarben
Lilie _die_
Liliengewächs _das_
lilienweiß
Liliputaner _der_
Liliputformat _das_
Limburger _der_
Limerick _der_
Limes _der_
Limit _das_
limitieren
Limo _die_
Limonade _die_
Limone _die_
Limousine _die_

lind
linde Lüfte
Linde *die*
Lindenbaum *der*
die Lindenbäume
Lindenblüte *die*
Lindenholz *das*
lindgrün
lindern
Linderung *die*
Lindwurm *der*
Lineal *das*
linear
lineare Gleichungen
Lineatur *die*
Linguistik *die*
linguistisch
Linie *die*
Linienbus *der*
die Linienbusse
Linienflug *der*
die Linienflüge
Linienrichter *der*
Linienspektrum *das*
linieren / liniieren
links
l ...
die linke Hand
linker Hand
links abbiegen
links von dir
etwas mit links tun
nach links
rechts vor links
von links
L ...
die Linke
auf der Linken
Linksabbieger *der*
links außen*
Linksaußen *der*
linksextrem
Linkshänder *der*
linksherum
Linkskurve *die*
linksrum
linksseitig
Linksverkehr *der*
Linnen *das* (Leinen)
Linoleum *das*
Linolschnitt *der*
Linolsäure *die*
Linse *die*
Lipgloss* *das*
Lipizzaner *der*
Lippe *die*
Lippenbekenntnis *das*
die Lippenbekenntnisse
Lippenstift *der*
liquid / liquide
Liquidation *die*
Liquidierung *die*
Liquidität *die*
Lira *die*
die Lire

...lich / ...lig

... lich
Das *l* gehört zur Nachsilbe:

endlich	*(end / lich)*
folglich	*(folg / lich)*
persönlich	*(persön / lich)*
möglich	*(mög / lich)*

Beachte auch die Verlängerung der Wörter:

endliche
folgliche — Man hört: –***ch***–

... lig
Das *l* gehört zum Wortstamm:

freiwillig	*(Wille)*
langweilig	*(Langeweile)*
nachteilig	*(Nachteil)*
zufällig	*(Zufall)*

Beachte auch die Verlängerung der Wörter:

freiwillige
langweilige — Man hört: –***g***–

lispeln
List *die*
listig
Liste *die*
Listenplatz *der*
die Listenplätze

lit

Litanei *die*
Litauen
Litauer/in
litauisch
Liter *der/das* (l)
ein Liter Milch
Literflasche *die*
literweise
literarisch
Literat *der*
Literatur *die*
Literaturgeschichte *die*
Literaturhinweis *der*
Literatursprache *die*
Literaturtheorie *die*
Literaturwissenschaft *die*
Litfaßsäule *die*
Lithium *das* (Li)
Lithographie/Litografie* *die*
lithographisch/lithografisch*
litt (leiden)
Liturgie *die*
liturgisch
Litze *die*
live
Livesendung* *die*
Liveshow* *die*
Livree *die*
Lizenz *die*
Lizenzgebühr *die*
Lizenziat*/Lizentiat *der*
Lizenzspieler/in
Lizenzvertrag *der*
die Lizenzverträge
Lkw/LKW *der* (Lastkraftwagen)

lo

Lob *das*
Lob spenden
loben
lobend erwähnen
lobenswert
lobpreisen
Lobpreisung *die*
Lobrede *die*
Lobsprüche
Lobby *die*
Lobbyist *der*
Lobelie *die*
loben
Loch *das*
die Löcher
Locher *der*
Lochkarte *die*
löchrig
Lochzange *die*
Locke *die*
Lockenwickler *der*
locken
Lockmittel *das*
Lockvogel *der*
die Lockvögel
locker
lockerlassen
lässt locker,*
ließ locker,
hat lockergelassen
lockermachen (Geld)
etwas locker machen (ohne Problem)
lockern
Lockerung *die*
Loden *der*
Lodenmantel *der*
lodern
Löffel *der*
Löffelstiel *der*
löffelweise
log (lügen)
Logarithmentafel *die*
Logarithmus *der*
die Logarithmen
Logbuch *das*
die Logbücher
Loge *die*
Logenbruder *der*
die Logenbrüder
Logenplatz *der*
die Logenplätze
Loggia *die*
Logierbesuch *der*
logieren
Logis *das*
Logik *die*
logisch
logischerweise
logo
Logis *das*
logieren
Logistik *die*
logistisch
Logo *das*
Logopädie *die*
logopädisch
Lohn *der*
die Löhne
lohnabhängig
Lohnempfänger/in
lohnen
sich lohnen
lohnend

Lohnerhöhung *die*
Lohngruppe *die*
lohnintensiv
Lohnniveau *das*
Lohnsteuer *die*
Lohnsteuerkarte *die*
Loipe *die*
Lok *die* (Lokomotive)
Lokführer/in
Lokomotive *die*
lokal
Lokal *das*
lokalisieren
Lokalität *die*
Lokalreporter/in
Lokalzeitung *die*
Lokativ *der*
Lombardsatz *der*
Longdrink *der*
Longe *die*
an der Longe laufen lassen
Longseller *der*
Look *der*
Looping *der/das*
Lorbeer *der*
Lorbeerblatt *das*
die Lorbeerblätter
Lorchel *die*
Lord *der*
Lore *die*
Lori *der*

los

los
los sein
Was ist los?
lösbar
losbinden
bindet los, band los, hat losgebunden
lösen
losfahren
fährt los, fuhr los, ist losgefahren
losgehen
geht los, ging los, ist losgegangen
loslassen
lässt los, ließ los, hat losgelassen*
losmachen
losreißen
reißt los, riss los, hat losgerissen*
loswerden
wird los, wurde los, ist losgeworden
losziehen
zieht los, zog los, ist losgezogen
Los *das*
das Große Los
losen
Losentscheid *der*
Losnummer *die*
löschen
Löschblatt *das*
die Löschblätter
Löschkalk *der*
Löschwasser *das*
lose
das lose Blatt
Loseblattsammlung *die*
lösen
Lösegeld *das*
Löslichkeit *die*
Lösung *die*
Lösungsmenge *die*
Lösungsversuch *der*
Löß/Löss* *der*
Lösslandschaft *die*
Losung *die*
Lot *das*
ein Lot fällen
ins Lot bringen
loten
lotrecht
löten
Lötkolben *der*
Lötstelle *die*
Lotion *die*
Lotosblume/Lotusblume* *die*
Lotse *der*
lotsen
Lotsendienst *der*
Lotterie *die*
Lotterielos *das*
Lotteriespiel *das*
Lotto *das*
Lottozahlen
Lotterwirtschaft *die*
Lounge *die*
in der Lounge warten
Lovestory* *die*
Löwe *der*
Löwenbändiger *der*
Löwenkäfig *der*
Löwenmähne *die*
Löwenmäulchen *das*
Löwenzahn *der*
Löwin *die*
loyal
Loyalität *die*
lt. (laut)

lu

Luchs *der* (Tier)

Luchsauge *das*
luchsen
Lücke *die*
Lückenbüßer *der*
lückenhaft
lückenlos
Lückentest *der*
lud (laden)
Luder *das*
Luft *die*
die Lüfte
Lüftchen *das*
Luftballon *der*
Luftbrücke *die*
luftdicht
Luftdruck *der*
lüften
Luftfeuchtigkeit *die*
Luftfracht *die*
luftgekühlt
Luftgewehr *das*
luftig
Luftkissenfahrzeug *das*
luftleer
Luftloch *das*
die Luftlöcher
Luftpost *die*
Luftpumpe *die*
Luftröhre *die*
Lüftung *die*
Luftverschmutzung *die*
Luftwiderstand *der*
Luftzug *der*
Lug *der*
mit Lug und Trug
Lüge *die*
lügen
lügt, log, hat gelogen
Lügner/in
lugen
Luke *die*
lukrativ
lukullisch

lum

Lumbago *die*
Lumme *die*
Lümmel *der*
lümmeln
sich lümmeln
Lump *der*
Lumpen *der*
lumpig
lunar
Lunch *der*
Lunchpaket *das*
Lunge *die*
Lungenbläschen *das*
lungenkrank
Lungenkrebs *der*
Lungenödem *das*
Lungentuberkulose *die*
lungern
herumlungern
Lunte *die*
Lupe *die*
lupenrein
lupfen/lüpfen
Lupine *die*
Lurch *der*
Lure *die*
Lurex *das*
Lusche *die*
Lust *die*
die Lüste
Lust haben
lüstern
Lüsternheit *die*
Lustgefühl *das*
Lustgewinn *der*
lustig
Lustigkeit *die*
lustlos
Lustspiel *das*
Lüster *der*
lutherisch
lutherische Kirche
lutschen
Lutscher *der*
Luv *die/das*
Luvseite *die*
Lux *das* (Lichteinheit)
Luxemburg
Luxemburger/in
luxemburgisch
luxuriös
Luxus *der*
Luxushotel *das*
Luzerne *die*
luzid
Luzifer *der*

ly

Lymphdrüse *die*
Lymphe *die*
Lymphknoten *der*
Lymphozyt *der*
lynchen
Lynchjustiz *die*
Lyra *die*
Lyrik *die*
Lyriker/in
lyrisch
ein lyrisches Gedicht
Lyzeum *das*
die Lyzeen

M

m (Meter)
m² (Quadratmeter)
Mäander *der*
Maar *das* (Krater)
Maastrichter Vertrag *der*
Maat *der* (Seemann)

mac

machbar
Machbarkeit *die*
machen
Machenschaft *die*
Macher *der*
Machwerk *das*
Machete *die*
Macho *der*
Macht *die*
die Mächte
alles in seiner Macht Stehende
Machthaber *der*
mächtig
Mächtigkeit *die*
Machtkampf *der*
die Machtkämpfe
machtlos
Machtprobe *die*
machtvoll
Machtwechsel *der*
Machtwort *das*
Machwerk *das*
Macke *die*
Mädchen *das*
mädchenhaft
Mädchenname *der*
Mädchenzimmer *das*
Mädel *das*
Made *die*
madig
etwas madig machen
made in Germany
Madeira / Madera *der*
Madonna *die*
Madonnenbild *das*
Madrigal *das*
Maestro *der*
Mafia / Maffia *die*
Mafioso / Maffioso *der*

mag

mag (mögen)
Magazin *das*
Magd *die*
die Mägde
Mägdelein *das*
Magen *der*
Magenbitter *der*
Magen-Darm-Katarrh / -Katarr* *der*
magenfreundlich
Magengeschwür *das*
magenkrank
Magensäure *die*

malen / mahlen

malen
Bilder malen
mit Ölfarbe malen
abmalen
der Maler

mahlen
Korn mahlen
Kaffeebohnen mahlen
(die Mühle)

Magenschleimhautentzündung *die*
Magenschmerzen
mager
Magerkeit *die*
Magermilch *die*
Magersucht *die*
Maggi *das*
Magie *die*
Magier *der*
magisch
Magister *der* (Mag.)
Magistrat *der*
Magistratsbeschluss* *der*
die Magistratsbeschlüsse
Magma *das*
Magnat *der*
Magnesium *das* (Mg)
Magnet *der*
Magnetfeld *das*
magnetisch
Magnetismus *der*
Magnifikat *das*
Magnifizenz *die*
Euer Magnifizenz
Magnolie *die*

mah

Mahagoni *das*
Mahagoniholz *das*
Maharadscha *der*
Maharani *die*
Mähdrescher *der*
mähen
Mähmaschine *die*
Mahl *das* (Essen)
Mahlzeit *die*
mahlen
Korn mahlen
Kaffeebohnen mahlen
Mahlstein *der*
Mähne *die*
mahnen
Mahner/in
Mahngebühr *die*
Mahnmal *das*
Mahnung *die*
Mahonie *die*
Mähre *die* (Pferd)
Mai *der*
der Erste Mai
Maibaum *der*
die Maibäume
Maibowle *die*
Maiennacht *die*
Maiglöckchen *das*
Maikäfer *der*
Mailuft *die*
Maid *die*
Mais *der*
maisgelb
Maiskolben *der*

Maisstärke *die*
Maische *die*
Maisonette/Maisonnette *die*
Majestät *die*
majestätisch
Majolika *die*
Majonäse/Mayonnaise *die*
Major *der*
Majoran/Meiran *der*
Majorität *die*
Majuskel *die*
makaber
Makel *der*
makellos
Makellosigkeit *die*
mäkeln
Make-up *das*
Make-up-frei
Makkaroni
Makler/in
Maklerprovision *die*
makeln
Makramee *das*
Makrele *die*
Makrone *die*
Makrönchen *das*
Makrostruktur *die*
Makulatur *die*

mal

mal
m …
auf einmal
diesmal
dreimal (3-mal)*
ein andermal
ein für alle Mal
einmal
ein paarmal/ein paar Mal
erstmals
hundertmal (100-mal)*
jedesmal
komm mal her
manchmal
mehrmals
sag das noch mal
vielmals
zweimal (2-mal)*
zwei mal zwei
M …
beim ersten Mal
das einzige Mal

A B C D E F G H I J K L M N O P Q R S T U V W X Y Z

das erste Mal
das letzte Mal
dies eine Mal
dieses Mal
ein einziges Mal
einige Male
ein letztes Mal
manches Mal
mehrere Male
viele Male
von Mal zu Mal
voriges Mal
zum ersten Mal
zu wiederholten Malen
Malachit *der*
Malaise/Maläse* *die*
Malaria *die*
malariakrank
malen
Bilder malen
Maler/in
Malerei *die*
malerisch
Malermeister *der*
Malgrund *der*
die Malgründe
Malutensilien
Malheur *das*
maliziös
malnehmen
nimmt mal,
nahm mal,
hat malgenommen
malochen
Malteser-Hilfsdienst *der*
Malteserkreuz *das*
Maltose *die*
malträtieren
Malus *der*
Malve *die*
Malz *das*
Malzbier *das*
Malzbonbon *der/das*
mälzen

mam

Mama *die*
Mambo *der/die*
Mammographie/Mammografie *die*
Mammon *der*
Mammut *das*
Mammutprogramm *das*
Mammutunternehmen *das*
Mammutveranstaltung *die*
man
man kennt sich
man kommt
Management *das*
managen
Manager/in
Managerkrankheit *die*
manch
manch einer
manche Leute
in manchem
mancher
so mancher
manches Mal
mancherlei
mancherorts
manchmal
Mandant/in
Mandat *das*
Mandatsträger/in
Mandarine *die*
Mandel *die*
Mandelbaum *der*
die Mandelbäume

man/Mann

man	*der Mann*
man kennt das	*alle Mann an Bord*
man weiß nie …	*der Kaufmann*
Hat man schon gehört?	*männlich*
der Talisman	*jedermann*
der Muselman	*das Mannequin*

Mandelblüte *die*
Mandelentzündung *die*
Mandeloperation *die*
Mandoline *die*
Manege *die*
Mangan *das* (Mn)
Manganeisen *das*
Mangel *der*
Mangel leiden
mangelhaft
mangeln
Mängelrüge *die*
mangels
Mangelware *die*
Mango *die*
Mangobaum *der*
die Mangobäume
Mangold *der*
Mangrove *die*

mani

Manie *die*
Manier *die*
Manieren
manierlich
Manierismus *der*
Manifest *das*
Manifestation *die*
manifestieren
Maniküre *die*
Maniok *der*
Maniokwurzel *die*
Manipulation *die*
manipulierbar
manipulieren
manisch
manisch-depressiv
Manko *das*
Mann *der*
die Männer
seinen Mann stehen
Männerchor *der*
die Männerchöre
Männersache *die*
mannhaft
männlich
Männlichkeit *die*
Mannschaft *die*
Manna *das / die*
Mannequin *das*
mannigfach
mannigfaltig
Manometer *das*
Manöver *das*
Manöverkritik *die*
manövrieren
manövrierfähig
Mansarde *die*
manschen
Manschette *die*
Mantel *der*
die Mäntel
Mantille *die*
Manual *das*
manuell
Manufaktur *die*
Manuskript *das* (Ms.)
Manuskriptseite *die*
Mappe *die*
Mäppchen *das*

mar

Mär / Märe *die* (Nachricht)
Marabu *der*
Maräne *die*
Maraschino *der*
Marathon
Marathonlauf *der*
Marathonläufer / in
Marathonsitzung *die*
Märchen *das*
Märchenbuch *das*
die Märchenbücher
Märchenerzähler / in
märchenhaft
Märchenprinz *der*
Märchenstunde *die*
Marder *der*
Marderfell *das*
Margarine *die*
Marge *die*
die Gewinnmarge
Margerite *die*

Margeritenstrauß *der*
die Margeritensträuße
marginal
Marginalie *die*
Marienkäfer *der*
Marihuana *das*
Marille / Marelle *die*
Marillenschnaps *der*
Marimba *die*
Marinade *die*
marinieren
Marine *die*
marineblau
Marineoffizier *der*
Marinestützpunkt *der*
Marionette *die*
Marionettentheater *das*

A B C D E F G H I J K L M N O P Q R S T U V W X Y Z

maritim

mark

Mark *die* (Geld)
das (medizinisch)
Deutsche Mark (DM)
Markstück *das*
5-Mark-Stück
100-Mark-Schein
durch Mark und Bein
markig
Markknochen *der*
markant
Marke *die*
Markenartikel *der*
Markenerzeugnis
Markenzeichen *das*
Marker *der*
markieren
Markierung *die*
Marketenderin *die*
Marketing *das*
Markgraf *der*
Markgräfin *die*
markgräflich
märkisch
Markise *die* (Sonnendach)

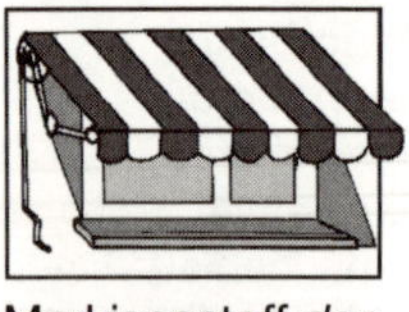

Markisenstoff *der*
Markt *der*
die Märkte
Marktanalyse *die*
marktbeherrschend
Marktchance *die*
marktführend
Marktlücke *die*
Marktplatz *der*
die Marktplätze
marktüblich
Marktwirtschaft *die*
Marmelade *die*
Marmeladenglas *das*
die Marmeladengläser
Marmor *der*
Marmorbüste *die*
marmoriert
Marmorplatte *die*
Marmorsäule *die*
marod / marode
Marone / Maroni / Marroni *die*
Marotte *die*
Marquis *der* (Titel)
Marquise *die*
Mars *der*
Marsmensch *der*
Marssonde *die*
Marsch *der* (Gangart)
die Märsche
die (Feuchtgebiet)
marschbereit
marschieren
Marschmusik *die*
Marschverpflegung *die*
Marschall *der*
Marstall *der*
die Marställe
Marter *die*
Marterl *das*
martern
Marterpfahl *der*
die Marterpfähle
Marterwerkzeug *das*
Märtyrer/in
Martyrium *das*
martialisch
Marxismus *der*
Marxist/in
marxistisch
März *der*
Märzbecher *der*
Marzipan *das*
Marzipankartoffeln

mas

Mascara *die*
Masche *die*
Maschendraht *der*
Maschenwerk *das*
maschig
Maschine *die*
*Maschine schreiben**
sie schreibt Maschine
maschinell
Maschinenbau *der*
maschinengeschrieben
Maschinengewehr *das*
Maschinenschaden *der*
die Maschinenschäden
Maschinenschlosser *der*
Maschinist *der*
Maser *die*
maserig
Maserung *die*
Masern
Maske *die*
Maskenball *der*
die Maskenbälle
Maskerade *die*
maskieren

sich maskieren
Maskierung *die*
Maskottchen *das*
maskulin
Maskulinum *das*
Masochismus *der*
Masochist/in
masochistisch
Maß *das*
die Maße
Maßarbeit *die*
Maßeinheit *die*
maßgebend
maßgeblich
Maß halten*
hält Maß, hielt Maß*,*
*hat Maß gehalten**
mäßig
mäßigen
sich mäßigen
Mäßigkeit *die*
Mäßigung *die*
Maßkrug *der*
die Maßkrüge
maßlos
Maß nehmen
nimmt Maß,
nahm Maß,
hat Maß genommen
maßregeln
maßregelt, maßregelte, hat gemaßregelt
Maßstab *der*
die Maßstäbe
maßstab(s)getreu
maßvoll
Massage *die*
Massagesalon *der*
Masseur/in
Masseuse *die*
massieren
Massaker *das*
Masse *die*
Massenandrang *der*
massenhaft
Massenmedien
Massentierhaltung *die*
Massentourismus *der*
Massenveranstaltung *die*
massenweise
massig
mäßig
massieren
massiv
Massivbau *der*
Maßnahme *die*
Mast *der* (Mastbaum)
die (Mästen)
Mastdarm *der*
mästen
Mästerei *die*
Mastfutter *das*
Mastgans *die*
die Mastgänse
Mastochse *der*
Mastvieh *das*
Master *der*
Mastix *der*
Mastodon *das*
Masturbation *die*
masturbieren
Masurka/Mazurka *die*

mat

Matador *der*

Schiene/Maschine

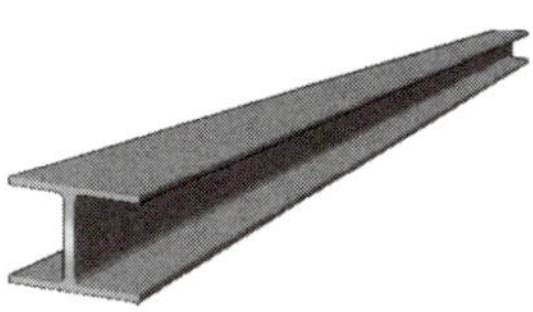

*Sch**ie**ne*
*Sch**ie**nenfahrzeug*
*Eisenbahnsch**ie**nen*

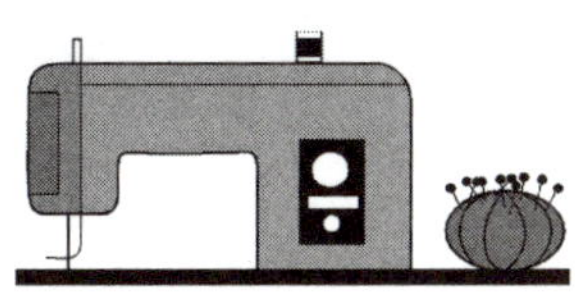

*Masch**i**ne*
*Nähmasch**i**ne*
*Schreibmasch**i**ne*

Match *das/der*
Matchball *der*
die Matchbälle
Matchwinner *der*
Mate *der*
Matetee *der*
Material *das*
die Materialien
Materialbedarf *der*
Materialfehler *der*
Materialismus *der*
materialistisch
Materialkosten
Materie *die*
materiell
Mathe *die*
Mathearbeit *die*
Mathematik *die*
Mathematiker/in
mathematisch
Matinee *die*
Matjeshering *der*
Matratze *die*
auf der Matratze liegen
Mätresse *die*
Matriarchat *das*
Matrikel *die*
Matrix *die*
*die Matrizen/Matrizes/Matrices**
Matrize *die*
Matrone *die*
Matrose *der*
Matrosenmütze *die*
Matsch *der*
matschig
Matschwetter *das*
matt
Schach und matt
matt setzen
mattblau
Mattgold *das*
Mattheit *die*
mattieren
Mattscheibe *die*
Matte *die*
Matura *die*
Maturant *der*
Maturität *die*
Mätzchen *das*
Mätzchen machen

mau

Mauer *die*
Mauerblümchen *das*
mauern
Mauerwerk *das*
Maurer *der*
Maul *das*
die Mäuler
maulen
Maulesel *der*
Maulkorb *der*
die Maulkörbe
Maultasche *die*
Maultier *das*
Maul- und Klauenseuche *die*
Maulbeerbaum *der*
die Maulbeerbäume
Maulwurf *der*
die Maulwürfe
Maulwurfshaufen *der*
Maurer *der*
Maurergeselle *der*
Maurermeister/in
Maus *die*
die Mäuse
mäuschenstill
mausen
Mausefalle *die*
Mauseloch *das*
die Mauselöcher
mausetot
mausgrau
mausig
sich mausig machen
Mauschelei *die*
mauscheln
Mauser *die*
mausern
sich mausern
Mausoleum *das*
die Mausoleen
Maut *die*
Mautgebühr *die*
Mautstelle *die*
mauve
maximal
Maximalforderung *die*
Maximum *das*
Maxime *die*
Mayonnaise/Majonäse *die*
MAZ (magnetische Bildaufzeichnung)
Mäzen *der*
Mäzenatentum *das*
Mazurka/Masurka *die*
mb (Millibar)
MB (Megabyte)
MdB/M. d. B. (Mitglied des Bundestages)
MdL/M. d. L. (= Mitglied des Landtages)

me

Mechanik *die*
Mechaniker/in
mechanisch
mechanisieren

mechanistisch
Mechanismus *der*
meckern
Mecklenburg-Vorpommern
Mecklenburger/in
mecklenburgisch
med. (medizinisch)
Medaille *die*
die Goldmedaille
Medaillengewinner/in
Medaillon *das*
Medien
mediengerecht
Medientheorie *die*
medienwirksam
Medikament *das*
medikamentös
Meditation *die*
meditativ
meditieren
mediterran
Medium *das*
die Medien
Medizin *die*
Mediziner/in
medizinisch
medizinisch-technische Assistentin (MTA)
Medizinmann *der*
Medizinstudium *das*
Medley *das*
Meduse *die*
Medusenblick *der*

mee

Meer *das*
Meerblick *der*
Meerbusen *der*
Meeresboden *der*
Meeresfrüchte
Meeresgrund *der*
Meeresoberfläche *die*
Meeresspiegel *der*
Meerkatze *die*
Meerschweinchen *das*
Meerwasser *das*
Meerrettich *der*
Meerrettichsoße *die*
Meeting *das*
Megabyte *das* (MB)
Megatonne *die* (Mt)
Megawatt *das* (MW)
Megalith *der*
Megalithgrab *das*
die Megalithgräber
Megaphon/Megafon* *das*
Mehl *das*
mehlig
Mehlspeise *die*
Mehltau *der* (Pflanzenkrankheit)
mehr
m ...
mehr oder weniger
ich kenne mehrere von ihnen
umso mehr
M ...
ein Mehr an Kosten
Mehrarbeit *die*
Mehrbedarf *der*
Mehrbelastung *die*
Mehrdeutigkeit *die*
Mehreinnahmen
mehren
mehrfach
das Mehrfache
um ein Mehrfaches
Mehrfachbindung *die*
Mehrfamilienhaus *das*
die Mehrfamilienhäuser
mehrfarbig
Mehrheit *die*
die absolute Mehrheit
mehrheitlich
Mehrheitsbeschluss* *der*
die Mehrheitsbeschlüsse
mehrjährig
Mehrkosten
mehrmals
mehrere
mehrere Male
mehrsprachig
mehrstimmig
mehrstündig
Mehrwert *der*
Mehrwertsteuer *die* (MwSt./Mw.-St.)
Mehrzahl *die*

mei

meiden
meidet, mied, hat gemieden
Meierei *die*
Meile *die*
Meilenstein *der*
meilenweit
Meiler *der*
mein
m ...
meine Eltern
meiner Ansicht nach
meines Erachtens

meines Wissens
M …
*Mein und Dein unterscheiden**
*das Meine/meine**
*die Meinigen/meinigen**
meinerseits
meinetwegen
meinetwillen
um meinetwillen
Meineid *der*
meineidig
meinen
das meine ich auch
Was meinst du?
Meinung *die*
Meinungsaustausch *der*
Meinungsforscher/in
Meinungsfreiheit *die*
Meinungsumfrage *die*
Meinungsverschiedenheit *die*
Meinungsvielfalt *die*
Meise *die*
Meisennest *das*
Meißel *der*
meißeln
meist
(immer: m...)
das meiste
am meisten
die meisten
meist ist der Zug pünktlich
meistbietend
meistens
meistenteils
meistgekauft
Meister/in
Meisterbetrieb *der*
meisterhaft
Meisterleistung *die*
meistern
Meisterprüfung *die*
Meistersang *der*
Meisterschaft *die*
Mekka *das*

mel

Melancholie *die*
melancholisch
Melange *die*
Melanom *das*
Melasse *die*
melden
Meldepflicht *die*
meldepflichtig
Meldung *die*
meliert
*grau meliert**
Melioration *die*
Melisse *die*
melken
melkt, melkte, hat gemolken/gemelkt
Melker/in
Melkmaschine *die*
Melodie *die*
die Melodien
Melodik *die*
melodiös
melodisch
Melodram(a) *das*
Melone *die*
Meltau *der* (Blattlaushonig)
Membran(e) *die*
Memme *die*
Memo *das*
Memoiren
Memorandum *das*
memorieren

men

Menagerie *die*
Menarche *die*
Mendel
mendelsche Regeln*/
*Mendel'sche Regeln**
Menetekel *das*
Menge *die*
eine Menge Fehler
eine Menge Geld
mengen
Mengenangabe *die*
Mengenbezeichnung *die*
Mengenlehre *die*
Mengenrabatt *der*
Menhir *der*
Meningitis *die*
Meniskus *der*
Meniskusoperation *die*
Mennige *die*
Mennonit *der*
mennonitisch
Menopause *die*
Mensa *die*
die Mensas/Mensen
Mensch *der*
Menschenaffe *der*
menschenähnlich
Menschenbild *das*
Menschenfreund *der*
Menschenkenntnis *die*
Menschenleben *das*

menschenleer
Menschenmenge *die*
Menschenmögliche* *das*
*alles Menschenmögliche tun**
Menschenrechte
menschenscheu
Menschenwürde *die*
menschenwürdig
Menschheit *die*
menschlich
Menschlichkeit *die*
Menstruation *die*
Mensur *die*
mental
Mentalität *die*
Menthol *das*
Mentor *der*
Menü *das*
Menuett *das*
merci
Mergel *der*
Mergelboden *der*
die Mergelböden
Meridian *der*
Meringe *die* / **Meringel** *das* / **Meringue** *die*
Merino *der*
Merinoschaf *das*
Merinowolle *die*
Meriten
viele Meriten haben
Merkantilismus *der*
merken
Merkhilfe *die*
merklich
Merkmal *das*
die Merkmale
merkwürdig
merkwürdigerweise
Merkwürdigkeit *die*
Merkzettel *der*
Merkur *der*
Merle *die*
Merlin *der*

mes

Mesmer/Mesner/Messner* *der*
Mesolithikum *das*
Message *die*
Messe *die*
Messdiener/in*
Messegelände *das*
Messehalle *die*
Messekatalog *der*
Messestand *der*
die Messestände
Messgewand* *das*
*die Messgewänder**
Messner*/Mesner/Mesmer *der*
Messopfer* *das*
messen
misst, maß, hat gemessen*
messbar*
Messinstrument* *das*
Messlatte* *die*
Messtischblatt* *das*
*die Messtischblätter**
Messung *die*
Messer *das*
messerscharf
Messerspitze *die*
Messerstich *der*
Messias *der*
Messing *das*
Messingdraht *der*
die Messingdrähte
Messingleuchter *der*
Messung *die*
Mestize *der*
Mestizin *die*

met

Met *der*
Metall *das*
Metall verarbeiten
*Metall verarbeitend**
Metallarbeiter/in
Metallbindung *die*
metallen
metallic
Metalliclackierung *die*
Metallindustrie *die*
metallisch
Metalloxid *das*
Metallsulfid *das*
Metallurgie *die*
Metamorphose *die*
Metapher *die*
Metaphorik *die*
metaphorisch
Metaphysik *die*
metaphysisch
Metasprache *die*
metasprachlich
Metastase *die*
Meteor *der*
Meteorit *der*
Meteorologie *die*
meteorologisch
Meter *der/das* (m)
drei Meter Höhe
drei Meter lang
meterhoch
viele Meter hoch
meterlang
Metermaß *das*
Methadon *das*
Methan *das*

Methangas *das*
Methanol *das*
Methode *die*
Methodik *die*
methodisch
Methusalem *der*
Methyl *das*
Methylalkohol *der*
Metier *das*
Metonymie *die*
Metrik *die*
metrisch
Metrum *das*
Metro *die*
Metronom *das*
Metropole *die*
Metropolit *der*
Mett *das*
Mettwurst *die*
Mette *die*
metzeln
Metzger *der*
Metzgerei *die*
Meuchelmord *der*
Meute *die*
Meuterei *die*
meutern
MEZ (mitteleuropäische Zeit)
Mezzanin *das*
Mezzosopran *der*
mg (Milligramm)

mi

miauen
mich
Michaelis
Michel *der*
der deutsche Michel
mickrig / mickerig
Mickymaus *die*
midi
*Midi tragen**
Midlifecrisis*/Midlife-Crisis *die*
mied (meiden)
Mieder *das*
Mief *der*
miefig
Miene *die* (Gesichtsausdruck)
Mienenspiel *das*
Miere *die*
die Vogelmiere
mies
mies machen
Miesmacher *der*
Miesmuschel *die*
Miete *die*
mieten
Mieter/in
Mieterhöhung *die*
Mieterschutz *der*
Mietshaus *das*
die Mietshäuser
Mietvertrag *der*
die Mietverträge
Mietwagen *der*
Mietwohnung *die*
Mieze *die*
Miezekatze *die*
Migräne *die*
Migration *die*
Mikado *das*
Mikrobe *die*
Mikrochip *der*
Mikroelektronik *die*
Mikrofilm *der*
Mikrofon*/Mikrophon *das*
Mikrokosmos *der*
Mikroorganismus *der*
Mikroprozessor *der*
Mikroskop *das*
mikroskopisch
mikroskopisch klein
Mikrowelle *die*
Mikrowellengerät *das*

mil

Milan *der*
der Rote Milan
Milbe *die*
Milch *die*
Milchbar *die*
Milchdrüse *die*
Milcheiweiß *das*
Milchflasche *die*
milchig
Milchkanne *die*
Milchmädchenrechnung *die*
Milchmixgetränk *das*
Milchpulver *das*
Milchsäure *die*
Milchschokolade *die*
Milchstraße *die*
mild / milde
mildernde Umstände
Milde *die*
Milderung *die*
mildtätig
Mildtätigkeit *die*
Milieu *das*
milieubedingt
militant
Militär *das*
Militärdienst *der*
militärisch
Militarismus *der*
Military *die*
Miliz *die*
Mille *das*

pro mille
Milliarde *die*
(1000 Millionen)
Millibar *das* (mbar/mb)
Milligramm *das* (mg)
Milliliter *der* (ml)
Millimeter *der* (mm)
Millimeterpapier *das*
Million *die*
Millionär/in
millionenfach
Millionenschaden *der*
die Millionenschäden
Millionenstadt *die*
die Millionenstädte
Milz *die*
Milzbrand *der*
Mimesis *die*
Mimik *die*
mimisch
Mimikry *die*
Mimose *die*
mimosenhaft

min

Minarett *das*
minder
mehr oder minder
nicht minder
minderbemittelt
Minderbemittelte *der/die*
Minderheit *die*
minderjährig
Minderjährige *der/die*
minderwertig
Minderwertigkeitskomplex *der*
Minderzahl *die*
Mindestalter *das*
Mindestanforderungen
das Mindeste/mindeste*
als Mindestes/mindestes*
nicht im Mindesten/mindesten*
zumindest
mindestens
Mindestlohn *der*
Mindeststrafe *die*
Mine *die* (Bergwerk, Sprengkörper, Bleistifteinlage)
Minenfeld *das*
Minensuchgerät *das*
Minenwerfer *der*
Mineral *das*
die Mineralien
Mineraldünger *der*
mineralisch
Mineralogie *die*
Mineralöl *das*
Mineralsalz *das*
Mineralwasser *das*
Minestra/Minestrone *die*
Mini *das/der*
Miniatur *die*
Minigolf *das*
minimal
Minimalprogramm *das*
Minimum *das*
Minimalart*/Minimal Art* *die*
Minister/in
Ministerialbeamte *der*
Ministerialdirektor/in
Ministerialdirigent/in
Ministerialrat *der*
die Ministerialräte
ministeriell
Ministerium *das*
die Ministerien
Ministerpräsident/in
Ministrant/in
Minnesang *der*
Minorität *die*
Minotaurus *der*
minus
m …
10 minus 5
minus 5 Grad
M …
das Minus
im Minus sein
Minuszeichen *das*
Minuend *der*
Minuskel *die*
Minute *die*
minutenlang
Minutenzeiger *der*
minütig
minutiös/minuziös
Minze *die*

mir

mir
von mir aus
Mirabelle *die*
Mirabellenschnaps *der*
Mirakel *das*
mirakulös
misanthropisch
mischen
Mischer *der*
Mischkalkulation *die*

A B C D E F G H I J K L M N O P Q R S T U V W X Y Z

Mischling *der*
Mischmasch *der*
Mischpult *das*
Mischung *die*
Mischwald *der*
die Mischwälder
miserabel
Misere *die*
Misereor *das*
Mispel *die*

miss

Miss* *die*
Miss Germany*
Misswahl* *die*
missachten*
Missachtung* *die*
Missbehagen* *das*
Missbildung* *die*
missbilligen*
Missbilligung* *die*
Missbrauch* *der*
*die Missbräuche**
missbrauchen*
missbräuchlich*
missen
Misserfolg* *der*
Missernte* *die*
Missetat *die*
Missetäter *der*
missfallen*
missfällt, missfiel*,*
*hat missfallen**
Missfallen* *das*
Missfallensäuße-
rung* *die*
Missfallenskundge-
bung* *die*
missfällig*
missgebildet*
Missgeburt* *die*
Missgeschick* *das*
missgestimmt*
missglücken*
*ist missglückt**
Missgriff* *der*
Missgunst* *die*
missgünstig*
misshandeln*
Misshandlung* *die*
Misshelligkeiten*
Mission *die*
Missionar *der*
missionieren
Missionsstation *die*
Missklang* *der*
misslich*
missliebig*
misslingen*
misslingt, misslang*,*
*ist misslungen**
Misslingen* *das*
Missmanagement*
das
Missmut* *der*
missmutig*
Missstand* *der*
*die Missstände**
Missstimmung* *die*
misst* (messen)
misstrauen*
Misstrauen* *das*
Misstrauensantrag*
der
die Misstrauens-
*anträge**
misstrauisch*
missvergnügt*
Missverhältnis* *das*
*die Missverhältnisse**
missverständlich*
Missverständnis*
das
die Missverständnis-
*se**
missverstehen*
missversteht, miss-*
verstand,*
*hat missverstanden**
Misswahl* *die*
Misswirtschaft* *die*
Mist *der*
Mistbeet *das*
Misthaufen *der*
Mistkäfer *der*
Mistel *die*

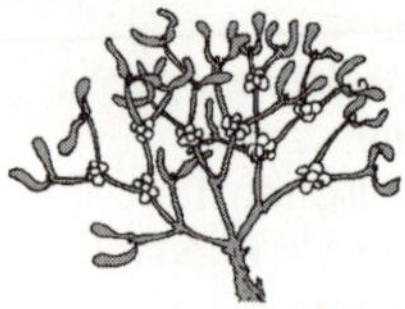

Mistelzweig *der*
Mistral *der*

mit

mit
mit mir
mit den anderen
mit Recht
mit der Zeit
mit einem Mal
Mitarbeit *die*
mitarbeiten
Mitarbeiter/in
mitbekommen
bekommt mit,
bekam mit,
hat mitbekommen
mitbenutzen
mitbestimmen
Mitbestimmung *die*
Mitbewerbe/in
Mitbewohner/in
mitbringen
bringt mit, brachte

mit, hat mitgebracht
Mitbürger/in
mitdenken
denkt mit, dachte mit, hat mitgedacht
Miteigentümer/in
miteinander
m...
miteinander auskommen
miteinander leben
M...
das Miteinander
miterleben
Mitesser *der*
mitfahren
fährt mit, fuhr mit, ist mitgefahren
Mitfahrer/in
Mitfahrzentrale *die*
mitfühlen
mitfühlend
mitgeben
gibt mit, gab mit, hat mitgegeben
Mitgefühl *das*
mitgehen
geht mit, ging mit, ist mitgegangen
Mitgift *die*
Mitglied *das*
Mitgliederkartei *die*
Mitgliederzahl *die*
Mitgliedsausweis *der*
Mitgliedschaft *die*
mithelfen
hilft mit, half mit, hat mitgeholfen
Mithilfe *die*
*mithilfe**/*mit Hilfe von*
mithin
mithören
Mitinhaber/in
mitkommen
kommt mit, kam mit, ist mitgekommen
mitkriegen
mitlaufen
läuft mit, lief mit, ist mitgelaufen
Mitläufer/in
Mitlaut *der*
Mitleid *das*
aus Mitleid
*Mitleid erregend**/
mitleiderregend
Mitleid haben
mitleidig
mitleid(s)los
mitliefern
mitmachen
Mitmensch *der*
mitmenschlich
Mitnahme *die*
mitnehmen
nimmt mit, nahm mit, hat mitgenommen
mitnichten (keineswegs)
Mitra *die*
mitreden
mitreisen
ist mitgereist
mitreißen
*reißt mit, riss** *mit, hat mitgerissen*
mitreißend

mits

mitsamt
mitschicken
mitschneiden
schneidet mit, schnitt mit, hat mitgeschnitten
Mitschnitt *der*
mitschreiben
schreibt mit, schrieb mit, hat mitgeschrieben
Mitschrift *die*
Mitschuld *die*
mitschuldig
Mitschüler/in
mitschwingen
schwingt mit, schwang mit, hat mitgeschwungen
mitspielen
Mitspieler/in

mitt

Mittag *der*
Mittag
*am Sonntagmittag**
*heute Mittag**
*gestern Mittag**
*morgen Mittag**
über Mittag
Mittag machen
Mittagessen *das*
mittags
Mittagspause *die*
Mittagsschlaf *der*
Mittagstisch *der*
Mittagszeit *die*
Mitte *die*
Mitte Mai
Mitte nächsten Jahres
inmitten
mitten
mitten in Deutschland

mitteilen
mitteilenswert
mitteilsam
Mitteilung *die*
Mitteilungsbedürfnis *das*

mittel

mittel
Mittel *das*
ein *sprachliches Mittel*
mittelbar
mittellos
mittels
Mittelalter *das*
mittelalterlich
Mittelding *das*
Mitteleuropa
mitteleuropäisch
Mittelfeld *das*
Mittelfeldspieler/in
Mittelfinger *der*
mittelfristig
Mittelgebirge *das*
mittelgroß
mittelhochdeutsch
Mittelklasse *die*
Mittelklassewagen *der*
Mittellandkanal *der*
Mittellinie *die*
Mittelmaß *das*
mittelmäßig
Mittelmäßigkeit *die*
Mittelmeer *das*
Mittelohr *das*
Mittelohrentzündung *die*
Mittelpunkt *der*
mittels
Mittelschicht *die*
Mittelschule *die*
Mittelstand *der*
mittelständisch
Mittelstreifen *der*
Mittelstufe *die*
Mittelstürmer/in
Mittelteil *der*
Mittelweg *der*
Mittelwelle *die*
Mittelwort *das*
Mittelwort der Vergangenheit
mitten
mitten darin
mittendrin
mitten im Raum
mitten hindurch
Mitternacht *die*
um Mitternacht
mitternächtlich
mitternachts
Mitternachtssonne *die*
Mittler/in
Mittlerrolle *die*
mittlere
die mittlere Linie
mittlerweile
Mittsommer *der*
Mittsommernacht *die*
mitunter
mitverantwortlich
Mitverantwortung *die*
mitverdienen
Mitverschulden *das*
mitwirken
Mitwirkende *der/die*
Mitwirkung *die*
Mitwisser/in
Mittwoch *der* (vgl. S. 351)
am Mittwoch
am Mittwochabend
*jeden Mittwochabend**
mittwochs
mitzählen
Mixedgrill/Mixed Grill* *der*
Mixpickles/Mixedpickles*/Mixed Pickles
mixen
Mixer *der*
Mixtur *die*
mm (Millimeter)
Mnemonik *die*
Mnemotechnik *die*

mo

Mob *der* (Pöbel)
Möbel *das*
Möbelfabrik *die*
Möbelgeschäft *das*
Möbellager *das*
Möbelstück *das*
Möbelwagen *der*
Mobiliar *das*
möblieren
Möblierung *die*
mobil
mobilisieren
Mobilität *die*
Mobilmachung *die*
Mocca (österr.)/ **Mokka** *der*
Mockturtlesuppe *die*
modal
Modaladverbial *das*
Modalitäten
Modalsatz *der*
die Modalsätze
Modalverb *das*

Modder _der_
Mode _die_
modebewusst*
Modefarbe _die_
Modejournal _das_
Modemacher/in
Modenschau _die_
Modeschmuck _der_
Modeschöpfer/in
Model _der_ (Form)
das (Fotomodell)
Modell _das_
Modellbau _der_
Modellflugzeug _das_
modellhaft
modellieren
Modem _der/das_
Moder _der_
Modergeruch _der_
die Modergerüche
modern (vermodern)
modrig
moderat
Moderation _die_
Moderator/in
moderieren
modern (modisch)
moderne Möbel
moderner Fünfkampf
Moderne _die_
modernisieren
modisch
Modernjazz*/Modern Jazz _der_
Modifikation _die_
modifizieren

modu

Modul _das_ (Baueinheit)
Modulation _die_
modulieren
Modus _der_
die Modi
Modus vivendi _der_
Mofa (Motorfahrrad)
mogeln
mögen
mag, mochte, hat gemocht
möglich
_m ..._
alles, was möglich ist
eine mögliche Ursache
_so viel wie möglich_*
_M ..._
_alles Mögliche versuchen_*
im Rahmen des Möglichen
_sein Möglichstes tun_*
möglicherweise
Möglichkeit _die_
Möglichkeitsform _die_
möglichst
Mohair/Mohär _der_
mohammedanisch
Mohn _der_
Mohnblume _die_
Mohnkuchen _der_
Mohr _der_ (veraltet für: dunkelhäutiger Afrikaner)
Mohrenkopf _der_
die Mohrenköpfe
Möhre _die_
Mohrrübe _die_
mokant
mokieren
sich mokieren über
Mokassin _der_

die Mokassins
Mokka/Mocca _der_
Mokkatasse _die_

mol

Molch _der_
Mole _die_
Molekül _das_
molekular
Molke _die_
Molkerei _die_
Molkereiprodukt _das_
Moll
c-Moll
c-Moll-Tonleiter
mollig
Molluske _die_
Moloch _der_
Molotowcocktail _der_
Molybdän _das_ (Mo)
Moment _der_
momentan
Monarch _der_
Monarchie _die_
Monarchist/in
monarchistisch
Monat _der_
mehrere Monate lang
monatelang
monatlich
Monatsanfang _der_
Monatsende _das_
Monatskarte _die_
Mönch _der_
mönchisch

Mönchsorden *der*
Mond *der*
Mondaufgang *der*
Mondfinsternis *die*
die Mondfinsternisse
Mondlandschaft *die*
Mondnacht *die*
die Mondnächte
Mondschein *der*
mondsüchtig
mondän
Monem *das*
monetär
mongoloid
Moniereisen *das*
Monierzange *die*
monieren
Monitum *das*
Monismus *der*
monistisch
Monitor *der*
mono
monochrom
monogam
Monogamie *die*
Monogramm *das*

Monographie/Monografie* *die*
Monokel *das*
Monokultur *die*
Monolith *der*
monolithisch
Monolog *der*
innerer Monolog
monologisch
Monopol *das*
monopolisieren
Monopolist *der*
Monopoly *das*
Monotheismus *der*
monoton
Monotonie *die*
Monozyt *der*
Monster *das*
Monsterprozess* *der*
Monsterschau *die*
monströs
Monstrosität *die*
Monstrum *das*
Monstera *die*
Monstranz *die*
Monsun *der*
Monsunregen *der*
Montag *der* (vgl. S. 351)
am Montag
Montag früh
*am Montagabend**
*jeden Montagabend**
montags
Montage *die*
Montagehalle *die*
montan
Montanindustrie *die*
Monteur *der*
montieren
Montgolfiere *die*

Montur *die*
Monument *das*
monumental

moo

Moor *das* (Sumpf)
Moorboden *der*
die Moorböden
moorig
Moorpackung *die*
Moos *das*
moosbedeckt
Moosflechte *die*
moosgrün
Moosröschen *das*
Moped *das*
Mopedfahrer/in
Mopp* *der* (Staubbesen)
moppen
Mops *der*
die Möpse
mopsen

mor

Moral *die*
moralisch
moralisieren
Moralist *der*
Moräne *die*
Moränenlandschaft *die*
Morast *der*
morastig
Moratorium *das*
morbid
Morbidität *die*
Morchel *die*
Mord *der*
Mordanschlag *der*
die Mordanschläge
morden

Mörder *der*
mörderisch
Mordkommission *die*
mordsgefährlich
mordsmäßig
Mordverdacht *der*
Mordversuch *der*
Mordwaffe *die*
Morelle / Marelle *die*
(Kirsche)
die Schattenmorelle
Mores
jemanden Mores lehren
Morgen *der*
m …
*morgen Abend**
morgen früh
*morgen Nachmittag**
bis morgen
für morgen
zu morgen
M …
guten Morgen!
*heute Morgen**
jeden Morgen
Morgendämmerung *die*
morgendlich
Morgengrauen *das*
Morgenland *das*
morgens
Morgenstern *der*
Morgenstunde *die*
Morgenzeitung *die*
morgig
Moritat *die*
Mormone *der*
Morphem *das*
Morphologie *die*
morphologisch
Morphium *das*
morphiumsüchtig
morsch
Morschheit *die*
morsen
Morsezeichen *das*
Mörser *der*

Mortadella *die*
Mörtel *der*
Mosaik *das*
Mosaiksteinchen *das*
Moschee *die*
Moschus *der*
Moschusochse *der*
mosern
Moskito *der*
Moskitonetz *das*
Moslem *der*
die Moslime
moslemisch
Most *der*
Mostrich *der*

mot

Motel *das*
Motette *die*
Motiv *das*
Motivation *die*
motivieren
Motivierung *die*
Motocross* /
Moto-Cross *das*
Motodrom *das*
Motor *der*
Motorboot *das*
Motorik *die*
motorisch
motorisieren
Motorrad *das*
die Motorräder
Motorroller *der*
Motorschaden *der*
die Motorschäden
Motorschiff *das*
Motte *die*
mottenfest
Mottenkiste *die*
Mottenpulver *das*
Motto *das*
motzen
Mountainbike *das*
Mousse *die*
Mousseline *die*
Musselin *der*
movieren
Möwe *die*
Möwenschrei *der*
Ms. / Mskr. (Manuskript)
MTA (medizinisch-technische/r Assistent/in)

mu

Mücke *die*
Mückenstich *der*
mucksen
mucksmäuschenstill
müde
Müdigkeit *die*
Mudschahed *der*
Muezzin *der*
Muff *der*
muffig
Muffe *die*
Muffel *der*
Mufti *der*

Mühe *die*
mühelos
mühen
sich mühen
mühevoll
Mühsal *die*
mühsam
mühselig
muhen
Mühle *die*
Mulatte *der*
Mulattin *die*
Mulch *der*
mulchen
Mulde *die*
Muli *das*
Mull *der*
Mullbinde *die*
Mullwindel *die*
Müll *der*
Müllabfuhr *die*
Müllcontainer *der*
Mülldeponie *die*
Mülleimer *der*
Müllschlucker *der*
Mülltonne *die*
Müllverbrennungs-anlage *die*
Müller/in
mulmig
Multimillionär/in
multinational
Multiplechoiceverfah-ren*/Multiple-Choi-ce-Verfahren* *das*
multiple Sklerose *die*
Multiplikation *die*
Multiplikand *der*
Multiplikator *der*
multiplizieren
Mumie *die*
mumienhaft
mumifizieren
Mumm *der*
mümmeln
Mummenschanz *der*
Mumps *der/die*

mun

Mund *der*
die Münder
Mundart *die*
mundartlich
munden
mundfertig
mundgerecht
Mundgeruch *der*
Mundharmonika *die*
mündlich
Mundstück *das*
mundtot
Mundwerk *das*
Mundwinkel *der*
Mund-zu-Mund-Be-atmung *die*
Mündel *das*
mündelsicher
munden
münden
Mündung *die*
mündig
mündig sein
mündig werden
Mündigkeit *die*
M-und-S-Reifen *der*
Munition *die*
Munitionsdepot *das*
munkeln
Münster *das*
munter
Munterkeit *die*
Münze *die*
münzen
Münzstätte *die*
Muräne *die*
mürb/mürbe
Mürbeteig *der*
Mure *die*
Murks *der*
Murks machen
Murmel *die*
murmeln
Murmeltier *das*
murren
mürrisch

mus

Mus *das*
das Apfelmus
Muscadet *der*
Muschel *die*
Muschelbank *die*
die Muschelbänke
Muschelschale *die*
Muse *die*
musisch
museal
Museum *das*
die Museen
museumsreif
Museumsstück *das*
Muselman *der*
Musette *die*
Musical *das*
Musik *die*
musikalisch
Musikalität *die*
Musikant *der*
Musikbox *die*
Musiker/in
Musikhochschule *die*
Musikinstrument *das*

Musikkapelle *die*
Musikkassette *die*
Musiklehrer/in
Musik liebend*
Musikstück *das*
Musikunterricht *der*
musizieren
Muskat *der*
Muskatnuss* *die*
die Muskatnüsse
Muskel *der*
Muskelkater *der*
Muskelriss* *der*
Muskelzerrung *die*
muskulär
Muskulatur *die*
muskulös
Muskete *die*
Müsli/Müesli *das*
muss* (müssen)
Muße *die*
Mußestunde *die*
müßig
Müßiggang *der*
Musselin *der*
müssen
muss, musste*, hat gemusst*/müssen*
wir haben früh aufstehen müssen
*das ist ein Muss**
Mustang *der*
Muster *das*
Musterbeispiel *das*
Musterbetrieb *der*
mustergültig
musterhaft
Musterknabe *der*
mustern
Musterprozess* *der*
Musterschüler/in
Musterung *die*

mut

Mut *der*
Mut haben
zu Mute/zumute sein*
mutig
mutlos
Mutlosigkeit *die*
Mutprobe *die*
mutwillig
Mutation *die*
mutieren
mutmaßen
mutmaßt, mutmaßte, hat gemutmaßt
mutmaßlich
Mutmaßung *die*
Mutter *die*
die Mütter
Mutterboden *der*
Muttergottesbild *das*
mütterlich
Mütterlichkeit *die*
Mutterliebe *die*
Muttermal *das*
Muttermilch *die*
Mutterschaft *die*
Mutterschutz *der*
mutterseelenallein
Muttersprache *die*
Muttertag *der*
Mutti *die*
mutwillig
Mütze *die*
MwSt./Mw.-ST.
(Mehrwertsteuer)

my

Mykologie *die*
mykologisch
Mykose *die*
Myom *das*
Myriade *die*
Myrrhe/Myrre* *die*
Myrrhentinktur *die*
Myrthe *die*
Myrthenkranz *der*
die Myrthenkränze
Myrthenzweig *der*
mysteriös
Mysterium *das*
Mystik *die*
mystisch
Mythologie *die*
Mythos *der*
die Mythen
Myxomatose *die*

N

N (Norden)
n-Eck *das*
n-te Potenz *die*
na!
na ja!
na und?
Nabe *die*
die Radnabe
Nabel *der*
Nabelbruch *der*
Nabelschau *die*
Nabelschnur *die*

nac

nach
nach Hause
nach und nach
nach wie vor
nacheinander
nachher
nachäffen
nachahmen

nachahmenswert
Nachahmer/in
Nachahmung *die*
Nachbar/in
Nachbarhaus *das*
die Nachbarhäuser
Nachbarschaft *die*
nachbarschaftlich
Nachbehandlung *die*
Nachbereitung *die*
nachbessern
Nachbesserung *die*
nachbestellen
Nachbestellung *die*
nachbezahlen
Nachbildung *die*
nachdem
je nachdem
nachdem alle angekommen waren
nachdenken
denkt nach,
dachte nach,
hat nachgedacht
nachdenklich
Nachdenklichkeit *die*
Nachdruck *der*
nachdrücklich
nachdrucken
nachdunkeln
nacheifern
nacheinander
nacheinander weggehen
nachempfinden
empfindet nach,
empfand nach,
hat nachempfunden
nacherzählen
Nacherzählung *die*
Nachfolge *die*
nachfolgen
nachfolgend
das Nachfolgende
*im Nachfolgenden**
Nachfolger/in
nachfordern
Nachforderung *die*
nachforschen
Nachforschungen
Nachfrage *die*
auf Nachfrage
nachfühlen
nachfüllen
nachgeben
gibt nach, gab nach,
hat nachgegeben
Nachgebühr *die*
Nachgeburt *die*
nachgehen
geht nach,
ging nach,
ist nachgegangen
Nachgeschmack *der*
nachgewiesenermaßen
nachgiebig
Nachgiebigkeit *die*
nachgucken/nachkucken
nachhaltig
nachhause (schweiz., österr.)/nach Haus(e)
der Nachhauseweg
nachhelfen
hilft nach, half nach,
hat nachgeholfen
Nachhilfe *die*
Nachhilfeschüler/in
Nachhilfestunde *die*
Nachhilfeunterricht *der*
nachher
nachhinein
*im Nachhinein**
nachholen
Nachhut *die*
nachkarten
nachkaufen
Nachkomme *der*
Nachkommenschaft *die*
Nachkriegszeit *die*

nachl

Nachlass* *der*
die Nachlasse/Nachlässe
nachlassen
lässt nach,*
ließ nach,
hat nachgelassen
nachlässig
Nachlässigkeit *die*
nachlaufen
läuft nach, lief nach,
ist nachgelaufen
nachlegen
Nachlieferung *die*
nachlösen

nachm

nachmachen
nachmessen
misst nach,*
maß nach,
hat nachgemessen
Nachmittag *der*
am Nachmittag
*am Sonntagnachmittag**
*gestern Nachmittag**
*heute Nachmittag**
*morgen Nachmittag**
nachmittags

Nachmittagskaffee *der*
Nachmittagsunterricht *der*
Nachmittagsvorstellung *die*
Nachnahme *die* (Post)
Nachnahmesendung *die*
Nachname *der* (Familienname)
Nachporto *das*
nachprüfen
nachrechnen
nachreden
nachreichen
Nachricht *die*
Nachrichtenagentur *die*
Nachrichtensendung *die*
Nachrichtensprecher/in
nachrichtlich
nachrücken
Nachrücker/in
Nachruf *der*
Nachruhm *der*
Nachrüstung *die*

nachs

nachsagen
Nachsaison *die*
Nachsatz *der*
die Nachsätze
nachschauen
nachschicken
Nachschlag *der*
die Nachschläge
nachschlagen
schlägt nach,
schlug nach,
hat nachgeschlagen
Nachschlagewerk *das*
Nachschlüssel *der* (2. Schlüssel)
Nachschrift *die*
Nachschub *der*
Nachschubweg *der*
nachsehen
sieht nach,
sah nach,
hat nachgesehen
Nachsehen *das*
das Nachsehen haben
nachsenden
sendet nach, sandte nach, hat nachgesendet
Nachsicht *die*
Nachsicht üben
nachsichtig
nachsichtsvoll
Nachsilbe *die*
nachsitzen
sitzt nach, saß nach,
hat nachgesessen
Nachsorge *die*
Nachspann *der*
Nachspeise *die*
Nachspiel *das*
nachsprechen
spricht nach,
sprach nach,
hat nachgesprochen
nachspülen
nächst
n ...
das nächste Jahr
*der nächste Beste**
am nächsten
nächstes Mal
N ...
*der Nächste**
*das Nächste wäre**
*Der Nächste bitte!**
mein Nächster
*als Nächstes**
nächstbeste
Nächstenliebe *die*
nächstens
nachstehend

nacht

Nacht *die*
die Nächte
bei Nacht
die Nacht über
eines Nachts
es wird Nacht
*gestern Nacht**
*heute Nacht**
*morgen Nacht**
*Sonntagnacht**
Tag und Nacht
viele Nächte lang
Nachtarbeit *die*
nachtblind
Nachtdienst *der*
nächtens
Nachtfrost *der*
Nachthemd *das*
Nachtleben *das*
nächtlich
Nachtruhe *die*
Nachttisch *der*
Nachtwächter *der*
nachtwandeln
Nachtwandler/in
nachts
Nachteil *der*
nachteilig
Nachtigall *die*
Nachtisch *der* (Dessert)

Nachtrag *der*
die Nachträge
nachträglich
Nachtragshaushalt *der*
nachtrauern
Nachuntersuchung *die*
nachvollziehen
vollzieht nach, vollzog nach, hat nachvollzogen
nachvollziehbar
Nachweis *der*
die Nachweise
nachweisbar
nachweisen
weist nach, wies nach, hat nachgewiesen
nachweislich
Nachwelt *die*
nachwirken
Nachwirkung *die*
Nachwort *das*
Nachwuchs *der*
nachzahlen
Nachzahlung *die*
nachzählen
Nachzügler *der*
Nackedei *der*
Nacken *der*
Nackenstütze *die*
Nackenwirbel *der*
nackt
Nacktbadestrand *der*
die Nacktbadestrände
Nacktheit *die*

nad

Nadel *die*
Nadelarbeit *die*
Nadelbaum *der*
die Nadelbäume
Nadelöhr *das*
Nadelspitze *die*
Nadelstich *der*
Nadelstreifen *der*
Nadelwald *der*
die Nadelwälder
Nagel *der*
die Nägel
Nagelfeile *die*
Nagellack *der*
nagelneu
Nagelschere *die*
nagen
Nagetier *das*
nah / nahe
näher, nächste
n ...
von nah und fern
von nahem
N ...
der Nahe Osten
alles Nähere
*des Näheren**
Näheres folgt
Nähe *die*
nahe bringen*
bringt nahe, brachte nahe, hat nahe gebracht
nahe gehen*
*geht nahe, ging nahe, ist nahe gegangen**
nahe legen*
nahe liegend*
näher bringen*
*bringt näher, brachte näher, hat näher gebracht**
Naherholungsgebiet *das*
näher kommen*
*kommt näher, kam näher, ist näher gekommen**
nähern
sich nähern
Näherungswert *der*
nahe stehend*
nahezu
Nahverkehr *der*
nähen
Näherin *die*
Nähgarn *das*
Nähkästchen *das*
Nähmaschine *die*
Nähnadel *die*
Nähseide *die*
Nähzeug *das*
nahm (nehmen)
nähren
sich nähren
nahrhaft
Nahrung *die*
Nahrungsmittel *das*
Nährwert *der*
Naht *die*
die Nähte
nahtlos
Nahtstelle *die*
naiv
Naivität *die*

nam

Name *der*
Namensgedächtnis *das*
namenlos
namens
Namensänderung *die*
Namenstag *der*
Namenwort *das*

namentlich
namhaft
nämlich
*der/das Nämliche**
nannte (nennen)
Nanogramm *das*
nanu!
Napalm *das*
Napalmbombe *die*
Napf *der*
die Näpfe
Napfkuchen *der*
Naphthalin *das*
Nappaleder *das*
Narbe *die*
narbig
Narkose *die*
Narkosearzt *der*
Narkosemittel *das*
Narkotikum *das*
Narr *der*
Närrin *die*
narren
Narrenfreiheit *die*
narrensicher
Narrhallamarsch *der*
närrisch
narrativ
ein narrativer Text
Narziss* *der* (Jüngling)
Narzisse *die*

nas

nasal
Nasal *der*
Nasallaut *der*
Nasalvokal *der*
naschen
Nascherei *die*
naschhaft
Naschwerk *das*
Nase *die*
näseln
Nasenbluten *das*
Nasenflügel *der*
Nasenhöhle *die*
alle nase(n)lang
Nasenloch *das*
die Nasenlöcher
Nasenscheidewand *die*
Nasenschleimhaut *die*
Nasenspitze *die*
Nasenspray *der/das*
Nasenstüber *der*
Naserümpfen *das*
naseweis
Nashorn *das*

die Nashörner
Nasi-goreng/Nasigoreng* *das*
nass*
nasser/nässer, nasseste/nässeste
*sich nass machen**
Nässe *die*
nässen
nass geschwitzt*
nasskalt*
Nasszelle *die**
Nassauer *der*
nassauern

nat

Nation *die*
national
nationalbewusst*
Nationalfarben
Nationalgefühl *das*
Nationalhymne *die*
Nationalismus *der*
nationalistisch
Nationalität *die*
Nationalmannschaft *die*
Nationalpark *der*
Nationalsozialismus *der*
Nationalspieler/in
Nationalstaat *der*
Nationalstolz *der*
Nationalversammlung *die*
NATO/Nato (North Atlantic Treaty Organization)
natogrün
Natrium *das* (Na)
Natriumchlorid *das*
Natriumhydroxid *das*
Natronlauge *die*
Natter *die*
Natur *die*
von Natur aus
Naturalien
Naturalismus *der*
naturalistisch
Naturbegabung *die*
Naturbeobachtung *die*
Naturdenkmal *das*
die Naturdenkmäler
nature
Schnitzel nature
Naturell *das*
Naturfaser *die*
Naturfilm *der*

A B C D E F G H I J K L M N O P Q R S T U V W X Y Z

Naturforscher/in
Naturfreund *der*
naturgemäß
Naturgesetz *das*
naturgetreu
Naturkatastrophe *die*
Naturkunde *die*
natürlich
natürliche Zahlen
natürlicherweise
Natürlichkeit *die*
Naturprodukt *das*
Naturrecht *das*
naturrein
Naturschutz *der*
Naturschutzgebiet *das*
Naturtalent *das*
naturtrüb
Naturwissenschaft *die*
naturwissenschaftlich
Naturzustand *der*
Nauen *der*
Nautik *die*
nautisch
Navelorange *die*
Navigation *die*
navigieren
Nazi *der*
Naziregime *das*
nazistisch
n. Chr. (nach Christus)

ne

Neandertaler *der*
Nebel *der*
Nebelbank *die*
die Nebelbänke
Nebelscheinwerfer *der*
Nebelschlussleuchte* *die*
Nebelschwaden *der*
neblig
nebulös
neben
nebenan
nebenbei
Nebenbeschäftigung *die*
Nebenbuhler/in
nebeneinander
Nebeneinander *das*
nebeneinander legen*
nebeneinander sitzen*
*sitzt nebeneinander, saß nebeneinander, haben nebeneinander gesessen**
nebeneinander stellen*
Nebenerwerb *der*
Nebenfach *das*
die Nebenfächer
Nebenfigur *die*
Nebenfluss* *der*
die Nebenflüsse
Nebenhandlung *die*
Nebenhaus *das*
die Nebenhäuser
nebenher
Nebenkosten
Nebenmann *der*
Nebenrolle *die*
Nebensache *die*
nebensächlich
Nebensatz *der*
die Nebensätze
nebenstehend
das Nebenstehende
*im Nebenstehenden**
Nebenstraße *die*
Nebentätigkeit *die*
Nebenwirkung *die*
Nebenzimmer *das*
nebst
Necessaire/Nessessär* *das*
n-Eck *das*
necken
Neckerei *die*
neckisch
Neffe *der*

neg

Negation *die*
negativ
negative Zahlen
Negativ *das*
negieren
Neger *der*
Negerkuss* *der*
die Negerküsse
negroid
Negrospiritual* *das/der*
negieren
Negierung *die*
Negligee*/Negligé *das*
nehmen
nimmt, nahm, hat genommen
Rücksicht nehmen
sich die Freiheit nehmen
Nehmer *der*
Nehrung *die*
Neid *der*
neiderfüllt
neidisch
neidlos
neidvoll
Neige *die*

neigen
sich neigen
Neigung *die*
Neigungswinkel *der*
nein
n ...
nein / Nein sagen*
N ...
das Nein
sein Nein
mit Nein antworten
mit Nein stimmen
Neinstimme *die*
Nekrolog *der*
Nektar *der*
Nektarine *die*
Nelke *die*
Nelkenstrauß *der*
die Nelkensträuße
NE-Metall (Nichteisen-metall)
nennen
nennt, nannte, hat genannt
nennenswert
Nenner *der*
Nennform *die*
Nennung *die*
Nennwort *das*
Neofaschist / in
Neoklassizismus *der*
Neon *das* (Ne)
Neonlampe *die*
Neonreklame *die*
Neonazi *der*
Neozoikum *das*
Nepotismus *der*
Nepp *der*
neppen
Nepper *der*
Nerfling *der* (Fisch)
Nerv *der*
die Nerven
nerven
jemanden nerven
das nervt
Nervenarzt *der*
die Nervenärzte
nervenaufreibend
Nervenbündel *das*
Nervengift *das*
Nervenheilanstalt *die*
nervenkrank
Nervenkrieg *der*
Nervensache *die*
nervenstark
Nervensystem *das*
Nervenzusammen-bruch *der*
die Nervenzusam-menbrüche
nervlich
nervös
Nervosität *die*
Nerz *der*
Nerzmantel *der*
die Nerzmäntel

nes

Nescafé *der*
Nessel *die*
Nessessär* / Neces-saire *das*
Nest *das*
Nestbau *der*
Nestflüchter *der*
Nesthäkchen *das*
Nesthocker *der*
Nestwärme *die*
nesteln
Nestor *der*
nett
netterweise
Nettigkeit *die*
netto
Nettoeinkommen *das*
Nettolohn *der*
die Nettolöhne
Nettoverdienst *der*
Netz *das*
Netzball *der*
die Netzbälle
netzförmig
Netzhaut *die*
Netzwerk *das*

neu

neu
n ...
*neu eröffnet**
das neue Jahr
von neuem
die neuen Bundes-länder
seit neuestem
N ...
*aufs Neue**
das Neue
etwas Neues
nichts Neues
Neue Innerlichkeit
Neue Sachlichkeit
das Neue Testament
die Neue Welt
Neuanschaffung *die*
neuartig
Neuartigkeit *die*
Neuauflage *die*
Neubau *der*
die Neubauten
Neubauwohnung *die*
Neubearbeitung *die*
Neubeginn *der*
Neueinstudierung *die*
Neuentwicklung *die*
neuerdings

Neueröffnung *die*
Neufassung *die*
neugeboren
Neugeborene *das*
Neugier *die*
Neugierde *die*
neugierig
Neuheit *die*
Neuhochdeutsch *das*
Neuigkeit *die*
Neujahr *das*
Neujahrsgruß *der*
die Neujahrsgrüße
Neuland *das*
neulich
Neumond *der*
neun
n …
es ist neun (Uhr)
um neun
Viertel nach neun
wir waren neun
sie wurde neun
(Jahre)
N …
die Neun
die Zahl Neun
neunmal (9-mal*)
neuneinhalb
neunhundert
neunstellig
neunstündig
neuntausend
neunte
neuntel
Neuntel *das*
neuntens
neunundzwanzig
neunzehn
neunzig
Neuphilologe *der*
Neuphilologin *die*

neuralgisch
Neurologie *die*
neurologisch
neuronal
Neurose *die*
neurotisch
Neuromantik *die*
Neusprachler/in
neusprachlich
neustens
neutral
neutralisieren
Neutralismus *der*
neutralistisch
Neutralität *die*
Neutralitätspolitik *die*
Neutron *das*
die Neutronen
Neutrum *das*
Neuwert *der*
neuwertig
Neuzeit *die*
neuzeitlich
Newcomer *der*
Newlook*/New Look
der/das
News
Newton *das* (N)
Nexus *der*

ni

nibbeln
Nibelungen
Nibelungenlied *das*
nicht
gar nicht
nicht öffentlich/
nichtöffentlich
überhaupt nicht
nichts
Nichtangriffspakt *der*
Nichtbeachtung *die*

Nichte *die*
nichtehelich/nicht
ehelich
Nichtfachmann *der*
Nichtgefallen *das*
bei Nichtgefallen
nichtig
Nichtigkeiten
Nichtmetall *das*
Nichtraucher/in
nichts
n …
nichts anderes
nichts Besonderes
nichts Neues
für nichts
gar nichts
viel Lärm um nichts
zu nichts
N …
das Nichts
vor dem Nichts ste-
hen
nichts ahnend*
nichtsdestoweniger
Nichtskönner *der*
Nichtsnutz *der*
nichts sagend*
nichtswürdig
Nichtschwimmer/in
Nichtzutreffende *das*
Nichtzutreffendes
streichen
Nickel *das* (Ni)
Nickelbrille *die*
nicken
Nicki *der*
Nicotin (fachspr.)/**Ni-**
kotin *das*

nie

nie

nie mehr
nie wieder
nie und nimmer
nieder
niedere
Niederfrequenz *die*
Niedergang *der*
niedergedrückt
niedergeschlagen
Niedergeschlagen-heit *die*
niederknien
Niederlage *die*
die 2:3-Niederlage
Niederlande
Niederländer/in
niederländisch
niederlassen
lässt nieder,*
ließ nieder,
hat niedergelassen
Niederlassung *die*
niederlegen
niederreißen
reißt nieder,
riss nieder,*
hat niedergerissen
Niedersachsen
Niedersachse *der*
Niedersächsin *die*
niedersächsisch
Niederschlag *der*
die Niederschläge
niederschlagsarm
Niederschlags-menge *die*
niederschlagen
schlägt nieder,
schlug nieder, hat niedergeschlagen
niederschmetternd
niederschreiben
schreibt nieder,
schrieb nieder, hat niedergeschrieben
Niederschrift *die*
Niedertracht *die*
niederträchtig
Niederträchtigkeit *die*
Niederung *die*
niederwerfen
wirft nieder,
warf nieder,
hat niedergeworfen
Niederwerfung *die*
Niederwild *das*
niedlich
Niedlichkeit *die*
Niednagel *der*
niedrig
niedriger Wasser-stand
Niedriglohnland *das*
die Niedriglohn-länder
Niedrigwasser *das*
niemals
niemand
niemand Fremdes
niemand anders
ich sehe niemanden
Niemandsland *das*
Niere *die*
Nierenbecken *das*
Nierenbecken-entzündung *die*
nierenförmig
Nierenkolik *die*
nierenkrank
Nierenstein *der*
nieseln
Nieselregen *der*
niesen
Niespulver *das*
Nießbrauch *der*
Niete *die*
niet- und nagelfest
nieten
Nightclub *der*
Nihilismus *der*
nihilistisch

nik

Nikolaustag *der*
Nikotin/fachspr. **Nicotin*** *das*
nikotinarm
nikotinfrei
Nikotingehalt *der*
Nilpferd *das*
Nimbus *der*
nimmer
nie und nimmer
nimmermehr
auf Nimmerwieder-sehen
nimmt (nehmen)

nip

Nippel *der*
nippen
Nippes
Nippsachen
nirgend
nirgends
nirgendwo
nirgendwohin
Nirosta *der*
Nirwana *das*
Nische *die*
Nisse *die*
nisten
Nistkasten *der*
die Nistkästen
Nistplatz *der*
die Nistplätze

Nitrat *das*
Nitrid *das*
Nitrit *das* (Salz)
Nitroglyzerin *das*
Nitrophosphat *das*
Nitrosamine
Niveau *das*
niveaulos
Niveauunterschied *der*
niveauvoll
nivellieren
Nivellierung *die*
Nixe *die*

nobel
Nobelherberge *die*
Nobelpreis *der*
Nobelpreisträger/in
Noblesse *die*
noblesse oblige
noch
noch einmal
noch immer
noch mehr
noch nicht
*nochmal**
nochmals
Nockenwelle *die*
Nockerl *das*
Nocturne *das/die/*
Notturno *das*
Noisette *die*
NOK (Nationales Olympisches Komitee)
Nomade *der*
Nomadenvolk *das*
die Nomadenvölker
Nomen *das*
nomen est omen
Nomenklatur *die*
nominal
Nominalbetrag *der*
die Nominalbeträge
Nominalisierung *die*
Nominalismus *der*
Nominalphase *die*
Nominalstil *der*
Nominativ *der*
nominell
nominieren
Nominierung *die*
nonchalant
None *die* (9. Ton)
Non-Food-Abteilung *die*
nonkonformistisch
Nonne *die*
Nonnenkloster *das*
die Nonnenklöster
Nonplusultra *das*
Nonsens *der*
nonstop
nonstop fliegen
Nonstopflug/Non-Stop-Flug* *der*
*die Nonstopflüge/Non-Stop-Flüge**
nonverbal
Noppe *die*
Noppzange *die*

nor

Nord (N)
Nord und Süd
*Frankfurt Nord**/
Frankfurt-Nord
Nordafrika
Nordamerika
Norddeutschland
Norden *der*
Nordeuropa
nordisch
Nordkap *das*
nördlich
Nordlicht *das*
Nordost (NO)
Nordpol *der*
Nordsee *die*
Nordwest (NW)
nordwestlich
Nordwind *der*
Nordrhein-Westfalen
Westfale *der*
Westfälin *die*
westfälisch
nörgeln
Nörgler/in
Norm *die*
normal
Normalbenzin *das*
Normale *die*
Normalengleichung *die*
normalerweise
Normalfall *der*
normalisieren
Normalität *die*
Normalverteilung *die*
Normalzustand *der*
normativ
normen
Normenkontrolle *die*
normiert
Normierung *die*
Norwegen
Norweger/in
norwegisch
Nostalgie *die*
nostalgisch

not

Not *die*
die Nöte

n ...
das ist vonnöten
N ...
Not am Mann
Not leiden
*Not leidend**
Not lindern
*Not tun**
in Not
in Nöten
seine liebe Not haben
zur Not
Notarzt *der*
die Notärzte
Notaufnahme *die*
Notausgang *der*
die Notausgänge
Notbremse *die*
Notdienst *der*
notdürftig
Notfall *der*
die Notfälle
im Notfall
notfalls
notgedrungen
Nothelfer *der*
Notlage *die*
notlanden
Notlösung *die*
Notlüge *die*
Notruf *der*
Notstand *der*
Notstandsgebiet *das*
Notstromaggregat *das*
Notunterkunft *die*
die Notunterkünfte
Notwehr *die*
Nota *die*
notabene
Notar/in
Notariat *das*
notariell
Notation *die*
Notdurft *die*
seine Notdurft verrichten
Note *die*
Notenblatt *das*
die Notenblätter
Notenständer *der*
notieren
Notierung *die*
Notiz *die*
nötig
n ...
die nötige Unterschrift
das ist nicht nötig
das ist am nötigsten
N ...
das Nötigste
es fehlt am Nötigsten
nötigen
nötigenfalls
Nötigung *die*
Notiz *die*
Notizbuch *das*
die Notizbücher
notlanden
das Flugzeug ist notgelandet
Notlandung *die*
notorisch
Notturno *das*/**Notturno** *das/die*
notwendig
notwendigerweise
Notwendigkeit *die*
Notzucht *die*
Nougat/Nugat *das/der*

nov

Nova *die*
Novelle *die*
Novellensammlung *die*
Novellenschreiber/in
Novellierung *die*
Novellist *der*
November *der*
Novemberrevolution *die*
Novize *der/die*
Novizin *die*
die Novizinnen
Noviziat *das*
Novum *das*
ein Novum
Nr. (Nummer)
NSG (Naturschutzgebiet)

nu

Nu
im Nu
Nuance *die*
nuancieren
nüchtern
Nüchternheit *die*
Nuckel *der*
nuckeln
Nudel *die*
Nudelsuppe *die*
Nudismus *der*
Nudist/in
Nugat/Nougat *das/der*
Nugatschokolade *die*
Nugget *das* (Goldklumpen)
nuklear
Nuklearmacht *die*

die Nuklearmächte
Nuklearwaffen
Nukleon *das*
Nuklid *das*
null
n ...
null Bock
null Fehler
null Grad
null Komma zwei
null und nichtig
*auf null stehen**
das Ergebnis war gleich null
durch null teilen
drei zu null
gleich null sein
*in null Komma nichts**
*unter null sinken**
N ...
bei Null anfangen
die Null
er ist eine Null
drei Nullen
nullachtfünfzehn (08/15)
Nulldiät *die*
Nulllage*/Null-Lage* *die*
Nullleiter*/Null-Leiter* *der*
Nullmenge *die*
Nullpunkt *der*
Nullsummenspiel *das*

num

(numerieren > nummerieren*)
Numerus *der*
Numerus clausus *der*
Numismatik *die*
Nummer *die*
nummerieren*
*die Fehler nummerieren**
Nummerierung* *die*
Nummernschild *das*
nun
von nun an
nunmehr
Nuntius *der*
nur
nur nicht
nur noch
nuscheln
Nuss* *die*
die Nüsse
Nussbaum* *der*
*die Nussbäume**
Nussknacker* *der*
Nusskuchen* *der*
Nussschale*/Nuss-Schale *die*
Nussschokolade*/Nuss-Schokolade *die*
Nüstern
Nut/Nute *die*
Nutria *die/der*
Nutte *die*
Nutz *der*
zu Nutze/zunutze*
sich etwas zu Nutze/zunutze machen*
zu nichts nütze
von Nutzen sein
nutzbar
nutzbringend
Nutzeffekt *der*
nutzen
nützen
Nutzen *der*
Nutzfahrzeug *das*
Nutzlast *die*
nützlich
Nützlichkeit *die*
nutzlos
Nutzlosigkeit die
Nutznießer *der*
Nutzpflanze *die*
Nutzung *die*
Nutzungsrecht *das*
Nutzwert *der*

ny

Nylon *das*
Nylonstrumpf *der*
die Nylonstrümpfe
Nymphe *die*
Nymphomanin *die*

Nummerierung

1.	1	I.	A.	a)
2.	2	II.	B.	b)
3.	2.1	III.	C.	c)
4.	2.1.1	IV.	D.	d)
5.	2.1.2	V.	E.	e)*

*Nur nach a, b, c ... wird eine Klammer gesetzt.

O

o/oh
o ja!
o weh!
*o dass doch**
oje
o. Ä.* (oder Ähnliches)
O (Osten)
Oase *die*

ob

ob
als ob
OB (Oberbürgermeister)
Obacht geben
gibt Obacht,
gab Obacht,
hat Obacht gegeben
Obdach *das*
obdachlos
Obdachlose *der/die*
Obdachlosenasyl *das*
Obdachlosigkeit *die*
Obduktion *die*
obduzieren
O-Beine
O-beinig/o-beinig*
Obelisk *der*
oben
*oben genannt**
oben liegen
oben ohne
oben sein
oben stehen
das oben Stehende/*
Obenstehende
alles Gute kommt
von oben
bis oben
nach oben
nach oben hin
obenauf
obendrein
obenherum
obenhinaus

ober

Ober *der*
Oberarm *der*
Oberarzt *der*
die Oberärzte
Oberbefehlshaber *der*
Oberbegriff *der*
Oberbett *das*
Oberbürgermeister/in (OB)
Oberdeck *das*
Oberfläche *die*
Oberflächenspannung *die*
Oberflächenstruktur *die*
Oberflächenwasser *das*
oberflächlich
Oberflächlichkeit *die*
obergärig
Obergefreite *der*
Obergrenze *die*
oberhalb
Oberhand *die*
Oberhaupt *das*
Oberhemd *das*
Oberin *die* (Ordensschwester)
die Oberinnen
Oberinspektor/in
oberirdisch
Oberkante *die*
Oberkellner/in
Oberkörper *der*
Oberland *das*
Oberlandesgericht *das* (OLG)
Oberleitung *die*
Oberleutnant *der*
Oberlicht *das*
Oberliga *die*
Oberlippe *die*
Oberregierungsrat *der*
die Oberregierungsräte
Obers *das*
Oberschenkel *der*
Oberschenkelhals *der*
Oberschenkelhalsbruch *der*
die Oberschenkelhalsbrüche
Oberschule *die*
Oberschwester *die*
Oberseite *die*
Oberst *der*
Oberstaatsanwalt *der*
die Oberstaatsanwälte
Oberstadtdirektor/in
oberste
Oberstleutnant *der*
Oberstudiendirektor *der*
Oberstudiendirektorin *die*
Oberstudienrat *der*
die Oberstudienräte
Oberstudienrätin *die*
die Oberstudienrätinnen
Oberstufe *die*
Oberteil *das*
Oberton *der*
Oberverwaltungsgericht *das*

Oberwasser *das*
Oberweite *die*
obgleich
Obhut *die*
obig
Objekt *das*
objektiv
Objektiv *das*
objektivieren
Objektivität *die*
Objektsatz *der*
die Objektsätze
Objektschutz *der*
Objektträger *der*
Oblate *die*
obliegen
obliegt, lag ob/oblag, hat obgelegen/oblegen
obligat
Obligation *die*
obligatorisch
Obligo *das*
Obmann *der*
die Obmänner/Obleute
Oboe *die*

Oboist/in
Obolus *der*
Obrigkeit *die*
Obrigkeitsdenken *das*
obschon
Observatorium *das*
observieren
obskur
Obskurität *die*
obsolet
Obst *das*
Obstbaum *der*
die Obstbäume
Obstgarten *der*
die Obstgärten
Obstkuchen *der*
Obstler *der*
Obstsaft *der*
die Obstsäfte
Obstsalat *der*
Obsttorte *die*
obstinat
Obstipation *die*
Obstruktion *die*
obszön
Obszönität *die*
obwohl

oc

Ochse *der*
Ochsenschwanzsuppe *die*
Ochsentour *die*
Öchsle *das*
Öchslegrad *der*
ocker
ockerbraun
Ockerfarbe *die*
ockergelb
öd/öde
Öde *die*
Ödland *das*
Ode *die*
Odem *der*
Ödem *das*
oder
entweder ... oder
Odeur *das*
Ödipuskomplex *der*
Odium *das*
Odyssee *die*

of

Ofen *der*
die Öfen
ofenfrisch
Ofenheizung *die*
offen
offen bleiben*
bleibt offen,
blieb offen,
*ist offen geblieben**
offen gestanden
offen halten*
hält offen,
hielt offen,
*hat offen gehalten**
offen lassen*
lässt offen,*
ließ offen,
*hat offen gelassen**
offen stehen*
steht offen,
stand offen,
*hat offen gestanden**
offenbar
offenbaren
Offenbarung *die*
Offenbarungseid *der*
Offenheit *die*
offenherzig
offenkundig
offenlegen
offensichtlich
offensiv
Offensive *die*
öffentlich
die öffentliche Sitzung
nichtöffentlich/nicht öffentlich

Öffentlichkeit *die*
Öffentlichkeitsarbeit *die*
offerieren
Offerte *die*
offiziell
offiziös
Offizier *der*
Offiziersanwärter *der*
Offizierskasino *das*
Offizierskorps *der*
off limits
öffnen
Öffner *der*
Öffnung *die*
Öffnungszeit *die*
Offsetdruck *der*
oft
öfter
Wie oft?
*des Öfteren**
öfters
oftmals

oh

oh!
OHG (offene Handelsgesellschaft)
Ohm *der*
Ohm (Eigenname)
das ohmsche/Ohm'sche Gesetz
ohne
*ohne dass**
ohne Befund
ohne weiteres
ohneeinander
ohnegleichen
ohnehin
Ohnmacht *die*
ohnmächtig
Ohnmachtsanfall *der*
die Ohnmachtsanfälle
Ohr *das*
zu Ohren kommen
Ohrenarzt *der*
die Ohrenärzte
Ohrensausen *das*
Ohrenschmerzen
Ohrfeige *die*
ohrfeigen
Ohrläppchen *das*
Ohrmuschel *die*
Ohrring *der*
Ohrwurm *der*
die Ohrwürmer
oje!
o. k./O. K.
es ist okay
sein Okay geben
Okapi *das*
Okklusion *die*
okkult
Okkultismus *der*
Okkupation *die*
okkupieren
Ökologie *die*
ökologisch
Ökosystem *das*
Ökonomie *die*
ökonomisch
Oktaeder *der/das*
Oktanzahl *die*
Oktave *die*

Oktett *das*
Oktober *der*
Oktoberfest *das*
oktogonal
oktroyieren
Okular *das*
Ökumene *die*
ökumenisch
Okzident *der*

ol

Öl *das*
Ölbaum *der*
die Ölbäume
Ölbild *das*
Ölbohrung *die*
Öldruck *der*
ölen
Ölfarbe *die*
Ölfleck *der*
Ölgemälde *das*
Ölheizung *die*
ölig
Ölkanne *die*
Ölleitung *die*
Ölpest *die*
Ölraffinerie *die*
Ölsardine *die*
Ölsäure *die*
Ölschicht *die*
Öltanker *der*
Ölung *die*
die Letzte Ölung
Ölwechsel *der*
Oldie *der*
Oldtimer *der*
Oleander *der*
ölen
ölig
Oligarchie *die*
Olive *die*
Olivenbaum *der*
die Olivenbäume
Olivenöl *das*
olivgrün/oliv-grün

A B C D E F G H I J K L M N O P Q R S T U V W X Y Z

Olympia *das*
Olympiade *die*
Olympiamedaille *die*
olympiareif
Olympiasieg *der*
Olympiastadion *das*
Olympionike *der*
olympisch
das olympische Feuer
die Olympischen Spiele
Oma *die*
Ombudsmann *der*
Omega *das*
Omelett *das*
Omen *das*
ominös
Omnibus *der*
die Omnibusse
Omnibusbahnhof *der*
die Omnibusbahnhöfe
omnipotent
onanieren
Ondit *das*
Ondulation *die*
Onkel *der*
onkelhaft
on the rocks
Ontologie *die*
ontologisch
Onyx *der*

op

OP *der* (Operationssaal)
Opa *der*
Opal *der*
Openairfestival*/**Open-Air-Festival*** *das*
Openairkonzert*/Open-Air-Konzert* *das*
Open-End-Diskussion*/Openenddiskussion* *die*
Oper *die*
Opernarie *die*
Opernball *der*
die Opernbälle
Opernführer *der*
Opernglas *das*
die Operngläser
opernhaft
Opernhaus *das*
die Opernhäuser
Opernsänger/in
Operation *die*
Operationssaal *der* (OP)
die Operationssäle
Operationsschwester *die*
Operationstisch *der*
operativ
operieren
operationalisieren
Operette *die*
Operettenmusik *die*
Opfer *das*
opferbereit
opfern
sich opfern
Opium *das*
opiumhaltig
Opiumraucher/in
Opossum *das*
Opponent/in
opponieren
opportun
Opportunismus *der*
Opportunist *der*
opportunistisch
Opportunität *die*
Opposition *die*
oppositionell
Oppositionsführer/in
Oppositionspartei *die*
OP-Schwester *die*
optieren
Option *die*
Optik *die*
Optiker/in
optisch
optimal
optimieren
Optimum *das*
Optimismus *der*
Optimist/in
optimistisch
Option *die*
opulent
Opuntie *die*
Opus *das*
die Opera

or

Orakel *das*
orakeln
Orakelspruch *der*
die Orakelsprüche
oral
orange
Orange *die* (Apfelsine)
Orangeade *die*
Orangeat *das*
Orangenbaum *der*
die Orangenbäume
Orangenblüte *die*
Orangenmarmelade *die*
Orangensaft *der*
Orangerie *die*

Orang-Utan *der*
Oratorium *das*
Orbit *der*
orbital
Orchester *das*
Orchestergraben *der*
orchestral
orchestrieren
Orchidee *die*

Orden *der*
Ordensband *das*
die Ordensbänder
Ordensschwester *die*
Ordensverleihung *die*
ordentlich
Order *die*
ordern
Ordinalzahl *die*
ordinär
Ordinariat *das*
Ordinarius *der*
Ordinate *die*
Ordination *die*
ordnen
Ordner *der*
Ordnung *die*
ordnungsgemäß
ordnungshalber
Ordnungsliebe *die*
Ordnungswidrigkeit *die*
Ordnungszahl *die*
Ordananz / Ordonnanz *die*
Ordonnanzoffizier *der*
Oregano / Origano *der*
Organ *das*
Organentnahme *die*
organisch
Organismus *der*
Organspender *der*
Organtransplantation *die*
Organisation *die*
organisatorisch
organisieren
Organist / in
Organon *das*
Organonmodell / Organon-Modell *das*
Orgasmus *der*
Orgel *die*
Orgelkonzert *das*
Orgelmusik *die*
Orgelpfeife *die*
orgiastisch
Orgie *die*

ori

Orient *der*
Orientale *der*
orientalisch
Orientalistik *die*
orientieren
sich orientieren
Orientierung *die*
Orientierungshilfe *die*
orientierungslos
Orientierungsstufe *die*
Origano / Oregano *der*
original
Original *das*
originalgetreu
Originalität *die*
originell
Orkan *der*
orkanartig
Orkanstärke *die*
Ornament *das*
ornamental
Ornat *das*
Ornithologe *der*
Ornithologie *die*
Ort *der*
Örtchen *das*
orten
örtlich
Ortsangabe *die*
Ortschaft *die*
ortsfremd
Ortsgespräch *das*
ortskundig
Ortsname *der*
Ortszeit *die*
Ortszuschlag *der*
die Ortszuschläge
orthodox
Orthodoxie *die*
orthogonal
Orthographie / Ortografie* *die*
orthographisch / orthografisch*
Orthopädie *die*
orthopädisch

os

öS (österreichischer Schilling)
Oscar *der*
einen Oscar bekommen

Öse *die*
Osmium *das* (Os)
Osmose *die*
osmotisch
Ost (O)
Ostasien
ostdeutsch
Osten *der*
Osteuropa
östlich
Ostsee *die*
Ostwind *der*
ostentativ
Ostern
Osterei *das*
Osterfest *das*
Osterferien
Osterhase *der*
Ostersonntag *der*
Österreich
Österreicher/in
österreichisch
Östrogen *das*
Oszillation *die*
oszillieren

ot

Otter *der* (Marder)
die (Schlange)
Otternbrut *die*
Ottomotor *der*
out
Out *das*
outen
sich outen
Outfit *das*
Output *der/das*
Outsider *der*
Ouvertüre *die*
Ouzo *der*
oval
Oval *das*
Ovation *die*
die Ovationen
Overall *der*
Overheadprojektor *der*
Ovulation *die*
Oxalsäure *die*
Oxer *der*
Oxyd/fachspr. **Oxid** *das*
Oxydation/fachspr. Oxidation *die*
oxydieren/fachspr. oxidieren
Oxymoron *das*

oz

Ozean *der*
Ozeandampfer *der*
ozeanisch
Ozelot *der*
Ozon *der/das*
Ozongehalt *der*
Ozonloch *das*
Ozonschicht *die*

P

paar (einige)
ein paar Worte
ein paarmal/ein paar Mal
Paar *das*
(zwei Zusammengehörige)
das Pärchen
ein Paar Schuhe
paaren
sich paaren
paarig
Paarlauf *der*
Paarreim *der*
Paarung *die*
paarweise

pac

Pacht *die*
pachten
Pächter/in
Pachtvertrag *der*
die Pachtverträge
Pachtzins *der*
Pack *das*
Päckchen *das*
packen
packend
Packpapier *das*
Packung *die*
eine 2-kg-Packung
Pädagoge *der*
Pädagogin *die*
Pädagogik *die*
pädagogisch
Paddel *das*
Paddelboot *das*
paddeln
Page *der*
Pagenfrisur *die*
Pagenkopf *der*
Pagenschnitt *der*
paginieren
Pagode *die*
Paillette *die*
paillettenbesetzt
Paket *das*
Paketkarte *die*
Paketzustellung *die*
Pakt *der*
paktieren
Palais *das*
Paläontologie *die*
Paläozoikum *das*
Palast *der*
die Paläste

palatal
Palatschinke *die*
Palaver *das*
Paletot *der*
Palette *die*
paletti
alles paletti
Palisade *die*
Palisander *der*
Palisanderholz *das*
die Palisanderhölzer
Palme *die*
Palmsonntag *der*
Palmwedel *der*
Pampa *die*
Pampagras *das*
Pampe *die*
Pampelmuse *die*
Pamphlet *das*

pan

Panade *die*
panieren
panafrikanisch
panaschieren
Panaschiersystem *das*
Panda *der*
der Pandabär
Paneel *das*
Panflöte *die*
panieren
Paniermehl *das*
Panik *die*
panikartig
Panikreaktion *die*
panisch
Pankreas *das*
Panne *die*
Pannendienst *der*
pannenfrei
Pannenhilfe *die*
Panoptikum *das*
Panorama *das*
pan(t)schen
Pan(t)scher *der*
Pansen *der*
Pantheismus *der*
Pantheon *das*
Panther/Panter *der*

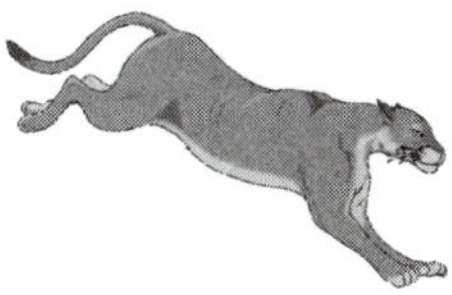

Pantherfell *das*
Pantine *die*
Pantoffel *der*
Pantoffelblume *die*
Pantoffeltierchen *das*
Pantolette *die*
Pantokrator *der*
Pantomime *die*
Pantomimik *die*
pantomimisch
Panty *die*
Panzer *der*
Panzerfaust *die*
die Panzerfäuste
Panzerglas *das*
die Panzergläser
panzern
Panzerung *die*

pap

Papa *der*
Papagallo *der*
Papagei *der*
Papageienkrankheit *die*
Papageientaucher *der*
Papaya *die*
Paper *das*
Paperback *das*
Papeterie *die*
Papier *das*
papieren

paar / Paar

paar = einige

*ein **paar** Mark ausgeben*
*mit ein **paar** Freunden ausgehen*
*ein **paar** nette Worte sprechen*

Paar = zwei Zusammengehörige

*ein neues **Paar** Schuhe*
*ein **Paar** weiße Söckchen*
*dem glücklichen **Paar** gratulieren*

Papierkorb *der*
die Papierkörbe
Papierserviette *die*
Papiertaschentuch *das*
die Papiertaschentücher
Papiertiger *der*
Pappe *die*
Pappbecher *der*
Pappenstiel *der*
Pappkarton *der*
Pappmaschee* / Pappmaché *das*
Pappschachtel *die*
Pappteller *der*
Pappel *die*
Pappelallee *die*
päppeln
Paprika *der*
Paprikaschote *die*
Papst *der*
die Päpste
päpstlich
Papsttum *das*
Papyrus *der*
die Papyri

par

Parabel *die*
Parabelstruktur *die*
Parabolantenne *die*
Parabolspiegel *der*
Parade *die*
Parademarsch *der*
Paradeuniform *die*
paradieren
Paradeiser *der*
Paradentose / Parodontose *die*
Paradies *das*
paradiesisch
Paradiesvogel *der*
die Paradiesvögel
Paradigma *das*
die Paradigmen
paradigmatisch
paradox
Paradox *das*
paradoxerweise
Paradoxon *das*
Paraffin *das*
Paragraph / Paragraf* *der* (§)
paragraphieren / paragrafieren*
Parallaxe *die*
parallel
parallel laufen
*parallel laufend**
Parallele *die*
Parallelfall *der*
Parallelismus *der*
Parallelität *die*
Parallelogramm *das*
Parallelprojektion *die*
Parallelschaltung *die*
Paralyse *die*
paralysieren
paralytisch
Parameter *der*
paramilitärisch
Paranoia *die*
paranoid
Paranoiker/in
Paranuss* *die*
die Paranüsse
paraphieren
Paraphrase *die*
paraphrasieren
Parapsychologie *die*
Parasit *der*
parasitär
parat
Parataxe *die*
Paravent *der*
parboiled
Pärchen *das*
Parcours *der*
Pardon *der/das*

pare

Parenthese *die*
Pareo *der*
Parfait *das*
Parforcejagd *die*
Parfum / Parfüm *das*
Parfümeur *der*
Parfümflasche *die*
parfümieren
pari
Parität *die*
paritätisch
Paria *der*
parieren
Park *der*
Parkanlage *die*
Parkbank *die*
die Parkbänke
Parka *der/die*

Park-and-ride-System *das*
parken
Parkhaus *das*
die Parkhäuser
Parkleuchte *die*
Parklücke *die*
Parkplatz *der*

die Parkplätze
Parkscheibe *die*
Parksünder *der*
Parkuhr *die*
Parkverbot *das*
Parkett *das*
Parkettleger *der*
Parkinsonkrankheit* *die*
parkinsonsche Krankheit *die*
Parlament *das*
Parlamentarier/in
parlamentarisch
Parlamentarismus *der*
Parlamentsbeschluss* *der*
die Parlamentsbeschlüsse
Parlamentsdebatte *die*
Parlamentssitzung *die*
parlieren
Parmesankäse *der*
Parodie *die*
parodieren
parodistisch
Parodentose/ Paradentose* *die*
Parole *die*
Paroli *das*
Paroli bieten
Pars pro toto *das*

part

Parte *die*
Partei *die*
Parteibuch *das*
die Parteibücher
Parteichef *der*
Parteidisziplin *die*
Parteifreund *der*
Parteifunktionär *der*
Parteigenosse *der*
parteiisch
parteilich
parteilos
Parteimitglied *das*
Parteipolitik *die*
Parteipräsidium *das*
Parteiprogramm *das*
Parteisekretär *der*
Parteitag *der*
Parterre *das*
Parterrewohnung *die*
Partie *die*
partiell
Partikel *die/das*
partikular/partikulär
Partikularismus *der*
Partisan/in
die Partisanen
Partisanenkrieg *der*
partitiv
Partitur *die*
Partizip *das*
Partizip Perfekt
Partizip Präsens
Partizipation *die*
partizipieren
Partner/in
Partnerschaft *die*
partnerschaftlich
partout
Party *die*
Partyservice *der*
Parzelle *die*

pas

Pascha *der*
Paschaallüren
paschen
Pas de deux *der*
Paso doble *der*
Paspel *die/der*
Pass* *der*
die Pässe
*der Brennerpass**
*der Reisepass**
Passbild* *das*
Passfoto* *das*
Passkontrolle* *die*
passabel
Passacaglia *die*
Passage *die*
Passagier *der*
Passagierflugzeug *das*
Passagierliste *die*
Passant/in
Passahfest *das*
Passat *der*
Passatwind *der*
Passe *die*
passee*/passé
passen
passt, passte*, hat gepasst**
passend
Passepartout *das/der*
passieren
Was ist passiert?
Passierschein *der*
Passion *die*
passioniert
Passionsfrucht *die*
Passionsspiel *das*
passiv
das passive Wahlrecht
Passiv *das*
Passivität *die*
Paste/Pasta *die*
pastös
Pastete *die*
Pastell *das*

Pastellfarbe *die*
Pastellmalerei *die*
pasteurisieren
Pastille *die*
Pastor/in
pastoral
Pastorat *das*
pastös

pat

Patchwork *das*

Pate *der*
Patin *die*
Patengeschenk *das*
Patenkind *das*
Patenonkel *der*
Patenschaft *die*
Patentante *die*
patent
Patent *das*
Patentamt *das*
Patentanwalt *der*
die Patentanwälte
patentieren
Patentlösung *die*
Patentrecht *das*
Patentrezept *das*
Patentschutz *der*
Pater *der*
patrimonial
Paternoster *der* (Aufzug)
das (Gebet)
Pathetik *die*
pathetisch
Pathos *das*
Pathologie *die*
pathologisch
Patience *die*
Patient/in
Patin *die*
Patina *die*
patinieren
Patisserie *die*
Patnareis *der*
Patriarch *der*
patriarchalisch
Patriarchat *das*
Patriot/in
patriotisch
Patriotismus *der*
Patrizier/in
Patron *der*
Patronat *das*
Patrone *die*
Patronenhülse *die*
Patrouille *die*
Patrouillenboot *das*
Patrouillengang *der*
die Patrouillengänge
patrouillieren
Patsche *die*
patschen
patschnass*
Patt *das*
Pattsituation *die*
Pattern *das*
patzen
Patzer *der*
patzig
Pauke *die*
Paukenschlag *der*
die Paukenschläge
Paukenwirbel
der
pausbackig/
pausbäckig
pauschal
Pauschale *die*
Pauschalpreis *der*
Pauschalreise *die*
Pauschalurteil *das*
Pauschbetrag *der*
die Pauschbeträge
Pause *die*
pausenlos
Pausenzeichen *das*
pausieren
pausen
durchpausen
Pauspapier *das*
Pavane *die*
Pavian *der*
Pavillon *der*
Pazifik *der*
pazifisch
Pazifischer Ozean
Pazifismus *der*
Pazifist/in
pazifistisch
PC (Personalcomputer) *der*

pe

Pech *das*
Pech haben
Pechkohle *die*
Pechnelke *die*
pechschwarz
Pechsträhne *die*
Pechvogel *der*
die Pechvögel
Pedal *das*
Pedant *der*
pedantisch
Pediküre *die*
Peeling *das*
Peepshow* *die*
Pegel *der*
Pegelstand *der*

die Pegelstände
peilen
Peilung *die*
Pein *die*
peinigen
Peiniger *der*
Peinigung *die*
peinlich
Peinlichkeit *die*
Peitsche *die*
peitschen
Peitschenhieb *der*
Peitschenstiel *der*
pejorativ
Pekinese *der*

pekuniär
Pelargonie *die*
Pelerine *die*
Pelikan *der*
Pelle *die*
pellen
Pellkartoffel *die*
Pelz *der*
pelzgefüttert
pelzig
Pelzjacke *die*
Pelzmantel *der*
die Pelzmäntel
Pelzmütze *die*

pen

Penalty *der*
PEN-Club *der* (poets, essayists, novelists)
Pendant *das*
Pendel *das*
pendeln
Pendeltür *die*
Pendeluhr *die*
Pendler/in
Pendule/Pendüle *die*
penetrant
penibel
Penis *der*
Penizillin/fachspr. **Penicillin** *das*
Pennäler *der*
Penne *die*
pennen
Penner *der*
Pension *die*
Pensionär/in
Pensionat *das*
pensionieren
Pensionierung *die*
Pensionsalter *das*
pensionsberechtigt
Pensum *das*
Pentagon *das*
Penthaus/Penthouse *das*
Pep *der*
Peperone *der*/Peperoni *die*
peppig
Pepita *der/das*
Pepitakostüm *das*
Pepsin *das*
Pepsinwein *der*
Peptidbindung *die*

per

per
per Eilboten
per ersten Januar
per Luftpost
Percussion/ Perkussion *die*
perdu
perfekt
Perfekt *das*
das Partizip Perfekt
Perfektion *die*
perfektionieren
perfid/perfide
Perfidie *die*
Perforation *die*
perforieren
Performance *die*
Performanz *die*
Pergament *das*
Pergamentpapier *das*
Pergola *die*
Periode *die*
periodisch
Peripetie *die* (Wendepunkt)
peripher
Peripherie *die*
Peripheriewinkel *der*
Periphrase *die*
Periskop *das*
Perkussion/ Percussion *die*
Perkussionsinstrument *das*
perkutan
Perle *die*
perlen
perlenbesetzt
Perlenfischer/in
Perlenkette *die*
Perlenkollier *das*
Perlhuhn *das*
die Perlhühner
Perlmutt *das*
Perlon *das*
Perlonstrumpf *der*
die Perlonstrümpfe

A B C D E F G H I J K L M N O **P** Q R S T U V W X Y Z

permanent
Permanenz *die*
Permutation *die*
per pedes (zu Fuß)
Perpendikel *der/das*
Perpetuum mobile *das*
perplex
Perplexität *die*
Persenning *die*
Persianer *der*
Persianermantel *der*
Persiflage *die*
Persiko *der*
Persipan *das*
Person *die*
die Personen
pro Person
Personal *das*
Personalausweis *der*
Personalcomputer *der* (PC)
Personalform *die*
Personalien
Personalityshow* *die*
Personalpronomen *das*
Personalrat *der*
die Personalräte
Personalunion *die*
personell
Personenkraftwagen *der* (Pkw/PKW)
Personenschaden *der*
die Personenschäden
Personifikation *die*
personifizieren
persönlich
persönliches Fürwort
Persönlichkeit *die*
Perspektive *die*
Perspektivenwechsel *der*
Perücke *die*
pervers
Perversion *die*
Perversität *die*
pervertieren
Perzeption *die*

pes

Peseta/Pesete *die*
Pessar *das*
Pessimismus *der*
Pessimist/in
pessimistisch
Pest *die*
Pestbeule *die*
Pestizid *das*
pestkrank
Pestkranke *der/die*
Petermännchen *das*
Petersilie *die*
Petersilienkartoffeln
Petition *die*
Petitionsausschuss* *der*
die Petitionsausschüsse
Petitionsrecht *das*
Petri Heil!
Petrochemie *die*
petrochemisch
Petroleum *das*
Petroleumlampe *die*
Petschaft *das*
Petticoat *der*
Petting *das*
petto
in petto
Petunie *die*
petzen
peu à peu

pf

Pfad *der*
Pfadfinder/in
Pfaffe *der*
Pfahl *der*
die Pfähle
Pfahlbau *der*
Pfahlmuschel *die*
Pfalz *die*
Pfand *das*
die Pfänder
Pfandbrief *der*
pfänden
Pfandflasche *die*
Pfändung *die*
Pfanne *die*
Pfannenstiel *der*
Pfannkuchen *der*
Pfarrer/in
Pfarramt *das*
die Pfarrämter
Pfarrhaus *das*
die Pfarrhäuser
Pfau *der*
Pfauenauge *das*
Pfauenfeder *die*
Pfauenrad *das*
Pfeffer *der*
Pfefferkuchen *der*
pfeffern
Pfefferoni *der*/
Pfefferone *der*/
die Pfefferoni
Pfeffersteak *das*
pfeffrig
Pfefferminz *das*
Pfefferminzlikör *der*
Pfefferminztee *der*
Pfeife *die*
pfeifen

pfeift, pfiff,
hat gepfiffen
Pfeifenraucher *der*
Pfeifenreiniger *der*
Pfeifentabak *der*
Pfeifkonzert *das*
Pfeifton *der*
die Pfeiftöne
Pfeil *der*
pfeilgerade
Pfeilschuss* *der*
die Pfeilschüsse
Pfeiler *der*
Pfennig *der*
Pfennigbetrag *der*
die Pfennigbeträge
pfenniggroß
Pfennigstück *das*
Pferch *der*
pferchen
einpferchen
Pferd *das*
Pferdeäpfel
Pferdefleisch *das*
Pferderennen *das*
Pferdeschwanz *der*
die Pferdeschwänze
Pferdestall *der*
die Pferdeställe
Pferdestärke (PS)
Pferdezucht *die*

pfi

Pfiff *der*
pfiffig
Pfifferling *der*

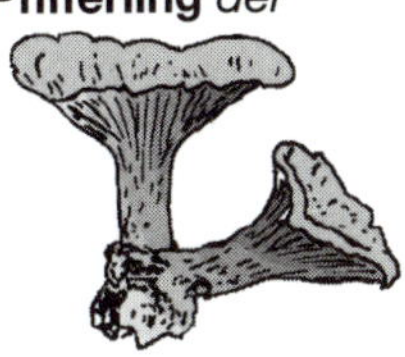

keinen Pfifferling
wert sein
Pfingsten *das*
Pfingstfest *das*
Pfingstochse *der*
Pfingstrose *die*
Pfingstsonntag *der*
Pfirsich *der*
Pfirsichbowle *die*
Pfirsichhaut *die*
Pflanze *die*
pflanzen
Pflanzenöl *das*
Pflanzenschutz *der*
Pflanzenschutz-
mittel *das*
pflanzlich
Pflanzung *die*
Pflaster *das*
pflastern
Pflasterstein *der*
Pflaume *die*
Pflaumenbaum *der*
die Pflaumenbäume
Pflaumenkuchen
der
Pflaumenmus *das*
pflaumenweich
Pflege *die*
pflegebedürftig
Pflegeeltern
Pflegeheim *das*
pflegeleicht
pflegen
Pfleger/in
Pflegeversicherung
die
Pflicht *die*
pflichtbewusst*
Pflichtbewusstsein*
das
pflichteifrig
Pflichterfüllung *die*
Pflichtfach *das*
die Pflichtfächer
Pflichtgefühl *das*
pflichtgemäß
pflichtschuldig
Pflichtteil *der*
pflichtvergessen
Pflichtverletzung *die*
Pflichtversicherung
die
pflichtwidrig
Pflock *der*
die Pflöcke
pflocken
pflöcken
pflücken
Pflücken *das*
Pflücksalat *der*
Pflug *der*
die Pflüge
pflügen
Pflugschar *die/das*
Pforte *die*
Pförtner/in
Pförtnerloge *die*
Pfosten *der*
Pfote *die*
Pfötchen *das*
Pfriem *der*
Pfropfen *der*
pfropfen
Pfründe *die*

pfu

Pfuhl *der*
pfui!
Pfui *das*
Pfuiruf *der*
Pfund *das*
ein Pfund Butter
Pfundnote *die*

Pfund Sterling *das*
pfundweise
pfuschen
Pfuscher *der*
Pfuscherei *die*
Pfütze *die*
PH (Pädagogische Hochschule)
Phalanx *die*
Phallus *der*
Phallussymbol *das*
Phänomen *das*
phänomenal
Phänotyp *der*
Phantasie / Fantasie* *die*
Phantom *das*
Phantombild *das*
Pharao *der*
die Pharaonen
Pharaonengrab *das*
die Pharaonengräber
pharaonisch
Pharisäer *der*
Pharmaindustrie *die*
Pharmakologie *die*
Pharmareferent / in
Pharmazeut / in
pharmazeutisch
Phase *die*
Phasenverschiebung *die*
phasig
einphasig
Phenol *das*
Phenylgruppe *die*

phi

Philanthropie *die*
Philatelie *die*
Philatelist / in
philatelistisch
Philharmonie *die*
Philharmoniker / in
philharmonisch
Philister *der*
philisterhaft
Philodendron *der / das*
Philologie *die*
philologisch
Philosoph / in
Philosophie *die*
philosophieren
philosophisch
Phiole *die*
Phlegma *das*
phlegmatisch
Phlox *der / die*
Phobie *die*
Phonem *das*
Phonetik *die*
phonetisch
Phönix *der*
Phonzahl / Fonzahl* *die*
Phosphat *das*
phosphathaltig
Phosphor *der* (P)
phosphoreszieren
Phosphorsäure *die*
Photographie / Fotografie *die*
Photoalbum / Fotoalbum *das*
die Photoalben / Fotoalben
photogen / fotogen
Photokopie / Fotokopie *die*
Photosynthese / Fotosynthese *die*
Photon *das*
Phrase *die*
phrasenhaft
phrasieren
phrenetisch
pH-Wert *der*
Physik *die*
physikalisch
Physiker / in
Physikum *das*
Physiognomie *die*
physiognomisch
Physiologie *die*
physiologisch
Physis *die*
physisch

pi

Pi *das*
Piaffe *die*
Pianist / in
Piano *das*
Pianoforte *das*
Piccolo / Pikkolo *der*
Picke *die*
Pickel *der*
Pickelhaube *die*
picklig
picken
Picknick *das*
picknicken
Picknickkorb *der*
die Picknickkörbe
picobello
Piefke *der*
piekfein
Piep / Pieps *der*
keinen Piep mehr sagen
piepen
Piepen *das*
piepsen
piepsig
Pier *der / die*
Pieta / Pietà *die*

Pietät *die*
pietätlos
Pietätlosigkeit *die*
pietätvoll
Pietismus *der*
pietistisch
Pigment *das*
Pigmentfleck *der*
pigmentieren
Pigmentierung *die*
Pik *das* (Spielkartenfarbe)
der (Bergspitze)
Pikass* *das*
pikant
Pikanterie *die*
pikanterweise
Pike *die*
piken
pikieren
pikiert
Pikkolo/Piccolo *der*
Pikkoloflasche *die*
Pikkoloflöte *die*
Piktogramm *das*

pil

Pilaster *der*
Pilger *der*
Pilgerfahrt *die*
pilgern
Pilgerstab *der*
Pille *die*
Pillenschachtel *die*
Pilot/in
Pilotanlage *die*
Pilotenschein *der*
Pils *das* (Bier)
Pilsener *das*
Pilz *der* (Gewächs)
Pilzgericht *das*
Pilzsammler/in
Pilzvergiftung *die*
Piment *der/das*
Pimpf *der*
Pinakothek *die*
pingelig
Pingpong *das*
Pinguin *der*
Pinie *die*
Pinienkern *der*
Pinienzapfen *der*
pink
Pink *das*
in Pink
pinkeln
Pinne *die*
Pinnwand *die*
die Pinnwände
Pinocchio *der*
Pinscher *der*
Pinsel *der*
pinseln
Pinselstiel *der*
Pinte *die*
Pin-up-Girl *das*
Pinzette *die*
Pionier *der*
Pioniergeist *der*
Pionierzeit *die*
Pipe *die*
Pipeline *die*
Pipette *die*
Pips *der*
Piranha/Piraya *der*
Pirat *der*
Piratenschiff *das*
Piroge *die* (Schiff)
Pirol *der*
Pirouette *die*
Pirsch *die*
pirschen
pissen
Pissoir *das*
Pistazie *die*
Piste *die*
Pistole *die*
Pistolenschuss* *der*
die Pistolenschüsse
Piston *das*
pitschenass*
pittoresk
Piz *der*
Piz Buin
Piz Palü
Pizza *die*
Pizzeria *die*
Pizzikato *das*
Pkw/PKW *der* (Personenkraftwagen)

pl

Placebo *das*
Placeboeffekt *der*
placken
sich placken
plädieren
Plädoyer *das*
Plafond *der*
Plage *die*
plagen
sich plagen
Plagerei *die*
Plagiat *das*
Plaid *das/der*
Plakat *das*
plakativ
Plakatwerbung *die*

Plakette *die*
Plan *der*
die Pläne
planen
Planfigur *die*
planlos
planmäßig
Planspiel *das*
Planstelle *die*
Planung *die*
Planwirtschaft *die*
Planziel *das*
Plane *die*
Planwagen *der*
planen
Planet *der*
Planetarium *das*
Planetensystem *das*
Planetoid *der*
planieren
Planierung *die*
Planke *die*
plänkeln
Plankton *das*
planlos
planmäßig
Planschbecken *das*
planschen/plantschen
Plantage *die*
plappern
Plaque *die*
plärren
Plasma *das*
Plasmaphysik *die*
Plastik *die* (Bildwerk)
das (Material)
Plastikfolie *die*
Plastiktragetasche
die
Plastilin *das*
plastisch
Plastizität *die*

plat

Platane *die*

Platanenblatt *das*
die Platanenblätter
Plateau *das*
Platin *das*
Platine *die*
Platitude*/Plattitüde*
die
platonisch
plätschern
platt
platt drücken
Plättbrett *das*
Plattdeutsch *das*
plätten
Plattfuß *der*
die Plattfüße
plattfüßig
Platte *die*
Plattenspieler *der*
Plattentektonik *die*
Platz *der*
die Plätze
Platz finden
Platz machen
Platzanweiser *der*
platzieren*
Platzierung* *die*
Platzmangel *der*
platzsparend
Platzverweis *der*
platzen
Platzregen *der*
Platzwunde *die*
plaudern
Plauderstündchen *das*
Plauderton *der*
plauschen
plausibel
Play-back*/Playback
das
Playboy *der*
Play-off *das*
die Play-off-Runde
Plazenta *die*
Plazet *das*
das Plazet geben
(plazieren > platzieren*)

ple

Plebejer *der*
plebejisch
Plebs *der* /*die*
Plebiszit *das*
plebiszitär
Pleite *die*
p ...
pleite sein
P ...
*Pleite gehen**
geht Pleite,*
ging Pleite,*
*ist Pleite gegangen**
Pleite machen
Pleitegeier *der*
Plenarsaal *der*
Plenarsitzung *die*
Plenum *das*
Pleonasmus *der*
pleonastisch
Pleuelstange *die*
Plexiglas *das*
Plissee *das*
Plisseerock *der*
die Plisseeröcke

plissieren
Plockwurst *die*
die Plockwürste
Plombe *die*
plombieren
Plot *der/das*
Plotter *der*
Plötze *die*
plötzlich

plu

Pluderhose *die*
pludern
Plumeau *das*
plump
eine plumpe Fälschung
Plumpsack *der*
plumpsen
Plunder *der*
Plunderstück *das*
Plunderteig *der*
plündern
Plünderung *die*
Plural *der*
Pluralendung *die*
Pluraletantum *das*
Pluralismus *der*
pluralistisch
Pluralität *die*
plus
p ...
plus 2 Grad
2 plus 2
P ...
das Plus
ein großes Plus
Plus-Minus-Regel *die*
Pluspol *der*
Pluspunkt *der*
Pluszeichen *das* (+)
Plüsch *der*
Plüschsessel *der*
Plüschtier *das*
Plusquamperfekt *das*
plustern
sich aufplustern
Plutonium *das* (Pu)
PLZ (Postleitzahl)
pneumatisch
Po/Popo *der*
Pöbel *der*
pöbelhaft
Pöbelhaftigkeit *die*
pochen
pochieren
Pocken
Pockenimpfung *die*
Pochennarben
Pockenvirus *der*
die Pockenviren
pockig
Pocketkamera *die*
Podest *das*
Podium *das*
Podiumsdiskussion *die*
Poesie *die*
Poesiealbum *das*
die Poesiealben
Poet *der*
Poetik *die*
poetisch
Pogrom *der/das*
Pointe *die*
pointieren
Pokal *der*
Pokalspiel *das*
Pokalwettbewerb *der*
Pökel *der*
Pökelfleisch *das*
Pökelhering *der*
pökeln
Poker *das*
pokern
Pokern *das*
Pokerspiel *das*

pol

Pol *der*
der Nordpol
der Südpol
polar
Polareis *das*
Polarexpedition *die*
Polarforscher *der*
Polargebiet *das*
polarisieren
Polarisierung *die*
Polarität *die*
Polarkreis *der*
Polarstern *der*
Polaroidkamera *die*
Polder *der*
Polemik *die*
polemisch
polemisieren
Polen
Pole *der*
Polin *die*
polnisch
Polenta *die* (Maisgericht)
Police/Polizze *die*
die Versicherungspolice
Polier *der*
polieren
Poliermittel *das*
Politur *die*
Poliklinik *die*
Polio *die*
Poliomyelitis *die*
Politesse *die*

A B C D E F G H I J K L M N O **P** Q R S T U V W X Y Z

Politik *die*
Politiker/in
Politikum *das*
politisch
politisieren
Politologie *die*
Politur *die*
Polizei *die*
Polizeiauto *das*
Polizeibeamter *der*
Polizeifunk *der*
Polizeihund *der*
polizeilich
Polizeischutz *der*
Polizist/in
Polizze/Police *die*
Polka *die*
Pollen *der*
Poller *der*
Polo *das*
Polohemd *das*
Polospiel *das*
Polonäse/Polonaise *die*
Polster *das*
Polstergarnitur *die*
Polstermöbel
polstern
Polsterung *die*
poltern
Polterabend *der*
Polyacryl *das*
Polyamid *das*
Polyäthylen/(fachspr.) Polyethylen *das*
polychrom
Polyeder *das*
Polyester *der*
polygam
Polygamie *die*
polyglott
polymer
Polymer *das*
Polymerisation *die*
Polynom *das*
Polyp *der*
polypenartig
Polyphonie/Polyfonie* *die*
Polysem *das*

pom

Pomade *die*
pomadig
Pomeranze *die*
Pommes frites
Pomp *der*
pompös
Pompon *der*
Poncho *der*
Pontifex maximus *der*
Pontifikat *das*
Pontonbrücke *die*
Pony *das* (Pferd)
der (Frisur)
Ponyreiten *das*
Pool *der*
der Swimmingpool
Poolbillard *das*
Pop *der*
*Popart**
Popfarbe *die*
Popfestival *das*
Popmusik *die*
poppig
Popsänger/in
Popanz *der*
Popcorn *das*
Popel *der*
Popelin *der*/**Popeline** *der/die*
Popo *der*
poppig
populär
Popularität *die*
populärwissenschaftlich
Populist *der*
Pore *die*
porentief
porig
Pörkel/Pörkelt/Pörkölt *das*
Porno *der*
Pornographie/Pornografie* *die*
pornographisch/pornografisch*
porös
Porphyr *der*
Porree *der*
Porsche *der*
Portable *der/das*
Portal *das*
Porta Westfalica *die*
Portefeuille *das*
Portemonnaie/Portmonee* *das*
Portier *der*
Portion *die*
portionsweise
Porto *das*
Portokasse *die*
portopflichtig
Porträt *das*
Porträtaufnahme *die*
porträtieren
Porträtmaler/in
Porträtzeichnung *die*
Portugal
Portugiese *der*
Portugiesin *die*
portugiesisch
Portugieser *der* (Wein)
Portwein *der*

Porzellan *das*
Porzellanladen *der*
die Porzellanläden
Porzellanmanufaktur *die*
Porzellanteller *der*

pos

Posament *das*
Posaune *die*

Posaunenbläser *der*
Posaunenengel *der*
Posaunist/in
Pose *die*
posieren
Positur *die*
Position *die*
positiv
Positiv *der* (Grammatik)
das (Foto)
Positivismus *der*
positivistisch
Positron *das*
die Positronen
Positur *die*
Posse *die*
possenhaft
Possenreißer *der*
possessiv
Possessivpronomen *das*
possierlich
Post *die*
postalisch
Postamt *das*
die Postämter
Postbeamte *der*
Postbote *der*
Postfach *das*
die Postfächer
Postgiroamt *das*
Posthorn *das*
Postkarte *die*
postlagernd
Postleitzahl *die* (PLZ)
Postscheck *der*
Postsparbuch *das*
die Postsparbücher
Poststempel *der*
Postvollmacht *die*
postwendend
Postwertzeichen *das*
Postwurfsendung *die*
Postament *das*
Posten *der*
Posten stehen
postieren
Poster *das/der*
posthum/postum
Postillion *der*
Postillon d'Amour *der*
postmodern
Postmoderne *die*
Postskript(um) *das*
Postulat *das*
postum/posthum

pot

potent
Potentat *der*
Potenz *die*
Potenzial*/Potential *das*
potenziell*/potentiell
potenzieren
Potpourri *das*
Pott *der*
Pottasche *die*
Pottwal *der*
Poularde *die*
Poulet *das*
Pour le Mérite *der*
Power *die*
Powerplay *das*

pr

PR (Publicrelations* / Public Relations)
PR-Abteilung *die*
Prä *das*
das Prä haben
Präambel *die*
Pracht *die*
prächtig
Prachtstück *das*
prachtvoll
Prädestination *die*
prädestiniert
Prädikat *das*
prädikativ
Prädikativsatz *der*
die Prädikativsätze
Prädikatsnomen *das*
Prädikatswein *der*
Präfation *die*
Präfekt *der*
die Präfekten
Präfektur *die*
Präferenz *die*
präferenziell*/präferentiell
Präferenzliste *die*
Präfix *das*
Präfixbildung *die*
prägen
Prägestock *der*
die Prägestöcke

Prägung *die*
Pragmatik *die*
pragmatisch
Pragmatismus *der*
prägnant
Prägnanz *die*
prähistorisch
prahlen
Prahler/in
Prahlerei *die*
prahlerisch
präjudizieren
praktikabel
Praktikant/in
Praktiker/in
Praktikum *das*
die Praktika
praktisch
praktizieren
Prälat *der*
Praline *die*
Pralinee *das*
prall
prallen
zusammenprallen
Präludium *das*
Prämie *die*
prämienbegünstigt
Prämienzahlung *die*
prämieren
Prämierung *die*
Prämisse *die*
pränatal
prangen
Pranger *der*
Pranke *die*
Prankenhieb *der*
Präparat *das*
präparieren
Präposition *die*
präpositional
Präpositionalobjekt *das*
Prärie *die*
Präriegras *das*

pras

Präsens *das* (Gegenwart)
Präsenspartizip *das*
präsent
etwas präsent haben
präsent sein
Präsentation *die*
präsentieren
Präsenz *die*
Präsent *das* (Geschenk)
Präsentkorb *der*
die Präsentkörbe
Präsentation *die*
präsentieren
Präsenz *die* (Anwesenheit)
Präsenzliste *die*
Präsenzpflicht *die*
Präservativ *das*
Präses *der*
Präsident/in
präsidial
Präsidium *das*
präskriptiv
prasseln
prassen
präsumtiv
Prätendent/in
prätentiös
Präteritum *das*
Prävention *die*
präventiv
Präventivkrieg *der*
Präventivmedizin *die*
Präventivschlag *der*
Praxis *die*
praxisbezogen
praxisfern
praxisgerecht
praxisnah
Präzedenzfall *der*
die Präzedenzfälle
präzis/präzise
präzisieren

Präsens – Präsenz

Gegenwart: ***Präsens***

*Partizip Präsen**s***
*im Präsen**s** schreiben*
*der Text steht im Präsen**s***

Anwesenheit: ***Präsenz***

*die Präsen**z** des Direktors*
*die Präsen**z**pflicht*
*die Präsen**z**bibliothek*

Präzision *die*
Präzisionswaage *die*

pre

Précis *der*
predigen
Prediger *der*
Predigt *die*
Preis *der*
Preisangabe *die*
Preisanstieg *der*
Preisausschreiben *das*
preisbewusst*
Preiserhöhung *die*
Preisermäßigung *die*
Preis-Leistungs-Verhältnis *das*
Preissenkung *die*
Preisstabilität *die*
Preissteigerungsrate *die*
Preisstopp *der*
Preistreiber *der*
Preisvergleich *der*
Preiselbeere *die*
preisen
preist, pries, hat gepriesen
preisgeben
gibt preis, gab preis, hat preisgegeben
preisgebunden
preisgünstig
preiswert
prekär
die Lage ist prekär
prellen
Prellung *die*
Prélude *das*
Premier *der*
Premiere *die*
Premierminister *der*

pres

Presbyter *der*
preschen
Presse *die*
Presseagentur *die*
Pressebericht *der*
Presseerklärung *die*
Pressefreiheit *die*
Pressekonferenz *die*
Presseschau *die*
Pressezentrum *das*
pressen
Pressluft* *die*
pressieren
Pression *die*
Prestige *das*
Prestigegewinn *der*
Prestigesache *die*
Prestigeverlust *der*
preziös/pretiös
Preziosen/Pretiosen
preußisch
preußischblau

pri

prickeln
prickelnd
Priel *der*
Priem *der*
pries (preisen)
Priester/in
Priesterseminar *das*
Priesterweihe *die*
prima
Primadonna *die*
Primaner/in
primär
Primärenergie *die*
Primärfarbe *die*
Primarstufe *die*
Primas *der*
Primat *der/das*
Primel *die*
primitiv
Primitivität *die*
Primiz *die*
Primizfeier *die*
Primiziant *der*
Primus *der*
Primus Inter Pares*
Primzahl *die*
Printe *die*
Aachener Printen
Printer *der*
Printmedien
Prinz *der*
Prinzengarde *die*
Prinzenpaar *das*
Prinzessin *die*
die Prinzessinnen
Prinzgemahl *der*
Prinzip *das*
die Prinzipien
prinzipiell
Prior/in
Priorität *die*
Prioritätenliste *die*
Prise *die*
Prisma *das*
die Prismen
Pritsche *die*
pritschen
privat
*von privat**
Privatadresse *die*
Privatangelegenheit *die*
Privataudienz *die*
Privatbesitz *der*
Privatdozent/in
Privatgespräch *das*

privatisieren
Privatisierung *die*
Privatklinik *die*
Privatmann *der*
die Privatleute
Privatpatient/in
Privatsache *die*
Privatsender *der*
Privatvergnügen *das*
privat versichert*
Privatwohnung *die*
Privileg *das*
privilegieren
privilegiert

pro

pro
das Pro und Kontra
Proband/in *der/die*
probat
Probe *die*
Probealarm *der*
Probeaufnahme *die*
Probefahrt *die*
Probe fahren*
fährt Probe
ist Probe gefahren
proben
Probeseite *die*
probeweise
Probezeit *die*
probieren
das Probieren
Problem *das*
Problematik *die*
problematisch
problematisieren
Problembewusst-sein* *das*
Problemerörterung *die*
problemlos
Procedere/Prozedere *das*
Producer *der*
Produkt *das*
Produktion *die*
Produktionskosten *die*
Produktionsmittel *das*
Produktionsstätte *die*
produktiv
Produktivität *die*
Produzent *der*
produzieren
Prof. (Professor)
profan
Profanbau *der*
die Profanbauten
Professionalität *die*
professionell
Professor/in
Professur *die*
Profi *der*
Profiboxer *der*
Profifußball *der*
profihaft
Profil *das*
profilieren
sich profilieren
Profilierung *die*
profillos
Profit *der*
profitabel
profitieren
Profitstreben *das*
pro forma
profund
Progesteron *das*
Prognose *die*
prognostisch
prognostizieren
Programm *das*
Programmänderung *die*
programmatisch
programmgemäß
Programmhinweis *der*
programmieren
Programmmusik*/
Programm-Musik* *die*
Progression *die*
progressiv
Prohibition *die*
Projekt *das*
Projektgruppe *die*
Projektil *das*
Projektion *die*
Projektor *der*
projizieren
Proklamation *die*
proklamieren
pro Kopf
Pro-Kopf-Verbrauch *der*
Prokura *die*
in Prokura
Prokurator *der*
Prokurist/in

prol

Prolegomena
Prolet *der*
Proletariat *das*
Proletarier/in
proletarisch
Prolog *der*
Promenade *die*
promenieren
Promille *das*
Promillegrenze *die*
prominent
Prominente *der/die*
Prominenz *die*

Promiskuität *die*
Promoter *der*
Promotion *die*
promovieren
prompt
Pronomen *das*
die Pronomen/Pronomina
das Personalpronomen
das Relativpronomen
pronominal
Pronominaladverb *das*
prononciert
Propädeutik *die*
propädeutisch
Propaganda *die*
Propagandamaterial *das*
Propagandasendung *die*
propagandistisch
propagieren
Propan *das*
Propangas *das*
Propeller *der*
Propellerflugzeug *das*
proper
Prophet *der*
prophetisch
prophezeien
Prophezeiung *die*
prophylaktisch
Prophylaxe *die*
Proportion *die*
proportional
umgekehrt proportional
Proporz *der*
Proposition *die*
proppenvoll
Propst *der*
Propstei *die*

pros

Prosa *die*
prosaisch
Prosatext *der*
Proseminar *das*
prosit!/prost!
Prosodie *die*
Prospekt *der/das*
prospektiv
Prosperität *die*
Prostata *die*
Prostituierte *die*
Prostitution *die*

prot

Protagonist/in
protegieren
Protektion *die*
Protein *das*
Protektion *die*
Protektionalismus *der*
Protektor *der*
Protest *der*
Protestaktion *die*
Protestdemonstration *die*
protestieren
Protestkundgebung *die*
Proteststreik *der*
Protestwähler *der*
Protestant/in
protestantisch
Protestantismus *der*
protestieren
Prothese *die*
Prothesenträger *der*
Protokoll *das*
Protokollant/in
protokollieren
Proton *das*
Protonenübertragung *die*
Protoplasma *das*
Prototyp *der*
protzen
Protzerei *die*
Provenienz *die*
Proviant *der*
Provinz *die*
provinziell
Provision *die*
Provisionsbasis *die*
provisionsfrei
provisorisch
Provisorium *das*
Provitamin *das*
Provokateur *der*
Provokation *die*
provokativ
provozieren
Prozedere/Procedere *das*
Prozedur *die*
Prozent *das* (%)
Prozentsatz *der*
die Prozentsätze
prozentual
Prozentzahl *die*
Prozess* *der*
prozessbevollmächtigt*
Prozessgegner/in*
prozessieren
Prozesskosten* *die*
Prozession *die*
Prozessor *der*
prozyklisch

prüde
Prüderie *die*
prüfen
Prüfer/in
Prüfling *der*
Prüfung *die*
Prüfungsangst *die*
die Prüfungsängste
Prüfungsfach *das*
die Prüfungsfächer
Prüfungskommission *die*
Prügel
Prügelknabe *der*
prügeln
Prügelstrafe *die*
Prünelle *die*
Prunk *der*
prunken
Prunkgemach *das*
prunkliebend
prunklos
Prunksitzung *die*
Prunkstück *das*
prunkvoll
prusten

ps

PS (Pferdestärke)
PS-stark
Psalm *der*
Psalmist *der*
Psalter *der*
PSchA (Postscheckamt)
pseudo
Pseudokrupp *der*
Pseudonym *das*
pseudowissenschaftlich
Psyche *die*
psychedelisch
Psychiater/in
Psychiatrie *die*
psychiatrisch
psychisch
Psychoanalyse *die*
Psychodrama *das*
Psychogramm *das*
Psychologe/in
Psychologie *die*
psychologisch
Psychopath/in
psychopathisch
Psychopharmakon *das*
die Psychopharmaka
Psychose *die*
Psychotherapeut/in
psychotherapeutisch
Psychothriller *der*
ptolemäisch
PTT (Post, Telefon, Telegraf)

pu

Pub *das/der* (Gaststätte)
pubertär
Pubertät *die*
Pubertätszeit *die*
pubertieren
Publicity *die*
publicityscheu
Publicrelations*/ Public Relations
publik
publik machen
Publikation *die*
publizieren
Publizist/in
Publizistik *die*
Publizität *die*
Publikum *das*
Publikumsgeschmack *der*
Publikumsverkehr *der*
publikumswirksam
Puck *der*
Pudding *der*
Puddingpulver *das*
Pudel *der*
Pudelmütze *die*
pudelwohl
Puder *der/das*
Puderdose *die*
pudern
sich pudern
Puderzucker *der*
Puff *der/das*
puffen
Puffer *der*
Pufferzone *die*
Pulk *der*
Pulli *der*
Pullover *der*
Pullunder *der*
Pulpa *die*
pulpös
Puls *der*
Pulsader *die*
Pulsar *der*
pulsieren
Pult *das*
Pulver *das*
Pulverfass* *das*
Pulverkaffee *der*
Pulverschnee *der*
pulvertrocken
Puma *der*
pummelig/pummlig
Pump *der*
auf Pump leben

Pumpe *die*
pumpen
Pumpwerk *das*
Pumpernickel *der*
Pumphose *die*
Pumps *der*
die Pumps anziehen
Pumuckl *der*
Punchingball *der*
Punchingbälle
Punkt *der*
*um Punkt 8 Uhr**
Pünktchen *das*
punktgleich
punktieren
Punktmenge *die*
Punktrichter *der*
punktschweißen
punktuell
Punktzahl *die*
pünktlich
Pünktlichkeit *die*
Punsch *der*
Punschglas *das*
die Punschgläser
punzen
Punzhammer *der*
punzieren
Pup/Pups(er) *der*
pupen / pupsen
Pupille *die*
Pupillenerweiterung *die*
Puppe *die*
Püppchen *das*
Puppenspiel *das*

Punkt

Nach einem Aussagesatz steht ein Punkt.

Das Wetter ist schlecht.
Es wird kalt.
Verena zieht sich warm an.

Aussagesatz

Nach Ordnungszahlen steht ein Punkt.

1. Bundesliga
9. Klasse
5. 11. 1995

Ordnungszahl

Nach vielen Abkürzungen steht ein Punkt.

Dr. *Nr.*
gez. *Str.*
i. A. *usw.*

Abkürzung

Kein Punkt steht nach Überschriften, Buch- und Zeitungstiteln.

Süddeutsche Zeitung
Der deutsche Aufsatz
Wilhelm Tell

Kein Punkt steht nach Grüßen und Unterschriften.

Hochachtungsvoll
Mit freundlichen Grüßen
Viele herzliche Grüße

Puppenstube *die*
pur
Purismus *der*
puristisch
Püree *das*
pürieren
puritanisch
Purpur *der*
purpurfarben
Purpurmantel *der*
purpurn
purpurrot
Purpurschnecke *die*
Purzelbaum *der*
die Purzelbäume
purzeln
pushen/puschen*
Pusselarbeit *die*
pusseln
pusslig*
Puste *die*
Pusteblume *die*
pusten
Pustel *die*
Puszta* *die*

put

Pute *die*
Puter *der*
puterrot
Putsch *der*
putschen
Putschist *der*
Putschversuch *der*
Putte *die*
Putz *der*
putzen
Putzfrau *die*
Putzlappen *der*
Putzmittel *das*
putzig
Puzzle *das*
Puzzlespiel *das*
PVC *das* (Polyvinylchlorid)

py

Pygmäe *der*
pygmäenhaft
Pyjama *der/das*
Pyjamahose *die*
Pyjamajacke *die*
Pylon *der*
Pylone *die*
Pyramide *die*

pyramidenförmig
Pyramidenstumpf *der*
die Pyramidenstümpfe
Pyromane / in
Pyrotechnik *die*
Pyrrhussieg *der*
Pythagoras
der Lehrsatz des Pythagoras
pythagoreisch
Python *der*

Q

Quacksalber *der*
Quacksalberei *die*
Quaddel *die*
Quader *der/die*
Quadrant *der*
Quadrat *das*
quadratisch
Quadratkilometer *der* (km^2)
Quadratmeter *der* (m^2)
Quadratur *die*
Quadratwurzel *die*
Quadratzentimeter *der* (cm^2)
Quadriga *die*
Quadrille *die*
Quai *der/das*/**Kai** *der*
quaken/quäken
Quäker/in
Qual *die*
quälen
sich quälen
Quälerei *die*
qualvoll
Qualifikation *die*
qualifizieren
sich qualifizieren
qualifiziert
Qualität *die*
qualitätsbewusst*
Qualitätskontrolle *die*
Qualitätsunterschied *der*
Qualitätswein *der*
Qualle *die*

Qualm *der*
qualmen
qualvoll

Quantentheorie *die*
Quantität *die*
quantitativ
Quantum *das*
*das Quäntchen**
*ein Quäntchen**
Glück
*quäntchenweise**
Quarantäne *die*
Quark *der*
Quarkkuchen *der*
Quarkspeise *die*
Quart / Quarte *die*
Quartal *das*
quartal(s)weise
Quartett *das*
Quartier *das*
Quarz *der*
quarzhaltig
Quarzit *der*
Quarzuhr *die*
Quasar *der*
quasen
quasi
quasseln
Quaste *die*
Quastenflosser *der*
Quästur *die*
Quatsch *der*
quatschen

que

Quecke *die*
Quecksilber *das* (Hg)
Quecksilberdampf *der*
die Quecksilber-dämpfe
quecksilberhaltig
Quecksilbersäule *die*
Quecksilbervergiftung *die*
Queen *die*
Quelle *die*
quellen *(einweichen)*
quellt, quellte, ist gequellt
(schwellen)
quillt, quoll, ist gequollen
Quellenangabe *die*
Quellgebiet *das*
Quellwasser *das*
quengeln
quenglig
(Quentchen > Quäntchen*)
quer
*quer gehen**
*quer gestreift**
*quer legen**
*quer schießen**
*quer stehen**
*quer stellen**
kreuz und quer
Querbalken *der*
querbeet
Querdenker *der*
Quere *die*
in die Quere kommen
querfeldein
Querflöte *die*
Querformat *das*
Querschnitt *der*
Querstraße *die*
Quertreiber *der*
Querverbindung *die*
Querelen
Querulant / in
querfeldein
querfeldein laufen
Quetsche *die*
quetschen
Quetschung *die*
Queue *das / der*

qui

Quiche *die*
quick
quicklebendig
Quickstepp* *der*
quieken
quietschen
quietschvergnügt
quillt (quellen)
Quilt *der*
Quint / Quinte *die*
Quintessenz *die*
Quintett *das*
Quirl *der*
quirlen
quirlig
quitt
Quitte *die*
quittegelb
Quittengelee *das*
quittieren
Quittung *die*
Quiz *das*
Quizfrage *die*
Quizmaster *der*
Quodlibet *das*
quoll (quellen)
Quorum *das*
Quote *die*
Quotenregelung *die*
Quotient *der*
die Quotienten

R

Rabatt *der*
Rabattmarke *die*
Rabatte *die*
eine Blumenrabatte
Rabatz *der*
Rabatz machen
Rabauke *der*
Rabbi *der*
Rabbiner *der*
Rabe *der*
rabenschwarz
rabiat
Rabulist *der*

rac

Rache *die*
Racheakt *der*
Rachegedanke *der*
rächen
sich rächen
Rächer *der*
rachsüchtig
Rachen *der*
Rachenentzündung *die*
Rachenkatarr(h)* *der*
Rachitis *die*
rachitisch
Racke / Rake* *die*
rackern
Racket / Rakett *das*
Raclette *die / das*

rad

Rad *das*
die Räder
*Rad fahren**
*Rad schlagen**
Rädchen *das*
radeln
Radfahren *das*
Radfahrer / in
Radkappe *die*
Radlermaß *die*
Radstand *der*
die Radstände
Radtour *die*
Radweg *der*
Radar *der / das*
Radarfalle *die*
Radargerät *das*
Radarkontrolle *die*
Radarschirm *der*
Radau *der*
Radaumacher *der*
Rädelsführer *der*
radeln
Radetzkymarsch *der*
Radi *der*
radial
Radialreifen *der*
radieren
Radiergummi *der*
Radierung *die*
Radieschen *das*
radikal
Radikale *der / die*
radikalisieren
Radikalisierung *die*
Radikalismus *der*
Radikalist *der*
Radikalität *die*
Radikalkur *die*
Radio *das*
Radioapparat *der*
Radiogerät *das*
Radioprogramm *das*
Radiosender *der*
radioaktiv
Radioaktivität *die*
Radiologie *die*
Radium *das* (Ra)
radiumhaltig
Radius *der*

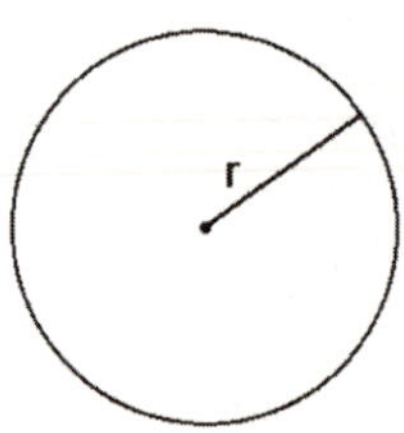

Radix *die*
Radon *das* (Rn)

---

r

Deutlich sprechen – richtig schreiben!

~~*(Fahrad)*~~	*Fahr**r**ad*
~~*(mein Patner)*~~	*mein Pa**r**tner*
~~*(maschieren)*~~	*ma**r**schieren*
~~*(alamieren)*~~	*ala**r**mieren*
~~*(vorangig)*~~	*vo**rr**angig*
~~*(sich infomieren)*~~	*sich info**r**mieren*

raffen
Raffgier *die*
raffgierig
Raffinade *die*
Raffinerie *die*
raffinieren
Raffinesse *die*
raffiniert
Rage *die*
in Rage bringen
ragen
Raglan *der*
Raglanärmel
Ragout *das*
Ragout fin / Ragoût fin
Ragtime *der*

rah

Rah / Rahe *die*
Rahm *der*
rahmig
Rahmsoße *die*
rahmen
Rahmen *der*
im Rahmen bleiben
Rahmenbedingungen
Rahmenerzählung *die*
Rahmenprogramm *das*
Rahmenvereinbarung *die*
Rahmung *die*
Rahne *die*
Rahsegel *das*
Raiffeisenbank *die*
Rain *der*
räkeln / rekeln
sich räkeln
Rakete *die*
Raketenangriff *der*
Raketenantrieb *der*
Raketenbasis *die*
die Raketenbasen
Raketentriebwerk *das*
Raki *der*
Rallye *die / das*
Rallyefahrer *der*
Ramadan *der*
Rambo *der*
rammen
Rammbock *der*
die Rammböcke
Rampe *die*
Rampenlicht *das*
ramponieren
Ramsch *der*
ramschen
Ramschware *die*

ran

ran (heran)
Ranch *die*
Rancher *der*
Rand *der*
die Ränder
zu Rande / zurande * *kommen*
Randbemerkung *die*
Randerscheinung *die*
Randgebiet *das*
Randgruppe *die*
Randnotiz *die*
randvoll
Randale *die*
Randale machen
randalieren
Randalierer / in
rändeln
rang (ringen)
Rang *der*
die Ränge
Rangfolge *die*
ranggleich
Ranghöchste *der / die*
Rangordnung *die*
Rangunterschied *der*
Rangelei *die*
rangeln
Ranger *der*
rangieren
Rangierbahnhof *der*
die Rangierbahnhöfe
Rangierlokomotive *die*
ranhalten
hält sich ran, hielt sich ran, hat sich rangehalten
rank
rank und schlank
Rank *der* (Kniff)
die Ränke
den Rank finden
Ränke schmieden
Ranke *die*
ranken
sich ranken
rankommen
kommt ran, kam ran, ist rangekommen
ranlassen
lässt * *ran, ließ ran, hat rangelassen*
rann (rinnen)
rannte (rennen)
Ranunkel *die*
Ranzen *der*

ranzig

rap

Rap *der*/**Rapping** *das*
rapid/rapide
Rappe *der* (schwarzes Pferd)
rappeln
rapp(e)lig
Rappen *der* (Rp.)
100 Rappen
Rapport *der*
Raps *der*
Rapsfeld *das*
Rapsöl *das*
Rapünzchen *das*
Rapunzel die
rar
Rarität *die*
rasant
Rasanz *die*
rasch
rascheln
rasen
rasend
Raser *der*
Rasen *der* (Gras)
Rasenfläche *die*
Rasenmäher *der*
rasieren
sich rasieren
Rasierapparat *der*
Rasiercreme/ Rasierkrem(e) *die*
Rasierer *der*
Rasierklinge *die*
Rasierpinsel *der*
Rasierseife *die*
Rasierzeug *das*
Rasur *die*
Räson *die*
jemanden zur Räson bringen
räsonieren
Raspel *die*
raspeln
Rasse *die*
Rassehund *der*
Rassendiskriminierung *die*
Rassenhass* *der*
Rassepferd *das*
rasserein
rassig
rassisch
Rassismus *der*
Rassist *der*
rassistisch
Rassel *die*
Rasselbande *die*
Rast *die*
rasten
Rasthaus *das*
die Rasthäuser
rastlos
Rastlosigkeit *die*
Raststätte *die*
Raster *der/das*
Rasterfahndung *die*
Rastermikroskop *das*
Rasur *die*

rat

Rat *der*
die Räte (Personen)
*Rat suchen**
*Rat suchend**
die Rat Suchenden/ Ratsuchenden*
zu Rate/zurate ziehen*
raten
rät, riet, hat geraten
Ratgeber *der*
Rathaus *das*
die Rathäuser
ratlos
ratsam
Ratschlag *der*
die Ratschläge
ratschlagen
Ratsherr *der*
die Ratsherren
Ratssitzung *die*
Ratatouille *die/das*
Rate *die*
Ratenzahlung *die*
Ratifikation *die*
ratifizieren
Ratifizierung *die*
Ratio *die*
rational
rationale Zahlen
rationalisieren
Rationalisierung *die*
Rationalisierungsmaßnahme *die*
Rationalismus *der*
Rationalität *die*
rationell
Ration *die*
rationieren
Rationierung *die*
ratlos
rätoromanisch
ratsam
Ratschlag *der*
die Ratschläge
Rätsel *das*
rätselhaft
rätseln
Rätselraten *das*
Rattan *das*
Rattanmöbel
Ratte *die*

Rattenbekämpfung *die*
Rattengift *das*
Rattenschwanz *der*
die Rattenschwänze
rattern

rau

rau*
Rauheit* *die*
Raufaser* *die*
Raufasertapete* *die*
Rauhaardackel* *der*
Rauputz* *der*
Raureif* *der*
Raub *der*
Raubbau *der*
rauben
Räuber *der*
räuberisch
Raubkatze *die*
Raubmord *der*
Raubritter *der*
Raubvogel *der*
die Raubvögel
Rauch *der*
rauchen
Rauchfahne *die*
rauchig
Rauchverbot *das*
Rauchvergiftung *die*
Rauchwaren
Rauchwolke *die*
räuchern
Räucheraal *der*
Räucherkammer *die*
Räucherlachs *der*
Räucherschinken *der*
Räude *die*
räudig
rauf (herauf)
Raufbold *der*
raufen
Rauferei *die*
rauflustig
(rauh > rau*)
Raum *der*
die Räume
Raumaufteilung *die*
Raumausstatter *der*
Raumfahrt *die*
raumgreifend
Rauminhalt *der*
Raumkapsel *die*
räumlich
Raummangel *der*
Raumpflegerin *die*
Raumschiff *das*
raumsparend
räumen
Räumung *die*
Räumungsklage *die*
raunen
Raunen *das*
Raupe *die*
Raupenbagger *der*
Raupenfahrzeug *das*
Raupenfraß *der*
raus (heraus)
Rausch *der*
die Räusche
Rauschgift *das*
rauschgiftsüchtig
rauschhaft
rauschen
rauscharm
rauschend
räuspern
sich räuspern
Räuspern *das*
rauswerfen
wirft raus, warf raus, hat rausgeworfen
Raute *die*
rautenförmig
Ravioli
Rayon *der*
Razzia *die*
die Razzien

re

Reader *der*
Reagenzglas *das*
die Reagenzgläser
reagieren
Reaktion *die*
Reaktionsgleichung die
Reaktionszeit *die*
reaktionär
reaktivieren
Reaktor *der*
Reaktorblock *der*
die Reaktorblöcke
Reaktorunfall *der*
die Reaktorunfälle
real
Realien
Realisation *die*
realisierbar
realisieren
Realisierung *die*
Realismus *der*
magischer/poetischer/sozialistischer Realismus
Realist *der*
realistisch
Realität *die*
Realitätssinn *der*
Realitätsverlust *der*
Reallohn *der*
Realschule *die*
Reanimation *die*
Rebe *die*

Rebensaft *der*
Reblaus *die*
Rebsorte *die*
Rebstock *der*
die Rebstöcke
Rebell/in
rebellieren
Rebellion *die*
rebellisch
Rebhuhn *das*
die Rebhühner
Rebound *der*
Rebus *der/das*

rec

Receiver *der*
Rechaud *der/das*
rechen (harken)
Rechen *der*
Rechenschaft *die*
Rechenschafts-
bericht *der*
Recherche *die*
recherchieren
rechnen
Rechenaufgabe *die*
Rechenfehler *der*
Rechenmaschine *die*
Rechenschritt *der*
Rechnen *das*
Rechner *der*
rechnerisch
Rechnung *die*
Rechnungshof *der*
die Rechnungshöfe
Rechnungsnummer
die
Rechnungswesen
das
recht
r ...
das geschieht ihm
recht
das ist mir recht
es recht machen
R ...
das Recht
mit Recht
ohne Recht
zu Recht
*Recht behalten**
*Recht bekommen**
Recht finden
*Recht geben**
*Recht haben**
Recht sprechen
recht tun
ein Recht haben
im Recht sein
das Rechte tun
du bist mir der
Rechte
an den Rechten
kommen
nichts Rechtes kön-
nen
von Rechts wegen
Rechte *die*
auf der Rechten
zur Rechten
Rechteck *das*
rechteckig
rechtens
*es ist rechtens**
*für rechtens halten**
rechtfertigen
Rechtfertigung *die*
Rechtfertigungs-
versuch *der*
Rechthaber *der*
Rechthaberei *die*
rechthaberisch
rechtlich
rechtlos
Rechtlosigkeit *die*
rechtmäßig
Rechtmäßigkeit *die*

rechts

rechts
von rechts
nach rechts
Rechtsabbieger *der*
Rechtsanwalt *der*
die Rechtsanwälte
Rechtsanwältin *die*
Rechtsanwalts-
kanzlei *die*
Rechtsanwalts-
praxis *die*
Rechtsbeistand *der*
die Rechtsbeistände
Rechtsberater/in
Rechtsbrecher/in
Rechtsbruch *der*
die Rechtsbrüche
rechtsbündig
rechtschaffen
Rechtschaffenheit
die
Rechtschreibfehler
der
Rechtschreibung *die*
Rechtsempfinden *das*
rechtsextrem
Rechtsextremismus
der
rechtsextremistisch
Rechtshänder/in
rechtshändig
rechtsherum
rechtskräftig
Rechtskurve *die*
Rechtsmittel-
belehrung *die*
Rechtsnachfolge *die*

Rechtsnachfolger/in
Rechtsordnung *die*
Rechtspartei *die*
Rechtsprechung *die*
rechtsradikal
rechtsrheinisch
rechtsrum
Rechtsschutz *der*
Rechtsschutzversi-cherung *die*
Rechtssicherheit *die*
Rechtsstaat *der*
rechtsstaatlich
Rechtsstaatlichkeit *die*
Rechtsstreit *der*
rechtsverbindlich
Rechtsverkehr *der*
Rechtsverletzung *die*
rechtswidrig
rechtswirksam
Rechtswissenschaft *die*
rechtwinklig
das rechtwinklige Dreieck
rechtzeitig
Reck *das* (Turngerät)
recken
sich recken
Reckstange *die*
Recorder/Rekorder *der*
recyceln
Recycling *das*
Recyclingpapier *das*
Recyclingverfahren *das*

red

Redakteur/in
Redaktion *die*
redaktionell
Rede *die*
eine Rede halten
Rede und Antwort stehen
erlebte / direkte / indirekte Rede
Redeeinleitung *die*
Redefreiheit *die*
redegewandt
Redekonstellation *die*
reden
Redensart *die*
Redewendung *die*
Redezeit *die*
Redner/in
Rednerliste *die*
Rednerpult *das*
Rednerrolle *die*
redselig
redigieren
redlich
Redlichkeit *die*
Redoute *die*
Redoxreaktion *die*
Reduktion *die*
Reduktionsmittel *das*
redundant
Redundanz *die*
reduzieren
Reduzierung *die*
Reede *die* (Ankerplatz)
Reeder *der*
Reederei *die*
reell
Reep *das*
Reeperbahn *die*
Reet *das*
Reetdach *das*
die Reetdächer
Refektorium *das*
Referat *das*
Referent/in
referieren
Referendar/in
Referendariat *das*
Referendum *das*
Referenz *die* (Empfeh-lung)
reflektieren
Reflexion *die*
Reflex *der*
Reflexbewegung *die*
reflexiv
Reflexivpronomen *das*
Reform *die*
reformbedürftig
Reformbestrebun-gen
Reformer *der*
reformfreudig
Reformhaus *das*
die Reformhäuser
Reformpolitik *die*
Reformation *die*
Reformationsfest *das*
reformatorisch
reformiert
Refrain *der*
Refugium *das*

reg

Regal *das*
Regalbrett *das*
Regatta *die*
Regattastrecke *die*
rege
regen
sich regen bringt Segen
reglos

regsam
Regung *die*
regungslos
Regel *die*
Regelfall *der*
Regelkreis *der*
regellos
regelmäßig
Regelmäßigkeit *die*
regeln
regelrecht
Regelung *die*
regelwidrig
Regelwidrigkeit *die*
Regen *der*
regenarm
Regenbogen *der*
Regenbogenfarben
Regenguss* *der*
die Regengüsse
Regenmantel *der*
die Regenmäntel
regennass*
regenreich
Regenschauer *der*
Regenschirm *der*
Regentropfen *der*
Regenwald *der*
die Regenwälder
Regenwasser *das*
Regenwetter *das*
Regenwolke *die*
Regenwurm *der*
die Regenwürmer
Regenzeit *die*
regnen
regnerisch
Regeneration *die*
regenerieren
sich regenerieren
Regent/in
Regentschaft *die*
Regie *die*
Regieanweisung *die*
Regisseur/in
regieren
der Regierende Bürgermeister
Regierung *die*
Regierungsbezirk *der*
Regierungschef *der*
Regierungserklärung *die*
regierungsfreundlich
Regierungskrise *die*
Regierungsrat *der*
die Regierungsräte
Regierungssprecher/in
Regierungsumbildung *die*
Regierungswechsel *der*
Regierungszeit *die*
Regime *das*
Regimekritiker/in
Regiment *das*
Regimentsstab *der*
Region *die*
regional
Regisseur/in
Register *das*
Registratur *die*
registrieren
Registrierung *die*
Reglement *das*
reglementieren
Reglementierung *die*
Regler *der*
reglos
regnen
Regress* *der*
Regressanspruch* *der*
*die Regressansprüche**
Regression *die*
regressiv
regsam
Regsamkeit *die*
regulär
Regulation *die*
regulieren
Regulierung *die*
Regung *die*
regungslos

reh

Reh *das (Tier)*
die Rehe
Rehbock *der*
die Rehböcke
Rehbraten *der*
rehbraun
Rehkeule *die*
Rehkitz *das*
Rehrücken *der*
Rehabilitation *die*
Rehabilitationsklinik *die* (Reha-Klinik)
rehabilitieren

rei

reiben
reibt, rieb, hat gerieben
Reibung *die*
Reibungselektrizität *die*
reibungslos
Reibungsverlust *der*
reich
r ...
reich sein
*reich verziert**
R ...

*Arm und Reich**
der Reiche
Reichtum *der*
Reich *das*
das Römische Reich
Reichsadler *der*
Reichsgründung *die*
Reichskanzler *der*
Reichstag *der*
reichen
Reichweite *die*
reichhaltig
Reichhaltigkeit *die*
reichlich
Reichtum *der*
die Reichtümer
reif
Reife *die*
die mittlere Reife
reifen
Reifeprüfung *die*
reiflich
Reifung *die*
Reif *der* (gefrorener Tau)
Reifglätte *die*
Reifen *der*
Reifenpanne *die*
Reifenwechsel *der*
Reigen *der*
Reihe *die*
der Reihe nach
an der Reihe sein
reihen
Reihenfolge *die*
Reihenhaus *das*
die Reihenhäuser
reihenweise
reihum
Reihung *die*
Reihungsstil *der*
Reiher *der*
Reim *der*
reimen
reimlos
Reimschema *das*
Reimwort *das*
die Reimwörter

rein

rein
r ...
rein halten
rein machen
rein seiden/reinseiden*
R ...
*im Reinen sein**
*ins Reine bringen**
*ins Reine schreiben**
Reinemachen *das*
Reinerlös *der*
Reingewinn *der*
Reinhaltung *die*
Reinheit *die*
Reinheitsgebot *das*
reinigen
sich reinigen
Reinigung *die*
Reinigungsmittel *das*
reinlich
Reinlichkeit *die*
Reinschrift *die*
Reineclaude*/ Reneklode *die*
Reinfall *der*
die Reinfälle
reinfallen
fällt rein, fiel rein, ist reingefallen
Reinkarnation *die*
reinkommen
kommt rein, kam rein, ist rein gekommen
reinlegen

reis

Reis *der*
Reisbrei *der*
Reisfeld *das*
Reiskorn *das*
die Reiskörner
Reiswein *der*
Reise *die*
Reiseandenken *das*
Reiseapotheke *die*
Reisebegleiter/in
Reisebekanntschaft *die*
Reisebericht *der*
Reisebeschreibung *die*
Reisebriefe
Reisebüro *das*
reisefertig
Reisefieber *das*
Reiseführer *der*
Reisegepäck *das*
Reisekosten
Reiseleiter/in
Reiselektüre *die*
reiselustig
reisen
Reisende *der/die*
Reisepass* *der*
die Reisepässe
Reiseroute *die*
Reiseverkehr *der*
Reisewecker *der*
Reisezeit *die*
Reiseziel *das*
Reisig *das*
Reisigbündel *das*
Reißaus

A B C D E F G H I J K L M N O P Q R S T U V W X Y Z

Reißaus nehmen
reißen
reißt, riss, hat gerissen*
Reißbrett *das*
reißend
reißfest
Reißverschluss* *der*
die Reißverschlüsse
Reißzwecke *die*
reiten
reitet, ritt, ist geritten
Reiter/in
Reiterstandbild *das*
Reithose *die*
Reitlehrer/in
Reitpeitsche *die*
Reitpferd *das*
Reitschule *die*
Reitstiefel *der*
Reitweg *der*
Reiz *der*
reizbar
reizen
reizend
Reizklima *das*
reizlos
Reizung *die*
reizvoll
Reizker *der*

rek

rekapitulieren
rekeln/räkeln
sich rekeln
Reklamation *die*
reklamieren
Reklame *die*
Reklameplakat *das*
Reklametrick *der*
Rekompensation *die*
rekompensieren
rekonstruieren
Rekonstruktion *die*
Rekonvaleszent/in
Rekonvaleszenz *die*
Rekord *der*
Rekordergebnis *das*
die Rekordergebnisse
Rekordhalter/in
Rekordmarke *die*
Rekordzeit *die*
Rekorder/Recorder *der*
Rekrut *der*
Rekrutenausbildung *die*
rekrutieren
rektal
Rektoskop *das*
Rektion *die*
Rektor/in
Rektorat *das*
rekultivieren
Rekultivierung *die*
rekurrieren
Rekurs *der*
Rekursion *die*
rekursiv
Relais *das*
Relaisstation *die*
Relation *die*
relativ
relativieren
Relativismus *der*
Relativität *die*
Relativitätsprinzip *das*
Relativpronomen *das*
Relativsatz *der*
die Relativsätze
relaxen
Relegationsspiel *das*
relegieren
relevant
Relevanz *die*
Relief *das*
reliefartig
Religion *die*
Religionsbekenntnis *das*
die Religionsbekenntnisse
religionslos
Religionsunterricht *der*
religiös
Relikt *das*
Reling *die*
Reliquie *die*
Reliquienschrein *der*
Relish *das*
Remake *das*
Reminiszenz *die*
Remis *das*
Remittende *die*
Remmidemmi *das*
Remoulade *die*
Remouladensoße *die*
rempeln

ren

Ren *das*
Rentier *das*
Rentierflechte *die*

Renaissance *die*

Renaissancestil *der*
renaturieren
Renaturierung *die*
Rendant *der*
Rendezvous/
Rendez-vous
(schweiz.) *das*
Rendite *die*
Renegat *der*
Reneklode/
Reineclaude *die*
renitent
Renitenz *die*
rennen
rennt, rannte,
ist gerannt
Rennen *das*
Renner *der*
Rennfahrer *der*
Rennpferd *das*
Rennrad *das*
die Rennräder
Rennstrecke *die*
Rennwagen *der*
Renommee *das*
renommiert
renovieren
Renovierung *die*
rentabel
Rentabilität *die*
rentieren
Rente *die*
Rentenalter *das*
Rentenempfänger/in
der/die
Rentenzahlung
die
Rentner/in *der/die*
Rentier *der* (Rentner)
das (Ren)
rentieren
sich rentieren
Reorganisation *die*
reorganisieren

rep

Reparation *die*
Reparationszahlung
die
Reparatur *die*
Reparaturannahme
die
Reparaturkosten
Reparaturwerkstatt
die
die Reparaturwerkstätten
reparieren
Repatriierung *die*
Repertoire *das*
Repetent/in *der/die*
repetieren
Repetitor/in
Repetitorium *das*
Replik *die*
replizieren
Report *der*
Reportage *die*
Reporter/in
Repräsentant/in
Repräsentanz *die*
Repräsentation *die*
repräsentativ
repräsentieren
Repressalie *die*
Repression *die*
repressiv
Reprint *der*
Reprise *die*
reprivatisieren
Repro *das/die*
Reproduktion *die*
reproduktiv
reproduzieren
Reptil *das*
die Reptilien
Republik *die*
die Bundesrepublik
republikanisch
Reputation *die*
Requiem *das*
requirieren
Requisit *das*
Requisite *die*
Requisiteur/in

res

Reseda *die*
resedafarben
Reservat *das*
Reservation *die*
Reserve *die*
Reserverad *das*
die Reserveräder
Reservespieler/in
der/die
Reservetank *der*
reservieren
reserviert
Reservierung *die*
Reservist *der*
Reservoir *das*
Residenz *die*
residieren
Resignation *die*
resignieren
resigniert
resistent
Resistenz *die*
resolut
Resolution *die*
Resonanz *die*
Resonanzboden
der
die Resonanzböden
Resopal *das*

resorbieren
Resorption *die*
resozialisieren
Resozialisierung *die*
Respekt *der*
respektabel
respektieren
respektlos
Respektlosigkeit *die*
Respektsperson *die*
respektive
Respiration *die*
Ressentiment *das*
Ressort *das*
Ressourcen
Rest *der*
Restbestand der die Restbestände
restlich
restlos
Restposten *der*
Restrisiko *das*
Restsumme *die*
Restzahlung *die*
Restaurant *das*
Restauration *die*
restaurativ
restaurieren
Restaurator/in
Restaurierung *die*
Restitution *die*
restlich
restlos
restriktiv
Resultat *das*
resultieren
Resümee *das*
resümieren

ret

retardieren
retardierendes Moment
retardierende Szene
Retorte *die*
retour
retournieren
Retrospektive *die*
retrovertiert
Retsina *der*
retten
Retter/in
Rettung *die*
Rettungsboot *das*
rettungslos
Rettungsring *der*
Rettungsschwimmer/in
Rettich *der*
Return *der*
Retusche *die*
retuschieren
Reue *die*
reuen
reuevoll
reuig
reumütig
Reuse *die*
reüssieren
Revanche *die*
revanchieren
sich revanchieren
Reverend *der* (Geistlicher)
Reverenz *die* (Ehrerbietung)
Revers *das/der*
reversibel
revidieren
Revier *das*
Revierförster *der*
Revirement *das*
Revision *die*
Revisionismus *der*
Revisionsverfahren *das*
Revolte *die*
revoltieren
Revolution *die*
revolutionär
Revolutionär/in
revolutionieren
Revoluzzer *der*
Revolver *der*
Revue *die*
Revuetheater *das*
Rezensent/in
Rezension *die*
rezent
Rezept *das*
Rezeptblock der
rezeptfrei
rezeptpflichtig
Rezeption *die*
rezeptiv
Rezession *die*
rezessiv
Rezipient/in
rezipieren
reziprok
Reziprozität *die*
Rezitativ *das*
Rezitation *die*
rezitieren

rh

Rhabarber *der*
Rhabarberkompott *das*
Rhapsodie *die*
Rhein *der*
Rheinfall *der*
Rheinland *das*
Rheinländer/in
rheinländisch

Rheinland-Pfalz
Rheinland-Pfälzer/in
rheinland-pfälzisch
Rhema *das*
Rhesus *der*
Rhesusaffe *der*
Rhesusfaktor *der*
(Rh-Faktor)
Rhetorik *die*
rhetorisch
rhetorische Figur
rhetorische Frage
Rheuma *das*
rheumatisch
Rheumatismus *der*
Rhinozeros *das*
die Rhinozerosse
Rhododendron *der/das*
Rhombus *der*

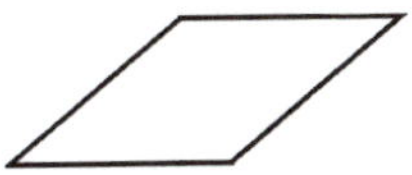

die Rhomben
Rhönrad *das*
Rhythmik *die*
rhythmisch
Rhythmus *der*

ri

ribbeln
Ribisel *die*
richten
Richter/in
Richterspruch *der*
Richtfest *das*
Richtkranz *der*
richtig
r ...
die Uhr geht richtig
die richtige Ent-scheidung
R ...
das Richtige tun
*es ist das Richtige**
*ich halte es für das Richtige**
richtig gehen
geht richtig,
ging richtig,
ist richtig gegangen
*eine richtig gehende Uhr**
eine richtiggehende Verschwörung
Richtigkeit *die*
richtig stellen*
Richtigstellung *die*
Richtlinie *die*
Richtlinienkompe-tenz *die*
Richtpreis *der*
Richtwert *der*
Richtung *die*
Richtung Osten
Richtungsänderung *die*
richtungslos
Richtungspfeil *der*
Ricke *die*

rie

rieb (reiben)
riechen
riecht, roch,
hat gerochen
Riecher *der*
Ried *das* (Schilf)
die (Nutzfläche)
Riedgras *das*
rief (rufen)
Riefe *die*
Riege *die*
Riegel *der*
riegeln
Riemen *der*
Riemchen *das*
rien ne va plus
Riese *der*
riesengroß
riesenhaft
Riesenrad *das*
die Riesenräder
Riesenslalom *der*
riesig
ich habe mich riesig gefreut
riesig groß
rieseln
Riesling *der*
riet (raten)
Riff *das*
riffeln
Rififi *das*
rigid/rigide
Rigidität *die*
rigoros
Rigorosität *die*
Rigorosum *das*
Rikscha *die*

Rille *die*
Rind *das*
Rinderbraten *der*
Rinderherde *die*
Rindfleisch *das*
Rindsleder *das*
Rindvieh *das*
Rinde *die*
Ring *der*
Ringelblume *die*

Ringfinger *der*
ringförmig
rings
Ringstraße *die*
ringsum
ringsunter
ringen
ringt, rang,
hat gerungen
Ringen *das*
Ringkampf *der*
die Ringkämpfe
rings
Rinne *die*
rinnen
rinnt, rann,
ist geronnen
Rinnsal *das*
die Rinnsale
Rinnstein *der*
Rippe *die*
Rippenfell *das*
Rippenfellentzün-
dung *die*
Rips *der*
Risiko *das*
risikobereit
Risikofaktor *der*
risikolos
riskant
riskieren
Risotto *der/das*
Rispe *die*
rispenförmig
Riss* *der*
rissig
Rist *der*
Ritt *der*
rittlings
Rittmeister *der*
Ritter *der*
Ritterburg *die*
ritterlich
Ritterlichkeit *die*
Ritterorden *der*
Ritterrüstung *die*
Rittersporn *der*
rittlings
Ritual *das*
rituell
Ritus *der*
die Riten
Ritze *die*
ritzen
Rivale *der*
Rivalin *die*
rivalisieren
Rivalität *die*
Riviera *die*
Rizinus *der*
Rizinusöl *das*
RNS (Ribonukleinsäure)
die

ro

Roadster *der*
Roastbeef *das*
Robbe *die*
Robbenfang *der*
Robbenjagd *die*
Robe *die*
Robinsonade *die*
Roboter *der*
roboterhaft
robust
Robustheit *die*
Rocaille *das/die*
roch (riechen)
Rochade *die*
rochieren
röcheln
Röcheln *das*
Rochen *der*
Rock *der*
die Röcke
Röckchen *das*
Rocksaum *der*
die Rocksäume
Rocktasche *die*
Rock and Roll/
Rock 'n' Roll *der*
Rockgruppe *die*
Rockkonzert *das*
Rockmusik *die*
Rocksänger/in
Rocker *der*
Rockerbande *die*
rodeln
Rodelbahn *die*
Rodelschlitten *der*
roden
Rodung *die*
Rodeo *der/das*
Rodonkuchen *der*
Rogen *der*
Roggen *der*
Roggenbrot *das*
Roggenbrötchen
das
Roggenfeld *das*
Roggenmehl *das*

roh

roh
im Rohen fertig
*sein**
Rohbau *der*
Rohheit* *die*
Rohkost *die*

Rohmaterial *das*
Rohstoff *der*
Rohzustand *der*
Rohr *das*
Rohrbruch *der*
die Rohrbrüche
Röhre *die*
Rohrleitung *die*
Rohrzucker *der*
röhren
Röhricht *das*
Röhrling *der*
Rokoko *das*
Rokokostil *der*

rol

Roland *der*
Rolandslied *das*
Rolladen *der*
die Rolläden
Rolladenkasten *der*
rollen
Rollbahn *die*
Rollbraten *der*
Rolle *die*
rollenförmig
Rollenkonflikt *der*
Rollenspiel *das*
Roller *der*
Rollfeld *das*
Rollkragen *der*
Rollkragenpullover *der*
Rollmops *der*
Rollreibungskraft *die*
Rollschinken *der*
Rollschuh *der*
Rollsplitt *der*
Rollstuhl *der*
die Rollstühle
Rolltreppe *die*
Rollo *das*
Romadur *der*
Roman *der*
Romanautor *der*
Romancier *der*
Romanfigur *die*
romanhaft
Romanik *die*
romanisch
Romanist/in
Romanistik *die*
Romantik *die*
Romantiker *der*
romantisch
Romantsch (Rätoromanisch) *das*
Romanze *die*
Römer *der*
römisch
römisch-katholisch (r. k., röm.-kath.)
Rommee*/Rommé *das*
Rondeau *das* (Gedichtform)
Rondell *das*
Rondo *das* (Tanzlied)
röntgen
Röntgenapparat *der*
Röntgenaufnahme *die*
Röntgenbild *das*
Röntgenröhre *die*
Röntgenstrahlen
Röntgenuntersuchung *die*
Roquefort *der*

ros

rosa
rosafarben
rosarot/rosa-rot
Rose *die*
Rosengarten *der*
die Rosengärten
Rosenkohl *der*
Rosenkranz *der*
die Rosenkränze
Rosenmontag *der*
Rosenstock *der*
die Rosenstöcke
Rosenstrauch *der*
die Rosensträucher
Rosenstrauß *der*
die Rosensträuße
Rosenwasser *das*
rosig
Rosé *der* (Wein)
Rosette *die*
Rosine *die*
Rosinenbrötchen *das*
Rosmarin *der*
Ross* *das*
die Rosse/Rösser
Rössel *das*
Rosshaar* *das*
Rosskastanie* *die*
Rosskur* *die*
Rost *der*
Rostbratwurst *die*
die Rostbratwürste
rosten
rösten
Rösterei *die*
Rostfleck *der*
rostfrei
röstfrisch
Rösti *die*
rostig
rostrot
Rostschutz *der*
rot
r . . .
*rot glühend**

rote Blutkörperchen
rote Karte
das rote Tuch
der rote Faden
R ...
bei Rot überqueren
das Rot
das Rote Kreuz
das Rote Meer
die Ampel steht auf Rot
Rotbarsch *der*
Rotbart *der*
rotblond
rotbraun/rot-braun
Rotbuche *die*
Rotdorn *der*
röten
rothaarig
Rothaut *die*
die Rothäute
Rotkäppchen *das*
Rotkehlchen *das*
Rotkohl *der*
Rotkraut *das*
Rotkreuzschwester *die*
rötlich
Rotschwänzchen *das*
Rotstift *der*
Rötung *die*
Rotwein *der*
Rotwild *das*
Rotwurst *die*
Rotary Club *der*
Rotation *die*
Rotationsprinzip *das*
rotieren
Röteln
röten
sich röten
Rotte *die*
Rotunde *die*
Rotwelsch *das*
Rotz *der*
Rotznase *die*

rou

Rouge *das*
Roulade *die*
Roulett(e) *das*
Route *die*
Routine *die*
Routineangelegenheit *die*
Routinekontrolle *die*
routinemäßig
Routinier *der*
routiniert
Rowdy *der*
Rowdytum *das*
royalistisch

ru

rubbeln
Rübe *die*
Rübenzucker *der*
Rubel *der*
rüber (herüber)
rüberkommen
kommt rüber,
kam rüber,
ist rübergekommen
Rubin *der*
rubinrot
Rubrik *die*
rubrizieren
ruchbar
ruchlos
Ruck *der*
ruckartig
rucken
rückbezüglich
rückbezügliches Fürwort
Rückblende *die*
Rückblick *der*
rücken
jemandem zu Leibe rücken
Rücken *der*
Rückenlehne *die*
Rückenmark *das*
Rückenschwimmen *das*
Rückenwind *der*
Rückgrat *das*
Rucksack *der*
Rückfahrkarte *die*
Rückfahrt *die*
Rückfall *der*
die Rückfälle
rückfällig
Rückflug *der*
die Rückflüge
Rückfrage *die*
rückfragen
Rückgabe *die*
Rückgang *der*
die Rückgänge
rückgängig machen
Rückgrat *das*
Rückgriff *der*
Rückhalt *der*
rückhaltlos
Rückhand *die*
Rückkehr *die*
rückkoppeln
Rückkopplung *die*
Rücklage *die*
rückläufig
Rücklicht *das*
rücklings

Rückmeldung *die*
Rückreise *die*
Rückruf *der*
Rucksack *der*
die Rucksäcke
Rückschau *die*
Rückschlag *der*
die Rückschläge
Rückschluss* *der*
Rückschlüsse ziehen
Rückschritt *der*
rückschrittlich
Rückseite *die*
rückseitig
Rücksicht *die*
Rücksichtnahme *die*
rücksichtslos
Rücksichtslosigkeit *die*
rücksichtsvoll
Rücksitz *der*
Rückspiegel *der*
Rücksprache *die*
Rücksprache nehmen
Rückstand *der*
die Rückstände
rückständig
Rückstellung *die*
Rückstoß *der*
die Rückstöße
Rückstrahler *der*
Rücktransport *der*
Rücktritt *der*
rückübersetzen
rückvergüten
Rückvergütung *die*
rückversichern
er rückversichert sich
Rückversicherung *die*
Rückwand *die*
die Rückwände
rückwärts
rückwärts fahren
Rückwärtsgang *der*
Rückweg *der*
rückwirkend
Rückwirkung *die*
rückzahlbar
Rückzahlung *die*
Rückzieher *der*
einen Rückzieher machen
Rückzug *der*
die Rückzüge
Rückzugsgefecht *das*

rud

rüde
Rüde *der*
Rudel *das*
rudelweise
Ruder *das*
Ruderboot *das*
Ruderer *der*
Ruderklub *der*
rudern
Rudiment *das*
rudimentär
Ruf *der*
rufen
ruft, rief,
hat gerufen
das Rufen
lautes Rufen
Rufer/in
Rufmord *der*
Rufname *der*
Rufnummer *die*
Rüffel *der*
rüffeln
Rugby *das*
Rüge *die*
rügen
rügenswert

ruh

Ruhe *die*
Ruhebedürfnis *das*
ruhebedürftig
Ruhegehalt *das*
die Ruhegehälter
ruhelos
ruhen
ruhen lassen*
lässt ruhen,*
ließ ruhen,
*hat ruhen lassen**
Ruhepause *die*
Ruhestand *der*
ruhestörend
Ruhestörung *die*
Ruhetag *der*
ruhig
ruhig bleiben
*ruhig stellen**
Ruhm *der*
ruhmbegierig
rühmen
sich rühmen
rühmenswert
rühmlich
ruhmreich
ruhmvoll
Ruhr *die*
rühren
Rührei *das*
rührend
rührig
Rührigkeit *die*
Rührlöffel *der*
rührselig
Rührung *die*
Ruin *der*

A B C D E F G H I J K L M N O P Q R S T U V W X Y Z

das wäre mein Ruin
Ruine *die*
ruinieren
ruinös
Ruländer *der*
rülpsen
rum (herum)
Rum *der*
Rumflasche *die*
Rumtopf *der*
Rumverschnitt *der*
Rumänien
Rumäne *der*
Rumänin *die*
rumänisch
Rumba *die*
Rummel *der*
rumoren
Rumpelkammer *die*
Rumpelstilzchen *das*
rumpeln
Rumpf *der*
die Rümpfe
Rumpfkreisen *das*
rümpfen
die Nase rümpfen
Rumpsteak *das*
rumsen
rums!
rumtreiben
treibt rum, trieb rum, hat rumgetrieben
sich rumtreiben
Rumtreiber/in

run

Run *der*
rund
rund sein
eine runde Sache
Rundblick *der*
Rundbogen *der*
die Rundbögen
Runde *die*
runderneuert
Runderneuerung *die*
Rundfahrt *die*
Rundfunk *der*
Rundgang *der*
die Rundgänge
rundheraus
rundlich
Rundreise *die*
Rundschau *die*
Rundschreiben *das*
Rundstricknadel *die*
Rundstück *das*
rundum
Rundung *die*
rundweg
Rundfunk *der*
Rundfunkanstalt *die*
Rundfunkkommentator/in
rundheraus
rundlich
rundum
rundweg
Rune *die*
Runenschrift *die*
Runkelrübe *die*
Runninggag* / Running Gag *der*
runter (herunter)
runterfallen
runterputzen
runterschlucken
Runzel *die*
runzeln
die Stirn runzeln
runzlig
Rüpel *der*
rüpelhaft
Rüpelhaftigkeit *die*
rupfen
ruppig

rus

Rüsche *die*
Rüschenbluse *die*
Rushhour* *die*
Ruß *der*
rußen
Rußfilter *der*
rußgeschwärzt
rußig
Rüssel *der*
rüsselförmig
Rüsselkäfer *der*
Russland*
Russe *der*
Russin *die*
russisch
russisch-orthodox
rüsten
sich rüsten
Rüstung *die*
Rüstungsindustrie *die*
Rüstungskontrolle *die*
Rüstzeug *das*
Rüster *die*
rüstig
Rüstigkeit *die*
rustikal
Rüstzeug *das*
Rute *die*
Rutengänger *der*
Rütlischwur *der*
rutschen
Rutschgefahr *die*
Rutschpartie *die*
rütteln

S

s (Sekunde)
s. (siehe)
s.o. (siehe oben)
S. (Seite)
s-förmig*/S-förmig
S-Kurve *die*
s-Laut* *der*
Saal *der*
die Säle
Saalbau *der*
die Saalbauten
Saarland *das*
Saarländer/in
saarländisch
Saat *die*
Saatgetreide *das*
Saatgut *das*
Saatkartoffeln
Saatkorn *das*
die Saatkörner
Sabbat *der*
sabbeln
Säbel *der*
Säbelrasseln *das*
Sabotage *die*
Sabotageakt *der*
Saboteur *der*
sabotieren

sac

Sacharin/fachspr. **Saccharin** *das*
Sache *die*
Sachbearbeiter/in
Sachbereich *der*
Sachbeschädigung *die*
sachdienlich
Sachfrage *die*
sachfremd
Sachgebiet *das*
sachgemäß
Sachkenntnis *die*
die Sachkenntnisse
sachkundig
Sachlage *die*
sachlich
sächlich
Sachlichkeit *die*
Sachverhalt *der*
Sachverständige *der/die*
Sachwert *der*
Sachertorte *die*
sächlich
Sachsen
Sachse *der*
Sächsin *die*
sächsisch
Sachsen-Anhalt
Sachsen-Anhalter/in//Sachsen-Anhaltiner/in
sachsen-anhaltisch/sachsen-anhaltinisch
sachte
Sack *der*
die Säcke
Sackbahnhof *der*
Säckchen *das*
Sackgasse *die*
Sackhüpfen *das*
Sackleinen *das*
sackweise
sacken
Sadismus *der*
Sadist/in
sadistisch
säen
Safari *die*
Safe *der/das*
Safeschlüssel *der*
Saffian *der*
Saffianleder *das*
Safran *der*
safrangelb
Saft *der*
die Säfte
saftgrün
saftig
saftlos

sag

Sage *die*
sagenhaft
Sagenkreis *der*
Säge *die*
Sägeblatt *das*
die Sägeblätter
Sägemehl *das*
sägen
Sägespäne
sagen
sage und schreibe
Bescheid sagen
die Wahrheit sagen
Sago *der/das*
sah (sehen)
Sahara *die*
Sahelzone *die*
Sahne *die*
Sahneeis *das*
Sahnesoße *die*
Sahnetorte *die*
sahnig
Saison *die*
saisonabhängig
saisonal
Saisonarbeiter/in
saisonbedingt
Saisonbeginn *der*
Saisonbetrieb *der*
Saite *die* (für Instrumente)

Saiteninstrument *das*
Sakko *der/das*
Sakkoanzug *der*
die Sakkoanzüge
sakral
Sakralbau *der*
die Sakralbauten
Sakrament *das*
Sakrileg *das*
Sakristei *die*
sakrosankt
Säkularisation *die*
Säkularisierung *die*

sal

Salamander *der*
Salami *die*
Salamitaktik *die*
Salär *das*
Salat *der*
Salatblatt *das*
die Salatblätter
Salatkopf *der*
die Salatköpfe
Salatplatte *die*
Salatschüssel *die*
Salbe *die*
salben
Salbung *die*
salbungsvoll
Salbei *der/die*
Salbeitee *der*
Saldo *der*
die Salden
saldieren
Saldoübertrag *der*
Saline *die*
Salinensalz *das*
Salizylsäure/fachspr. **Salicylsäure** *die*
Salm *der*
Salmiak *der/das*
Salmiakgeist *der*
Salmiaklösung *die*
Salmonellen
Salmonellose *die*
salomonisch
Salon *der*
salonfähig
Salonmusik *die*
Saloon *der* (Lokal im Westernstil)
salopp
Salpeter *der*
Salpetersäure *die*
salpetrige Säure
Salto mortale *der*
salü!
Salut *der*
salutieren
Salutschuss* *der*
die Salutschüsse
salvatorisch
Salve *die*
Salz *das*
salzarm
Salzbergwerk *das*
salzen
Salzgehalt *der*
salzhaltig
salzig
Salzkartoffel *die*
Salzsäure *die*
Salzstange *die*
Salzteig *der*
Salzwasser *das*

sam

Samariter *der*
Samba *die/der*
Samen *der*
Samenerguss* *der*
Samenflüssigkeit *die*
Samenkorn *das*
die Samenkörner
Samenzelle *die*
Sämerei *die*
Sämling *der*
sämig
sammeln
Sammelbestellung *die*
Sammelmappe *die*
Sammelsurium *das*
Sammeltasse *die*
Sammler/in
Sammlung *die*
Samowar *der*

Samstag *der* (vgl. S. 351)
am Samstag
an diesem Samstag
samstags
samstagsabends/
samstags abends
samt
samt und sonders
Samtgemeinde *die*
Samt/Sammet *der*
in Samt und Seide
samtartig

Samthandschuh *der*
Samthose *die*
Samtjacke *die*
samtweich
sämtlich
sämtliche Werke
Samurai *der*

san

Sanatorium *das*
die Sanatorien
Sanctus *das* (Messe)
Sand *der*
Sandbank *die*
die Sandbänke
sandig
Sandkasten *der*
die Sandkästen
Sandstein *der*
Sandstrand *der*
die Sandstrände
Sandwüste *die*
Sandale *die*
Sandalette *die*
Sandelholz *das*
sandig
sandte (senden)
Sandwich *das/der*
die Sandwichs/
Sandwiche
sanft
Sanftheit *die*
Sanftmut *die*
sanftmütig
Sänfte *die* (Tragstuhl)
Sänger/in
sanglos
Sangria *die*
sanguinisch
sanieren
Sanierung *die*
sanierungsbedürftig
sanitär
Sanitäreinrichtungen
Sanitäter *der*
Sanitätsdienst *der*
sank (sinken)
Sankt
Sankt Florian
Sankt Gallen
Sanktion *die*
sanktionieren
sann (sinnen)
Sansevierie *die*
Sanskrit *das*
Sanssouci
Saphir *der*
Saphirnadel *die*
Sarabande *die*
Sardelle *die*
Sardellenbutter *die*
Sardellenpaste *die*
Sardine *die*
Sardinenbüchse *die*
Sarg *der*
die Särge
Sargträger *der*
Sari *der*
Sarkasmus *der*
sarkastisch
Sarkophag *der*
saß (sitzen)

sat

Satan *der*
satanisch
Satellit *der*
Satellitenfernsehen
das
Satellitenfoto *das*
Satellitenstadt *die*
die Satellitenstädte
Satin *der*
Satinbluse *die*

sammeln
*Sa**mm**lung*
*Sa**mm**elmappe*
*Sa**mm**ler*
*gesa**mm**elte Werke*

insgesamt
*die Gesa**m**theit*
*sa**m**t und sonders*
*die Sa**m**tgemeinde*

sämtlich
*sä**m**tliche Werke*
*sä**m**tliche Angebote*

satinieren
Satire *die*
Satiriker *der*
satirisch
Satisfaktion *die*

satt

satt
sich satt essen
etwas satt haben
sättigen
Sättigung *die*
sattsam
Sattel *der*
Satteldecke *die*
sattelfest
satteln
Sattelschlepper *der*
Sattelzeug *das*
saturiert
Saturn *der*
Satyr *der*

Satyrspiel *das*
Satz *der*
die Sätze
Satzaussage *die*
Satzbau *der*
Satzbauplan *der*
Satzergänzung *die*
satzfertig
Satzfigur *die*
Satzgefüge *das*
Satzgegenstand *der*
die Satzgegen-
stände
Satzglied *das*
Satzkern *der*
Satzklammer *die*
Satzlehre *die*
Satzmuster *das*
Satzreihe *die*
Satzteil *der*
Satzverbindung *die*
satzweise
satzwertig
Satzzeichen *das*
Satzzusammenhang
der
Satzung *die*
satzungsgemäß

sau

Sau *die*
saublöd
Saubohne *die*
Sauerei *die*
Sauwetter *das*
sauwohl
sauber
sauber halten*
hält sauber,
hielt sauber,
*hat sauber gehalten**
Sauberkeit *die*
säuberlich
sauber machen*
säubern
sauber schreiben
Säuberung *die*
Sauce (fachspr.)
Soße *die*
Sauce béarnaise
Sauce hollandaise
Sauciere *die*
sauer
saurer Regen
gib ihm Saures
Sauerampfer *der*
Sauerkirsche *die*
Sauerkohl *der*
Sauerkraut *das*
säuerlich
Säuerling *der*
säuern
Sauerstoff *der*
sauerstoffhaltig
sauersüß
Sauerteig *der*
sauertöpfisch
saufen
säuft, soff,
hat gesoffen
Säufer *der*
Sauferei *die*
saugen
saugt, sog / saugte,
hat gesogen / ge-
saugt
säugen
Säugetier *das*
Saugkraft *die*
Säugling *der*
Säuglingspflege
die
Säule *die*
Säulengang *der*
Säulenhalle *die*
Säulenkaktus *der*
Saum *der*
die Säume
säumen
säumig
saumselig
Sauna *die*
saunen
Säure *die*
säurebeständig
säurefrei
säurehaltig
Säuremantel *der*

Saurier *der*
Saus
in Saus und Braus leben
säuseln
sausen
im Sauseschritt
Savoir-vivre *das*
Savanne *die*
Saxophon/ Saxofon* *das*
Saxophonist/in

sb

SB (Selbstbedienung)
SB-Tankstelle
S-Bahn *die* (Schnell-bahn)
S-Bahnhof *der*
S-Bahn-Wagen *der*
S-Bahn-Zug *der*
SBB (Schweizerische Bundesbahnen)
Sbrinz *der*

sc

Scampi
scannen
Scanner *der*
Schabe *die*
schaben
Schaber *der*
Schabernack *der*
schäbig
Schäbigkeit *die*
Schablone *die*
schablonenhaft
Schabracke *die*
Schach *das*
Schach spielen
jemanden in Schach halten
Schachbrett *das*
Schachcomputer *der*
Schachfigur *die*
Schachspiel *das*
Schachzug *der*
die Schachzüge
schachern
Schacht *der*
die Schächte
Schachtel *die*
Schachtelhalm *der*
schachten
schächten
schade
das ist schade
dafür zu schade sein
Schädel *der*
Schädelbruch *der*
Schädeldecke *die*
schaden
Schaden *der*
Schaden nehmen
zu Schaden kommen
Schadenersatz *der*
Schadenfreude *die*
schadenfroh
Schadensersatz *der*
Schadensfall *der*
die Schadensfälle
schadhaft
schädigen
Schädigung *die*
schädlich
Schädling *der*
Schädlingsbekämpfungsmittel *das*
schadlos
sich schadlos halten
Schadstoff *der*
schadstoffarm
Schadstoff-belastung *die*
Schadstoffemission *die*
Schaf *das*
Schäfchen *das*
Schäfer/in
Schäferhund *der*
Schäferstündchen *das*
Schaf(s)kälte *die*
Schafstall *der*
die Schafställe
Schafwolle *die*
Schafzucht *die*
Schaff *das* (Gefäß)
schaffen
(vollbringen)
schafft, schaffte, hat geschafft
(hervorbringen)
schafft, schuf, hat geschaffen
Schaffen *das*
Schaffensdrang *der*
Schaffenskraft *die*
Schaffner/in
Schafgarbe *die*
Schafott *das*
Schaft *der*
die Schäfte
Schah *der*
Schakal *der*
schäkern
schal
schales Bier
Schal *der*
die Schals/Schale
einen Schal um den Hals binden
Schale *die*
Schälchen *das*
schälen

Schalk *der*
die Schalke/Schälke
schalkhaft
Schall *der*
schalldämmend
schalldicht
schallen
schallt, schallte/scholl, hat geschallt
schallendes Gelächter
Schallmauer *die*
Schallplatte *die*
Schallwelle *die*
Schalmei *die*
Schalotte *die*
schalt (schelten)
schalten
Schalter *der*
Schalthebel *der*
Schaltjahr *das*
Schaltkreis *der*
Schaltsatz *der*
Schalttafel *die*
Schaltung *die*
Schaltzentrale *die*
Schaluppe *die*

scham

Scham *die*
schämen
sich schämen
Schamgefühl *das*
schamhaft
Schamhaftigkeit *die*
schamlos
Schamlosigkeit *die*
Schamane *der*
Schamott *der*
Schande *die*
Schande machen
zu Schanden/zuschanden werden*
schänden
Schandfleck *der*
schändlich
Schändung *die*
Schankbetrieb *der*
Schänke*/Schenke *die*
Schankkonzession *die*
Schanker *der*
harter Schanker
weicher Schanker
Schanze *die*
Schar *die*
scharen
scharenweise
Scharade *die*
Schäre *die* (Klippe)
Schärenküste *die*
scharf
schärfer, schärfste
Schärfe *die*
Scharfeinstellung *die*
schärfen
scharfmachen (aufhetzen)
scharf machen (schärfen)
Scharfrichter *der*
Scharfschütze *der*
Scharfsinn *der*
scharfsinnig
Scharia *die*
Scharlach *der*
Scharlachfieber *das*
scharlachrot
Scharlatan *der*
Scharm/Charme *der*
Scharmützel *das*
Scharnier *das*
Scharniergelenk *das*
Schärpe *die*
scharren
Scharte *die*
Scharteke *die*
scharwenzeln
Schaschlik *der/das*

schat

Schatten *der*
schattenhaft
schattenlos
Schattenmorelle *die*
Schattenregierung *die*
Schattenriss* *der*
Schattenseite *die*
schattieren
schattig
Schatulle *die*
Schatz *der*
die Schätze
Schatzkammer *die*
Schatzmeister *der*
schätzen
*etwas schätzen lernen**
schätzenswert
Schätzpreis *der*
Schätzung *die*
schätzungsweise
Schau *die*
Schaubild *das*
schauen
Schaufenster *das*
Schaufensterdekoration *die*
schaulustig
Schauplatz *der*
die Schauplätze
Schauspiel *das*

Schauspieler/in
Schauder *der*
schauderhaft
schaudern
Schauer *der*
schauerartig
Schauergeschichte *die*
schauerlich
schaurig
Schaufel *die*
Schaufelbagger *der*
schaufeln
Schaukel *die*
schaukeln
Schaukelpferd *das*
Schaukelstuhl *der*
die Schaukelstühle
Schaum *der*
Schaumbad *das*
die Schaumbäder
schäumen
Schaumgummi *der*
schaumig
Schaumkrone *die*
Schaumschläger *der*
Schaumstoff *der*
Schaumwein *der*
schaumig

sche

Scheck/Cheque/Check *der*
Scheckbuch *das*
die Scheckbücher
Scheckheft *das*
Scheckkarte *die*
scheckig
braunscheckig
scheel
scheel blicken
Scheffel *der*
scheffeln
scheffelweise
Scheibe *die*
Scheibenbremse *die*
Scheibenwischer *der*
Scheich *der*
Scheichtum *das*
Scheide *die*
Scheidenentzündung *die*
scheiden
scheidet, schied, ist/hat geschieden
Scheidung *die*
Scheidungsgrund *der*
die Scheidungsgründe
Schein *der*
Scheinargument *das*
scheinbar
scheinen
scheint, schien, hat geschienen
scheinheilig
scheintot
Scheinwerfer *der*
Scheiße *die*
scheißen
scheißt, schiss, hat geschissen*
Scheit *der*
ein Holzscheit
Scheitel *der*
scheiteln
Scheitelpunkt *der*
Scheitelwert *der*
Scheiterhaufen *der*
scheitern
scheitert, scheiterte, ist gescheitert
Schelf *der/das*
Schellack *der*
Schelle *die*
schellen
Schellfisch *der*
Schelm *der*
schelmisch
Schelte *die*
schelten
schilt, schalt, hat gescholten
Schema *das*
die Schemen
schematisch
schemenhaft
Schemel *der*

schen

Schenke/Schänke* *die*
Schenkel *der*
Schenkelhals *der*
Schenkelhalsbruch *der*
die Schenkelhalsbrüche
schenken
Schenkung *die*
scheppern
Scherbe *die*
Scherbenhaufen *der*
Schere *die* (zum Schneiden)

scheren
schert, schor/scherte, hat geschoren
sich scheren um
Scherenschnitt *der*

A B C D E F G H I J K L M N O P Q R **S** T U V W X Y Z

Scherkopf *der*
die Scherköpfe
Schermesser *das*
Scherereien
Scherflein *das*
sein Scherflein dazu beitragen
Scherge *der*
Scherung *die*
Scherz *der*
Scherzartikel *der*
scherzen
scherzhaft
scheu
scheu sein
Scheu *die*
scheuen
Scheuklappe *die*
scheuchen
scheuern
Scheuertuch *das*
die Scheuertücher
Scheune *die*
Scheunentor *das*
Scheurebe *die*
Scheusal *das*
scheußlich
Scheußlichkeit *die*

schi

Schi / Ski *der*
Schicht *die*
Schichtarbeit *die*
Schichtarbeiter/in
Schichtdienst *der*
schichten
Schichtkäse *der*
Schichtwechsel *der*
schichtweise
schick / chic
schicken
einen Brief schicken
das schickt sich nicht
Schickeria *die*
Schickimicki *der*
schicklich
Schicklichkeit *die*
Schicksal *das*
schicksalhaft
Schicksalsfrage *die*
Schicksalsschlag *der*
die Schicksalsschläge
schieben
schiebt, schob, hat geschoben
Schiebedach *das*
die Schiebedächer
Schiebefenster *das*
Schieber *der*
Schiebetür *die*
Schiebung *die*
schied (scheiden)
Schiedsgericht *das*
Schiedsrichter *der*
Schiedsrichterentscheidung *die*
Schiedsspruch *der*
schief
schief sein
schief halten
*sich schieflachen**
schief gehen*
geht schief,
ging schief,
*ist schief gegangen**
schief liegen*
liegt schief,
lag schief,
*hat schief gelegen**
schiefwinklig
Schiefer *der*
Schieferdach *das*
die Schieferdächer
schiefergrau
Schiefertafel *die*
schielen
schien (scheinen)
Schienbein *das*
Schiene *die*
schienen
Schienenfahrzeug *das*
Schienennetz *das*
schier
schier unerschöpflich
Schierling *der*
Schierlingsbecher *der*
schießen
schießt, schoss, *
hat geschossen
Schießen *das*
Schießerei *die*
Schießplatz *der*
die Schießplätze
Schießpulver *das*
Schießstand *der*
die Schießstände

schif

Schiff *das*
schiffbar
Schiffbau *der*
Schiffbrüchige *der/die*
Schiffer *der*
Schifffahrt* / Schiff-Fahrt* *die*
Schiffsjunge *der*
Schiffskatastrophe *die*
Schiffsmakler *der*

Schiffsregister *das*
Schiffsreise *die*
Schiismus *der*
Schiit *der*
Schikane *die*
schikanieren
Schikorree / Chicorée *der / die*
Schild *das*
Schildbürger *die*
Schilddrüse *die*
Schildkröte *die*
Schildlaus *die*
die Schildläuse
schildern
Schilderung *die*
Schilf *das*
Schilfdach *das*
Schillerlocke *die*
schillern
in vielen Farben schillernd
Schilling *der* (öS)
schilt (schelten)
Schimäre / Chimäre *die*
Schimmel *der*
schimmeln
Schimmelpilz *der*
Schimmelreiter *der*
schimmlig
Schimmer *der*
keinen Schimmer davon haben
schimmern
Schimpanse *der*
Schimpf *der*
mit Schimpf und Schande
schimpfen
schimpflich
Schimpfname *der*
Schimpfwort *das*
die Schimpfwörter

schin

Schindel *die*
Schindeldach *das*
schinden
schindet, schindete / schund, hat geschunden
Schinderei *die*
Schindluder das
mit jemandem Schindluder treiben
Schinken *der*
Schinkenspeck *der*
Schinn *der*
Schintoismus *der*
Schippe *die*
schippen
Schirm *der*
Schirmbild *das*
Schirmherr *der*
Schirmmütze *die*
Schirmständer *der*
Schirokko *der*
Schisma *das*
die Schismen / Schismata
Schiss* *der*
*Schiss haben**
schizophren
Schizophrenie *die*

schl

schlabbern
Schlacht *die*
Schlachtenbummler *der*
Schlachtfeld *das*
Schlachtschiff *das*
schlachten
Schlachter / Schlächter *der*
Schlachthof *der*
die Schlachthöfe
Schlachtung *die*
Schlachtvieh *das*
Schlacke *die*
Schlackenhalde *die*
schlackern
mit den Ohren schlackern
Schlackwurst *die*
Schlaf *der*
Schlafanzug *der*
die Schlafanzüge
schlafen
schläft, schlief, hat geschlafen
Schlafengehen *das*
vor dem Schlafengehen
schlaflos
Schlafmittel *das*
Schlafmütze *die*
schläfrig
Schlaftablette *die*
schlaftrunken
Schlafwagen *der*
schlafwandeln
schlafwandelt, schlafwandelte, hat / ist geschlafwandelt
Schlafzimmer *das*
Schläfe *die*
schlaff
schlaff herunterhängen
Schlaffheit *die*
Schlafittchen
jemanden am Schlafittchen nehmen

schläfrig
Schlag *der*
die Schläge
*Schlag 8 Uhr**
Schlagader *die*
Schlaganfall *der*
schlagartig
Schlagbaum *der*
die Schlagbäume
Schlagbohrer *der*
Schlägel *der*
schlagen
schlägt, schlug, hat geschlagen
Alarm schlagen
Schlägerei *die*
Schlaginstrument *das*
schlagkräftig
Schlagloch *das*
die Schlaglöcher
Schlagobers *das*
Schlagreim *der*
Schlagring *der*
Schlagsahne *die*
Schlagzeug *das*

Schlager *der*
Schlagersänger/in
Schlagertext *der*
schlagfertig
Schlagfertigkeit *die*
Schlaglicht *das*
Schlagseite *die*
Schlagseite haben
Schlagwetter *das*
die schlagenden Wetter
Schlagwort *das*
die Schlagwörter
Schlagzeile *die*
schlaksig
Schlamassel *der/das*
Schlamm *der*
Schlammbad *das*
die Schlammbäder
schlammig
schlämmen (vom Schlamm reinigen)
Schlampe *die*
schlampig

schlan

schlang (schlingen)
Schlange *die*
Schlange stehen
schlängeln
sich schlängeln
Schlangenbiss* *der*
die Schlangenbisse
Schlangengift *das*
Schlangengrube *die*
Schlangengurke *die*
Schlangenlinie *die*
schlank
schlank sein
Schlankheit *die*
Schlankheitskur *die*
schlankweg
schlapp
*schlappmachen**
Schlappe *die*
Schlapphut *der*
die Schlapphüte
Schlappschwanz *der*
die Schlappschwänze
Schlaraffenland *das*
schlau
Schlauberger *der*
Schläue *die*
schlauerweise
Schlauheit *die*
Schlaumeier *der*
Schlauch *der*
die Schläuche
Schlauchboot *das*
schlauchlos
Schlaufe *die*
Schlawiner *der*

schle

schlecht
s …
schlecht bezahlt*
*schlecht gelaunt**
schlecht und recht
der schlechte Ruf
S …
etwas Schlechtes
nichts Schlechtes
schlecht gehen*
*geht schlecht, ging schlecht, ist schlecht gegangen**
schlechterdings
schlechthin
Schlechtigkeit *die*
schlecht machen*
Schlechtwetter *das*
Schleckerei *die*
Schlegel *der* (Keule)
Schlehe *die*
Schlehenlikör *der*
Schlei *der*/**Schleie** *die*
schleichen
schleicht, schlich, ist geschlichen

Schleichweg *der*
Schleichwerbung *die*
Schleier *der*
Schleiereule *die*
schleierhaft
Schleierkraut *das*
Schleierschwanz *der*
Schleife *die*
schleifen
(schärfen)
schleift, schliff, hat geschliffen
(ziehen)
schleift, schleifte, hat geschleift
Schleiflack *der*
Schleifmaschine *die*
Schleifstein *der*
Schleim *der*
Schleimhaut *die*
die Schleimhäute
schleimig
schleimlösend
schlemmen (essen)
Schlemmer *der*
Schlemmerlokal *das*
schlendern
Schlendrian *der*
Schlenker *der*
schlenkern
schlenzen
schleppen
Schleppdampfer *der*
Schleppe *die*
schleppend
Schlepper *der*
Schlepplift *der*
Schlepptau *das*
Schleswig-Holstein
Schleswig-Holsteiner/in
schleswig-holsteinisch
Schleuder *die*
Schleudergefahr *die*
schleudern
Schleudersitz *der*
schleunigst
Schleuse *die*
schleusen
Schleusenkammer *die*
Schleusentor *das*
Schleusenwärter *der*

schli

Schliche
auf die Schliche kommen
schlicht
schlichten
Schlichter *der*
Schlichtung *die*
Schlichtungsversuch *der*
schlichtweg
Schlick *der*
schlickig
schlief (schlafen)
Schlier *der* (Mergel)
Schliere *die*
schlierig
schließen
schließt, schloss, hat geschlossen*
Schließfach *das*
die Schließfächer
schließlich
Schliff *der*
schlimm
s …
schlimm sein
schlimme Lage
im schlimmsten Fall
S …
etwas Schlimmes
aufs Schlimmste/schlimmste gefasst sein*
das ist das Schlimmste
das Schlimmste befürchten
zum Schlimmsten kommen lassen
schlimmstenfalls
Schlinge *die*
Schlingel *der*
schlingen
schlingt, schlang, hat geschlungen
Schlingpflanze *die*
schlingern
das Schiff schlingert
Schlips *der*
Schlitten *der*
Schlitten fahren
das Schlittenfahren
Schlittenfahrt *die*
schlittern
Schlittschuh *der*
Schlittschuh laufen
das Schlittschuhlaufen
Schlittschuhläufer/in
Schlitz *der*
Schlitzauge *das*
schlitzohrig

schlo

schlohweiß
Schloss* *das*
die Schlösser
Schlösschen* *das*

Schlossgarten* *der*
*die Schlossgärten**
Schlosspark* *der*
Schloße *die*
Schlosser *der*
Schlosserei *die*
Schlosserwerkstatt *die*
Schlot *der*
schlottern
schlott(e)rig

schlu

Schlucht *die*
schluchzen
Schluchzer *der*
Schluck *der*
schlucken
Schluckimpfung *die*
schluckweise
schludern
schludrig
schlug (schlagen)
Schlummer *der*
schlummern
Schlummerrolle *die*
Schlumpf *der*
die Schlümpfe
Schlund *der*
die Schlünde
schlüpfen
Schlüpfer *der*
Schlupfloch *das*
die Schlupflöcher
schlüpfrig
Schlupfwespe *die*
Schlupfwinkel *der*
schlurfen
schlürfen
Schluss* *der*
die Schlüsse
Schlussbemerkung* *die*
schlussfolgern*
*hat geschlussfolgert**
Schlussfolgerung* *die*
schlüssig
Schlusslicht* *das*
Schlussstrich*/ Schluss-Strich* *der*
Schlussverfahren* *das*
Schlusswort* *das*
Schlüssel *der*
Schlüsselbegriff *der*
Schlüsselbund *das/der*
Schlüsseldienst *der*
schlüsselfertig
Schlüsselloch *das*
die Schlüssellöcher
Schlüsselroman *der*
Schlüsselwort *das*
die Schlüsselwörter
schlüssig

schm

Schmach *die*
schmachvoll
schmachten
schmächtig
schmackhaft
schmähen
schmählich
Schmähschrift *die*
Schmähung *die*
schmal
schmälern
Schmalfilm *der*
Schmalspur *die*
schmalspurig
Schmalz *das*
schmalzig
Schmankerl *das*
Schmant *der*
schmarotzen
Schmarotzer *der*
Schmarotzerpflanze *die*
Schmarren *der*
schmatzen
schmauchen
Schmauchspuren
Schmaus *der*
schmausen
schmecken
es schmeckt gut
schmeicheln
Schmeichelei *die*
schmeichelhaft
Schmeichelwort *das*
die Schmeichelworte
Schmeichler/in
schmeißen
schmeißt, schmiss, hat geschmissen*
Schmelz *der*
schmelzen
schmilzt, schmolz, ist geschmolzen
Schmelzkäse *der*
Schmelzpunkt *der*
Schmelztemperatur *die*
Schmelztiegel *der*
Schmelzwasser *das*
Schmerbauch *der*
die Schmerbäuche
Schmerz *der*
schmerzempfindlich
schmerzen
Schmerzensgeld *das*
schmerzerfüllt
Schmerzgefühl *das*

Schmerzgrenze *die*
schmerzhaft
schmerzlich
schmerzlindernd
schmerzlos
schmerzstillend
den Schmerz stil-lend
Schmerztablette *die*
schmerzverzerrt
Schmetterling *der*
schmettern
Schmetterball *der*
die Schmetterbälle

schmi

Schmied *der*
Schmiede *die*
Schmiedeeisen *das*
Schmiedefeuer *das*
schmieden
schmiegsam
schmieren
Schmierfink *der*
Schmiergeld *das*
schmierig
Schmieröl *das*
Schmierzettel *der*
Schminke *die*
schminken
sich schminken
Schminktisch *der*
Schmirgel *der*
Schmirgelpapier *das*
schmiss* (schmeißen)
Schmiss* *der*
schmissig
Schmöker *der*
schmökern
Schmolle *die*
schmollen
Schmollmund *der*
schmolz (schmelzen)
schmoren
Schmorbraten *der*
Schmortopf *der*
die Schmortöpfe
Schmu *der*
Schmu machen
Schmuck *der*
schmücken
Schmuckkasten *der*
schmucklos
Schmuckstück *das*
schmudd(e)lig
Schmuddelwetter *das*
Schmuggel *der*
schmuggeln
Schmuggler *der*
Schmugglerbande *die*
schmunzeln
schmusen
Schmutz *der*
Schmutz abweisend
schmutzen
Schmutzfänger *der*
Schmutzfleck *der*
schmutzig
*schmutzig grau**
Schmutzschicht *die*
Schmutzwäsche *die*
Schmutzwasser *das*

schna

Schnabel *der*
die Schnäbel
schnabelförmig
schnäbeln
Schnake *die*
Schnakenstich *der*
Schnalle *die*
schnallen
schnalzen
Schnäppchen *das*
schnappen
Schnappschuss* *der*
die Schnappschüsse
Schnaps *der*
die Schnäpse
Schnapsflasche *die*
Schnapsglas *das*
die Schnapsgläser
schnarchen
Schnarcher *der*
schnarren
schnattern
schnauben
schnaufen
Schnauferl *das*
Schnauze *die*
Schnauzbart *der*
die Schnauzbärte
schnäuzen*
*sich schnäuzen**
Schnecke *die*
schneckenförmig
Schneckenhaus *das*
die Schnecken-häuser
Schneckentempo *das*
Schnee *der*
Schneeball *der*
die Schneebälle
Schneeballschlacht *die*
Schneeballsystem *das*
schneebedeckt
Schneebrett *das*
Schneebrille *die*
Schneedecke *die*
Schneefall *der*
Schneegestöber *das*

Schneeglätte *die*
Schneeglöckchen *das*
schneeig
Schneekanone *die*
Schneeketten
Schneemann *der*
Schneepflug *der*
die Schneepflüge
Schneeregen *der*
schneesicher
Schneesturm *der*
die Schneestürme
Schneetreiben *das*
Schneeverwehung *die*
schneeweiß
Schneewittchen *das*

Schneid *der*
Schneid haben
schneidig

schneiden
schneidet, schnitt, hat geschnitten
Schneidbrenner *der*
Schneide *die*
Schneidezahn *der*
die Schneidezähne

Schneider/in
Schneiderei *die*
Schneidermeister/in
schneidern

schneidig

schneien
es schneit

Schneise *die*

schnell
s ...
schnell laufen
der schnelle Brüter
am schnellsten
S ...
auf die Schnelle
Schnellhefter *der*
Schnelligkeit *die*
Schnellimbiss* *der*
Schnellläufer*/
Schnell-Läufer* *der*
schnelllebig*
Schnellreinigung *die*
schnellstens
schnellstmöglich
Schnellstraße *die*
Schnellzug *der*
die Schnellzüge

Schnepfe *die*

schnetzeln

(schneuzen > schnäuzen*)

schni

schniefen

schniegeln
geschniegelt und gebügelt

Schnippchen *das*
jemandem ein Schnippchen schlagen
schnippen
mit den Fingern schnippen

schnippisch

Schnipsel *der/das*

Schnitt *der*
Schnittblume *die*
Schnittbrot *das*
Schnitte *die*
schnittfest
Schnittkäse *der*
Schnittlauch *der*
Schnittmenge *die*
Schnittmuster *das*
Schnittpunkt *der*
Schnittstelle *die*
Schnittwunde *die*

schnittig

Schnitzel *das*
Wiener Schnitzel

schnitzen
Schnitzmesser *das*

schnob (schnauben)

schnöd/schnöde
Schnödigkeit *die*

schnodd(e)rig

schnorcheln

Schnörkel *der*
schnörkelhaft

schnorren

Schnösel *der*

schnu

Schnucke *die*
schnuck(e)lig

schnüffeln
Schnüffler *der*

Schnuller *der*

Schnulze *die*
schnulzig

Schnupfen *der*
schnupfen
Schnupfenmittel *das*
Schnupfenspray *der/das*
Schnupftabak *der*
Schnupftuch *das*
die Schnupftücher

schnuppe
mir ist das schnuppe

schnuppern

Schnur *die*
die Schnüre
schnüren
schnurgerade
Schnürsenkel *der*

Schnürstiefel *der*
schnurstracks
Schnurrbart *der*
die Schnurrbärte
schnurrbärtig
schnurren
schob (schieben)
Schober *der*
der Heuschober
Schock *der* (Schreck)
das (60 Stück)
schocken
Schockfarbe *die*
schockgefrostet
schockieren
Schocktherapie *die*
Schockwirkung *die*
Schöffe *der*
Schöffengericht *das*
schofel / schof(e)lig
Schoko *die*
Schokolade *die*
schokolade(n)braun
Schokoladeneis *das*
Schokoladenguss* *der*
die Schokoladengüsse
Schokoladenpudding *der*
Schokoladenseite *die*
Schokoriegel *der*

schol

Scholastik *die*
Scholle *die*
schon
schon gut
schon heute
schon wieder
schön
Gefühl für das Schöne
die schönen Künste
etwas Schönes
viel Schönes
am schönsten
*aufs schönste / Schönste**
die Schönste sein
Schönfärberei *die*
Schönheit *die*
Schönheitskönigin *die*
Schönheitspflege *die*
Schönheitswettbewerb *der*
schönmachen
sich schönmachen
schönreden (schmeicheln)
schön schreiben (leserlich)
Schönschreibheft *das*
Schönschrift *die*
schöntun (sich anbiedern)
Schönwetterlage *die*
schonen
sich schonen
schonend
Schonfrist *die*
Schongang *der*
Schonkost *die*
Schonung *die*
schonungsbedürftig
schonungslos
Schonzeit *die*
Schoner *der*
Schopf *der*
die Schöpfe
schöpfen
Schöpfer *der*
schöpferisch
Schöpflöffel *der*
Schöpfung *die*
Schoppen *der*
Schoppenwein *der*
schoppenweise
Schöps *der*
schor (scheren)
Schorf *der*
schorfig
Schörl *der*
Schorle *die / das*
Schornstein *der*
Schornsteinfeger *der*
schoss* (schießen)
Schoss* *der* (junger Trieb)
Schoß *der*
die Schöße
auf den Schoß nehmen
Schoßhund *der*
Schote *die*
schotenförmig
Schotte *der*
Schottenrock *der*
die Schottenröcke
Schotter *der*
Schotterstraße *die*

schr

schraffieren
Schraffierung *die*
Schraffur *die*
schräg
*schräg laufend**
schräg liegen
schräg stehen
Schräge *die*

A B C D E F G H I J K L M N O P Q R S T U V W X Y Z

Schrägschrift *die*
Schrägstrich *der*
Schramme *die*
schrammen
schrammig
Schrammelmusik *die*
Schrank *der*
die Schränke
schrankfertig
Schranktür *die*
Schrankwand *die*
die Schrankwände
Schranke *die*
schrankenlos
Schrankenwärter *der*
Schrapnell *das*
Schraube *die*
schrauben
Schraubengewinde *das*
Schraubenmutter *die*
Schraubenschlüssel *der*
Schraubenzieher *der*
Schraubstock *der*
die Schraubstöcke
Schraubverschluss* *der*
die Schraubverschlüsse

schre

Schrebergarten *der*
die Schrebergärten
Schreck *der*
schrecken
Schrecken *der*
schreckensblass*
Schreckensbotschaft *die*
Schreckensnachricht *die*
Schreckgespenst *das*
schreckhaft
schrecklich
*auf das schrecklichste / Schrecklichste**
Schreckschuss* *der*
die Schreckschüsse
Schrecksekunde *die*
Schredder *der*
Schrei *der*
schreien
schreit, schrie, hat geschrien
Schreier *der*
Schreihals *der*
die Schreihälse
schreiben
schreibt, schrieb, hat geschrieben
Schreibanlass* *der*
die Schreibanlässe
Schreiben *das*
Schreiber/in
schreibfaul
Schreibfehler *der*
schreibgewandt
Schreibmaschine *die*
Schreibmaschinenpapier *das*
Schreibtisch *der*
Schreibung *die*
Schreibwarengeschäft *das*
Schreibweise *die*
Schrieb *der*
Schrein *der*
Schreiner *der*
Schreinerei *die*
schreiten
schreitet, schritt, ist geschritten

schri

schrie (schreien)
schrieb (schreiben)
Schrift *die*
Schriftart *die*
Schriftdeutsch *das*
schriftlich
Schriftprobe *die*
Schriftsprache *die*
Schriftsteller/in
schriftstellerisch
Schriftstück *das*
Schriftwechsel *der*
schrill
Schrimp* / Shrimp *der*
Schrippe *die*
Schritt *der*
Schrittgeschwindigkeit *die*
Schrittmacher *der*
Schritttempo* / Schritt-Tempo* *das*
schrittweise
schroff
schröpfen
Schrot *das*
schroten
Schrotflinte *die*
Schrotkugel *die*
Schrotschuss* *der*
die Schrotschüsse
Schrothkur *die*
Schrott *der*
Schrotthandel *der*
Schrotthaufen *der*
Schrottplatz *der*
schrottreif

Schrottwert *der*
schrubben
Schrubber *der*
Schrulle *die*
schrullig
schrumpeln
schrump(e)lig
schrumpfen
Schrumpfung *die*
Schrund *der*
die Schründe

schu

Schub *der*
die Schübe
Schuber *der*
Schubfach *das*
die Schubfächer
Schubkarre *die*
Schublade *die*
Schubs/Schups *der*
schubsen
schubweise
schüchtern
Schüchternheit *die*
schuf (schaffen)
Schuft *der*
schuften
Schuh *der*
ein Paar Schuhe
Schuhbürste *die*
Schuhcreme/
Schuhkrem(e) *die*
Schuhgeschäft *das*
Schuhgröße *die*
Schuhkarton *der*
Schuhlöffel *der*
Schuhmacher *der*
Schuhplattler *der*
Schuhputzer *der*
Schuhsohle *die*
Schuhwerk *das*
Schuko
Schukostecker *der*

schul

Schuld *die*
s ...
schuld sein
du bist schuld
S ...
*Schuld haben**
*du hast Schuld**
es ist meine Schuld
jemandem die Schuld geben
sich etwas zu Schulden/zuschulden kommen lassen*
Schuldbekenntnis *das*
die Schuldbekenntnisse
schuldbeladen
schuldbewusst*
Schuldgefühl *das*
schuldhaft
schuldig
Schuldige *der/die*
schuldlos
schulden
Schulden
Schulden haben
Schulden machen
seine Schulden bezahlen
Schuldenerlass* *der*
schuldenfrei
Schuldner *der*
Schuldschein *der*
Schule *die*
Schulamt *das*
die Schulämter
Schularbeiten
Schulaufgabe *die*
Schulbank *die*
die Schulbänke
Schulbeginn *der*
Schulbesuch *der*
Schulbildung *die*
Schulbuch *das*
die Schulbücher
Schulbus *der*
die Schulbusse
Schuldienst *der*
schulen
Schulfach *das*
die Schulfächer
schulfrei
Schulferien
Schulfreund/in
Schulfunk *der*
Schulgesetz *das*
Schulheft *das*
Schulhof *der*
die Schulhöfe
schulisch
Schuljahr *das*
Schulkamerad/in
Schulleiter/in
Schulleitung *die*
Schulmeister *der*
Schulordnung *die*
Schulpflicht *die*
schulpflichtig
Schulpolitik *die*
Schulrat *der*
die Schulräte
Schulreform *die*
Schulschiff *das*
Schulsprecher/in
Schulstunde *die*
Schultasche *die*
Schultüte *die*
Schulung *die*
Schulweg *der*

Schulwesen *das*
Schüler/in
Schüleraustausch *der*
Schülerausweis *der*
Schülerlotse *der*
Schülermitverwaltung *die* (SMV)
Schülerschaft *die*
Schülerzeitung *die*
Schulp *der*
Schulter *die*
schulterfrei
Schulung *die*

schum

schummeln
schumm(e)rig
Schund *der*
Schundliteratur *die*
Schundroman *der*
schunkeln
Schunkelwalzer *der*
Schupo *der*
Schuppe *die*
schuppen
Schuppen *der*
der Geräteschuppen
Schur *die*
Schurwolle *die*
schüren
schürfen
Schürfrecht *das*
schurigeln
Schurke *der*
schurkisch
Schurz *der*
Schürze *die*
Schürzenjäger *der*
Schürzenzipfel *der*
Schuss* *der*
die Schüsse
schussbereit*
Schussfeld* *das*
Schusswaffe* *die*
Schussweite* *die*
Schüssel *die*
schuss(e)lig
Schuster *der*
Schusterwerkstatt *die*
Schute *die*
Schutt *der*
Schuttabladeplatz *der*
die Schuttabladeplätze
Schutthalde *die*
Schutthaufen *der*
schütteln
Schüttelfrost *der*
schütten
Schüttung *die*
schütter
schütteres Haar
Schutz *der*
Schutzanzug *der*
die Schutzanzüge
schutzbedürftig
Schutzblech *das*
schützen
Schutzengel *der*
Schutzfarbe *die*
Schutzhelm *der*
schutzimpfen
sich schutzimpfen lassen
Schutzimpfung *die*
Schützling *der*
schutzlos
Schutzpolizei *die*
Schutzumschlag *der*
die Schutzumschläge
Schutzzoll *der*
die Schutzzölle
Schütze *der*
Schützenfest *das*
Schützengraben *der*
die Schützengräben
Schützenkönig *der*
Schützenpanzer *der*

schwa

schwabbeln
Schwabe *der*
schwäbeln
Schwäbin *die*
schwäbisch
schwach
schwächer, schwächste
*schwach bevölkert**
Schwäche *die*
Schwächegefühl *das*
schwächen
Schwächezustand *der*
Schwachheit *die*
schwächlich
Schwachsinn *der*
schwachsinnig
Schwachstrom *der*
Schwächung *die*
Schwaden *der*
Schwadron *die*
schwadronieren
schwafeln
Schwager *der*
die Schwäger
Schwägerin *die*
Schwaige *die*
Schwaighof *der*
Schwalbe *die*
Schwalbennest *das*

Schwalbenschwanz *der*
die Schwalbenschwänze
Schwall *der*
schwamm (schwimmen)
Schwamm *der*
die Schwämme
schwammig
Schwammerl *das*
Schwan *der*

die Schwäne
Schwanengesang *der*
Schwanenhals *der*
Schwanenteich *der*
schwanenweiß
schwand (schwinden)
schwanen
mir schwant etwas
schwang (schwingen)
Schwang *der*
im Schwange sein
schwanger
Schwangere *die*
schwängern
Schwangerschaft *die*
Schwangerschaftstest *der*
Schwangerschaftsverhütung *die*
Schwank *der*
die Schwänke
einen Schwank erzählen
schwanken
schwankend
Schwankung *die*
Schwanz *der*
die Schwänze
Schwanzfeder *die*
Schwanzflosse *die*
Schwanzspitze *die*
schwänzen
die Schule schwänzen
schwappen

schwar

Schwarm *der*
die Schwärme
schwärmen
Schwärmerei *die*
schwärmerisch
Schwarte *die*
Schwartenmagen *der*
schwarz
s …
schwarz auf weiß
schwarzer Tee
*das schwarze Brett**
das schwarze Schaf
*die schwarze Magie**
der schwarze Mann
der schwarze Markt
*der schwarze Tod**
S …
die Farbe Schwarz
das Schwarze Meer
die Schwarze Johannisbeere
der Schwarze Freitag
ins Schwarze treffen
ein Schwarzer
Schwarzafrika
Schwarzarbeit *die*
schwarzarbeiten
arbeitet schwarz, arbeitete schwarz, hat schwarzgearbeitet
Schwarzarbeiter/in
schwarzbraun/schwarz-braun
Schwarzbrot *das*
Schwärze *die*
Schwarzerde *die*
schwarzfahren
fährt schwarz, fuhr schwarz, ist schwarzgefahren
Schwarzfahrer/in
schwarzhaarig
Schwarzhandel *der*
Schwarzhändler *der*
schwärzlich
Schwarzmalerei *die*
Schwarzmarkt *der*
Schwarzpulver *das*
schwarzsehen
sieht schwarz, sah schwarz, hat schwarzgesehen
Schwärzung *die*
schwarzweiß/schwarz-weiß
Schwarzweißfilm *der*
Schwarzwurzel *die*
schwatzen/schwätzen
Schwätzer/in
schwatzhaft

schwe

Schwebe *die*
Schwebebahn *die*
schweben
Schwebung *die*
Schweden

Schwede *der*
Schwedin *die*
schwedisch
schwedische Gardinen
Schwefel *der*
Schwefelsäure *die*
Schwefelwasserstoff *der*
schweflig

schwei

Schweif *der*
schweifen
Schweifreim *der*
schweigen
schweigt, schwieg, hat geschwiegen
das Schweigen brechen
Schweigegeld *das*
Schweigemarsch *der*
die Schweigemärsche
Schweigeminute *die*
Schweigen *das*
Schweigepflicht *die*
schweigsam
Schweigsamkeit *die*
Schwein *das*
Schweinebauch *der*
Schweinebraten *der*
Schweinefilet *das*
Schweinefleisch *das*
Schweinekotelett *das*
Schweineleber *die*
Schweinemast *die*
Schweinepest *die*
Schweinerei *die*
Schweinerippchen *das*
Schweineschmalz *das*
Schweineschnitzel *das*
Schweinestall *der*
die Schweineställe
Schweinezucht *die*
Schweinsleder *das*
Schweiß *der*
Schweißausbruch *der*
die Schweißausbrüche
schweißbedeckt
Schweißfuß *der*
die Schweißfüße
schweißgebadet
schweißtreibend
schweißtriefend
Schweißtropfen *der*
Schweißtuch *das*
schweißen
Schweißbrenner *der*
Schweißer *der*
Schweiz
Schweizer/in
Schweizerdeutsch *das*
Schweizergarde *die*
schweizerisch
die Schweizerischen Bundesbahnen (SBB)
schwelen
Schwelbrand *der*
die Schwelbrände
schwelgen
Schwelgerei *die*
schwelgerisch
Schwelle *die*
Schwellenangst *die*
Schwellenland *das*
die Schwellenländer
schwellen
schwillt, schwoll, ist geschwollen
Schwellkörper *der*
Schwellung *die*
Schwemme *die*
schwemmen
Schwemmsand *der*
Schwenk *der*
schwenkbar
schwenken
Schwenker *der*
Schwenkung *die*

schwer

schwer
*schwer behindert**
ein schwerer Koffer
Schwerarbeiter *der*
Schwerbehinderte *der/die*
schwer beladen*
schwer bewaffnet*
schwerelos
Schwerelosigkeit *die*
schwer erziehbar*
schwer fallen*
*fällt schwer, fiel schwer, ist schwer gefallen**
schwerfällig
Schwerfälligkeit *die*
schwerhörig
Schwerhörigkeit *die*
Schwerindustrie *die*
Schwerkraft *die*
schwer krank*
*schwer krank sein**
Schwerkranke *der/die*
Schwerlastverkehr

der
schwerlich
schwer machen*
Schwermetall *das*
Schwermut *die*
schwermütig
Schwerpunkt *der*
schwerpunktmäßig
Schwerstarbeit *die*
Schwerverbrecher *der*
schwer verdaulich*
schwer verletzt*
schwer verständlich*
schwerwiegend
Schwert *das*
Schwertfisch *der*
Schwertlilie *die*
Schwester *die*
schwesterlich
Schwesternpaar *das*
Schwesterntracht *die*
Schwesterschiff *das*

schwi

schwieg (schweigen)
Schwiegereltern
Schwiegermutter *die*
die Schwiegermütter
Schwiegersohn *der*
die Schwiegersöhne
Schwiegertochter *die*
die Schwieger-töchter
Schwiegervater *der*
die Schwiegerväter
Schwiele *die*
schwielig
schwierig
Schwierigkeit *die*
Schwierigkeitsgrad *der*
schwillt (schwellen)
schwimmen
schwimmt, schwamm, ist geschwommen
Schwimmbad *das*
die Schwimmbäder
Schwimmblase *die*
Schwimmbecken *das*
Schwimmdock *das*
Schwimmer/in
Schwimmflosse *die*
Schwimmmeister*/ Schwimm-Meister* *der*
Schwimmweste *die*
Schwindel *der*
*Schwindel erregend**
schwindelfrei
schwind(e)lig
schwindeln
Schwindler/in
schwinden
schwindet, schwand, ist geschwunden
Schwindsucht *die*
schwindsüchtig
Schwinge *die*
schwingen
schwingt, schwang, hat geschwungen
Schwingung *die*
Schwips *der*
schwirren
schwitzen
schwitzig
schwoll (schwellen)
schwören
schwört, schwor, hat geschworen
Schwur *der*
die Schwüre

schwu

schwul
Schwule *der*
Schwulität *die*
schwül
Schwüle *die*
Schwulst *der*
schwülstig
Schwülstigkeit *die*
Schwund *der*
Schwung *der*
die Schwünge
Schwungfeder *die*
schwunghaft
Schwungrad *das*
die Schwungräder
schwungvoll
Schwur *der*
die Schwüre
Schwurgericht *das*
Sciencefiction* *die*
Sciencefiction-Roman* *der*
Score/Skore *der*
Scotch *der*
Scrabble *das*

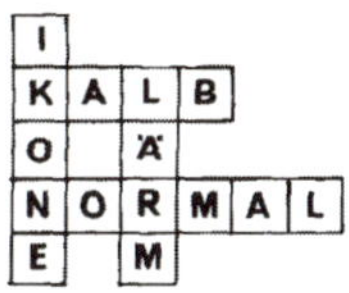

sechs
s ...
es ist sechs
wir sind sechs

S ...
eine Sechs schreiben
eine Sechs würfeln
Sechseck *das*
sechseckig
sechsfach (6fach)
sechshundert
sechsjährig (6-jährig*)
sechsmal (6-mal*)
sechsstellig
Sechstagerennen *das*
sechstausend
sechste
sechstel
Sechstel das
sechsundsechzig
Sechsundsechzig *das*
sechzehn
sechzig
sechzigjährig (60-jährig*)

Secondhandshop *der*

Sediment *das*
Sedimentgestein *das*
sedimentieren

see

See *der* (Binnensee) *die* (Meer)
Seeaal *der*
Seeadler *der*
Seeblick *der*
Seeelefant*/See-Elefant *der*
Seefahrer *der*
Seefahrt *die*
Seefisch *der*
Seegang *der*
Seehafen *der*
die Seehäfen
Seehund *der*
Seeigel *der*
Seekarte *die*
seekrank
Seekrankheit *die*
Seelachs *der*
Seeluft *die*
Seemann *der*
die Seeleute
seemännisch
Seemeile *die*
Seenot *die*
Seepferdchen *das*
Seeräuber *der*
Seereise *die*
Seerose *die*
Seestern *der*
seetüchtig
Seeweg *der*
Seezunge *die*

Seele *die*
Seelengröße *die*
Seelenheil *das*
Seelenleben *das*
seelenlos
Seelenmassage *die*
seelenruhig
seelenverwandt
seelisch
Seelsorge *die*
Seelsorger *der*

Segel *das*
Segelboot *das*
segelfliegen
Segelfliegen *das*
Segelflugzeug *das*
segeln
Segelschiff *das*
Segeltuch *das*
Segler/in

Segen *der*
segensreich
Segenswunsch *der*
die Segenswünsche
segnen

Segment *das*
segmentieren

Segretration *die*

sehen
sieht, sah, hat gesehen
sehbehindert
sehenswert
Sehenswürdigkeit *die*
Sehkraft *die*
Sehnerv *der*
Sehschärfe *die*
Sehtest *der*

Sehne *die*
Sehnenscheidenentzündung *die*
Sehnenzerrung *die*
sehnig

sehnen
sich sehnen
sehnlichst
Sehnsucht *die*
sehnsüchtig
sehnsuchtsvoll

sehr
zu sehr
sehr gut
sehr viel
sehr vieles

ser

sei (sein)

seicht
im seichten Wasser

seid (sein)

ihr seid willkommen
Seid ihr alle da?
Seide *die*
seiden
Seidenbluse *die*
Seidenfaden *der*
die Seidenfäden
Seidenmalerei *die*
Seidenpapier *das*
Seidenraupe *die*
seidenweich
seidig
Seidel *das*
Seidelbast *der*
Seife *die*
Seifenblase *die*
Seifenpulver *das*
Seifenschaum *der*
Seifenwasser *das*
seifig
seihen
Seihtuch *das*
die Seihtücher
Seil *das*
Seilbahn *die*
Seiler *der*
Seilspringen *das*
seiltanzen
das Seiltanzen
Seiltänzer/in

sein

sein
s ...
sein Auto
sein Geld
seine Kinder
S ...
jedem das
*Seine/seine**
er sorgt für die Sei-
*nen/seinen**
seinerseits
seinerzeit
seinesgleichen
seinetwegen
um seinetwillen
sein
*da sein**
fertig sein
vorhanden sein
zurück sein
*zusammen sein**
Sein *das*
das wahre Sein
sein lassen*
lässt sein, ließ sein,*

sein

ich bin *du bist* *er, sie, es ist*[1] *wir sind* *ihr seid*[2] *sie sind*	*ich war*[3] *du warst* *er, sie, es war* *wir waren* *ihr wart* *sie waren*	*ich wäre*[4] *du wärst* *er, sie, es wäre* *wir wären* *ihr wärt* *sie wären*
ich bin gewesen *du bist gewesen* *....*	*seiend*	

[1]Aber: *er, sie, es* ***isst*** *Brot*
[2]Aber: *seit gestern,* ***seit****dem wir hier sind ...*
[3]Aber: *es ist* ***wahr, wahr****nehmen*
[4]Aber: ***während*** *du da warst ...*

A B C D E F G H I J K L M N O P Q R S T U V W X Y Z

*hat sein lassen / gelassen**

seismisch

Seismograph / Seismograf* *der*

seismologisch

seit

seit damals

seit gestern

seit kurzem

seit langem

seitdem

seitdem ich hier wohne

seither

Seite *die* (S.)

S ...

die rechte Seite

auf Seiten / aufseiten von**

von allen Seiten

von Seiten / vonseiten**

zur Seite treten

s ...

abseits

allerseits

meinerseits

beiseite

seitens

Seitenausgang *der*

die Seitenausgänge

Seiteneingang *der*

die Seiteneingänge

Seitenflügel *der*

Seitenhalbierende *die*

Seitenhieb *der*

seitenlang

Seitensprung *der*

die Seitensprünge

Seitenstraße *die*

seitenverkehrt

Seitenwind *der*

Seitenzahl *die*

seitlich

seitwärts

seither

sek

Sekante *die*

Sekantenwinkel *der*

Sekret *das*

Sekretion *die*

Sekretär / in

Sekretariat *das*

Sekt *der*

Sektflasche *die*

Sektglas *das*

die Sektgläser

Sektkelch *der*

Sektkorken *der*

Sektkübel *der*

Sekte *die*

Sektenwesen *das*

Sektierer *der*

Sektion *die*

Sektionschef / in

Sektor *der*

Sekundant *der*

sekundär

Sekundärenergie *die*

Sekundärliteratur *die*

Sekundarschule *die*

Sekundarstufe *die*

Sekunde *die*

sekundenlang

zwei Sekunden lang

Sekundenstil *der*

Sekundenzeiger *der*

Sekurit *das*

sel

selb...

zur selben Zeit

selbst

von selbst

*selbst gebacken**

*selbst gemacht**

*selbst verdient**

Selbstachtung *die*

Selbstauslöser *der*

Selbstbedienung *die* (SB)

Selbstbeherrschung *die*

Selbstbeschränkung *die*

Selbstbestätigung *die*

Selbstbestimmungsrecht *das*

Selbstbeteiligung *die*

selbstbewusst*

Selbstbewusstsein* *das*

Selbstentfaltung *die*

Selbsterhaltungstrieb *der*

Selbsterkenntnis *die*

selbstgefällig

Selbstgefälligkeit *die*

selbstgerecht

Selbstgespräch *das*

selbstherrlich

Selbstherrlichkeit *die*

Selbsthilfe *die*

Selbstkosten

Selbstkritik *die*

selbstkritisch

Selbstlaut *der*

selbstlos

Selbstlosigkeit *die*

Selbstmord *der*
Selbstmörder/in
selbstmörderisch
Selbstmordversuch *der*
Selbstporträt *das*
selbstsicher
Selbstsicherheit *die*
Selbstsucht *die*
Selbsttäuschung *die*
Selbstüberschätzung *die*
Selbstüberwindung *die*
Selbstverachtung *die*
Selbstversorger *der*
selbstverständlich
Selbstverständlichkeit *die*
Selbstverständnis *das*
Selbstvertrauen *das*
Selbstverwirklichung *die*
Selbstwertgefühl *das*
Selbstzufriedenheit *die*
selbständig/selbstständig*
Selbstständige*/Selbständige *der/die*
Selbstständigkeit*/Selbständigkeit *die*
Selchfleisch *das*
selektieren
Selektion *die*
selektiv
Selen *das* (Se)
selig
selig machen
*selig preisen**
selig sein
Selige *der/die*
Seligkeit *die*
selig sprechen* *spricht selig, sprach selig, hat selig gesprochen**
Sellerie *der/die*
Selleriesalat *der*
selten
Seltenheit *die*
seltsam
seltsamerweise
Seltsamkeit *die*
Selter(s)wasser *das*

sem

Semantik *die*
semantisch
semantisieren

Seele
*s**ee**lisch*
*S**ee**lsorger*
*S**ee**lenheil*
*s**ee**lenruhig*
*bes**ee**lt*

Seligkeit
*s**e**lig*
*s**e**lig sein*
*reds**e**lig*
*saums**e**lig*
*uns**e**lig*

Semester *das*
Semesteranfang *der*
Semesterferien
Semifinale *das*
Semikolon *das*
Seminar *das*
Seminararbeit *die*
Semiotik *die*
Semit/in
semitisch
Semmel *die*
Semmelbrösel

sen

Senat *der*
Senator/in
Senatsbeschluss* *der*
Senatspräsident/in
Senatssprecher/in
senden
sendet, sandte/sendete, hat gesandt/gesendet
Sendepause *die*
Sender *der*
Sendezeit *die*
Sendezentrale *die*
Sendung *die*
Sendungsbewusstsein* *das*
Senf *der*
Senfgurke *die*
Senfsoße *die*
sengen
die sengende Sonne
senil
Senilität *die*
Senior/in

Senkel *der*
der Schnürsenkel
senken
Senkung *die*
senkrecht
senkrecht stehen
Senkrechte *die*
die Mittelsenkrechte
Senkrechtstarter *der*
Senn *der*
Sennhütte *die*
Sennesblätter
Sensation *die*
sensationell
Sensationsmeldung *die*
Sensationspresse *die*
Sense *die*
sensibel
sensibilisieren
Sensibilität *die*
sensitiv
Sensomotorik *die*
Sensor *der*
Sentenz *die*
sentimental
Sentimentalität *die*

sep

separat
Separatismus *der*
Separee* / Séparée *das*
Sepia *die*
die Sepien
Seppelhose *die*
Sepsis *die*
septisch
Septakkord *der*
September *der*
Septett *das*
Septime *die*
Sequenz *die*
sequenziell* / sequentiell
Serafim/Seraphim *der*
Serail *das*
Serenade *die*
Sergeant *der*
Serie *die*
seriell
Serienanfertigung *die*
serienmäßig
Serienproduktion *die*
serienreif
serienweise
seriös
Seriosität *die*
Serpentine *die*
Serum *das*
Servelatwurst* / **Zervelatwurst** *die*
Service *der* (Bedienung)
das (Geschirr)
servieren
Serviette *die*
servil
Servilität *die*
Servobremse *die*
Servolenkung *die*
servus!
Sesam *der*
Sesambrötchen *das*
Sessel *der*
Sessellehne *die*
Sessellift *der*
sesshaft*
Sesshaftigkeit* *die*
Session *die*
Set *das*
Setter *der*
setzen
Setzei *das*
Setzer/in
Setzerei *die*
Setzfehler *der*
Setzling *der*
Seuche *die*
Seuchengefahr *die*
Seuchenherd *der*
seufzen
Seufzer *der*
Sex *der*
Sexappeal* *der*
Sexbombe *die*
Sexfilm *der*
Sexismus *der*
sexistisch
Sexshop *der*
sexual
Sexualität *die*
Sexualkunde *die*
sexuell
sexy
Sextant *der*
Sextett *das*
Sezession *die*
Sezessionskrieg *der*
sezieren
s-förmig* / S-förmig

sh

Shake *der*
Shaker *der*
Shampoo *das*
shampoonieren
Shanty *das*
Sheriff *der*
Sherry *der*
Shetlandpony *das*
Shetlandwolle *die*
Shirt *das*

shocking
Shop *der*
Shoppingcenter* *das*
Shorts
Shortstory* / Short Story *die*
Show *die*
Showblock *der*
die Showblöcke
Showgeschäft *das*
Showmaster *der*
Shrimp / Schrimp* *der*
Shuffleboard *das*

si

siamesisch
Siamkatze *die*
Sibylle *die*
sibyllinisch
sic!
sich
sich waschen
jeder für sich
Sichel *die*
sichelförmig
sicher
s ...
sicher sein
am sichersten
S ...
*auf Nummer Sicher / sicher**
etwas Sicheres
das Sicherste ist ...*
sichergehen (Gewissheit* haben)
geht sicher,
ging sicher,
ist sichergegangen
Sicherheit *die*
Sicherheitsabstand *der*
die Sicherheitsabstände
Sicherheitsgurt *der*
sicherheitshalber
Sicherheitsmaßnahme *die*
Sicherheitsnadel *die*
Sicherheitsrat *der*
Sicherheitsschloss* *das*
die Sicherheitsschlösser
Sicherheitsventil *das*
sicherlich
sichern
sicherstellen (sichern)
Sicherung *die*
Sicht *die*
auf lange Sicht
in Sicht kommen
sichtbar
sichten
sichtlich
Sichtverhältnisse
Sichtweise *die*
sickern
Sickerwasser *das*
Sideboard *das*
sie
sie kommt
Kommen Sie bitte!
jemanden mit Sie anreden
Sieb *das*
siebartig

Sie

Aus Höflichkeit schreibt man ***Sie*** immer groß.

Kommen Sie bitte herein!
Vergleichen Sie die beiden Texte.

Ebenso schreibt man aus Höflichkeit groß: Ihr, Ihnen, Ihren ...

Wie geht es Ihnen und Ihrer Familie?

Siebdruck *der*
sieben
das Mehl sieben
Siebkreis *der*
sieben
sieben Kilo
es sind sieben
ein Buch mit sieben Siegeln
sieben auf einen Streich
*die sieben Schwaben**
*die sieben Weisen**
*die sieben Weltwunder**
siebenarmig

siebeneinhalb
siebenhundert
siebenjährig (7-jährig*)
siebenmal (7-mal*)
Siebenmeter *der*
Siebenschläfer *der*
siebentausend
siebentel
siebte
siebtens
siebzehn
siebzig
siechen
Siechenhaus *das*
Siechtum *das*
siedeln
Siedler *der*
Siedlung *die*
sieden
siedend heiß*
Siedepunkt *der*
Siedfleisch *das*
Siedler/in
Siedlung *die*
Siedlungsgebiet *das*
Siedlungsprogramm *das*
Sieg *der*
der 2:1-Sieg
siegen
Sieger/in
Siegerehrung *die*
siegesgewiss*
siegessicher
sieglos
siegreich
Siegel *das*
Siegellack *der*
siegeln
Siegelring *der*
siehe! (s.)
siehe oben! (s. o.)
siehe unten! (s. u.)
Siel *der/das*
Siesta *die*
siezen
jemanden siezen

sig

Sigel *das*/**Sigle** *die* (Kürzel)
Sightseeing *das*
Sightseeingtour *die*
Signal *das*
Signalfarbe *die*
signalisieren
Signalsprache *die*
Signatur *die*
signieren
signifikant
Signifikanz *die*
Signum *das*
Sigrist *der*
Sikh *der*
Sikhreligion *die*
Sikkativ *das*

sil

Silbe *die*
Silbenrätsel *das*
Silbentrennung *die*
...silbig
Silber *das*
Silberbarren *der*
Silberbesteck *das*
Silberblick *der*
Silberdistel *die*
Silberfischchen *das*
Silbergeld *das*
silbergrau
Silberhochzeit *die*
Silbermedaille *die*
Silbernitrat *das*
silbern
Silberstreifen *der*
Silbertanne *die*
Sild *der*
Silentium!
Silhouette *die*
Silicium/Silizium *das* (Si)
Silikat/fachspr. **Silicat** *das*
Silikon/fachspr. **Silicon** *das*
Silo der/*das*
Silur *das*
Silvaner *der*
Silvester *der/das*
Silvester feiern

Silvesterabend *der*
Silvesterscherz *der*
Simmerring *der*
Simonie *die*
simpel
Simplifikation *die*
simplifizieren
Simplizität *die*
Sims *das / der*
Simulant / in
Simulation *die*
simulieren
simultan
Simultandolmet-
scher / in

sin

sind (sein, s. S. 321)
Wo sind sie?
Wir sind hier.
Sinfonie / Symphonie
die
Sinfoniekonzert *das*
Sinfonieorchester
das
Sinfoniker / in
sinfonisch
singen
singt, sang,
hat gesungen
ein Lied singen
Singspiel *das*
Singvogel *der*
die Singvögel
Single *das* (Spiel)
die (Schallplatte)
der / die (Allein-
stehende)
Singular *der*
Singularität *die*
sinken
sinkt, sank,
ist gesunken
Sinn *der*
das hat keinen Sinn
einen Sinn geben
von Sinnen sein
Sinnabschnitt *der*
Sinnbild *das*
sinnen
sinnt, sann,
hat gesonnen
sinnentstellend
Sinnesorgan *das*
Sinnestäuschung *die*
Sinneswandel *der*
sinnfällig
Sinngebung *die*
sinngemäß
sinnieren
sinnig
sinnigerweise
sinnlich
sinnlos
Sinnspruch *der*
die Sinnsprüche
sinnverwandt
sinnvoll
Sinnzusammenhang
der
die Sinnzusammen-
hänge
sinnlich
Sinnlichkeit *die*
sinnlos
Sinnlosigkeit *die*
sinnvoll
Sinologie *die*
Sintflut / Sündflut *die*
sintflutartig
Sinto *der*
Sinti die (meist im
Plural)
Sinti und Roma
Sinus *der*
Sinuskurve *die*
Siphon *der*
Siphonverschluss*
der
die Siphonver-
schlüsse
Sippe *die*
Sippenverband *der*
die Sippenverbände
Sippschaft *die*
Sirene *die*
Sirenengeheul *das*
Sirtaki *der*
Sirup *der*
Sisal *der*
Sisalhanf *der*
Sisyphusarbeit *die*

sit

Sit-in *das*
Sitte *die*
sittenlos
Sittenlosigkeit *die*
Sittenpolizei *die*
Sittenstrenge *die*
sittenwidrig
Sittich *der*
der Wellensittich
sittlich
Sittlichkeit *die*
Sittlichkeitsverbre-
cher *der*
sittsam
Sittsamkeit *die*
Situation *die*
situationsbedingt
Situationskomik *die*
situativ
Sitz *der*
Sitzecke *die*
sitzen

sitzt, saß,
hat gesessen
sitzen bleiben*
bleibt sitzen,
blieb sitzen,
*ist sitzen geblieben**
Sitzenbleiber/in
sitzen lassen*
lässt sitzen,*
ließ sitzen,
*hat sitzen gelassen**
Sitzfläche *die*
Sitzgelegenheit *die*
Sitzgruppe *die*
Sitzordnung *die*
Sitzplatz *der*
die Sitzplätze
Sitzstreik *der*
Sitzung *die*
Sitzungssaal *der*
die Sitzungssäle
sixtinisch
Sixtinische Kapelle *die*

sk

Skai *das*
Skala *die*
Skalar *der*
Skalde *der*
Skalp *der*
skalpieren
Skalpell *das*
Skandal *der*
skandalös
skandieren
Skarabäus *der*

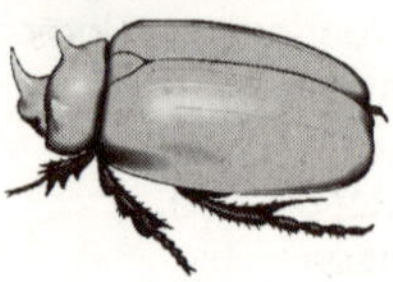

Skat *der*
Skat spielen
Skatabend *der*
Skatkarte *die*
Skatrunde *die*
Skatspieler/in
Skateboard *das*
Skelett *das*
Skepsis *die*
Skeptiker *der*
skeptisch
Skeptizismus *der*
Sketsch/Sketch *der*
Ski/Schi *der*
Ski laufen
Skifahrer/in
Skiläufer/in
Skilehrer/in
Skilift *der*
Skipiste *die*
Skispringer/in
Skinhead *der*
Skink *der*
Skizze *die*
skizzenhaft
skizzieren
Sklave *der*
Sklavenhandel *der*
Sklaverei *die*
sklavisch
Sklerose *die*
Skonto *der/das*
Skooter *der*
Skorbut *der*
Skore/Score *der*
Skorpion *der*
Skript *das*
Skrupel *der*
skrupellos
Skrupellosigkeit *die*
Skulptur *die*
Skunk *der*
skurril
Skurrilität *die*
S-Kurve *die*
S-Kurven-reich*
Skyline *die*

sl

Slalom *der*
Slalom fahren
Slalomläufer/in
Slang *der*
Slapstick *der*
s-Laut* *der*
Slawe *der*
slawisch
Slawismus *der*
Slawistik *die*
Slibowitz/Sliwowitz *der*
Slip *der*
Slipper *der*
ein Paar Slipper
Slogan *der*
Slowakei
Slowake *der*
Slowakin *die*
slowakisch
Slowfox *der*
Slum *der*
die Slums
Smalltalk*/Small Talk* *der/das*
Smaragd *der*
smaragdgrün
smart
Smash *der*
Smog *der*
Smogalarm *der*
Smoking *der*
Smutje *der*
SMV (Schülermitverwaltung)

Snack *der*
Snackbar *die*
Snob *der*
Snobismus *der*
snobistisch
Snowboard *das*

so

s. o. (siehe oben)
so
sobald es geht
*sodass** / so dass*
so einer
so etwas
so gar keinen Mut haben
*so genannt**
solange es dauert
sooft er kommt
sosehr es wehtut
so sein
so viel wir tragen können
so viel ich weiß
so viel für heute
so viel wie möglich
so weit er laufen kann
so weit, so gut
so wenig wie er weiß
so wie sie aussieht
so wohl geht es ihm nur, weil ...
Socke *die*
Söckchen *das*
Sockenhalter *der*
Sockel *der*
Soda *die / das*
Sodawasser *das*
sodass* / so dass*
Sodbrennen *das*
Sodomie *die*
soeben
Sofa *das*
Sofakissen *das*
sofern
soff (saufen)
sofort
Sofortbildkamera *die*
Soforthilfe *die*
Sofortmaßnahme *die*
Softdrink* / Soft Drink *der*
Softeis* *das*
Softie *der*
Softrock* / Soft Rock *der*
Software *die*
sog (saugen)
Sog *der*
sogar
sogleich
Sohle *die*
Sohn *der*
die Söhne
Sohnesliebe *die*
Sohnespflicht *die*
Soiree *die*
Soja *die*
Sojabohne *die*
Sojasoße *die*

sol

solange
solar
Solarbatterie *die*
Solarenergie *die*
Solarium *das*
Solarzelle *die*
solch
ein solcher
ein solches
solcherart
solcherlei
solchermaßen
Sold *der*
Soldat *der*
soldatisch
Söldner *der*
Sole *die* (salziges Wasser)
Solquelle *die*
Solsalz *das*
solid / solide
Solidität *die*
solidarisch
solidarisieren
Solidarisierung *die*
Solidarität *die*
Solist / in
solistisch
Solitär *der*
Soll *das*
Soll und Haben
das Soll erfüllen
Sollbruchstelle* / Soll-Bruchstelle *die*
Sollstärke* / Soll-Stärke *die*
Sollwert* / Soll-Wert *der*
sollen
Söller *der*
solo
solo tanzen
Solo *das*
ein Solo spielen
Soloinstrument *das*
Solostimme *die*
Solotänzer / in
solvent
Solvenz *die*

som

Sombrero *der*
somit
Sommer *der*
Sommeranfang *der*
Sommerferien
Sommerfrische *die*
Sommerkleidung *die*
sommerlich
Sommermonate
Sommerpause *die*
sommers
Sommerschluss-verkauf* *der*
Sommersemester *das*
Sommerzeit *die*
Sonate *die*
Sonatine *die*
Sonde *die*
Sonderangebot *das*
Sonderausgabe *die*
sonderbar
sonderbarerweise
Sonderbeauftragte *der/die*
Sonderbriefmarke *die*
Sonderdeponie *die*
Sonderdruck *der*
Sondergenehmigung *die*
sondergleichen
Sonderheit *die*
*in Sonderheit**
Sonderkommission *die*
Sonderling *der*
Sondermüll *der*
sondern
nicht nur, sondern auch
nicht ich, sondern du
Sonderschule *die*
Sonderstellung *die*
Sonderstempel *der*
sondieren
Sondierung *die*
Sonett *das*
Song *der*
Sonnabend *der*
am Sonnabend
sonnabends
Sonne *die*
sonnen
sich sonnen
Sonnenaufgang *der*
die Sonnenaufgänge
Sonnenbad *das*
die Sonnenbäder
Sonnenbaden *das*
Sonnenbank *die*
die Sonnenbänke
Sonnenblume *die*
Sonnenbrand *der*
Sonnenbrille *die*
Sonnencreme/Sonnenkrem(e) *die*
Sonnenenergie *die*
Sonnenfinsternis *die*
die Sonnenfinsternisse
sonnenhungrig
sonnenklar
Sonnenöl *das*
Sonnenschein *der*
Sonnenschirm *der*
Sonnenschutz *der*
Sonnenstich *der*
Sonnenstrahl *der*
Sonnenuntergang *der*
die Sonnenuntergänge
Sonnenwende *die*
sonnig
Sonntag *der* (vgl. S. 351)
am Sonntag
jeden Sonntag
am Sonntagabend
sonntags
sonn- und feiertags
Sonntagsdienst *der*
Sonntagskind *das*
Sonnyboy *der*
sonor
sonst
sonst noch etwas
sonst etwas
sonstig
*das Sonstige**
sonst jemand*
sonst wer*
sonst wie*
sonst wo*
sooft

sop

Sophismus *der*
Sophistik *die*
sophistisch
Sopran *der*
Sopranistin *die*
Sorbe *der*
sorbisch
Sorbet/Sorbett *der/das*
Sorbinsäure *die*
Sordine *die*
Sorge *die*
sich Sorgen machen
Sorge tragen für
sorgen
sich sorgen
Sorgenfalten
sorgenfrei
Sorgenkind *das*

sorgenvoll
Sorgfalt *die*
sorgfältig
sorglos
Sorglosigkeit *die*
sorgsam
Sorte *die*
sortieren
Sortiment *das*
Sortiments-
buchhandel *der*
SOS
SOS-Ruf *der*
Soße/fachspr. **Sauce**
die
Soßenlöffel *der*
Soßenschüssel *die*
so sehr

sou

Soubrette *die*
Soufflé/Soufflee* *das*
Souffleur *der*
Souffleurkasten *der*
Souffleuse *die*
soufflieren
Soul *der*
Sound *der*
Soundtrack *der*
soundso
s ...
soundso viel
S ...
der Soundsovielte
der Herr Soundso
Souper *das* (Mahlzeit)
soupieren
Soutane/Sutane* *die*
Souterrain *das*
Souterrainwohnung
die
Souvenir *das*
souverän
Souverän *der*
Souveränität *die*
soviel (Konjunktion)
ich weiß
so viel Zeit
soweit (Konjunktion)
ich gehört habe
so weit hören kön-
nen
sowenig (Konjunktion)
ich begreife
sowie
sowieso
Sowjet *der*
sowohl ... als auch
das Sowohl-als-
*auch**

so

sozial
Sozialamt *das*
die Sozialämter
Sozialdemokratie
die
Sozialfall *der*
die Sozialfälle
Sozialgericht *das*
Sozialhilfe *die*
Sozialhilfeempfän-
ger/in
Sozialisation *die*
Sozialismus *der*
Sozialist/in
sozialistisch
Sozialkritik *die*
Sozialprodukt *das*
Sozialstaat *der*
Sozialversicherung
die
Soziologie *die*
soziologisch
Soziussitz *der*
sozusagen
Spaceshuttle *der*
Spachtel *der*
Spachtelmasse *die*
spachteln
Spagat *der*

Spaghetti/Spagetti*
spähen
Späher *der*
Spalier *das*
Spalier stehen
Spalierobst *das*
Spalt *der*
spaltbar
Spaltbarkeit *die*
Spalte *die*
spalten
Spaltung *die*
Span *der*
die Späne
Spanplatte *die*
Spanferkel *das*
Spange *die*
Spaniel *der*
Spanien
Spanier/in
spanisch
das kommt mir spa-
nisch vor
der spanische Reiter
die Spanische Reit-
schule (in Wien)
spannen
Spannbeton *der*
Spanne *die*
spannend
Spannung *die*

A B C D E F G H I J K L M N O P Q R S T U V W X Y Z

Spannweite *die*
Spant *das/der*
sparen
Sparbuch *das*
die Sparbücher
Sparbüchse *die*
Sparer/in
Sparkasse *die*
Sparkonto *das*
Sparprämie *die*
sparsam
Spargel *der*
Spargelspitze *die*
Spargelsuppe *die*
spärlich
sparren (boxen)
Sparring *das*
Sparringspartner *der*
sparsam
Sparsamkeit *die*
spartanisch
Sparte *die*
spasmisch
Spasmus *der*
die Spasmen
Spaß *der*
die Späße
das macht Spaß
viel Spaß haben
spaßen
spaßeshalber
spaßhaft
Spaßvogel *der*
die Spaßvögel
Spastiker/in
spastisch
spät
von früh bis spät
zu spät
spätabends
Spätdienst *der*
später
bis später
spätestens
Spätherbst *der*
Spätlese *die*
Spätschicht *die*
Spaten *der*
Spatenstich *der*
Spatz *der*
Spatzennest *das*
Spätzle/Spätzli
Spätzle essen
spazieren
spazieren fahren*
fährt spazieren,
fuhr spazieren, ist
*spazieren gefahren**
spazieren gehen*
geht spazieren,
ging spazieren, ist
spazieren ge-
*gangen**
spazieren reiten*
reitet spazieren,
ritt spazieren,
ist spazieren
*geritten**
Spazierfahrt *die*
Spaziergang *der*
die Spaziergänge
Spaziergänger/in
Spazierstock *der*

spe

Specht *der*
Speck *der*
speckig
Speckschwarte *die*
Speckstein *der*
Spediteur *der*
Spedition *die*
Speedwayrennen *das*
Speer *der*
Speerwerfer/in
Speerwurf *der*
die Speerwürfe
Speiche *die*
Speichel *der*
Speicheldrüse *die*
Speicher *der*
Speicherkapazität
die
speichern
Speicherofen *der*
die Speicheröfen
speien
speit, spie,
*hat gespien**
speiübel
Speis *der* (Mörtel)
Speise *die*
Speiseeis *das*
Speisekarte *die*
speisen
speist, speiste,
hat gespeist
Speiseröhre *die*
Speisesaal *der*
die Speisesäle
Speisewagen *der*
Speisung *die*

spek

Spektakel *das*
spektakulär
spektral
Spektralanalyse
die
Spektralfarbe *die*
Spektrum *das*
Spekulant *der*
Spekulation *die*
Spekulationsgewinn
der
spekulativ

spekulieren
Spekulatius *der*
Spelunke *die*
Spelze *die*
spelzen
spenden
spendabel
Spende *die*
Spendenaufruf *der*
Spendenkonto *das*
Spender/in
spendieren
Spenzer *der*
Sperber *der*
Sperenzchen/Sperenzien
keine Sperenzchen machen
Sperling *der*
Sperma *das*
die Spermen
Sperre *die*
sperren
Sperrgebiet *das*
Sperrholz *das*
Sperrkonto *das*
Sperrminorität *die*
Sperrmüll *der*
Sperrung *die*
Spesen
spesenfrei
Spezi *der*
spezial
Spezialarzt *der*
die Spezialärzte
Spezialgebiet *das*
Spezialgeschäft *das*
spezialisieren
sich spezialisieren
Spezialisierung *die*
Spezialist/in
Spezialität *die*
Spezialitätenrestaurant *das*
speziell
*im Speziellen**
Spezies *die*
Spezifikum *das*
spezifisch
Sphäre *die*
sphärisch
Sphinx *die*

spi

spicken
Spickzettel *der*
Spider *der*
Spiegel *der*
Spiegelbild *das*
spiegelbildlich
spiegeln
Spiegelreflexkamera *die*
Spiegelung/Spieglung *die*
spiegelverkehrt
Spiel *das*
Spielbank *die*
die Spielbanken
spielen
Fußball spielen
Karten spielen
Klavier spielen
spielend
Spieler/in
spielerisch
Spielfeld *das*
Spielgeld *das*
Spielkamerad/in
Spielkarte *die*
Spielkasino *das*
Spielplan *der*
die Spielpläne
Spielregel *die*
Spielsachen
Spielverderber/in
Spielwaren
Spielwarengeschäft *das*
Spielzeug *das*
Spieß *der*
Spießbürger *der*
spießbürgerlich
Spießbürgertum *das*
Spießer *der*
spießerhaft
spießig
Spießrutenlaufen *das*
Spike *der*
Spike(s)reifen *der*

spin

spinal
Spinat *der*
Spind *der/das*
Spindel *die*
Spinett *das*
Spinne *die*
spinnen
spinnt, spann, hat gesponnen
Spinner *der*
Spinnrad *das*
die Spinnräder
Spinnwebe *das/die*
spintisieren
Spion/in
Spionage *die*
Spionagefall *der*
spionieren

Spirale *die*
spiralförmig
Spiritismus *der*
spiritistisch
Spiritual *das / der*
Spiritualismus *der*
spirituell
Spirituosen
Spiritus *der*
Spital *das*
spitz
Spitzbart *der*
die Spitzbärte
spitzbekommen
Spitzbogen *der*
die Spitzbögen
Spitzbube *der*
spitzbübisch
Spitze *die*
das ist Spitze / spitze
Spitzenleistung *die*
Spitzenlohn *der*
die Spitzenlöhne
Spitzenpolitiker *der*
Spitzenqualität *die*
Spitzensportler / in
Spitzenstellung *die*
spitzkriegen
Spitzname *der*
spitzwinklig
Spitz *der* (Hund)
Spitzel *der*
spitzeln
spitzfindig
Spitzfindigkeit *die*

spl

Spleen *der*
spleenig
spleißen
spleißt,
spliss * */ spleißte,*
hat gesplissen / gespleißt
Splint *der*
splitten
Splitting *das*
Splitter *der*
splitterfasernackt
Splitterpartei *die*
Spoiler *der*
spondieren
Sponsion *die*
sponsern
Sponsor *der*
Sponsoring *das*
spontan
Spontaneität *die*
sporadisch
Spore *die*
Sporn *der*
spornstreichs
Sport *der*
Sportabzeichen *das*
Sportart *die*
sportbegeistert
Sportfest *das*
Sportgeschäft *das*
Sportkleidung *die*
Sportklub / Sportclub *der*
Sportlehrer / in
Sportler / in
sportlich
Sportlichkeit *die*
Sportswear *der / das*
Sportunterricht *der*
Sportverein *der*
Sportwagen *der*
Spot *der* (Werbefilm)
Spotgeschäft *das*
Spotlight *das*
Spotmarkt *der*
Spott *der* (Hohn)
spottbillig
spotten
Spötter *der*
spöttisch
Spottlust *die*

spr

Sprache *die*
Sprachebene *die*
Sprachfehler *der*
Sprachführer *der*
Sprachgebrauch *der*
Sprachgefühl *das*
sprachgewandt
Sprachkenntnisse
sprachlich
sprachlos
Sprachlosigkeit *die*
Sprachnorm *die*
Sprachreflexion *die*
Sprachrichtigkeit *die*
Sprachsystem *das*
Sprachunterricht *der*
Sprachwandel *der*
sprang (springen)
Spray *der / das*
die Sprays
Spraydose *die*
sprayen
sprechen
spricht, sprach,
hat gesprochen
sprechen
Sprechen * *lernen*
Sprechblase *die*
Sprecher / in
Sprechfunk *der*
Sprechstunde *die*
spreizen
spreizbeinig
Sprengel *der*
sprengen

Sprengkörper *der*
Sprengstoff *der*
Sprengung *die*
sprenkeln
sprenklig
Spreu *die*

spri

spricht (sprechen)
Sprichwort *das*
die Sprichwörter
sprichwörtlich
sprießen (keimen)
*sprießt, spross**,
ist gesprossen
springen
springt, sprang,
ist gesprungen
Springbrunnen *der*
Springer/in
Springreiter/in
Sprung *der*
Sprinkleranlage *die*
Sprint *der*
sprinten
Sprinter/in
Sprit *der*
Spritze *die*
spritzen
Spritzer *der*
spritzig
Spritzpistole *die*
spröd/spröde
Sprödigkeit *die*
spross* (sprießen)
Spross* *der*
Sprosse *die*
Sprossenwand *die*
sprossen (Sprossen treiben)
sprosste, gesprosst
Sprössling* *der*
Sprotte *die*
Spruch *der*
die Sprüche
Spruchband *das*
die Spruchbänder
Spruchdichtung *die*
spruchreif
Sprudel *der*
sprudeln
sprühen
Sprühregen *der*
Sprung *der*
die Sprünge
sprungbereit
Sprungbrett *das*
Sprungfeder *die*
sprunghaft
Sprungschanze *die*
Spucke *die*
spucken
Spuk *der*
spuken
Spukgeschichte *die*
Spukschloss* *das*
die Spukschlösser
Spule *die*
Spüle *die*
spülen
Spülkasten *der*
die Spülkästen
Spülmaschine *die*
Spülung *die*
Spülwasser *das*
Spulwurm *der*
die Spulwürmer
Spund *der*
die Spünde
Spur *die*
Spurenelement *das*
Spurgerade *die*
spurlos
Spurwechsel *der*
Spurweite *die*
spüren
spürbar
Spürhund *der*
Spürnase *die*
Spurt *der*
die Spurts/Spurte
spurten
sputen
sich sputen
Squash *das*

sta

Staat *der*
von Staats wegen
staatenlos
staatlich
Staatsaktion *die*
Staatsangehörige
der/die
Staatsangehörigkeit
die
Staatsanwalt *der*
die Staatsanwälte
Staatsbegräbnis *das*
die Staatsbegräb-
nisse
Staatsbesuch *der*
Staatsbürger/in
staatsbürgerlich
Staatseigentum *das*
Staatsexamen *das*
Staatsgeheimnis *das*
die Staatsgeheim-
nisse
Staatsgewalt *die*
Staatshymne *die*
Staatskosten
auf Staatskosten
Staatsmann *der*
die Staatsmänner
staatsmännisch

Staatsminister/in
Staatsoberhaupt *das*
die Staatsoberhäupter
Staatsräson *die*
Staatssekretär/in
Staatsstreich *der*
Staatsvertrag *der*
die Staatsverträge
Stab *der*
die Stäbe
Stabhochsprung *der*
Stablampe *die*
Stabreim *der*
Stabsarzt *der*
die Stabsärzte
Stabwechsel *der*
stabil
Stabilisator *der*
stabilisieren
Stabilisierung *die*
Stabilität *die*
stach (stechen)
Stachel *der*
Stachelbeere *die*
Stacheldraht *der*
die Stacheldrähte
Stachelschwein *das*
stachlig

stad

Stadel *der*
Stadion *das*
die Stadien
Stadium *das*
die Stadien
Stadt *die*
die Städte
Stadtautobahn *die*
stadtbekannt
Stadtbezirk *der*
Stadtbummel *der*
Städtchen *das*
Stadtdirektor *der*
Städtebau *der*
Städtepartnerschaft *die*
Stadtgespräch *das*
Stadtinnere *das*
städtisch
Stadtmauer *die*
Stadtmitte *die*
Stadtplan *der*
die Stadtpläne
Stadtrand *der*
Stadtrat *der*
die Stadträte
Stadtreinigung *die*
Stadtrundfahrt *die*
Stadtteil *der*
Stadttor *das*
Stadtverordnete *der/die*
Stadtverwaltung *die*
Stadtwerke
Stadtzentrum *das*
Stafette *die*
Staffage *die*
Staffel *die*

ss/ß (für stimmloses s)

Nach kurzem Vokal: **ss**

*das Schlo**ss***
*der Flu**ss***
*wi**ss**en*
*er wu**ss**te*
*bi**ss**chen*

Nach langem Vokal: **ß**

*gro**ß***
*Flo**ß***
*grü**ß**en*

Nach Diphthong*: **ß**

*drau**ß**en*
*Flei**ß***
*sie wei**ß***

Diphthonge sind: au, äu, ei, eu

Staffellauf *der*
die Staffelläufe
Staffelmiete *die*
staffeln
Staffelei *die*
Stagnation *die*
stagnieren

stah

stahl (stehlen)
Stahl *der*
die Stähle
Stahlbeton *der*
stählen
stählern
stahlhart
Stahlhelm *der*
Stahlindustrie *die*
Stahlwerk *das*
staken
Stakete *die*
Stakkato *das*
staksen
Stalagmit *der*
Stalaktit *der*
Stalinismus *der*
Stall *der*
die Ställe
Stallgeruch *der*
Stallung *die*
Stamm *der*
die Stämme
Stammbaum *der*
die Stammbäume
Stammbuch *das*
die Stammbücher
Stammformen
Stammhalter *der*
stämmig
Stammkapital *das*
Stammkunde *der*
Stammtisch *der*
stammverwandt
Stammwähler *der*
stammeln
stammen
Stamperl *das*
stampfen
Stampfkartoffeln

stan

stand (stehen)
Stand *der*
die Stände
einen schweren Stand haben
in Stand/instand setzen*
außer Stande/außerstande sein*
im Stande/imstande sein*
zu Stande/zustande bringen*
Standbein *das*
Ständer *der*
standfest
Standfestigkeit *die*
standhaft
Standhaftigkeit *die*
standhalten
hält stand, hielt stand, hat standgehalten
Standlicht *das*
Standort *der*
Standpunkt *der*
Standspur *die*
Standuhr *die*
Standard *der*
Standardisierung *die*
Standardmodell *das*
Standardsprache *die*
Standardtänze
Standarte *die*
Stand-by *das*
Ständchen *das*
Stander *der*
Standesamt *das*
die Standesämter
standesamtlich
Standesbeamte *der*
standesbewusst*
Standesbewusstsein* *das*
standesgemäß
Standesunterschied *der*
ständig
ständig zu spät kommen
Standingovations*/
Standing Ovations*
Stange *die*
Stangenweißbrot *das*
Stängel* *der*
die Stängel der Blumen*
Stanitzel *das*
stank (stinken)
stänkern
Stanniol *das*
Stanniolpapier *das*
Stanze *die*
stanzen
Stanzmaschine *die*
Stapel *der*
Stapelholz *das*
Stapellauf *der*
stapeln
stapelweise
stapfen
Stapfen *der*
Star *der*
der graue Star

der grüne Star
Staranwalt *der*
Starbesetzung *die*
Starenkasten *der*
die Starenkästen
Starlet/Starlett *das*
starb (sterben)
stark
stärker, stärkste
s …
stark besiedelt*
das starke Geschlecht
ein starkes Verb
stark sein
stark werden
S …
das Recht des Stärkeren
Stärke *die*
stärken
Starkstrom *der*
Stärkung *die*
starr
starren
Starrheit *die*
starrköpfig
Starrsinn *der*
starrsinnig
Start *der*
startbereit
starten
Starter *der*
Starthilfe *die*
Startkapital *das*
startklar
Startschuss* *der*
die Startschüsse
Stasi *die/der*

stat

Statement *das*
ein Statement abgeben
Statik *die*
Statiker *der*
statisch
Station *die*
stationär
stationieren
Stationierung *die*
Stationsarzt *der*
die Stationsärzte
Stationsschwester *die*
Statist/in
Statistik *die*
statistisch
Stativ *das*
statt
*an Eides statt**
*an Kindes statt**
anstatt
stattdessen/statt dessen*
stattfinden
findet statt,
fand statt,
hat stattgefunden
stattgeben
gibt statt, gab statt,
hat stattgegeben
dem Antrag wird stattgegeben
Stätte *die*
statthaft
Statthalter *der*
stattlich
Statue *die*
Statuette *die*
Statur *die*
statuieren
ein Exempel statuieren
Status *der*
Status quo
Statussymbol *das*
Statut *das*
statutengemäß
Stau *der*
Staudamm *der*
die Staudämme
stauen
Stauung *die*
Staub *der*
die Stäube
Staub saugen/staubsaugen
staubbedeckt
Staubbeutel *der*
stauben
staubfrei
Staubgefäß *das*
die Staubgefäße
staubig
Staubsauger *der*
Staubschicht *die*
staubtrocken
Staubtuch *das*
die Staubtücher
Staubwolke *die*
Stauchung *die*
Staude *die*
Staudengewächs *das*
stauen
Stauung *die*
staunen
Staunen *das*
staunenswert
Staupe *die*

ste

Steak *das*
Steakhaus *das*
die Steakhäuser

Stearin *das*
stechen
sticht, stach,
hat gestochen
Stechen *das*
Stechmücke *die*
Stechuhr *die*
stecken
Steckbrief *der*
steckbrieflich
Steckdose *die*
stecken bleiben*
bleibt stecken,
blieb stecken,
ist stecken geblie-
*ben**
Stecken *der*
Steckenpferd *das*
Stecker *der*
Steckling *der*
Stecknadel *die*
Steckrübe *die*
Steckschuss* *der*
die Steckschüsse
Steelband *die*
Steg *der*
Stegreif
aus dem Stegreif
Stegreifspiel *das*
stehen
steht, stand,
hat gestanden
stehen bleiben*
bleibt stehen,
blieb stehen,
ist stehen
*geblieben**
stehend
stehen lassen*
lässt stehen,*
ließ stehen,
*hat stehen lassen**
Stehlampe *die*
Stehplatz *der*
die Stehplätze
stehlen
stiehlt, stahl,
hat gestohlen

stei

steif
steifbeinig
steif halten*
hält steif, hielt steif,
*hat steif gehalten**
Steifheit *die*
steigen
steigt, stieg,
ist gestiegen
Steigbügel *der*
Steiger *der*
Steigung *die*
steigern
Steigerung *die*
Steigerungsrate *die*
steil
am steilsten
Steilhang *der*
die Steilhänge
Steilheit *die*
Steilkurve *die*
Steilküste *die*
Steilwand *die*
die Steilwände
Stein *der*
steinalt
Steinbeißer *der*
Steinbruch *der*
die Steinbrüche
Steinbutt *der*
steinern
Steingut *das*
steinhart
steinig
steinigen
Steinkohle *die*
Steinmetz *der*
Steinobst *das*
Steinpilz *der*
steinreich
Steinschlag *der*
Steinzeit *die*
Steinzeug *das*
Steiß *der*
Steißbein *das*
Stele *die* (Säule)
Stellage *die*
Stelldichein *das*
Stelle *die*
stellen
Stellenangebot *das*
Stellenmarkt *der*
Stellenvermittlung
die
stellenweise
Stellung *die*
Stellung nehmen
Stellungnahme *die*
stellungslos
stellvertretend
Stellvertreter/in
Stellwerk *das*
Stelze *die*
Stelzen laufen
stelzen

stem

stemmen
Stemmeisen *das*
Stempel *der*
Stempelfarbe *die*
Stempelkissen *das*
stempeln
(Stengel > Stängel*)
Steno *die/das*
Stenogrammblock

A B C D E F G H I J K L M N O P Q R S T U V W X Y Z

der
die Stenogrammblöcke
Stenographie/Stenografie *die*
stenographieren/stenografieren
Stepp* *der*
*Stepp tanzen**
steppen
Stepptänzer/in*
steppen (zusammennähen)
Steppdecke *die*
Steppe *die*
Steppenwolf *der*
die Steppenwölfe
Steppke *der*

ster

sterben
stirbt, starb, ist gestorben
Sterbebett *das*
Sterbegeld *das*
Sterben *das*
sterbenskrank
Sterbeort *der*
Sterbesakramente
Sterbestunde *die*
Sterbetag *der*
Sterbeurkunde *die*
sterblich
Sterblichkeit *die*
Stereoanlage *die*
Stereolautsprecher *der*
Stereometrie *die*
stereometrisch
stereotyp
steril
Sterilisation *die*
sterilisieren
Sterilität *die*
Stern *der*
Sternbild *das*
Sterndeutung *die*
Sternenhimmel *der*
sternenklar
sternenförmig
Sternschnuppe *die*
Sternstunde *die*
Sternwarte *die*
Sternzeichen *das*
Sterz *der*
Stethoskop *das*
stetig
Stetigkeit *die*
stets (immer)
Steuer *das* (Lenker)
steuerbar
Steuerbord *das*
steuerlos
Steuermann *der*
die Steuerleute
steuern
Steuerrad *das*
die Steuerräder
Steuerung *die*
Steuer *die* (Abgabe)
direkte Steuern
indirekte Steuern
Steueränderungsgesetz *das*
steuerbegünstigt
Steuerbemessungsgrundlage *die*
Steuerberater/in
Steuerbescheid *der*
Steuererhöhung *die*
Steuererklärung *die*
Steuerermäßigung *die*
Steuererstattung *die*
steuerfrei
Steuerfreibetrag *der*
die Steuerfreibeträge
Steuerhinterziehung *die*
steuerpflichtig
Steuertabelle *die*
Steuervorteil *der*
Steuerzahler *der*
Steuerung *die*
Steven *der*
Steward *der*
Stewardess* *die*

sti

stibitzen
Stich *der*
hieb- und stichfest
Stichel *der*
sticheln
Stichflamme *die*
stichhaltig
Stichprobe *die*
stichprobenweise
Stichpunkt *der*
stichpunktartig
Stichsäge *die*
Stichstraße *die*
Stichwort *das*
die Stichwörter
stichwortartig
Stichwortregister *das*
Stichwortverzeichnis *das*
die Stichwortverzeichnisse
Stichwortzettel *der*
Stichling *der*
sticken
Stickerei *die*

Sticker *der*
stickig
Stickoxid *das*
Stickstoff *der*

stie

stieben
stiebt, stob,
ist gestoben
Stiefbruder *der*
die Stiefbrüder
Stiefeltern
Stiefkind *das*
Stiefmutter *die*
die Stiefmütter
Stiefmütterchen *das*
stiefmütterlich
Stiefschwester *die*
Stiefsohn *der*
die Stiefsöhne
Stieftochter *die*
die Stieftöchter
Stiefvater *der*
die Stiefväter
Stiefel *der*
Stiefelette *die*
stieg (steigen)
Stiege *die*
Stiegenhaus *das*
Stieglitz *der*
stiehlt (stehlen)
Stiel *der* (Stängel*,
Griff)
Stielaugen machen
Stielglas *das*
die Stielgläser
Stielkamm *der*
die Stielkämme
Stielstich *der*
Stier *der*
Stierkampf *der*
die Stierkämpfe
stiernackig
Stiesel / Stießel *der*
sties(e)lig / stieß(e)lig
stieß (stoßen)
Stift *der* (Bleistift)
das (Stiftung)
stiften
*stiften gehen**
Stifter / in
Stiftskirche *die*
Stiftung *die*
Stiftzahn *der*
die Stiftzähne
Stigma *das*
stigmatisieren

stil

Stil *der* (Kunstrichtung)
Stilart *die*
Stilblüte *die*
Stilbruch *der*
die Stilbrüche
Stilfigur *die*
Stilgefühl *das*
Stilistik *die*
stilistisch
Stilmittel *das*
Stilübung *die*
stilvoll
Stilett *das*
still
s ...
still sein
stille Reserven
S ...
Stille *die*
in aller Stille
der Stille Ozean
*im Stillen**
still halten (ruhig
bleiben)
hält still, hielt still,
hat still gehalten
stillhalten (erdulden)
Stillleben* *das*
stilllegen*
Stilllegung* *die*
stillschweigend

Stiel

Besenstiel
Eis am Stiel
Blattstiel
der Stiel der Blüte
Stielaugen machen

Stil

Baustil
der gotische Stil
Stilmöbel
die Stilblüte
der Stilbruch

stylen

gestylt
Stylist
Hairstylist
Styling

still sitzen (ohne zu sprechen)
stillsitzen (unbeweglich sitzen)
sitzt still, saß still, hat stillgesessen
Stillstand *der*
still stehen (ohne zu sprechen)
steht still, stand still, hat still gestanden
stillstehen (zum Stillstand gekommen sein)
stillvergnügt
stillen
stillende Mütter

stim

Stimme *die*
Stimmabgabe *die*
stimmberechtigt
Stimmbruch *der*
Stimmenauszählung *die*
Stimmenmehrheit *die*
Stimmenthaltung *die*
stimmhaft
stimmig
Stimmlage *die*
stimmlos
Stimmzettel *der*
stimmen
Stimmgabel *die*
Stimmung *die*
Stimmungsumschwung *der*
stimmungsvoll
Stimulanz *die*
stimulieren
stinken
stinkt, stank, hat gestunken
Stinkbombe *die*
stinkfaul
stinkfein
stinklangweilig
Stinktier *das*
Stint *der*
Stipendium *das*
die Stipendien
Stippvisite *die*
stirbt (sterben)
Stirn *die*
Stirnglatze *die*
Stirnhöhle *die*
Stirnhöhlenvereiterung *die*
Stirnrunzeln *das*
stirnrunzelnd

sto

Stoa *die*
stöbern
Stochastik *die*
stochastisch
stochern
Stöchiometrie *die*
Stock *der*
die Stöcke
stockdunkel
stockfinster
stocksauer
Stockwerk *das*
Stockcar* *der*
Stöckelschuh *der*
stocken
ins Stocken geraten
ins Stocken kommen
Stockung *die*
stockfleckig
stockig
Stoff *der*
Stoffballen *der*
Stofffarbe*/Stoff-Farbe* *die*
stofflich
Stofflichkeit *die*
Stoffsammlung *die*
Stofftier *das*
Stoffwechsel *der*
Stoffel *der*
stöhnen
Stöhnen *das*
stoisch
Stoizismus *der*
Stola *die* (Umhang)
die Stolen
Stollen *der*
Stollengang *der*
die Stollengänge
stolpern
Stolperstein *der*
stolz
Stolz *der*
stolzgeschwellt
stolzieren
stop (auf Verkehrszeichen)
Stop-and-go-Verkehr *der*
Stopp *der*
stoppen
Stopper *der*
Stopplicht *das*
Stoppschild *das*
Stoppstraße *die*
Stoppuhr *die*
stopfen
Stopfnadel *die*
Stoppel *die*
Stoppelbart *der*
die Stoppelbärte
Stoppelfeld *das*
stoppen

Stöpsel *der*
stöpseln

stor

Stör *der* (Fisch)
die (Arbeit)
auf die Stör gehen
Storch *der*
die Störche
Storchennest *das*
Store *der*
stören
Störaktion *die*
störanfällig
störend
Störenfried *der*
Störer *der*
Störfaktor *der*
Störfall *der*
die Störfälle
Störung *die*
stornieren
Stornierung *die*
Storno *der/das*
störrisch
Story *die*
Stoß *der*
die Stöße
Stoßdämpfer *der*
Stößel *der*
stoßen
stößt, stieß,
hat gestoßen
Stoßstange *die*
stoßweise
stottern
Stotterer *der*
Stotterin *die*
Stövchen *das*

str

Str. (Straße)
stracks
Stradivarigeige *die*
Strafe *die*
Strafarbeit *die*
strafbar
Strafbarkeit *die*
Strafbefehl *der*
strafen
straffällig
Strafgefangene
der/die
Strafgesetzbuch *das*
(StGB)
sträflich
Sträfling *der*
Strafmandat *das*
Strafmaß *das*
die Strafmaße
strafmildernd
strafmündig
Strafporto *das*
Strafprozess* *der*
Strafraum *der*
Strafrecht *das*
strafrechtlich
Strafsache *die*
Strafstoß *der*
die Strafstöße
strafversetzen
strafversetzt werden
Strafverteidiger/in
Strafvollzug *der*
Strafzettel *der*
straff
straffen
Strahl *der*
strahlen
strahlend
strahlend hell
Strahlensatz *der*
Strahlenschäden
Strahler *der*
Strahlung *die*
Strahlungsintensität
die
Strähne *die*
strähnig
Stramin *der*
stramm
strammstehen
steht stramm,
stand stramm, hat
strammgestanden
*stramm ziehen**
strampeln
Strampelhöschen *das*
Strand *der*
die Strände
Strandbad *das*
stranden
Strandgut *das*
Strandkorb *der*
die Strandkörbe
Strandung *die*
Strang *der*
die Stränge
über die Stränge
schlagen
strangulieren
Strapaze *die*
strapazierbar
strapazieren
strapazierfähig
strapaziös
Straps *der*
Strass* *der*
die Strasse
Straße *die*
Straßenbahn *die*
Straßenbau *der*
Straßenbeleuchtung
die
Straßenecke *die*
Straßengraben *der*

die Straßengräben
Straßenkarte *die*
Straßenlage *die*
Straßenlärm *der*
Straßenname *der*
Straßenrand *der*
die Straßenränder
Straßenreinigung *die*
Straßenseite *die*
Straßenverkehr *der*
Straßenzustand *der*

strat

Strategie *die*
strategisch
Stratosphäre *die*
Stratuswolke *die*
sträuben
sich sträuben
Strauch *der*
die Sträucher
Strauchwerk *das*
straucheln
Strauß *der*
die Sträuße (Blumen)
die Strauße (Vogel)

Straußenfeder *die*

stre

streben
Strebepfeiler *der*
Streber/in
streberhaft
Strebertum *das*
strebsam
Strebsamkeit *die*
Strecke *die*
strecken
Streckenverhältnis
das
streckenweise
Streckenzug *der*
Streckung *die*
die zentrische
Streckung
Streckverband *der*
die Streckverbände
Streich *der*
streicheln
streichen
streicht, strich,
hat gestrichen
streichfähig
Streichholz *das*
die Streichhölzer
Streichholz-
schachtel *die*
Streichinstrument *das*
Streichkäse *der*
Streichquartett *das*
Streichung *die*
Streifen *der*
Streifbandzeitung *die*
Streife *die*
streifen
streifig
Streifzug *der*
die Streifzüge

Streik *der*
streiken
Streikposten *der*
Streikrecht *das*
Streikwelle *die*
Streit *der*
streitbar
streiten
streitet, stritt,
hat gestritten
Streiterei *die*
Streitgespräch *das*
streitig
streitig machen
Streitigkeiten
Streitkräfte
streitlustig
streitsüchtig
Strelitzie *die*
streng
streng bestrafen
*streng genommen**
streng sein
Strenge *die*
strenggläubig
strengstens
Streptokokken
Stress* *der*
stressig
Stresssituation*/
Stress-Situation* *die*
Stretch *der*
Stretching *das*
Streu *die*
streuen
Streusalz *das*
Streusel *der/das*
Streuung *die*
Streuversuch *der*
streunen
strich (streichen)
Strich *der*

stricheln
Strichpunkt *der*
Strick *der*
stricken
Strickjacke *die*
Strickleiter *die*
Strickmuster *das*
Stricknadel *die*
Strickzeug *das*
striegeln
Striemen *der*
Striezel *der*

strikt
strikt dagegen sein
stringent
Stringenz *die*
Strip *der*
strippen
Striptease *der/das*
Strippe *die* (Schnur)
strittig

stro

Stroboskop *das*
Stroh *das*
Strohblume *die*
strohgedeckt
Strohhalm *der*
Strohhut *der*
die Strohhüte
Strohmann *der*
die Strohmänner
Strohwitwer *der*
Strolch *der*
Strom *der*
stromauf fahren
Stromausfall *der*
strömen
Stromkabel *das*
Stromlinie *die*
stromlinienförmig
Stromstärke *die*
Strömung *die*
Stromzähler *der*
Strontium *das* (Sr)
Strophantin *das*
Strophe *die*
Strophenbau *der*
Strophenform *die*
strotzen
strubb(e)lig
Strubbelkopf *der*
die Strubbelköpfe
Strudel *der*
Struktur *die*
Strukturalismus *der*
Strukturanalyse *die*
strukturell
strukturieren
Strukturierung *die*
Strukturmerkmal *das*
Strukturwandel *der*
Strumpf *der*
die Strümpfe
Strumpfhose *die*
Strunk *der*
die Strünke
struppig
Struwwelpeter *der*
Strychnin *das*

stu

Stube *die*
Stubenarrest *der*
Stubenfliege *die*
stubenrein
Stuck *der*
Stuckdecke *die*
Stuckateur/in*
Stück *das*
Stückchen *das*
stückeln
Stückelung *die*
Stückgut *das*
Stückkosten
stückweise
Stückwerk *das*
Stückzahl *die*
Student/in
Studentenausweis *der*
Studentenbude *die*
Studentenschaft *die*
Studentenverbindung *die*
Studentenwerk *das*
studentisch
Studie *die*
Studienassessor/in
Studiendirektor/in
Studienfahrt *die*
Studienfreund *der*
Studiengang *der*
die Studiengänge
studienhalber
Studienrat *der*
die Studienräte
Studienrätin *die*
Studienreferendar/in
Studienreise *die*
studieren
Studium *das*
Studio *das*
Studiobühne *die*
Stufe *die*
stufenförmig
Stufenheck *das*
stufenlos
stufenweise

Stuhl *der*
die Stühle
Stuhlbein *das*
Stuhlgang *der*
Stuhllehne *die*
(Stukkateur > Stuckateur*)
Stulle *die*
Stulpe *die*
stülpen
stumm
Stummfilm *der*
Stummel *der*
Stummelschwanz *der*
die Stummelschwänze
Stumpen *der*
Stümper *der*
Stümperei *die*
stümperhaft
stumpf
Stumpfsinn *der*
stumpfsinnig
stumpfwinklig
Stumpf *der*
die Stümpfe

stun

Stunde *die*
eine halbe Stunde
eine Viertelstunde / eine viertel Stunde
stunden
Stundenkilometer (km/h)
stundenlang
eine Stunde lang
Stundenlohn *der*
Stundenplan *der*
die Stundenpläne
stundenweise
stündlich
stunden
Stundung *die*
Stuntman *der*
stupid / stupide
Stupidität *die*
Stupp *die*
Stupsnase *die*
stur
Sturheit *die*
Sturm *der*
die Stürme
Sturm laufen
Sturm läuten
Sturmbö *die*
stürmen
Stürmer *der*
Sturmflut *die*
stürmisch
Sturm und Drang *der*
Sturm-und-Drang-Zeit *die*
Sturmwarnung *die*
Sturz *der*
die Stürze
stürzen
Sturzhelm *der*
Stuss* *der*
*Stuss reden**
Stute *die*
Stutenmilch *die*
Stütze *die*
stützen
Stützmauer *die*
Stützpfeiler *der*
Stützpunkt *der*
stutzen
Stutzen *das*
stutzig
stylen
Styling *das*
Stylist/in
Styropor *das*

su

subaltern
Subjekt *das*
subjektiv
Subjektivismus *der*
Subjektivität *die*
Subjektsatz *der*
die Subjektsätze
Subkontinent *der*
Subkultur *die*
subkutan
sublim
sublimieren
Subordination *die*
subordinieren
subordinierende Konjunktion
Subsidiaritätsprinzip *das*
Subsistenz *die*
Subsistenzwirtschaft *die*
subskribieren
Subskription *die*
Subskriptionspreis *der*
Substantiv *das*
substantivieren
substantivisch
Substanz *die*
substanziell* / substantiell
substituieren
Substitut *der* (Verkaufsleiter)
das (Surrogat)
Substitution *die*
Substrat *das*
subsumieren
Subsumtion *die*

Wie erkennt man Substantive?

Alle Substantive werden im Deutschen mit großem Anfangsbuchstaben geschrieben. Wie erkennt man, ob ein Wort ein „Substantiv" ist?

- Vor den Substantiven kann ein Artikel stehen.

  Bestimmter Artikel:

  der Schüler, die Schülerin, das Mädchen, der Einzelne

  Unbestimmter Artikel:

  ein Schüler, eine Schülerin, ein Mädchen, ein Einzelner

  Artikel + Präposition verschmolzen:

  im *(in dem)* ***Haus, aufs*** *(auf das)* ***Beste****

- Substantive haben ein Geschlecht (Genus):

männlich/ Maskulinum:	weiblich/ Femininum:	sächlich/ Neutrum:
der ***Schüler***	*die* ***Schülerin***	*das* ***Mädchen***
der ***Platz***	*die* ***Straße***	*das* ***Haus***
der ***Erste***	*die* ***Beste***	*das* ***Gleiche***

- Substantive stehen in einem der vier Fälle.

  1\. Fall (Nominativ) Frage: „Wer oder was ...?"
  Die ***Ersten*** *waren schon da. (Wer oder was war schon da?)*

  2\. Fall (Genitiv) Frage: „Wessen ...?"
  Das Heft des ***Schülers****. (Wessen Heft?)*

  3\. Fall (Dativ) Frage: „Wem ...?"
  Mit dem ***Direktor*** *sprechen. (Mit wem sprechen?)*

  4\. Fall (Akkusativ) Frage: „Wen oder was ...?"
  Ich kenne die ***Schwierigkeiten.*** *(Wen oder was kenne ich?)*

- Substantive kann man mit Adjektiven, Attributen, Relativsätzen näher bestimmen. (Frage: Was für ein ...?)

  die gute ***Schülerin***
  das volle ***Heft***
  der strahlende ***Sieger***
  } Adjektive

  das ***Heft*** *der Schülerin*
  das ***Arbeiten*** *am Computer*
  der ***Erste*** *des Monats*
  } Attribute

  die ***Tasche,*** *die auf dem Boden liegt*
  das ***Buch,*** *das ich gelesen habe*
  das ***Beste,*** *was du tun konntest*
  } Relativsätze

Statt „Substantiv" kann man auch sagen: „Nomen", „Hauptwort".

subtil
Subtilität *die*
subtrahieren
Subtraktion *die*
Subtropen
subtropisch
Subvention *die*
subventionieren
subversiv

suc

suchen
Suchaktion *die*
Suchanzeige *die*
Suchbild *das*
Sucher *der*
Suchmeldung *die*
Sucht *die*
süchtig
Süchtige *der/die*
suchtkrank
suckeln

sud

Sud *der*
Süd
Frankfurt Süd*/
Frankfurt-Süd
Südafrika
Südamerika
süddeutsch
Süden *der*
Südfrüchte
Südküste *die*
südlich
Südost *der* (SO)
Südpol *der*
Südsee *die*
Südseite *die*
südwärts
Südwest *der* (SW)
Südwind *der*
sudeln
Suff *der*
süffig
süffisant
Süffisanz/Süffisance *die*
Suffix *das*
suggerieren
Suggestion *die*

Nicht verwechseln!

Unterscheide die Substantive von ähnlich lautenden anderen Wortarten:

Substantive:	Andere Wortarten:
*das **A**rbeiten am Computer*	*am Computer **a**rbeiten*
*der **B**eruf der Eltern*	*die **b**erufstätigen Eltern*
*zu **B**esuch sein*	*den Onkel **b**esuchen*
*sein **F**ehlen entschuldigen*	*einige Schüler **f**ehlen*
*das **L**achen*	*alle mussten **l**achen*
*mit einem **L**ächeln*	*nur müde **l**ächeln*
*am nächsten **M**orgen*	***m**orgens um 8 Uhr*
*seine **P**ersönlichkeit*	*die **p**ersönlichen Interessen*
*ihr Hobby ist **R**eiten*	*sie geht jetzt **r**eiten*
*die **S**chule*	*die **s**chulischen Leistungen*
*Zeit zum **S**pielen*	***s**pielen gehen*
*die **T**eilnehmer*	*die **t**eilnehmenden Gruppen*
*zur **V**erfügung stellen*	*über etwas **v**erfügen können*
*die **V**erschiedenheit*	***v**erschiedene Beispiele*
*kein **V**ertrauen haben*	*jemandem **v**ertrauen*

suggestiv
Suggestivfrage *die*
Suhle *die*
suhlen
sich suhlen
Sühne *die*
sühnen
Sühneopfer *das*
sui generis
Suitcase *das/der*
Suite *die*
Suizid *der/das*
Suizidrisiko *das*
Sujet *das*
ein interessantes Sujet
sukzessiv(e)
Sulfat *das*
Sulfid *das*
Sulfit *das*
Sulfitlauge *die*
Sulfonamid *das*
Sulky *das*
Sultan *der*
Sultanat *das*
Sultanine *die*
Sülze *die*
Sülzkotelett *das*

sum

summa cum laude
Summand *der*
Summe *die*
summarisch
summieren
summen
Sumpf *der*
die Sümpfe
Sumpfdotterblume *die*
Sumpfgebiet *das*
Sumpfhuhn *das*
die Sumpfhühner
sumpfig
Sumpfland *das*
Sund *der*
Sünde *die*
Sündenbekenntnis *das*
die Sündenbekenntnisse
Sündenbock *der*
die Sündenböcke
Sünder/in
Sündflut/Sintflut *die*
sündhaft
sündig
sündigen
Sunnit *der*
sunnitisch
super
Super *das*
superb/süperb
Superbenzin *das*
Supercup *der*
Super-G *der*
Super-GAU *der*
Superintendent *der*
Superiorität *die*
Superlativ *der*
superlativisch
superleicht
Supermacht *die*
die Supermächte
Supermarkt *der*
die Supermärkte
superschlau
Superstar *der*
Suppe *die*
Suppenfleisch *das*
Suppengrün *das*
Suppenhuhn *das*
die Suppenhühner
Suppenlöffel *der*
Suppentasse *die*
Suppenteller *der*
Supplement *das*
supprimieren
Supraleiter *der*
supranational
Supremat *das*
Surfbrett *das*
surfen
Surfer/in
Surfing *das*
Surrealismus *der*
surrealistisch
surren
Surrogat *das*
Susine *die*
suspekt
suspendieren
Suspendierung *die*
Suspension *die*
süß
Süße *die*
süßen
Süßholz *das*
Süßholz raspeln
Süßigkeit *die*
Süßkirsche *die*
süßlich
süßsauer/süß sauer
Süßspeise *die*
Süßstoff *der*
Süßwaren
Süßwasser *das*
Süßwein *der*
Sutane/Soutane *die*
Sütterlinschrift *die*
SV (Sportverein)
Sweater *der*
Sweatshirt *das*
Swimmingpool *der*
Swing *der*

sy

Syllogismus *der*
die Syllogismen
Symbiose *die*
symbiotisch
Symbol *das*
Symbolcharakter *der*
symbolhaft
Symbolik *die*
symbolisch
symbolisieren
Symbolismus *der*
symbolträchtig
Symmetrie *die*
die Drehsymmetrie
die Axialsymmetrie
Symmetrieachse *die*
Symmetriezentrum *das*
symmetrisch
Sympathie *die*
Sympathiebekundung *die*
Sympathieerklärung *die*
Sympathieträger/in
Sympathisant/in
sympathisch
sympathisieren
Sympathikus *der*
Symphonie/Sinfonie *die*
Symposion/Symposium *das*
Symptom *das*
Symptomatik *die*
symptomatisch

syn

Synagoge *die*
Synapse *die*
Synästhesie *die*
synchron
Synchrongetriebe *das*
Synchronisation *die*
synchronisieren
Synchronsprecher/in
Syndikat *das*
Syndikus *der*
Syndrom *das*
Synekdoche *die*
Synergie *die*
Synergieeffekt *der*
Synkope *die*
Synode *die*
synodal
Synodale *der/die*
Synodalversammlung *die*
synonym
Synonym *das*
Synonymik *die*
Synonymwörterbüch *das*
die Synonymwörterbücher
Synopse/Synopsis *die*
synoptisch
Syntagma *das*
die Syntagmen
syntagmatisch
Syntax *die*
syntaktisch
Synthese *die*
Synthesizer *der*
Synthetics
synthetisch
Syphilis *die*
syphiliskrank
System *das*
Systemanalyse *die*
Systemanalytiker/in
Systematik *die*
systematisch
systematisieren
Systemfehler *der*
Systemgegner/in
systemimmanent
systemkonform
Systemkritiker/in
systemlos
Systemstart *der*
Systole *die*

sz

Szene *die*
Szenario *das*
Szenenapplaus *der*
Szenenfolge *die*
Szenenwechsel *der*
Szenerie *die*
szenisch

T

t (Tonne)
Tab *der*
Tabak *der*
Tabakindustrie *die*
Tabakpflanze *die*
Tabakspfeife *die*
Tabaksteuer *die*
Tabakwaren
Tabasco *der*
Tabascosoße *die*
Tabelle *die*
tabellarisch
Tabellenerste *der*
Tabellenführer *der*
Tabellenkalkulation *die*
Tabellenplatz *der*
die Tabellenplätze
Tabellenstand *der*
Tabernakel *das*
Tableau *das*
Tablett *das*
Tablette *die*
Tablettenabhängige *der/die*
Tablettenmiss-brauch* *der*
tablettensüchtig
tabu
Tabu *das*
tabuisieren
Tabuthema *das*
Tabuwort *das*
die Tabuwörter
Tabuzone *die*
Tabula rasa *die*
*Tabula rasa machen**
Tabulator *der*

tac

Tacheles
Tacheles reden
Tachismus *der*
Tacho *der*
Tachometer *der/das*
Tachostand *der*
die Tachostände
Tackling *das*
Tadel *der*
tadellos
tadeln
tadelnswert
Tafel *die*
Tafelbild *das*
tafelfertig
Tafelgeschirr *das*
tafeln
Tafelrunde *die*

Tageszeiten

Substantive / Nomen:	**Adverbien:**
*heute **A**bend*	
*morgen **A**bend*	
*gestern **A**bend*	***a**bends*
*am **M**ontagabend*	***m**ontagabends*
*an diesem **M**ontagabend*	***m**ontags abends*
*jeden **M**ontagabend*	
*der **M**ontagabend*	

Ebenso: Morgen, Vormittag, Mittag, Nachmittag, Nacht:
heute Morgen, am Mittag, jeden Sonntagnachmittag

A B C D E F G H I J K L M N O P Q R S T U V W X Y Z

Tafelspitz *der*
täfeln
Täf(e)lung *die*
Taft *der*
Taftkleid *das*

tag

Tag *der*
T …
bei Tag und Nacht
guten / Guten Tag*
sagen
von Tag zu Tag
am Tage
im Laufe des Tages
in acht Tagen
mehrere Tage lang
unter Tage
zu Tage/zutage treten*
t …
tagaus … tagein
tagelang
tagtäglich
tags darauf
tagsüber
tags zuvor
heutzutage
Tagebau *der*
Tageblatt *das*
Tagebuch *das*
die Tagebücher
Tagebuchnummer *die* (Tgb.-Nr.)
Tagelöhner/in
tagen
Tagesablauf *der*
die Tagesabläufe
Tagesanbruch *der*
Tagesgespräch *das*
Tageskarte *die*
Tageslicht *das*
Tagesordnung *die*
Tageszeit *die*
Tageszeitung *die*
Tagewerk *das*
taghell
täglich
Tagetes *die*
Tagung *die*
Tagungsbüro *das*
Tagungsgebäude *das*
Tagungsteilnehmer/in
Taifun *der*
Taiga *die*
Taille *die*
Taillenweite *die*
tailliert
Take *der/das*
Take-off *der / das*
Takelage *die*
takeln
Takelwerk *das*
Takt *der*
Taktgefühl *das*
taktlos
Taktlosigkeit *die*
Taktstock *der*
die Taktstöcke
Taktstrich *der*
taktvoll
taktieren
Taktik *die*
taktisch
taktil
Tal *das*
die Täler
Talfahrt *die*
Talsohle *die*
Talsperre *die*
Talar *der*
Talent *das*
talentiert
talentvoll
Taler *der*
talergroß
Talerstück *das*
Talg *der* (Fett)
Talgdrüse *die*
Talisman *der*
Talk *der* (Mineral)
Talkpuder *der/das*
Talkum *das*
Talkmaster *der*
Talkshow* *die*
Talmi *das*
Talon *der*
Tamarinde *die*
Tamariske *die*
Tamburin *das*
Tampon *der*
tamponieren
Tamtam *das*
großes Tamtam machen

tan

Tand *der*
tändeln
Tandem *das*
Tang *der* (Algen)
Tanga *der*
Tangaslip *der*
Tangens *der*
Tangente *die*
tangential
tangieren
Tango *der*
Tank *der* (Behälter)
tanken
Tanker *der*
Tankfahrzeug *das*
Tankfüllung *die*
Tankverschluss* *der*
die Tankverschlüsse
Tankwart *der*

Tanne *die*
Tannenbaum *der*
die Tannenbäume
Tannennadel *die*
Tannenzapfen *der*
Tante *die*
Tante-Emma-Laden *der*
tantenhaft
Tantieme *die*
Tanz *der*
die Tänze
Tanzbär *der*
Tänzchen *das*
tänzeln
tanzen
Tango tanzen
Tänzer/in
Tanzfläche *die*
Tanzkapelle *die*
Tanzlehrer/in
Tanzmusik *die*
Tanzorchester *das*
Tanzschule *die*
Tanzstunde *die*
Tanzturnier *das*
Tanzveranstaltung *die*

tap

Tapete *die*
Tapetenmuster *das*
Tapetenrolle *die*
Tapetenwechsel *der*
tapezieren
Tapeziertisch *der*
Tapfe *die*/**Tapfen** *der*
tapfer
Tapferkeit *die*
Tapir *der*
Tapisserie *die*
tappen
tapsen
tapsig
Tara *die*
tarieren
Tarantel *die*

Tarantella *die*
Tarif *der*
die Tarife
Tarifautonomie *die*
Tarifkonflikt *der*
tariflich
Tariflohn *der*
Tarifpolitik *die*
Tarifverhandlungen
Tarifvertrag *der*
die Tarifverträge
tarnen
sich tarnen
Tarnfarbe *die*
Tarnung *die*
Tarock *das*/*der*
Tasche *die*
Taschenbuch *das*
die Taschenbücher
Täschchen *das*
Taschendieb *der*
Taschenlampe *die*
Taschenmesser *das*
Taschenrechner *der*
Taschentuch *das*
die Taschentücher
Tasse *die*
Tasse und Untertasse
die Kaffeetasse
Tassenrand *der*
Tastatur *die*
Taste *die*
tasten
tastend
Tasteninstrument *das*
Tastsinn *der*
Tastentelefon *das*

tat

Tat *die*
Tatbestand *der*
die Tatbestände
Tatendrang *der*
tatenlos
Täter/in
Tatform *die*
tätig
tatkräftig
tätlich
Tatort *der*
Tatsache *die*
tatsächlich
Tatverdacht *der*
tatverdächtig
Tatzeit *die*
Tatar *das*
tätig
Tätigkeit *die*
Tätigkeitsbereich *der*
Tätigkeitswort *das*
die Tätigkeitswörter
tätowieren
Tätowierung *die*
tätscheln
Tatze *die*
Tau *der* (Niederschlag)
das (Seil)
Tauwerk *das*
taub
Taube *der*/*die*
Taubheit *die*
taubstumm
Taube *die*
Täubchen *das*

taubenblau
Taubenschlag *der*
Taubenzüchter/in
tauchen
Taucher/in
Taucherausrüstung *die*
Taucherbrille *die*
Taucherglocke *die*
Tauchsieder *der*
Tauchstation *die*
tauen
Tau *der*
taufrisch
Tautropfen *der*
Tauwasser *das*
Tauwetter *das*
Taufbecken *das*
Taufe *die*
taufen
Täufer *der*
Täufling *der*
Taufname *der*
Taufpate *der*
Taufpatin *die*
Taufschein *der*
taugen
Taugenichts *der*
tauglich
Taumel *der*
taumeln
Tausch *der*
tauschen
Tauschgeschäft *das*
Tauschhandel *der*
täuschen
sich täuschen
täuschend
Täuschung *die*
Täuschungs-manöver *das*
Täuschungsversuch *der*
tausend
*tausend und aber-tausend/Tausend und Abertausend**
tausendeins
tausendfach (1000fach)
Tausendguldenkraut *das*
tausendjährig
tausendmal (1000-mal*)
Tausendmarkschein *der*
Tausendschönchen *das*
tausendstel/Tau-sendstel
Tautologie *die*
Taverne *die*
Taxameter *das/der*
Taxi *das*
Taxichauffeur *der*
Taxifahrer/in
Taxistand *der*
taxieren
Taxwert *der*
Taxonomie *die*
taxonomisch
Taxus *der*
Tb-krank / Tbc-krank (tuberkulosekrank)
Tbc-Kranke *der/die*
T-Bone-Steak* *das*

te

Teach-in *das*
Teakholz *das*
Team *das*
Teamarbeit *die*
Teamwork *das*
Technik *die*
Techniker/in
Technikum *das*
technisch
der Technische Di-rektor
Technischer Überwa-chungsverein (TÜV)
Technisierung *die*
Technokrat *der*
technokratisch
Technologie *die*
technologisch
Techtelmechtel *das*
TED (Teledialog)
Teddy *der*
Teddybär *der*
Tedeum *das*

tee

Tee *der*
Teebeutel *der*
Teeei*/Tee-Ei *das*
Teeernte*/Tee-Ernte *die*
Teegebäck *das*
Teeglas *das*
die Teegläser
Teekanne *die*
Teelöffel *der*
teelöffelweise
Teesieb *das*
Teestube *die*
Teetasse *die*
Teewasser *das*
Teewurst *die*
Teenager *der*
Teenie/Teeny *der*
Teer *der*
teeren
Teerfarbe *die*
Teerpappe *die*
Teflon *das*

Teflonpfanne *die*
Teich *der* (See)
Teichmuschel *die*
Teichoskopie *die*
Teig *der* (zum Backen)
den Teig gehen lassen
den Teig kneten
Teigmasse *die*
Teigschüssel *die*
Teigwaren
Teil *der/das*
T . . .
ein großer Teil
ich für meinen Teil
jedes Teil
seinen Teil dazu beitragen
zum Teil
t . . .
teils
größtenteils
meistenteils
zuteil werden
Teilaspekt *der*
Teilaufgabe *die*
teilbar
Teilbarkeit *die*
Teilbetrag *der*
die Teilbeträge
Teilchen *das*
teilen
Teilerfolg *der*
teilhaben
hat teil, hatte teil, hat teilgehabt
Teilhaber/in
teilhaftig
Teilkaskoversicherung *die*
Teilnahme *die*
teilnahmeberechtigt
teilnahmslos
teilnehmen
nimmt teil,
nahm teil,
hat teilgenommen
Teilnehmer/in
Teilsatz *der*
die Teilsätze
Teilung *die*
teilweise
Teilzahlung *die*
Teilzeitarbeit *die*
Teilzeit arbeiten
ich arbeite Teilzeit
Teint *der*
T-Eisen *das*
Tektonik *die*
tektonisch

tel

Telefax *das*
telefaxen/faxen
Telefaxnummer *die*
Telefon *das*
Telefonanruf *der*
Telefonanschluss* *der*
die Telefonanschlüsse
Telefonapparat *der*
Telefonat *das*
Telefonbuch *das*
die Telefonbücher
Telefongespräch *das*
telefonieren
telefonisch
Telefonkarte *die*
Telefonnummer *die*
Telefonrechnung *die*
Telefonzelle *die*
telegen
Telegraf / Telegraph *der*
Telegrafenmast *der*
Telegramm *das*
Telegrammstil *der*
Telekom *die*
Telekommunikation *die*
Teleobjektiv *das*
Teleologie *die*
teleologisch
Telepathie *die*
telepathisch
Teleskop *das*
Teleskopantenne *die*
Telespiel *das*
Television *die*
Telex *das/der* (teleprinter exchange)
Teller *der*
Tellerrand *der*
Tellerwäscher *der*
Tellur *das* (Te)

tem

Tempel *der*
Tempelherr *der*
Tempelritter *der*
Temperafarbe *die*
Temperamalerei *die*
Temperament *das*
temperamentlos
temperamentvoll
Temperatur *die*
temperaturabhängig
Temperaturanstieg *der*
Temperaturrückgang *der*
Temperaturschwankungen
Temperaturunterschied *der*
temperieren

Tempo *das*
Tempolimit *das*
temporal
Temporalsatz *der*
die Temporalsätze
temporär
Tempus *das*
die Tempora
Tendenz *die*
tendenziell
tendenziös
Tendenzwende *die*
tendieren
Tender *der*
Tenne *die*
Tennis *das*
Tennis spielen
Tennisball *der*
die Tennisbälle
Tennismatch *das*
Tennisplatz *der*
die Tennisplätze
Tennisschläger *der*
Tennisspiel *das*
Tennisspieler/in
Tennisturnier *das*
Tenno *der*
Tenor *der*
Tenorschlüssel *der*
Tensid *das*
Tentakel *der/das*
Teppich *der*
Teppichboden *der*
die Teppichböden
Teppichfliese *die*
Teppich klopfen
Teppichklopfer *der*
Teppichstange *die*
Tequila *der*
Term *der*
Termin *der*
termingemäß
termingerecht
Termingeschäft *das*
Terminkalender *der*
terminlich
Terminal *der/das*
Terminologie *die*
terminologisch
Terminus *der*
Termite *die*
Termitenhügel *der*
Terpentin *das/der*
Terrain *das*
Terrakotta *die*
Terrarium *das*
Terrasse *die*
terrassenförmig
Terrazzo *der*
Terrier *der*
Terrine *die*
territorial
Territorium *das*
Terror *der*
Terroranschlag *der*
die Terroranschläge
terrorisieren
Terrorismus *der*
Terrorist/in
terroristisch
Terrororganisation *die*
tertiär
Terz *die*
Terzett *das*

tes

Tesafilm *der*
Test *der*
Testbild *das*
testen
Testfrage *die*
Testkandidat/in
Testperson *die*
Testpilot *der*
Testserie *die*
Teststrecke *die*
Testverfahren *das*
Testament *das*
testamentarisch
Testamentseröffnung *die*
Testamentsvollstrecker *der*
Testat *das*
testieren
Testosteron *das*

tet

Tetanus *der*
Tetanusimpfung *die*
Tete-a-tete* **/ Tête-à-tête** *das*
Tetrachlorkohlenstoff *der*
Tetraeder *das*
Tetralogie *die*
teuer
teuer zu stehen kommen
Teuerung *die*
Teuerungsrate *die*
Teufel *der*
zum Teufel jagen
auf Teufel komm raus
teuflisch
teufen
Text *der*
Textanalyse *die*
Textaufgabe *die*
Textbuch *das*
die Textbücher
texten
Texter *der*
Texterfassung *die*

Texterörterung *die*
textgemäß
Textinterpretation *die*
Textkritik *die*
Textsorte *die*
Textstelle *die*
Textverarbeitung *die*
textil
Textilfabrik *die*
Textilien
Textilindustrie *die*
T-förmig

th

TH (Technische Hochschule)
Thales (Name)
Satz des Thales
Thallium *das* (Tl)
Theater *das*
Theaterabonnement *das*
Theateraufführung *die*
Theaterbesucher *der*
Theaterkarte *die*
Theaterkasse *die*
Theaterkritiker *der*
Theaterprogramm *das*
Theaterstück *das*
Theatralik *die*
theatralisch
Theismus *der*
theistisch
Theke *die*
Thema *das*
die Themen
Thematik *die*
thematisch
thematisieren
Themenkreis *der*
Themenstellung *die*
Themenwechsel *der*
Theodizee *die*
Theokratie *die*
Theologe *der*
Theologin *die*
Theologie *die*
theologisch
Theorem *das*
Theoretiker *der*
theoretisch
Theorie *die*
Therapeut/in
therapeutisch
Therapie *die*
thermal
Thermalbad *das*
die Thermalbäder
Therme *die*
Thermik *die*
thermisch
Thermometer *das*
Thermosflasche *die*
Thermostat *der*
These *die*
thesenhaft
Thesenpapier *das*
Thora *die*
Thorax *der*
Thriller *der* (spannender Film)
Thrombose *die*
Thron *der*
Thronfolger *der*
Thronsaal *der*
Thunfisch/Tunfisch* *der*
THW (Technisches Hilfswerk)
Thymian *der*
Thymus *der*
Thymusdrüse *die*

ti

Tiara *die*
Tick *der*
ticken
Ticker *der*
Ticket *das*
Tide *die*
Tidehub/Tidenhub *der*
Tiebreak*/Tie-Break *der/das*
tief
t …
*tief empfunden**
tief gehend*
tief graben
tief greifend*
auf das tiefste/Tiefste
zutiefst
T …
das Tief
tiefblau
Tiefdruck *der*
Tiefdruckgebiet *das*
Tiefe *die*
Tiefebene *die*
Tiefenschärfe *die*
Tiefenstruktur *die*
Tiefflug *der*
Tiefgang *der*
Tiefgarage *die*
tiefgefroren
tiefgekühlt
Tiefkühltruhe *die*
Tiefsee *die*
tiefsinnig
tiefstapeln
Tiegel *der*
Tier *das*
Tierart *die*

Tierarzt *der*
die Tierärzte
tierärztlich
Tierfabel *die*
Tierfreund/in
Tiergarten *der*
die Tiergärten
Tierhaltung *die*
Tierhandlung *die*
Tierheim *das*
tierisch
Tierkreis *der*
Tierkreiszeichen *das*
tierlieb
Tierliebe *die*
Tierquälerei *die*
Tierschutz *der*
Tierschutzverein *der*
Tierversuch *der*
Tierwelt *die*
Tierzüchter/in
Tiffanylampe *die*
Tiger *der*

Tigerfell *das*
Tilde *die*
tilgen
Tilgung *die*
Timbre *das*
Timesharing* *das*
Timing *das*

tin

tingeln
Tingeltangel *der* / *das*
Tinktur *die*
Tinnef *der*
Tinte *die*
Tintendrucker *der*
Tintenfisch *der*
Tintenfleck *der*
Tintenkuli *der*
Tipp* *der*
tippen
Tipp-Ex *das*
Tippfehler *der*
Tippzettel *der*
Tippelbruder *der*
die Tippelbrüder
tippeln
tipptopp
alles ist tipptopp
Tirade *die*
Tiramisu *das*
Tisch *der*
bei Tisch
zu Tisch
Tischbein *das*
Tischdecke *die*
Tischgespräch *das*
Tischkarte *die*
Tischler/in
Tischlerei *die*
Tischplatte *die*
Tischtennis *das*
Tischtuch *das*
die Tischtücher
Titan *das* (Element, Ti)
der (Riese)
titanenhaft
Titel *der*
Titelbild *das*
Titelblatt *das*
Titelgeschichte *die*
titeln
Titelrolle *die*
Titelverteidiger/in
titulieren

to

Toast *der*
Toastbrot *das*
toasten
Toaster *der*
toben
Tobsucht *die*
tobsüchtig
Tobsuchtsanfall *der*
die Tobsuchtsanfälle
Tochter *die*
die Töchter
Tochterfirma *die*
Tod *der*
todernst
Todesangst *die*
Todesfall *der*
die Todesfälle
Todeskampf *der*
todesmutig
Todesstrafe *die*
Todesursache *die*
Todesurteil *das*
todfeind
Todfeind/in
todkrank
todlangweilig
tödlich
todmüde
todsicher
Todsünde *die*
todunglücklich
(siehe auch: tot)
Toeloop* *der*
Tofu *der*
Toga *die*
Tohuwabohu *das*
Toilette *die*
Toilettenpapier *das*
Toilettenseife *die*
Toilettenwasser *das*

Tokaier/Tokajer* *der*
Tokkata *die*
tolerant
Toleranz *die*
Toleranzgrenze *die*
tolerieren
toll
tollkühn
Tollwut *die*
tollwütig
Tollpatsch* *der*
tollpatschig*
Tölpel *der*
tölpelhaft
Tomahawk *der*
Tomate *die*
Tomatenketschup*/
Tomatenketchup
der/das
Tomatenmark *das*
Tomatensalat *der*
Tomatensoße *die*
Tomatensuppe *die*
Tombola *die*
Tomographie/Tomografie *die*
Ton *der* (Klang)
Tonabnehmer *der*
Tonalität *die*
Tonart *die*
Tonband *das*
die Tonbänder
tönen
Tonfall *der*
Tonfrequenz *die*
Tonhöhe *die*
Tonleiter *die*
tonlos
Tonqualität *die*
Tonstörung *die*
Tontechniker/in
Tonträger *der*
Ton *der* (Mineral)
Tonerde *die*
tönern
Tonpfeife *die*
Tontaube *die*
Tontaubenschießen
das
Tonicwater *das*
Tonika *die*
Tonikum *das*
die Tonika
Tonne *die*
Tonnage *die*
Tonnengewölbe *das*
tonnenweise
Tonsur *die*
Tönung *die*

top

Top *das*
topfit
Topform *die*
topless
Topmanager *der*
topsecret*
Topstar *der*
Topten*/Top ten*
TOP (Tagesordnungspunkt)
Topas *der*
Topf *der*
die Töpfe
Topfblume *die*
Töpfer/in
Töpferei *die*
töpfern
Töpferscheibe *die*
Topfkuchen *der*
Topflappen *der*
Topfpflanze *die*
Topfreiniger *der*
Topfen *der*
Topfenpalatschinke
die
Topic *das*
Topographie/Topografie* *die*
Topos *der*
die Topoi
Tor *das*
das Brandenburger Tor
Torbogen *der*
die Torbögen
Torhüter *der*
torlos
Torwart *der*
Torero *der*
Torf *der*
torfig
Torfmull *der*
Torheit *die*
töricht
törichterweise
torkeln
Tornado *der*
Tornister *der*
Torpedo *der*
Torpedoboot *das*
Torso *der*

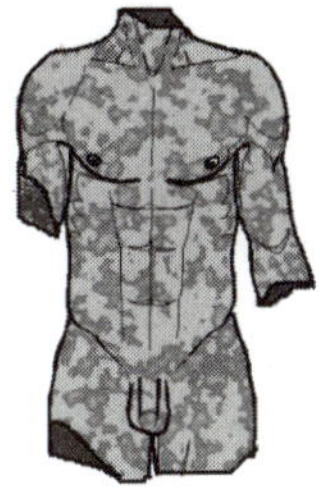

Torte *die*
Tortelett *das*
Tortenboden *der*
die Tortenböden
Tortenguss* *der*

A B C D E F G H I J K L M N O P Q R S T U V W X Y Z

die Tortengüsse
Tortenheber *der*
Tortenplatte *die*
Tortilla *die*
Tortur *die*
tosen

tot

tot
t …
tot sein
der tote Punkt
toter Mann
T …
der/die Tote
das Tote Meer
etwas Totes
totarbeiten
sich totarbeiten
töten
Totenbett *das*
totenblass*
Totengräber *der*
Totenkopf *der*
die Totenköpfe
Totenmaske *die*
Totenmesse *die*
Totensonntag *der*
totenstill
totfahren
fährt tot, fuhr tot,
hat totgefahren
tot geboren*
totlachen
sich totlachen
das ist zum Totlachen
totschießen
schießt tot,
schoss tot,*
hat totgeschossen
Totschlag *der*
totschlagen
schlägt tot,
schlug tot,
hat totgeschlagen
sich tot stellen*
tottrampeln
Tötung *die*
(siehe auch: Tod)
total
Totale *die*
totalitär
Totalitarismus *der*
Totalschaden *der*
Totem *das*
Totempfahl *der*
die Totempfähle
töten
Tötung *die*
Tötungsabsicht *die*
Tötungsversuch *der*
Toto *der / das*
Totogewinn *der*
Totoschein *der*
Touch *der*
touchieren
Toupet *das*
toupieren
Tour *die*
Tour de France
*Tour d'Horizon**
Tourismus *der*
Tourist/in
Touristik *die*
touristisch
Tournee *die*
Tower *der*
Toxikologie *die*
toxikologisch
toxisch

tr

Trab *der*
Trab reiten
traben
Traber *der*
Trabrennbahn *die*
Trabrennen *das*
Trabant *der*
Trabantenstadt *die*
die Trabantenstädte
Trachee *die*
Tracht *die*
Trachtenanzug *der*
die Trachtenanzüge
Trachtenjacke *die*
trachten
nach etwas trachten
trächtig
Tradition *die*
traditionell
traditionsbewusst*
Traditionsbewusstsein* *das*
traditionsgemäß
traf (treffen)
Trafik *die*
Trafo *der*
träg/träge
träge herumliegen
Trägheit *die*
tragen
trägt, trug,
hat getragen
tragbar
Trage *die*
Träger/in
trägerlos
Tragetasche *die*
tragfähig
Tragfähigkeit *die*
Tragfläche *die*
Tragweite *die*
Trägheit *die*
Tragik *die*

Tragikomödie *die*
tragisch
Tragödie *die*
Trailer *der*
Trainee *der*
Trainer / in
Trainerlizenz *die*
trainieren
Training *das*
Trainingsanzug *der*
die Trainingsanzüge
Trainingshose *die*
Trainingslager *das*
Trakehner *der*
ein Trakehner Hengst
Trakt *der*
Traktat *das / der*
traktieren
Traktor *der*
trällern
Tram *die*
Trambahn *die*
Tramway *die*
Traminer *der*
Tramp *der*
trampen
Tramper / in
trampeln
Trampolin *das*
Trampolinsprung *der*
die Trampolinsprünge

tran

Tran *der*
der Lebertran
tranig
Trance *die*
Trancezustand *der*
die Trancezustände
Tranche *die*
Träne *die*
tränen
Tränendrüse *die*
Tränengas *das*
tränenreich
tranig
trank (trinken)
Trank *der*
Tränke *die*
tränken
Tranquilizer *der*
Transaktion *die*
transatlantisch
transchieren* / tranchieren
Transchiermesser *das*
Transfer *der*
transferieren
Transformation *die*
Transformator *der* (Trafo)
Transfusion *die*
Transistor *der*
Transistorgerät *das*
Transit *der*
Transitreisende *der / die*
Transitverkehr *der*
transitiv
transitives Verb
Transkription *die*
Transmission *die*
Transmissionsriemen *der*
transparent
Transparentpapier *das*
Transparenz *die*
Transpiration *die*
transpirieren
Transplantation *die*
transplantieren
transponieren
Transport *der*
transportabel
Transporter *der*
Transporteur *der*
transportfähig
transportieren
Transportkosten
Transportunternehmen *das*
Transversale *die*
Transvestit *der*
transzendent
Transzendenz *die*
Trapez *das*
trapezförmig
Trapezoid *das*
Trapper *der*
trapsen
Trasse *die*
trassieren
Trassierung *die*
trat (treten)
Tratsch *der*
tratschen

trau

Traube *die*
Traubensaft *der*
die Traubensäfte
Traubenzucker *der*
trauen
sich trauen
getraut werden
Trauring *der*
Trauschein *der*
Trauung *die*
Trauzeuge *der*
Trauer *die*
Trauerfall *der*
die Trauerfälle

Trauerfeier *die*
Trauerflor *der*
Trauerkleidung *die*
Trauermarsch *der*
trauern
Trauerrand *der*
Trauerspiel *das*
traurig
Traurigkeit *die*
Traufe *die*
träufeln
traulich
Traum *der*
die Träume
Traumdeuter/in
träumen
Träumer/in
Träumerei *die*
träumerisch
traumhaft
Traumnote *die*
Trauma *das*
traumatisch
traurig
Traurigkeit *die*
traut
das traute Heim
Trauung *die*
Travellerscheck *der*
travers
Traverse *die*
Travestie *die*
Travestieshow *die*
Trawler *der*

tre

Treck *der*
Trecker *der*
treffen
trifft, traf,
hat getroffen
Treff *der*
Treffen *das*
treffend
Treffer *der*
Trefferquote *die*
trefflich
Treffpunkt *der*
Treffsicherheit *die*
treiben
treibt, trieb,
ist/hat getrieben
Treibeis *das*
Treibhaus *das*
die Treibhäuser
Treibhauseffekt *der*
Treibholz *das*
Treibstoff *der*
Treidelpfad *der*
die Treidelpfade
Trekking/Trecking*
das
Trema *das*
Tremolo *das*
Trenchcoat *der*
Trend *der*
Trendmeldung *die*
Trendsetter *der*
Trendwende *die*
trennen
(Worttrennungsre-
geln s. S. 429)
trennbar
Trennschärfe *die*
Trennung *die*
Trennungsstrich *der*
Trennwand *die*
die Trennwände
Trense *die*
Treppe *die*
treppauf, treppab
Treppenabsatz *der*
die Treppenabsätze
Treppengeländer *das*
Treppenhaus *das*
die Treppenhäuser
Tresen *der*
Tresor *der*
Tresorraum *der*
die Tresorräume
Tresorschlüssel *der*
Tresse *die*
Trester *der*
Tresterschnaps *der*
die Tresterschnäpse
treten
tritt, trat,
ist/hat getreten
Tretboot *das*
Tretmine *die*
Tritt *der*
treu
treu bleiben
*treu ergeben**
treu sein
Treue *die*
Treueid *der*
Treuegelöbnis *das*
die Treuegelöbnisse
Treuepflicht *die*
Treueschwur *der*
die Treueschwüre
Treuhand *die*
Treuhänder *der*
treuhänderisch
treuherzig
treulos
treu sorgend*
Trevira *das*

tri

Triade *die*
Triangel *der/das*
Trias *die*
Triathlet *der*
Triathlon *das*

Tribunal *das*
Tribüne *die*
Tribut *der*
Trichine *die*
Trichinose *die*
Trichter *der*
trichterförmig
Trick *der*
Trickaufnahme *die*
Trickbetrüger/in
Trickfilm *der*
Trickkiste *die*
trickreich
tricky
trieb (treiben)
Trieb *der*
Triebfeder *die*
triebhaft
Triebwagen *der*
Triebwerk *das*
triefen
triefend
triefnass*
triften
triftig
ein triftiger Grund
trifft (treffen)

trig

Trigonometrie *die*
Trikolore *die*
Trikot *das*
Triller *der* (Laut)
trillern
Trillerpfeife *die*
Trilliarde *die*
Trillion *die*
Trilogie *die*
Trimester *das*
trimmen
sich trimmen
Trimm-dich-Pfad *der*
Trinität *die*
trinken
trinkt, trank,
hat getrunken
trinkbar
Trinker/in
Trinkerheilanstalt *die*
trinkfest
trinkfreudig
Trinkgeld *das*
Trinkmilch *die*
Trinkspruch *der*
die Trinksprüche
Trinkwasser *das*
(siehe auch: Drink)
Trio *das*
Triode *die*
Triole *die*
Trip *der*
Tripel *das/der*
trippeln
Trippelschritt *der*
Tripper *der*
Triptychon *das*
Trisomie *die*
trist
Tristesse *die*
Tritt *der*
Trittbrett *das*
trittfest
Trittleiter *die*
trittsicher
Triumph *der*
triumphal
Triumphbogen *der*
die Triumphbögen
triumphieren
Triumphzug *der*
die Triumphzüge
trivial
Trivialität *die*
Trivialliteratur *die*
Trivialroman *der*
Trochäus *der*
trocken
t . . .
trocken bleiben
trocken liegen
T . . .
*ins Trockene bringen**
*auf dem Trockenen sitzen**
*seine Schäfchen im Trockenen haben**
Trockenheit *die*
trockenlegen
Trockenmilch *die*
Trockenrasierer *der*
trocken reiben (in trockenem Zustand reiben)
trockenreiben (trocknen)
reibt trocken,
rieb trocken,
hat trockengerieben
trocken schleudern (in trockenem Zustand schleudern)
trockenschleudern (trocknen)
Trockenzeit *die*
trocknen

trod

Troddel *die* (Quaste)
Trödel *der*
Trödelmarkt *der*
die Trödelmärkte
trödeln
Trödler *der*
trog (trügen)
Trog *der*

die Tröge
Troika *die*
trojanisch
das Trojanische Pferd
Troll *der*
trollen
sich trollen
Trolleybus *der*
die Trolleybusse
Trollinger *der*

trom

Trommel *die*
Trommelbremse *die*
Trommelfell *das*
Trommelfeuer *das*
trommeln
Trommelschlag *der*
die Trommelschläge
Trommelwirbel *der*
Trommler/in
Trompete *die*
trompeten
Trompeter/in
Tropen
Tropeninstitut *das*
Tropenkrankheit *die*
tropentauglich
tropisch
tröpfeln
tropfen
Tropfen *der*
Tröpfchen *das*
tropfnass*
Tropfsteinhöhle *die*
Trophäe *die*
Troposphäre *die*
Tross* *der*
Trosse *die*
Trost *der*
trösten
tröstlich
trostlos
Trostpreis *der*
Tröstung *die*
Trottel *der* (Dummkopf)
trotten
Trottoir *das*
trotz
trotz der Schwierigkeiten
trotz allem
trotzdem
Trotz *der*
zum Trotz
trotzen
trotzig
Trotzkopf *der*
Trotzreaktion *die*
Troubadour *der*

tru

trüb/trübe
*im Trüben fischen**
trüben
Trübsal *die*
trübselig
Trübsinn *der*
trübsinnig
Trübung *die*
Trubel *der*
Truck *der* (Lkw)
trudeln
Trüffel *die/der*
Trüffelpastete *die*
trug (tragen)
Trug *der*
Lug und Trug
Trugbild *das*
trügen
trügt, trog, hat getrogen
der Schein trügt
trügerisch
Trugschluss* *der*
die Trugschlüsse
Truhe *die*
Trümmer
Trümmerfeld *das*
trümmerhaft
Trümmerhaufen *der*
Trumpf *der*
Trumpfass* *das*
Trumpfkarte *die*
Trunk *der*
trunken
trunken sein
Trunkenbold *der*
Trunksucht *die*
trunksüchtig
Trupp *der*
Truppe *die*
Truppeneinheit *die*
Truppenführer *der*
Truppenstärke *die*
Truppenteil *der*
Truppentransport *der*
Truppenunterkunft *die*
truppweise
Trust *der*
Truthahn *der*
die Truthähne
Truthenne *die*
Tsatsiki/Zaziki *der/das*
tschau!
Tschechien
Tscheche *der*
Tschechin *die*
tschechisch
tschüs!/tschüss!*
Tsetsefliege *die*
T-Shirt *das*

T-Träger *der*

tu

TU (Technische Universität)
Tuba *die*
Tube *die*
Tuberkel *der/die*
Tuberkulose *die* (Tb, Tbc)
tuberkulosekrank
Tubus *der*
die Tuben/Tubusse
Tuch *das*
die Tücher
Tuchfühlung *die*
Tuchent *die*
tüchtig
Tüchtigkeit *die*
Tücke *die*
tückisch
tuckern
Tuff *der*
Tuffstein *der*
tüfteln
Tüftler *der*
Tugend *die*
tugendhaft
Tukan *der*

Tüll *der*
Tüllbluse *die*
Tüllgardine *die*
Tülle *die*
Tulpe *die*
Tulpenzwiebel *die*
Tumba *die*
tummeln
sich tummeln
Tummelplatz *der*
die Tummelplätze
Tümmler *der*
Tumor *der*
Tumorzelle *die*
Tümpel *der*
Tumult *der*
tumultuarisch
Tumulus *der*
tun
er tut, wir tun, tat, hat getan
dicketun
*gut tun**
wohltuend
Tun *das*
das Tun und Lassen
Tünche *die*
tünchen
Tundra *die*
tunen
getunter Motor
Tuner *der*
Tuning *das*
Tunfisch*/Thunfisch *der*
Tunika *die*
Tunke *die*
tunken
tunlichst
Tunnel *der*
Tüpfelchen *das*
i-Tüpfelchen *das*
tupfen
Tupfer *der*

tur

Tür *die*
Türdrücker *der*
Türfüllung *die*
Türklinke *die*
Türrahmen *der*
Türschwelle *die*
Türspalt *der*
Turban *der*
Turbine *die*
Turbo *der*
Turbolader *der*
Turbo-Prop-Flugzeug *das*
turbulent
Turbulenz *die*
Turf *der*
türkis
Türkis *das* (Farbe) *der* (Stein)
türkisfarben
Türkei
Türke *der*
Türkin *die*
türkisch
türkisches Pfund (Ltq)
Turm *der*
die Türme
türmen
turmhoch
Turmuhr *die*
Turmalin *der*
turnen
Turnen *das*
Turner/in
turnerisch
Turnfest *das*
Turnhalle *die*
Turnhose *die*
Turnschuh *der*
Turnstunde *die*
Turnverein *der* (TV)

Turnier *das*
Turnierpferd *das*
Turniertänzer/in
Turnus *der*
turnusgemäß
turteln
Turteltaube *die*
TuS (Turn- und Sportverein)
Tusch *der*
einen Tusch blasen
Tusche *die*
tuschen
Tuschfarbe *die*
Tuschkasten *der*
tuscheln
Tute *die*
tuten
Tüte *die*
Tutor *der*
TÜV (Technischer Überwachungs-Verein)
TÜV-geprüft
Tuwort *das*
die Tuwörter
Tweed *der*
Twen *der*
Twinset *der/das*
Twist *der*
Typ *der*
Typenrad *das*
die Typenräder
typisch
Typisierung *die*
Typologie *die*
Typus *der*
Typhus *der*
Typhusepidemie *die*
Typografie* / Typographie *die*
typografisch*/typographisch
Tyrann *der*
Tyrannei *die*
tyrannisieren

U

u. a. (und anderes)
u. Ä. (und Ähnliches)*
UB (Universitätsbibliothek)
U-Bahn *die*
U-Bahnhof *der*
die U-Bahnhöfe
U-Bahn-Netz *das*
U-Bahn-Station *die*
übel
ü …
übel sein
mir ist übel
*übel beraten**
*übel gelaunt**
übel riechen
übel werden
Ü …
das Übel
von Übel sein
übel nehmen*
nimmt übel,
nahm übel,
*hat übel genommen**
Übeltäter/in
übel wollen*
üben
Übung *die*

über

über
über alles
über kurz oder lang
über die Stadt fliegen
überall
überallhin
überängstlich
überanstrengen
sich überanstrengen
Überanstrengung *die*
überantworten
überarbeiten
sich überarbeiten
hat sich überarbeitet
Überarbeitung *die*
überaus
überbacken
überbackt, überbackte, hat überbacken
überbeanspruchen
Überbeanspruchung *die*
Überbein *das*
überbelichten
Überbelichtung *die*
überbetrieblich
überbewerten
Überbewertung *die*
überbieten
überbietet, überbot, hat überboten
Überbleibsel *das*
Überblendung *die*
Überblick *der*
überblicken
Überbreite *die*
Überbringer *der*
überbrücken
Überbrückung *die*
Überbrückungskredit *der*

überd

überdachen
Überdachung *die*
überdauern

überdecken
überdehnen
überdenken
überdenkt,
überdachte,
hat überdacht
überdeutlich
überdies
überdimensional
Überdosis *die*
Überdruck *der*
Überdruckventil *das*
Überdruss* *der*
überdrüssig
Überdüngung *die*
überdurchschnittlich
übereck
übereck stellen
Übereifer *der*
übereifrig
übereignen
Übereignung *die*
übereilen
übereilt
übereinander
übereinander legen*
übereinander liegen*
liegt übereinander,
lag übereinander,
hat übereinander
*gelegen**
übereinander
schichten*
übereinander schla-
gen*
schlägt übereinan-
der, schlug über-
einander, hat über-
einander geschla-
*gen**
übereinkommen
kommt überein,
kam überein, ist
übereingekommen
Übereinkommen *das*
Übereinkunft *die*
die Übereinkünfte
übereinstimmen
Übereinstimmung
die
überempfindlich
Überempfindlichkeit
die

überf

überfahren
überfährt, überfuhr,
hat überfahren
Überfahrt *die*
Überfall *der*
die Überfälle
überfallen
überfällt, überfiel,
hat überfallen
überfällig
Überfallkommando
das
überfischen
überfliegen
überfliegt, überflog,
hat überflogen
Überflieger *der*
Überflugrechte
überfließen
fließt über,
floss über,*
ist übergeflossen
Überfluss* *der*
überflüssig
überflüssigerweise
überflügeln
überfluten
überfordern
überfordert
Überforderung *die*
überfragt
überfrieren
überfriert, überfror,
ist überfroren
überführen
Überführung *die*
Überfüllung *die*

überg

Übergabe *die*
übergeben
übergibt, übergab,
hat übergeben
sich übergeben
Übergang *der*
die Übergänge
Übergangszustand
der
übergehen
übergeht, überging,
hat übergangen
übergeordnet
Übergepäck *das*
übergeschnappt
Übergewicht *das*
übergießen
übergießt, übergoss,*
hat übergossen
überglücklich
übergreifen
greift über,
griff über,
hat übergegriffen
Übergriff *der*
Übergröße *die*
überhand
überhand nehmen*
nimmt überhand,
nahm überhand,
hat überhand ge-
*nommen**

Überhang *der*
die Überhänge
überhängen
Überhangmandat
das
überhäufen
überhaupt
überheblich
Überheblichkeit *die*
überhitzen
Überhitzung *die*
überholen
Überholen *das*
Überholspur *die*
überholt
überholungs-
bedürftig
Überholverbot *das*
überhören
überirdisch
überkandidelt
Überkapazität *die*
überkleben
überkochen
überkompensieren
überkreuzen

überl

überladen
überlädt, überlud,
hat überladen
überlagern
Überlandleitung *die*
überlang
Überlänge *die*
überlappen
überlassen
überlässt, überließ,*
hat überlassen
Überlassung *die*
Überlastung *die*
Überläufer/in

überleben
Überlebende
der/die
überlegen
sich etwas überlegen
Überlegenheit *die*
Überlegung *die*
überleiten
leitet über,
leitete über,
hat übergeleitet
Überleitung *die*
überlesen
überliest, überlas,
hat überlesen
überliefern
Überlieferung *die*
überlisten
Übermacht *die*
übermächtig
übermalen
übermannen
Übermaß *das*
übermäßig
übermenschlich
übermitteln
Übermittlung *die*
übermorgen
übermorgen früh
*übermorgen Abend**
übermüdet
Übermüdung *die*
Übermut *der*
übermütig
übern (über den)
übernächste
am übernächsten
Sonntag
der Übernächste
übernachten
übernächtigt, über-
nächtig (österr.)

Übernachtung *die*
Übernahme *die*
übernehmen
übernimmt,
übernahm,
hat übernommen
übernatürlich
überordnen
überparteilich
Überproduktion *die*
überproportional
überprüfen
Überprüfung *die*
überqueren
überragend
überraschen
überraschend
Überraschung *die*
Überraschungs-
erfolg *der*
überreagieren
Überreaktion *die*
überreden
Überredungskunst
die
überregional
überreich
überreichen
Überreichung *die*
überrennen
überrennt,
überrannte,
hat überrannt
Überrest *der*
Überrollbügel *der*
überrumpeln
überrunden

übers

übers (über das)
übersät
Überschall *der*

überschatten
überschätzen
sich überschätzen
überschaubar
Überschaubarkeit *die*
überschauen
überschlafen
überschläft, überschlief, hat überschlafen
Überschlag *der*
die Überschläge
überschlagen
überschlägt, überschlug, hat überschlagen
sich überschlagen
überschnappen
überschneiden
überschneidet, überschnitt, hat überschnitten
Überschneidung *die*
überschreiben
überschreibt, überschrieb, hat überschrieben
überschreien
überschreit, über-schrie, hat über-schrie(e)n
überschreiten
überschreitet, überschritt, hat überschritten
Überschreitung *die*
Überschrift *die*
Überschuss* *der*
die Überschüsse
überschüssig
Überschuss-produktion* *die*
überschütten
Überschwang *der*
überschwänglich*
überschwemmen
(überschwenglich > überschwänglich*)

überse

Übersee *die*
Waren aus Übersee
Überseehafen *der*
die Überseehäfen
überseeisch
übersehen
übersieht, übersah, hat übersehen
Übersicht *die*
übersenden
übersendet, übersandte, hat übersandt
übersetzen
(über den Fluss) *setzt über, setzte über, hat übergesetzt*
(ins Französische) *übersetzt, übersetzte, hat übersetzt*
Übersetzer/in
Übersetzung *die*
Übersetzungsfehler *der*
Übersicht *die*
übersichtlich
Übersichtlichkeit *die*
übersiedeln
Übersiedler/in
Übersiedlung *die*
übersinnlich
überspannt
Überspanntheit *die*
überspielen
Überspielung *die*
überspitzt
überspringen
überspringt, übersprang, hat übersprungen
überstehen
übersteht, überstand, hat überstanden
übersteigen
übersteigt, überstieg, hat überstiegen
Überstellung *die*
übersteuern
überstimmen
überstrapazieren
Überstunde *die*
überstürzen
überstürzt
Überstürzung *die*

übert

übertariflich
übertönen
Übertopf *der*
die Übertöpfe
Übertrag *der*
übertragbar
Übertragbarkeit *die*
übertragen
überträgt, übertrug, hat übertragen
Übertragung *die*
übertreffen
übertrifft, übertraf, hat übertroffen
übertreiben

übertreibt, übertrieb, hat übertrieben
Übertreibung *die*
übertrieben
übertreten
tritt über, trat über, ist übergetreten
(Vorschriften usw.)
übertritt, übertrat, hat übertreten
Übertritt *der*
übertrumpfen
überwachen
Überwachung *die*
Überwachungssystem *das*
überwältigen
überwältigend
Überwältigung *die*
überwechseln
wechselt über, wechselte über, ist übergewechselt
überweisen
überweist, überwies, hat überwiesen
Überweisung *die*
Überweisungsauftrag *der*
die Überweisungsaufträge
Überweite *die*
überwiegen
überwiegt, überwog, hat überwogen
überwiegend
überwinden
überwindet, überwand, hat überwunden
sich überwinden
Überwindung *die*
überwintern
überwuchern

überz

Überzahl *die*
in der Überzahl sein
überzählig
überzeugen
überzeugend
ein überzeugendes Argument
Überzeugung *die*
Überzeugungskraft *die*
überziehen
überzieht, überzog, hat überzogen
Überziehungskredit *der*
Überzug *der*
die Überzüge
üblich
üblicherweise
U-Boot *das*
übrig
ü …
etwas übrig haben
die übrige Zeit
Ü …
*alles Übrige**
*das Übrige**
*alle Übrigen**
*die Übrigen**
*im Übrigen**
*ein Übriges tun**
übrig behalten*
*behält übrig, behielt übrig, hat übrig behalten**
übrig bleiben*
*bleibt übrig, blieb übrig, ist übrig geblieben**
übrigens
übrig lassen*
lässt übrig, ließ übrig, hat übrig gelassen**
Übung *die*
Übungsarbeit *die*
Übungsaufgabe *die*
Übungsbuch *das*
die Übungsbücher
Übungssache *die*
UEFA *die* (Union Européenne de Football Association)
UEFA-Pokal *der*
Ufer *das*
Uferböschung *die*
uferlos
Uferpromenade *die*
Uferstraße *die*
UFO / Ufo *das* (unidentified flying object)
U-förmig / u-förmig*

uh

U-Haft *die* (Untersuchungshaft)
Uhr *die*
acht Uhr
acht Uhr dreißig (8.30 Uhr)
ein Uhr
zwei Uhr nachts
Uhrenindustrie *die*
Uhrmacher/in
Uhrwerk *das*
Uhrzeiger *der*
im Uhrzeigersinn
Uhrzeit *die*
Uhu *der*
Ukas *der*

die Ukasse
Ukraine *die*
Ukrainer/in
ukrainisch
Ukulele *die/das*
UKW (Ultrakurzwelle)
auf UKW
UKW-Sender *der*
Ulk *der*
ulkig
Ulkus *das*
Ulme *die*
Ulmenblatt
das
die Ulmenblätter
ultimativ
Ultimatum *das*
Ultima Ratio* *die*
Ultimo *der*
Ultrakurzwelle *die*
(UKW)
Ultraschall *der*
ultraviolett

um

um
um … willen
um 10 Uhr
um zu
*umso mehr**
*umso weniger**
umändern
ändert um,
änderte um,
hat umgeändert
umarbeiten
Umarbeitung *die*
umarmen
umarmt, umarmte,
hat umarmt
Umarmung *die*
Umbau *der*
die Umbauten
umbauen
umbenennen
benennt um,
benannte um,
hat umbenannt
umbiegen
biegt um, bog um,
ist/hat umgebogen
umbilden
Umbildung *die*
umbinden
bindet um,
band um,
hat umgebunden
umblättern
umblicken
sich umblicken
Umbra *die*
umbrechen
umbricht,
umbrach, hat/ist
umbrochen
Umbruch *der*
die Umbrüche
umbringen
bringt um,
brachte um,
hat umgebracht
Umbruch *der*
die Umbrüche
umbuchen
umdenken
denkt um,
dachte um,
hat umgedacht
umdisponieren
umdrehen
sich umdrehen
Umdrehung *die*
Umdrehungszahl *die*
umeinander
sich umeinander
sorgen
umfahren
(Umweg machen)
umfährt, umfuhr,
hat umfahren
(überfahren)
fährt um, fuhr um,
hat umgefahren
umfallen
fällt um, fiel um,
ist umgefallen
Umfang *der*
die Umfänge
umfänglich
umfangreich
umfassend
Umfeld *das*
umformen
umformulieren
Umformulierung *die*
Umfrage *die*
umfunktionieren

umg

Umgang *der*
umgänglich
Umgangsformen
Umgangssprache
die
umgangssprachlich
umgeben
umgibt, umgab,
hat umgeben
Umgebung *die*
umgehen
(Umweg gehen)
umgeht, umging,
hat umgangen
(sonst)
geht um, ging um,
ist umgegangen

umgehend
Umgehung *die*
Umgehungsstraße *die*
umgekehrt
umgestalten
Umgestaltung *die*
umgraben
gräbt um, grub um, hat umgegraben

umh

Umhang *der*
die Umhänge
umhängen
hängt um, hing um, hat umgehängt
Umhängetasche *die*
umhauen
umher
umhergehen
geht umher, ging umher, ist umhergegangen
umherirren
umherlaufen
läuft umher, lief umher, ist umhergelaufen
umherliegen
liegt umher, lag umher, ist/hat umhergelegen
umhin
nicht umhinkommen
umhören
sich umhören
U/min (Umdrehungen pro Minute)
umkämpfen
Umkehr *die*
umkehrbar
umkehren
Umkehrfilm *der*
umkippen
umklammern
umklappen
umkleiden
sich umkleiden
Umkleideraum *der*
die Umkleideräume
umknicken
umkommen
kommt um, kam um, ist umgekommen
Umkreis *der*
umkrempeln
umladen
lädt um, lud um, hat umgeladen
Umlage *die*
umlagern
Umland *das*
Umlauf *der*
Umlaufbahn *die*
umlaufend
Umlaut *der*
umlegen
umleiten
Umleitung *die*
umlernen
umliegend
ummodeln
Umnachtung *die*
umorganisieren
umpflanzen
umpflügen
umpolen
umquartieren
umrahmen
umranden
Umrandung *die*
umräumen
umrechnen
Umrechnung *die*
Umrechnungszahl *die*
umreißen
(umwerfen, einreißen)
reißt um, riss * *um, hat umgerissen*
(andeuten)
umreißt, umriss *, *hat umrissen*
Umriss* *der*
Umrisszeichnung* *die*
umrühren
umrüsten

ums

ums (um das)
umsatteln
Umsatz *der*
die Umsätze
Umsatzrückgang *der*
Umsatzsteigerung *die*
Umsatzsteuer *die*
umschalten
Umschau *die*
umschauen
umschichten
Umschlag *der*
die Umschläge
umschlagen
schlägt um, schlug um, hat/ist umgeschlagen
umschreiben
umschreibt, umschrieb, hat umschrieben/umgeschrieben
Umschreibung *die*
Umschuldung *die*

umschulen
umschwärmen
Umschweife
ohne Umschweife
Umschwung *der*
die Umschwünge
umsegeln
umsehen
sieht um, sah um, hat umgesehen
sich umsehen
umseitig
umsetzen
Umsetzung *die*
umsichtig
umsiedeln
umso*
*umso mehr**
*umso größer**
umsonst
umsorgen
Umstand *der*
die Umstände
keine Umstände machen
in anderen Umständen
unter Umständen
umständehalber
umständlich
umstandshalber
Umstandskleidung *die*
Umstandswort *das*
die Umstandswörter
umstehen
umsteht, umstand, hat umstanden
die Umstehenden
umsteigen
steigt um, stieg um, ist umgestiegen
Umsteigebahnhof *der*
die Umsteigebahnhöfe
Umsteiger/in
umstellen
Umstellprobe *die*
Umstellung *die*
umstimmen
umstoßen
stößt um, stieß um, hat umgestoßen
umstritten
umstrukturieren
Umstrukturierung *die*
Umsturz *der*
die Umstürze
umstürzen
Umsturzversuch *der*
Umtausch *der*
umtauschen
Umtrunk *der*
umtun
sich umtun
tut sich um, tat sich um, hat sich umgetan
Umverteilung *die*

umw

Umwälzpumpe *die*
umwandeln
Umwandlung *die*
umwechseln
Umweg *der*
Umwelt *die*
umweltbedingt
Umweltbelastung *die*
Umweltbewusstsein* *das*
Umwelteinfluss* *der*
die Umwelteinflüsse
Umweltfaktor *der*
umweltfeindlich
umweltfreundlich
umweltschädlich
Umweltschutz *der*
Umweltschützer/in
Umweltsünder *der*
Umweltverschmutzung *die*
umwenden
wendet um, wandte/wendete um, hat umgewandt/umgewendet
sich umwenden
umwerfen
wirft um, warf um, hat umgeworfen
umwerfend
Umzäunung *die*
umziehen
zieht um, zog um, ist umgezogen
sich umziehen
Umzug *der*
die Umzüge
umzugshalber
Umzugskosten
um zu

un

UN (United Nations)
unabänderlich
unabdingbar
unabhängig
Unabhängigkeit *die*
unabkömmlich
unablässig
unabsehbar
unabsichtlich

unabwendbar
unachtsam
Unachtsamkeit *die*
unanfechtbar
unangebracht
unangemeldet
unangemessen
unangenehm
unangreifbar
unannehmbar
Unannehmlichkeiten
unansehnlich
unanständig
Unanständigkeit *die*
unantastbar
Unantastbarkeit *die*
unappetitlich
Unart *die*
unartig
unaufdringlich
Unaufdringlichkeit *die*
unauffällig
Unauffälligkeit *die*
unauffindbar
unaufgefordert
unaufhaltbar
unaufhaltsam
unaufhörlich
unaufmerksam
Unaufmerksamkeit *die*
unaufrichtig
Unaufrichtigkeit *die*
unausbleiblich
unausführbar
unausgebildet
unausgeglichen
unausgegoren
unausgesprochen
unausrottbar
unaussprechlich
unausstehlich
unausweichlich

unb

unbändig
unbarmherzig
unbeabsichtigt
unbeachtet
unbeanstandet
unbedacht
unbedarft
unbedenklich
Unbedenklichkeit *die*
unbedeutend
unbedingt
unbeeindruckt
unbeeinflussbar*
unbeeinflusst*
unbefahrbar
unbefangen
Unbefangenheit *die*
unbefleckt
unbefriedigend
unbefriedigt
unbefristet
unbefugt
unbegabt
unbegreiflich
unbegreiflicherweise
unbegrenzt
unbegründet
Unbehagen *das*
unbehaglich
unbehelligt
unbeherrscht
unbehindert
unbeholfen
unbeirrbar
Unbeirrbarkeit *die*
unbeirrt
unbekannt
u ...
*Anzeige gegen unbekannt**
der Name ist mir unbekannt
nach unbekannt verzogen
U ...
der große Unbekannte
eine Gleichung mit vielen Unbekannten
unbekümmert
unbelastet
unbelehrbar
Unbelehrbarkeit *die*
unbeleuchtet
unbeliebt
Unbeliebtheit *die*
unbemerkt
unbenommen
unbenutzt
unbeobachtet
unbequem
Unbequemlichkeit *die*
unberechenbar
Unberechenbarkeit *die*
unberechtigt
unberechtigterweise
unberücksichtigt
unberufen
unberührt

unbes

unbeschadet
unbeschädigt
unbescheiden
Unbescheidenheit *die*
unbescholten
Unbescholtenheit *die*
unbeschrankt

unbeschränkt
unbeschreiblich
unbeschwert
unbesehen
unbesetzt
unbesiegbar
unbesiegt
unbesonnen
Unbesonnenheit *die*
unbesorgt
unbeständig
Unbeständigkeit *die*
unbestätigt
unbestechlich
Unbestechlichkeit *die*
unbestimmt
unbestimmter Artikel
unbestimmtes Fürwort
unbestimmtes Zahlwort
Unbestimmtheit *die*
unbestreitbar
unbestritten
unbeteiligt
unbetont
unbeträchtlich
nicht unbeträchtlich
unbeugsam
unbewacht
unbewaffnet
unbewältigt
unbeweglich
unbewiesen
unbewohnbar
unbewohnt
unbewusst*
Unbewusste* *das*
unbezahlbar
unbezahlt
unbezweifelbar
unbezwinglich
Unbilden
die Unbilden der Witterung
Unbilligkeit *die*
unbotmäßig
unbrauchbar
Unbrauchbarkeit *die*
unbürokratisch
unchristlich

und

und
und Ähnliches (u. Ä.)
und anderes (u. a.)
und dergleichen (u. dgl.)
und so weiter (usw.)
und zwar (u. zw.)
Undank *der*
undankbar
Undankbarkeit *die*
undefinierbar
undemokratisch
undenkbar
Understatement *das*
undeutlich
Undeutlichkeit *die*
undicht
undifferenziert
Unding *das*
das ist ein Unding
undiplomatisch
undiszipliniert
undogmatisch
unduldsam
Unduldsamkeit *die*
undurchdringlich
undurchführbar
Undurchführbarkeit *die*
undurchlässig
undurchschaubar
Undurchschaubarkeit *die*
undurchsichtig

une

uneben
Unebenheit *die*
unecht
unehelich
unehrlich
uneigennützig
Uneigennützigkeit *die*
uneingeschränkt
uneinheitlich
uneinig
Uneinigkeit *die*
uneinnehmbar
uneins
uneinsichtig
Uneinsichtigkeit *die*
unempfindlich
Unempfindlichkeit *die*
unendlich (∞)
u …
der unendliche Raum
die unendliche Weite
U …
das Unendliche
*bis ins Unendliche**
Unendlichkeit *die*
unentbehrlich
Unentbehrlichkeit *die*
unentgeltlich
unentrinnbar
unentschieden
Unentschiedenheit *die*
unentschlossen

A B C D E F G H I J K L M N O P Q R S T U V W X Y Z

Unentschlossenheit *die*
unentschuldigt
unentwegt
unerbittlich
unerfahren
Unerfahrenheit *die*
unerfreulich
unerfüllbar
unergiebig
Unergiebigkeit *die*
unergründlich
unerheblich
unerhört
unerkannt
unerklärlich
unerlässlich*
unerlaubt
unerledigt
unermesslich*
*ins Unermessliche**
unermüdlich
unerreichbar
Unerreichbarkeit *die*
unersättlich
unerschlossen
unerschöpflich
unerschrocken
Unerschrockenheit *die*
unerschütterlich
unerschwinglich
unersetzlich
unerträglich
unerwartet
unerwidert
unerwünscht
unerzogen
UNESCO (United Nations Educational, Scientific and Cultural Organization)

unf

unfähig
Unfähigkeit *die*
unfair
Unfall *der*
die Unfälle
Unfallarzt *der*
die Unfallärzte
Unfallbeteiligte *der/die*
Unfallflucht *die*
unfallfrei
Unfallgefahr *die*
unfallgeschädigt
Unfallopfer *das*
Unfallstelle *die*
Unfallursache *die*
Unfallzeuge *der*
unfassbar*
unfasslich*
unfehlbar
Unfehlbarkeit *die*
unfein
unfertig
unflätig
unförmig
unfrankiert
unfrei
unfreiwillig
unfreundlich
Unfreundlichkeit *die*
unfruchtbar
Unfruchtbarkeit *die*
Unfug *der*

ung

Ungarn
Ungar/in
ungarisch
ungeachtet
ungeachtet dessen
ungeahnt
ungebärdig
ungebeten
ungebildet
ungeboren
ungebräuchlich
ungebraucht
ungebrochen
ungebührlich
ungebunden
Ungeduld *die*
ungeduldig
ungeeignet
ungefähr
ungefährlich
Ungefährlichkeit *die*
ungefällig
ungefestigt
ungefragt
ungehalten
ungeheizt
ungehemmt
ungeheuer
u …
die ungeheure Verschwendung
U …
das Ungeheure
*ins Ungeheure steigern**
Ungeheuer *das*
ungeheuerlich
Ungeheuerlichkeit *die*
ungehindert
ungehörig
Ungehörigkeit *die*
ungehorsam
Ungehorsam *der*
ungeklärt
ungekürzt
ungelegen

Ungelegenheiten
ungelernt
Ungelernte *der/die*
ungeliebt
ungelöst
ungemein
ungemein genau
ungemütlich
Ungemütlichkeit *die*
ungenau
Ungenauigkeit *die*
ungeniert
ungenießbar
Ungenießbarkeit *die*
ungenügend
ungeordnet
ungepflegt
Ungepflegtheit *die*
ungeprüft
ungerade
ungerecht
Ungerechtigkeit *die*
ungerechtfertigt
ungereimt
Ungereimtheiten
ungern
ungerührt

unges

ungesagt
ungesalzen
ungeschält
ungeschehen
ungeschehen machen
ungeschickt
Ungeschicktheit *die*
ungeschlacht
ungeschlagen
ungeschlechtlich
ungeschminkt
ungeschoren
ungeschrieben
ungeschützt
ungesetzlich
ungestempelt
ungestillt
ungestört
ungestraft
ungestüm
ungesühnt
ungesund
ungeteilt
ungetrübt
Ungetüm *das*
ungeübt
ungewaschen
ungewiss*
u …
*der Erfolg ist ungewiss**
U …
*im Ungewissen lassen**
eine Fahrt ins Ungewisse
Ungewissheit *die**
ungewöhnlich
ungewohnt
ungewollt
ungezählt
Ungezählte kamen
Ungeziefer *das*
Ungezieferbekämpfung *die*
ungezogen
Ungezogenheit *die*
ungezuckert
ungezügelt
ungezwungen
Ungezwungenheit *die*
ungiftig
ungläubig
Ungläubige *der/die*
unglaublich
unglaubwürdig
ungleich
ungleichartig
Ungleichheit *die*
Ungleichheitszeichen *das*
ungleichmäßig
Ungleichung *die*
Unglück *das*
unglücklich
Unglückliche *der/die*
unglücklicherweise
Unglücksfall *der*
die Unglücksfälle
Ungnade *die*
ungnädig
ungültig
ungünstig
zu Ungunsten/zuungunsten*
ungut

unh

unhaltbar
Unhaltbarkeit *die*
unhandlich
Unheil *das*
*Unheil bringend**
Unheil verkünden
unheilbar
Unheilbarkeit *die*
unheildrohend
unheilvoll
unheimlich
Unheimlichkeit *die*
unhöflich
Unhöflichkeit *die*
Unhold *der*
unhörbar
unhygienisch
uni
ein uni Rock

Uni (Universität)
UNICEF (United Nations International Children's Emergency Fund)
unieren
Unikat *das*
unifarben
uniform
Uniform *die*
uniformieren
Unikum *das*
uninformiert
uninteressant
uninteressiert
Uninteressiertheit *die*
Union *die*
Unionsparteien
unisono
universal
Universalität *die*
universell
Universum *das*
Universität *die*
Universitätsbibliothek *die* (UB)
Universitätsinstitut *das*
Universitätsklinik *die*
Universitätsprofessor/in

unk

unkameradschaftlich
Unke *die*
unken
Unkenruf *der*
unkenntlich
Unkenntlichkeit *die*
Unkenntnis *die*
die Unkenntnisse
unkindlich
unklar
*im Unklaren**
Unklarheit *die*
unklug
unkollegial
unkompliziert
unkontrollierbar
unkonventionell
unkonzentriert
unkorrekt
Unkosten
Unkostenbeitrag *der die Unkostenbeiträge*
Unkraut *das*
unkritisch
unkultiviert
unkündbar
unkundig
unlängst
unlauter
unleidlich
unleserlich
Unleserlichkeit *die*
unliebsam
unlogisch
unlösbar
Unlust *die*
Unlustgefühl *das*
unmaßgeblich
unmäßig
Unmenge *die*
unmenschlich
Unmenschlichkeit *die*
unmerklich
unmissverständlich*
unmittelbar
Unmittelbarkeit *die*
unmodern
unmöglich
u …
das ist unmöglich
ganz unmöglich
U …
Unmögliches verlangen
Unmöglichkeit *die*
unmoralisch
unmotiviert
unmündig
unmusikalisch
Unmut *der*
unmutsvoll
unnachahmlich
unnachgiebig
Unnachgiebigkeit *die*
unnachsichtig
unnahbar
unnatürlich
Unnatürlichkeit *die*
unnötig
unnötigerweise
unnütz
unnützerweise
UNO/Uno (United Nations Organization)
UNO-Sicherheitsrat *der*
unökonomisch
unordentlich
Unordnung *die*
unorthodox

unp

unparteiisch
der/die Unparteiische
unparteilich
Unparteilichkeit *die*
unpassend
unpassierbar
unpässlich*
unpersönlich

unpolitisch
unpopulär
unpraktisch
unpräzis
unproblematisch
unproduktiv
unpünktlich
Unpünktlichkeit *die*
unqualifiziert

unr

Unrast *die*
Unrat *der*
unrealistisch
unrecht
u …
der unrechte Platz
U …
*Unrecht bekommen**
*Unrecht haben**
*Unrecht tun**
Unrecht *das*
unrechtmäßig
unregelmäßig
Unregelmäßigkeit *die*
unrentabel
unrichtig
Unruhe *die*
unruhig
uns
uns alle
wir kennen uns
unsachgemäß
unsachlich
unsäglich
unsanft
unsauber
Unsauberkeit *die*
unschädlich
Unschädlichkeit *die*
unscharf
Unschärfe *die*
unschätzbar
unscheinbar
unschicklich
Unschicklichkeit *die*
unschlagbar
unschlüssig
Unschlüssigkeit *die*
unschön
Unschuld *die*
unschuldig
Unschuldige *der/die*
Unschuldsbeteue-rungen
Unschuldsmiene *die*
unschwer
unselbstständig*/un-selbständig
Unselbstständigkeit */ Unselbständigkeit *die*
unselig
unsentimental
unser
u …
unser Vater
das ist unser Haus
U …
*das Unsere/unsere**
*die Unsern/unsern**
unsereiner/unser-eins
unsererseits
unseriös
unsicher
Unsicherheit *die*
Unsicherheitsfaktor *der*
unsichtbar
etwas Unsichtbares
Unsinn *der*
unsinnig
unsinnigerweise
Unsinnigkeit *die*
Unsitte *die*
unsolid(e)
Unsolidität *die*
unsozial
unsportlich
Unsportlichkeit *die*
unsre
unstabil
unstatthaft
unsterblich
Unsterblichkeit *die*
unstet
unstillbar
unstimmig
Unstimmigkeiten
unstreitig
unstrittig
unsymmetrisch
unsympathisch
unsystematisch

unt

untad(e)lig
Untat *die*
untätig
Untätigkeit *die*
untauglich
Untauglichkeit *die*
unteilbar
Unteilbarkeit *die*
unten
nach unten
von unten
weiter unten
unten liegen
unten sein
unten stehen
das unten Stehende/ Unterstehende*
im unten Stehenden/*

*Untenstehenden**
untendurch
unten erwähnt*
unten liegend*

unter

unter
unter anderem (u. a.)
unter Berücksichtigung von
*unter der Hand**
unter Umständen (u. U.)
Unterabteilung *die*
Unterarm *der*
Unterbau *der*
Unterbekleidung *die*
unterbelichten
Unterbelichtung *die*
Unterbett *das*
unterbewusst*
Unterbewusstsein* *das*
Unterbezahlung *die*
unterbieten
unterbietet,
unterbot,
hat unterboten
unterbinden
unterbindet,
unterband,
hat unterbunden
Unterbindung *die*
unterbleiben
unterbleibt,
unterblieb,
ist unterblieben
Unterbodenschutz *der*
Unterbodenwäsche *die*
unterbrechen
unterbricht,
unterbrach,
hat unterbrochen
Unterbrechung *die*
unterbreiten
unterbringen
bringt unter,
brachte unter,
hat untergebracht
Unterbringung *die*
Unterdeckung *die*
unterdessen
unterdrücken
Unterdrücker *der*
Unterdrückung *die*
unterdurchschnittlich
untere
untereinander
untereinander schreiben
unterentwickelt
unterernährt
Unterflurmotor *der*
unterfordern
Unterführung *die*
Untergang *der*
untergehen
geht unter,
ging unter,
ist untergegangen
untergärig
Untergebene *der/die*
untergeordnet
untergliedern
untergraben
untergräbt,
untergrub,
hat untergraben
Untergrenze *die*
Untergrund *der*
die Untergründe
Untergrundbahn *die* (U-Bahn)
Untergrundkämpfer/in

unterh

unterhalb
Unterhalt *der*
unterhalten
unterhält, unterhielt,
hat unterhalten
sich unterhalten
unterhaltsam
Unterhaltsklage *die*
Unterhaltskosten
Unterhaltspflicht *die*
unterhaltspflichtig
Unterhaltszahlung *die*
Unterhaltung *die*
Unterhaltungselektronik *die*
Unterhaltungsindustrie *die*
Unterhaltungsliteratur *die*
Unterhaltungsmusik *die*
Unterhändler *der*
Unterhaus *das*
Unterhemd *das*
unterhöhlen
Unterholz *das*
Unterhose *die*
unterirdisch
unterjochen
Unterjochung *die*
unterkant
unterkant des Fensters
unterkellern
Unterkiefer *der*
unterkommen

kommt unter,
kam unter,
ist untergekommen
Unterkörper *der*
unterkriegen
unterkühlen
Unterkühlung *die*
Unterkunft *die*
die Unterkünfte

unterl

Unterlage *die*
Unterlass* *der*
*ohne Unterlass**
unterlassen
unterlässt, unterließ,*
hat unterlassen
Unterlassungsklage *die*
Unterlauf *der*
die Unterläufe
unterlaufen
unterläuft, unterlief,
hat unterlaufen
unterlegen
Unterlegenheit *die*
Unterleib *der*
Unterleibsoperation *die*
Unterlid *das*
unterliegen
unterliegt, unterlag,
ist unterlegen
Unterlippe *die*
unterm (unter dem)
untermalen
Untermalung *die*
untermauern
Untermieter/in
untern (unter den)
unternehmen
unternimmt,
unternahm,
hat unternommen
Unternehmen *das*
unternehmend
Unternehmens-berater/in
Unternehmens-führung *die*
Unternehmer/in
Unternehmungslust *die*
unternehmungs-lustig
Unteroffizier *der*
unterordnen
sich unterordnen
unterordnend
Unterordnung *die*
unterprivilegiert
Unterprivilegierte *der/die*
Unterredung *die*
unterrepräsentiert
Unterricht *der*
unterrichten
Unterrichtseinheit *die*
unterrichtsfrei
Unterrichtsmethode *die*
Unterrichtsstunde *die*
Unterrichtsziel *das*
Unterrichtung *die*
Unterrock *der*
die Unterröcke

unters

unters (unter das)
untersagen
Untersagung *die*
Untersatz *der*
die Untersätze
unterschätzen
unterscheiden
unterscheidet,
unterschied,
hat unterschieden
Unterscheidung *die*
Unterscheidungs-merkmal *das*
Unterschied *der*
Unterschenkel *der*
unterschieben
schiebt unter,
schob unter,
hat untergeschoben
Unterschied *der*
unterschiedlich
unterschiedslos
unterschlagen
unterschlägt,
unterschlug,
hat unterschlagen
Unterschlagung *die*
Unterschlupf *der*
Unterschlupf ge-währen
unterschreiben
unterschreibt,
unterschrieb,
hat unterschrieben
Unterschrift *die*
Unterschriftenaktion *die*
Unterschriften-mappe *die*
unterschriftlich
Unterschriftsbestäti-gung *die*
unterschriftsreif
unterschreiten
unterschreitet,
unterschritt,

hat unterschritten
unterschwellig
Unterseeboot *das* (U-Boot)
Unterseite *die*
untersetzt
unterspülen
Unterstand *der*
die Unterstände
unterste
u ...
die unterste Schicht
U ...
das Unterste zuoberst kehren
unterstehen
untersteht,
unterstand,
hat unterstanden
unterstellen
(das Fahrrad unterstellen)
stellt unter,
stellte unter,
hat untergestellt
(vermuten, annehmen)
unterstellt,
unterstellte,
hat unterstellt
Unterstellung *die*
unterstreichen
unterstreicht,
unterstrich,
hat unterstrichen
Unterstreichung *die*
Unterstufe *die*
unterstützen
unterstützt werden
Unterstützung *die*
unterstützungsbedürftig
Unterstützungsempfänger/in
untersuchen
Untersuchung *die*
Untersuchungsergebnis *das*
Untersuchungsgefangene *der/die*
Untersuchungsgefängnis *das*
die Untersuchungsgefängnisse
Untersuchungshaft *die* (U-Haft)
Untersuchungsverfahren *das*
Untersuchungszimmer *das*

untert

Untertagebau *der*
Untertan *der*
Untertanengeist *der*
untertänig
Untertasse *die*
untertauchen
Unterteil *das*
unterteilen
Unterteilung *die*
Untertitel *der*
untertourig
untervermieten
unterwandern
Unterwanderung *die*
Unterwäsche *die*
Unterwasserarchäologie *die*
Unterwasseraufnahme *die*
Unterwasserkamera *die*
unterwegs
unterweisen
unterweist,
unterwies,
hat unterwiesen
Unterweisung *die*
Unterwelt *die*
unterwerfen
unterwirft,
unterwarf,
hat unterworfen
sich unterwerfen
Unterwerfung *die*
unterwürfig
Unterwürfigkeit *die*
unterzeichnen
Unterzeichnete *der/die*
unterziehen
unterzieht, unterzog,
hat unterzogen
sich unterziehen
Untiefe *die*
untragbar
Untragbarkeit *die*
untrennbar
untreu
Untreue *die*
untröstlich
untrüglich
Untugend *die*
untypisch

unu

unüberbietbar
unüberbrückbar
unüberhörbar
unüberlegt
Unüberlegtheit *die*
unüberschaubar
Unüberschaubarkeit *die*
unübersehbar

Unterscheidungsschreibung

Die folgenden Wörter werden gleich gesprochen, aber – je nach ihrer Bedeutung – unterschiedlich geschrieben:

Ähre	(Fruchtstand)	*Meer*	(Ozean)
Ehre	(Hochachtung)	*mehr*	(viel, mehr, am meisten)
Äsche	(Fisch)	*Mohr*	(dunkelhäutiger Mensch)
Esche	(Laubbaum)	*Moor*	(Feuchtgebiet)
Färse	(junge Kuh)	*Saite*	(für Musikinstrumente)
Ferse	(Teil des Fußes)	*Seite*	(z. B.: Buchseite)
fiel	(von „fallen“)	*seid*	(von „sein“: ihr seid …)
viel	(viel, mehr, am meisten)	*seit*	(z. B.: seit gestern)
Laib	(z. B.: Brotlaib)	*Sohle*	(z. B.: Fußsohle)
Leib	(Körper)	*Sole*	(salziges Wasser)
Lärche	(Nadelbaum)	*Stil*	(Kunstrichtung)
Lerche	(Vogel)	*Stiel*	(Griff, Stängel)
leeren	(leer machen)	*Uhr*	(Zeitmesser)
lehren	(unterrichten)	*ur-*	(aus früherer Zeit)
Lid	(Augendeckel)	*wahr*	(der Wirklichkeit entspr.)
Lied	(Gesang)	*war*	(von „sein“: er war da)
mahlen	(zerkleinern)	*Waise*	(elternloses Kind)
malen	(abbilden)	*Weise*	(Philosoph)
Mine	(Sprengkörper)	*wider*	(gegen)
Miene	(Gesichtsausdruck)	*wieder*	(noch einmal)

unübersetzbar
unübersichtlich
Unübersichtlichkeit *die*
unübertragbar
unübertrefflich
unübertroffen
unüberwindbar
unüberwindlich
unüblich
unumgänglich
unumschränkt
unumstößlich
unumstritten
unumwunden
ununterbrochen

unv

unveränderlich
Unveränderlichkeit *die*
unverändert
unverantwortlich
Unverantwortlichkeit *die*
unverbaubar
unverbesserlich
Unverbesserlichkeit *die*
unverbindlich
Unverbindlichkeit *die*
unverbleit
unverblümt
unverbraucht
unverbürgt
unverdächtig
unverdaulich
unverdaut
unverdient
unverdientermaßen
unverdorben
unverdrossen
unverdünnt
unvereinbar
Unvereinbarkeit *die*
unverfälscht
unverfänglich
unverfroren
Unverfrorenheit *die*
unvergänglich
Unvergänglichkeit *die*
unvergessen
unvergesslich*
unvergleichlich
unvergoren
unverhältnismäßig
unverheiratet
unverhofft
unverhohlen
unverhüllt
unverkäuflich
unverkennbar
unverlangt
unverletzbar
unverletzt
unvermeidbar
unvermeidlich
unvermindert
unvermittelt
Unvermögen *das*
unvermutet
Unvernunft *die*
unvernünftig
unveröffentlicht
unverpackt
unverrichteter Dinge
unverschämt
Unverschämtheit *die*
unverschlossen
unverschuldet
unverschuldetermaßen
unversehens
unversehrt
Unversehrtheit *die*
unversöhnlich
unverständlich
Unverständlichkeit *die*
unversteuert
unversucht
nichts unversucht lassen
unverträglich
Unverträglichkeit *die*
unverwandt
jemanden unverwandt ansehen
unverwechselbar
unverwüstlich
unverzagt
unverzeihlich
unverzichtbar
unverzollt
unverzüglich
unvollendet
unvollkommen
Unvollkommenheit *die*
unvollständig
Unvollständigkeit *die*

unvor

unvorbereitet
unvoreingenommen
Unvoreingenommenheit *die*
unvorhergesehen
unvorschriftsmäßig
unvorsichtig
unvorsichtigerweise
Unvorsichtigkeit *die*
unvorstellbar

unvorteilhaft

unw

unwägbar
Unwägbarkeiten
unwahr
unwahrhaftig
Unwahrheit *die*
unwahrscheinlich
Unwahrscheinlichkeit *die*
unwegsam
unweigerlich
unweit
Unwesen *das*
unwesentlich
Unwetter *das*
unwichtig
Unwichtigkeit *die*
unwiderlegbar
unwiderruflich
unwidersprochen
unwiderstehlich
Unwiderstehlichkeit *die*
unwiederbringlich
Unwille *der*
unwillig
unwillkommen
unwillkürlich
unwirklich
unwirksam
Unwirksamkeit *die*
unwirsch
unwirsch antworten
unwirtschaftlich
Unwirtschaftlichkeit *die*
unwissend
Unwissenheit *die*
unwissentlich
unwissenschaftlich
unwohl
Unwohlsein *das*
Unwucht *die*
unwürdig
unzählbar
unzählig
*Unzählige kamen**
unzählige Male*
Unze *die*
Unzeit *die*
zur Unzeit
unzeitgemäß
unzerbrechlich
unzerstörbar
unzertrennlich
Unzertrennlichkeit *die*
unziemlich
Unzucht *die*
unzüchtig
unzufrieden
Unzufriedenheit *die*
unzugänglich
unzulänglich
Unzulänglichkeit *die*
unzulässig
Unzulässigkeit *die*
unzumutbar
Unzumutbarkeit *die*
unzurechnungsfähig
Unzurechnungsfähigkeit *die*
unzureichend
unzusammenhängend
unzuträglich
unzutreffend
unzuverlässig
Unzuverlässigkeit *die*
unzweckmäßig
Unzweckmäßigkeit *die*
unzweideutig
Unzweideutigkeit *die*
unzweifelhaft
üppig
Üppigkeit *die*

ur

Urabstimmung *die*
Urahn / Urahne *der*
Urahne *die*
uralt
Uran *das* (U)
Uranbergwerk *das*
uranhaltig
Uraufführung *die*
urban
Urbanität *die*
urbar
urbar machen
Urbarmachung *die*
Urbevölkerung *die*
ureigen
Ureinwohner / in
Urenkel / in
Urfassung *die*
urgemütlich
Urgeschichte *die*
urgeschichtlich
Urgestein *das*
urgieren
Urgroßeltern
Urgroßmutter *die*
die Urgroßmütter
Urgroßvater *der*
die Urgroßväter
Urheber / in
Urheberrecht *das*
urheberrechtlich
Urheberschutz *der*
urig / urchig
Urin *der*
urinieren

A B C D E F G H I J K L M N O P Q R S T U V W X Y Z

Urknall *der*
Urknalltheorie *die*
Urkunde *die*
Urkundenfälschung *die*
urkundlich
Urlaub *der*
Urlauber/in
Urlaubsbekanntschaft *die*
Urlaubsgeld *das*
urlaubsreif
Urlaubsreise *die*
Urlaubsvertretung *die*
Urlaubszeit *die*

urn

Urne *die*
Urnengrab *das*
die Urnengräber
Urologe *der*
Urquell *der*
Ursache *die*
ursächlich
Urschrift *die*
urschriftlich
Ursprung *der*
die Ursprünge
ursprünglich
Ursprungsland *das*
die Ursprungsländer
Urstromtal *das*
die Urstromtäler
Urteil *das*
urteilen
Urteilsbegründung *die*
Urteilskraft *die*
Urteilsschelte *die*
Urteilsspruch *der*
die Urteilssprüche
Urteilsvermögen *das*
Urtext *der*
urtümlich
Urtümlichkeit *die*
Urtyp *der*
Urwald *der*
die Urwälder
Urwaldgebiet *das*
urwüchsig
Urzeit *die* (frühe Zeit)
seit Urzeiten
urzeitlich
Urzustand *der*
die Urzustände
USA (United States of America)
US-amerikanisch
US-Dollar *der*
Usambaraveilchen *das*

Usance / Usanz *die*
Usurpator *der*
usurpieren
Usus *der*
das ist hier so Usus
usw. (und so weiter)

ut

Utensilien
Uterus *der*
utilitär
Utilitarismus *der*
Utopie *die*
utopisch
Utopist *der*
UV (ultraviolett)
UV-bestrahlt
UV-Filter *der*
UV-Strahlen
Ü-Wagen *der* (Übertragungswagen)

V

Vabanquespiel *das*
Vabanque spielen / *va banque spielen*
Vagabund *der*
vagabundieren
Vagant *der*
Vagantendichtung *die*
vage
Vagheit *die*
Vagina *die*
vaginal
vakant
Vakanz *die*
Vakuole *die*
Vakuum *das*
Vakuumverpackung *die*
Valentinstag *der*
Valenz *die*
Validität *die*
Valuta *die*
Vamp *der*
Vampir *der*

Vandalismus/ Wandalismus *der*
Vanille *die*
Vanilleeis *das*
Vanillepudding *der*
Vanillesoße *die*
Vanillezucker *der*
vaporisieren

var

variabel
Variabilität *die*
Variable *die*
Gleichung mit Variablen
Variante *die*
variantenreich
Variation *die*
Variationsmöglichkeit *die*
variieren
Varietee/ Varieté *das*
Vasall *der*
Vasallenstaat *der*
Vase *die*
Vaselin *das*/ Vaseline *die*
Vater *der*
die Väter
Vaterhaus *das*
Vaterland *das*
vaterländisch
Vaterlandsliebe *die*
väterlich
vaterlos
Vaterschaft *die*
Vatertag *der*
Vaterunser *das*
Vatikan *der*
vatikanisch
Vatikanstadt *die*
V-Ausschnitt *der*
v. Chr. (vor Christus)

ve

Vedute *die*
Vegetarier/in
vegetarisch
Vegetation *die*
vegetativ
vegetieren
vehement
Vehemenz *die*
Vehikel *das*
Veilchen *das*
veilchenblau
Veilchenstrauß *der*
die Veilchensträuße
Veitstanz *der*
Vektor *der*
Vektorgleichung *die*
vektoriell
Velo *das*
Velo fahren
Velours *der/das*
Veloursleder *das*
Velvet *der/das*
Vene *die*
Venenentzündung *die*
venös
venerisch
venerische Krankheiten
Ventil *das*
Ventilation *die*
Ventilator *der*
ventilieren
Venus *die*
verabreden
sich verabreden
Verabredung *die*
verabscheuen
Verabscheuung *die*
verabscheuungswürdig
verabschieden
Verabschiedung *die*
verabschiedungsreif
verabsolutieren
verachten

verächtlich
Verachtung *die*
verallgemeinern
Verallgemeinerung *die*
veralten
Veranda *die*
veränderlich
Veränderlichkeit *die*
verändern
sich verändern
Veränderung *die*
verängstigt
verankern
Veranlagung *die*
veranlassen
Veranlassung *die*
veranschaulichen
Veranschaulichung *die*
veranschlagen
veranstalten
Veranstalter/in
Veranstaltung *die*
Veranstaltungskalender *der*
verantworten
verantwortlich
Verantwortliche *der/die*
Verantwortlichkeit *die*
Verantwortung *die*
verantwortungsbewusst*
Verantwortungsbewusstsein* *das*
Verantwortungsgefühl *das*
verantwortungslos
Verantwortungslosigkeit *die*
verarbeiten
Verarbeitung *die*
verärgern
Verärgerung *die*
verarmen
Verarmung *die*
Verästelung *die*
Verätzung *die*
verauslagen
veräußern
Veräußerung *die*

verb

Verb *das* (s. S. 389 f.)
verbal
verbalisieren
Verbalstil *der*
Verbklammer *die*
Verballhornung *die*
Verband *der*
die Verbände
Verband(s)kasten *der*
die Verband(s)kästen
Verband(s)zeug *das*
verbannen
Verbannung *die*
verbarrikadieren
verbauen
Verbeamtung *die*
verbergen
verbirgt, verbarg, hat verborgen
verbessern
Verbesserung *die*
verbesserungsbedürftig
Verbesserungsvorschlag *der*
die Verbesserungsvorschläge
verbeugen
sich verbeugen
Verbeugung *die*
verbiegen
verbiegt, verbog, hat verbogen
Verbiegung *die*
verbieten
verbietet, verbot, hat verboten
Verbot *das*
verbinden
verbindet, verband, hat verbunden
verbindlich
Verbindung *die*
Verbindungslinie *die*
verbissen
Verbissenheit *die*
verbitten
verbittet, verbat, hat verbeten
sich etwas verbitten
Verbitterung *die*

verbl

verblassen
verbläuen*
Verbleib *der*
verbleiben
verbleibt, verblieb, ist verblieben
Verblendung *die*
(verbleuen > verbläuen)
verblichen
verblüffen
verblüffend
Verblüffung *die*
verblühen
verblüht
verbluten
verbohrt
Verbohrtheit *die*
verborgen
*im Verborgenen**

Verborgenheit *die*
Verbot *das*
verboten
Verbotsschild *das*
verbotswidrig
verbrämen
Verbrauch *der*
verbrauchen
Verbraucher/in
Verbraucher-beratung *die*
Verbrauchermarkt *der*
die Verbraucher-märkte
Verbrauchsgüter
verbraucht
verbrechen
verbricht, verbrach, hat verbrochen
Verbrechen *das*
Verbrecher/in
verbrecherisch
verbreiten
Verbreitung *die*
verbreitern
Verbreiterung *die*
verbrennen
verbrennt, verbrann-te, hat/ist verbrannt
Verbrennung *die*
Verbrennungsmotor *der*
verbringen
verbringt, verbrach-te, hat verbracht
Verbrüderung *die*
verbrühen
sich verbrühen

verbu

verbuchen
Verbuchung *die*
verbummeln
Verbund *der*
Verbundenheit *die*
Verbundglas *das*
die Verbundgläser
verbünden
sich verbünden
Verbündete *der/die*

Verben: Zusammen- und Getrenntschreibung

Immer zusammen

Zusammengesetzte Verben, die man nicht trennen kann, werden immer zusammengeschrieben.

wetteifern – wir wetteifern, wir haben gewetteifert
sich langweilen – wir langweilen uns, wir haben uns gelangweilt
Vokabeln wiederholen – wir wiederholen, wir haben wiederholt

Nur im Infinitiv und im Partizip zusammen

Trennbar zusammengesetzte Verben werden nur im Infinitiv und Partizip zusammengeschrieben.

Infinitiv		Partizip II	Partizip I
abschreiben –	*ich schreibe/ab,*	*habe abgeschrieben*	*abschreibend*
ausführen –	*wir führen/aus,*	*haben ausgeführt*	*ausführend*
fehlschlagen –	*es schlug/fehl,*	*hat fehlgeschlagen*	*fehlschlagend*
stattfinden –	*es findet/statt,*	*hat stattgefunden*	*stattfindend*

Immer getrennt

Immer getrennt geschrieben werden:

Substantiv und Verb*

Auto / fahren
Kopf / stehen
Leid / tun

Infinitiv und Verb

kennen / lernen
sitzen / bleiben
liegen / lassen

Partizip und Verb

gefangen / nehmen
geschenkt / bekommen
verloren / gehen

Erweiterbares
oder
steigerbares
Adjektiv und Verb

genau / nehmen
*(**sehr** genau)*
zufrieden / lassen
*(**sehr** zufrieden)*
bekannt / machen
*(bekannt**er**)*

Zusammengesetztes
Adverb und Verb

ab‿handen / kommen
zu‿nichte / machen
durch‿einander / bringen

Irgendein Wort und *sein* (Verb)

beisammen / sein
fertig / sein
zurück / sein

* AUSNAHMEN:

Zusammensetzungen mit *haus-*, *heim-*, *irre-*, *preis-*, *stand-*, *statt-*, *teil-*, *wett-*, *wunder-*.

preis‿geben – wir geben // preis, wir gaben // preis, wir haben preis‿gegeben

verbürgen
sich für etwas verbürgen
verbüßen
verchromen

verd

Verdacht *der*
Verdacht schöpfen
verdächtig
Verdächtige *der/die*
verdächtigen
Verdächtigung *die*
verdammen
verdammt
verdampfen
verdanken
verdattert
verdauen
verdaulich
Verdauung *die*
Verdauungsbeschwerden
Verdauungsstörung *die*
Verdeck *das*
verdecken
verdenken
jemandem etwas verdenken
verderben
verdirbt, verdarb, ist/hat verdorben
Verderben *das*
auf Gedeih und Verderb
verderblich
verderbt
Verderbtheit *die*
verdeutlichen
Verdeutlichung *die*
verdichten
Verdichtung *die*
verdicken
verdienen
Verdienst *der* (Geld) *das* (Anerkennung)
Verdienstausfall *der*
Verdienstbescheinigung *die*
verdienstvoll
verdient
verdientermaßen
Verdikt *das*
verdingen
verdingt, verdingte, hat verdungen
sich verdingen
verdoppeln
Verdopplung *die*
verdorben
Verdorbenheit *die*
verdrängen
Verdrängung *die*
verdrehen
verdreht
verdreschen
verdrießen
verdrießt, verdross, hat verdrossen*
verdrießlich
Verdrießlichkeit *die*
verdrossen
Verdrossenheit *die*
Verdruss* *der*
verdrücken
Verdummung *die*
verdunkeln
Verdunkelung *die*
Verdunkelungsgefahr *die*
verdünnen
Verdünnung *die*
verdunsten
Verdunstung *die*
verdursten
verdutzt

vere

veredeln
Veredelung *die*
verehren
Verehrer/in
Verehrung *die*
verehrungsvoll
verehrungswürdig
vereidigen
Vereidigung *die*
Verein *der*
vereinen
sich vereinen
Vereinshaus *das*
die Vereinshäuser
Vereinslokal *das*
vereint
vereinbaren
Vereinbarung *die*
vereinbarungsgemäß
vereinfachen
Vereinfachung *die*
vereinheitlichen
Vereinheitlichung *die*
vereinigen
sich vereinigen
Vereinigung *die*
vereinnahmen
Vereinsamung *die*
vereint
die Vereinten Nationen (UN)
vereinzelt
*Vereinzelte kamen**
vereisen
vereiteln
Vereitlung *die*

Vereiterung *die*
verelenden
Verelendung *die*
verenden
verengen
sich verengen
Verengung *die*
vererben
Vererbung *die*
Vererbungslehre *die*
verewigen

verf

verfahren
verfährt, verfuhr, ist verfahren
Verfahren *das*
Verfahrensfrage *die*
Verfahrensweise *die*
Verfall *der*
verfallen
verfällt, verfiel, ist verfallen
Verfall(s)tag *der*
verfälschen
Verfälschung *die*
verfänglich
verfärben
Verfärbung *die*
verfassen
verfasst, verfasste*, hat verfasst**
Verfasser/in
Verfassung *die*
verfassunggebend
Verfassungsänderung *die*
verfassungsgemäß
verfassungsmäßig
Verfassungsschutz *der*
verfassungswidrig
verfaulen
Verfechter/in
verfehlen
Verfehlung *die*
verfeinden
sich mit jemandem verfeinden
verfeinern
Verfeinerung *die*
Verfemte *der/die*
verfertigen
verfestigen
sich verfestigen
verfilmen
Verfilmung *die*
verfilzen
Verfilzung *die*
verfinstern
sich verfinstern
verflechten
Verflechtung *die*
verfliegen
verfliegt, verflog, ist verflogen
verflixt
verflossen
verfluchen
verflucht
verflüchtigen
sich verflüchtigen
verflüssigen
verfolgen
Verfolger/in
Verfolgte *der/die*
Verfolgung *die*
Verfolgungsjagd *die*
verformen
sich verformen
verfrachten
verfremden
Verfremdung *die*
Verfremdungseffekt *der*
verfrüht
verfügbar
Verfügbarkeit *die*
verfügen
Verfügung *die*
verfügungsberechtigt
Verfügungsgewalt *die*
verfugen
die Kacheln verfugen
verführen
Verführer/in
verführerisch
Verführung *die*
Verführungskunst *die*
die Verführungskünste

verg

Vergabe *die*
vergällen
jemandem die Freude vergällen
vergammelt
Vergangenheit *die*
Vergangenheitsbewältigung *die*
vergänglich
Vergänglichkeit *die*
Vergaser *der*
vergaß (vergessen)
vergattern
Vergatterung *die*
vergeben
vergibt, vergab, hat vergeben
vergebens
vergeblich

Vergebung *die*
vergegenwärtigen
sich etwas vergegenwärtigen
vergehen
vergeht, verging, ist vergangen
sich vergehen
Vergehen *das*
vergelten
vergilt, vergalt, hat vergolten
Vergeltung *die*
Vergeltungsmaßnahme *die*
vergessen
vergisst, vergaß, hat vergessen*
Vergessenheit *die*
vergesslich*
Vergesslichkeit *die**
Vergissmeinnicht* *das*
vergeuden
Vergeudung *die*
vergewaltigen
Vergewaltigung *die*
vergewissern
sich vergewissern
vergießen
vergießt, vergoss, hat vergossen*
vergiften
Vergiftung *die*
Vergiftungserscheinungen
Vergiftungsgefahr *die*
vergilben
Vergissmeinnicht* *das*
vergisst* (vergessen)
vergittern

vergl

verglasen
Verglasung *die*
Vergleich *der*
im Vergleich mit
kein Vergleich
zum Vergleich
vergleichbar
Vergleichbarkeit *die*
vergleichen
vergleicht, verglich, hat verglichen
Vergleichsmöglichkeiten
vergleichsweise
verglimmen
verglimmt, verglomm, ist verglommen
vergnügen
sich vergnügen
Vergnügen *das*
vergnügt
Vergnügung *die*
Vergnügungsfahrt *die*
vergolden
Vergoldung *die*
vergönnen
vergöttern
vergraben
vergräbt, vergrub, hat vergraben
vergreifen
vergreift, vergriff, hat vergriffen
vergreisen
Vergreisung *die*
vergriffen
das Buch ist vergriffen
vergröbern
Vergröberung *die*
vergrößern
Vergrößerung *die*
Vergrößerungsglas *das*
die Vergrößerungsgläser
Vergünstigung *die*
vergüten
Vergütung *die*

verh

verh. (verheiratet)
verhaften
Verhaftung *die*
verhalten
verhält, verhielt, hat verhalten
sich verhalten
Verhalten *das*
verhaltensgestört
Verhaltensmaßregel *die*
Verhaltensweise *die*
Verhältnis *das*
die Verhältnisse
verhältnismäßig
Verhältnismäßigkeit *die*
Verhältniswahl *die*
Verhältniswort *das*
die Verhältniswörter
verhandeln
Verhandlung *die*
verhandlungsbereit
Verhandlungspartner *der*
verhängen
Verhängnis *das*
die Verhängnisse
verhängnisvoll

verharmlosen
Verharmlosung *die*
verhärten
Verhärtung *die*
verhasst*
verhauen
verheben
verhebt, verhob, hat verhoben
sich verheben
verheerend
verhehlen
verheilen
verheimlichen
Verheimlichung *die*
verheiraten
sich verheiraten
verheiratet (verh.)
Verheiratete *der/die*
Verheiratung *die*
verheißen
verheißt, verhieß, hat verheißen
Verheißung *die*
verheißungsvoll
verheizen
verhelfen
verhilft, verhalf, hat verholfen
verherrlichen
Verhetzung *die*
verhexen
verhindern
Verhinderung *die*
verhöhnen
Verhöhnung *die*
Verhör *das*
verhören
verhüllen
verhungern
verhunzen
verhüten
Verhütung *die*
Verhütungsmittel *das*
verhütten
Verhüttung *die*

veri

Verifikation *die*
verifizieren
verinnerlichen
Verinnerlichung *die*
verirren
sich verirren
Verirrung *die*
Verismus *der*
verjähren
Verjährung *die*
Verjährungsfrist *die*
verjubeln
verjüngen
Verjüngung *die*

verk

verkabeln
Verkabelung *die*
verkalken
verkalkulieren
sich verkalkulieren
verkannt
verkappt
verkarsten
Verkarstung *die*
Verkauf *der*
die Verkäufe
verkaufen
Verkäufer/in
verkäuflich
Verkaufsfläche *die*
verkaufsfördernd
Verkaufsgespräch *das*
verkaufsoffen
Verkaufspreis *der*
Verkehr *der*
verkehren
Verkehrsampel *die*
Verkehrsamt *das*
verkehrsberuhigt
Verkehrschaos *das*
Verkehrserziehung *die*
verkehrsgünstig
Verkehrshindernis *das*
die Verkehrshindernisse
Verkehrsmittel *das*
Verkehrsnetz *das*
Verkehrsopfer *das*
Verkehrsregelung *die*
verkehrsreich
Verkehrsschild *das*
Verkehrssicherheit *die*
Verkehrsstau *der*
Verkehrsstörung *die*
Verkehrssünder/in
Verkehrsteilnehmer/in
Verkehrsunfall *der*
die Verkehrsunfälle
Verkehrsverbund *der*
verkehrswidrig
Verkehrszeichen *das*
verkehrt
Verkehrtheit *die*
verkennen
verkennt, verkannte, hat verkannt
Verkennung *die*
Verkettung *die*
verklagen
Verklammerung *die*

verklappen
Verklappung *die*
Verklärung *die*
verklausulieren
Verklausulierung *die*
verkleben
verkleiden
sich verkleiden
Verkleidung *die*
verkleinern
Verkleinerung *die*
Verkleinerungsform *die*
verklemmt
Verklemmtheit *die*
verknappen
verkneifen
verkniffen
Verkniffenheit *die*
verknittert
verknöchert
verknoten
verknüpfen
Verknüpfung *die*
verkommen
verkommt, verkam, ist verkommen
Verkommenheit *die*
verkorkst
verkörpern
Verkörperung *die*
verkosten
verkracht
verkraften
verkrampfen
sich verkrampfen
Verkrampfung *die*
verkriechen
sich verkriechen
Verkrümmung *die*
verkrüppeln
Verkrüpplung *die*
verkümmern
verkünden
verkündigen
Verkündigung *die*
Verkündung *die*
verkuppeln
verkürzen
Verkürzung *die*

verl

verladen
verlädt, verlud, hat verladen
Verladung *die*
Verlag *der*
Verlagsbuchhändler/in
Verlagshaus *das*
die Verlagshäuser
Verlagskatalog *der*
Verlagsprogramm *das*
Verlagsvertrag *der*
die Verlagsverträge
Verlagswesen *das*
Verleger/in
verlegerisch
verlagern
Verlagerung *die*
verlangen
Verlangen *das*
verlängern
Verlängerung *die*
Verlängerungsschnur *die*
die Verlängerungsschnüre
Verlangsamung *die*
Verlass* *der*
es ist kein Verlass auf …*
verlassen
verlässt, verließ, hat verlassen*
Verlassenheit *die*
verlässlich*
Verlässlichkeit* *die*
Verlaub *der*
mit Verlaub
Verlauf *der*
verlaufen
verläuft, verlief, ist verlaufen
sich verlaufen
Verlaufsform *die*
Verlaufsprotokoll *das*
verlautbaren
Verlautbarung *die*
verlauten

verle

verleben
verlegen
verlegen sein
Verlegenheit *die*
Verlegung *die*
Verleger/in
verlegerisch
Verleih *der*
verleihen
verleiht, verlieh, hat verliehen
Verleihung *die*
verleiten
verlernen
verletzen
verletzend
verletzlich
verletzt
Verletzte *der/die*
Verletzung *die*
Verletzungsgefahr *die*

A B C D E F G H I J K L M N O P Q R S T U V W X Y Z

verleugnen
sich verleugnen lassen
Verleugnung *die*
verleumden
Verleumder/in
verleumderisch
Verleumdung *die*
Verleumdungskampagne *die*
verlieben
sich verlieben
verliebt
Verliebte *der/die*
Verliebtheit *die*
verlieren
verliert, verlor, hat verloren
Verlierer/in
Verlies *das* (Kerker)
verließ (verlassen)
verloben
sich verloben
Verlöbnis das
Verlobte *der/die*
Verlobung *die*
Verlobungsring *der*
Verlockung *die*
verlogen
Verlogenheit *die*
verloren
verloren sein
verloren geben
verloren gehen*
*geht verloren, ging verloren, ist verloren gegangen**
(siehe auch: verlieren)
verlosen
Verlosung *die*

Verlust *der*
Verlustgeschäft *das*
Verlustliste *die*
verlustreich

verm

vermachen
Vermächtnis *das*
die Vermächtnisse
vermählen
sich vermählen
Vermählte *der/die*
Vermählung *die*
Vermählungsanzeige *die*
vermarkten
Vermarktung *die*
vermasseln
vermehren
sich vermehren
Vermehrung *die*
vermeiden
vermeidet, vermied, hat vermieden
vermeidlich
Vermeidung *die*
vermeintlich
Vermerk *der*
vermerken
vermessen
vermisst, vermaß, hat vermessen*
vermessen sein
sich vermessen
Vermessenheit *die*
Vermessung *die*
vermieten
Vermieter/in
Vermietung *die*
vermindern
vermindert
Verminderung *die*

verminen
Verminung *die*
vermischen
vermischt
vermissen
Vermisste* *der/die*
vermitteln
Vermittler/in
Vermittlerrolle *die*
Vermittlung *die*
Vermittlungsversuch *der*
vermodern
vermögen
vermag, vermochte, hat vermocht
Vermögen *das*
vermögend
Vermögensberater/in
Vermögenssteuer *die*
vermögenswirksam
vermummen
sich vermummen
Vermummung *die*
vermuten
vermutlich
Vermutung *die*

vern

vernachlässigen
Vernachlässigung *die*
vernarben
vernarrt
vernehmen
vernimmt, vernahm, hat vernommen
dem Vernehmen nach
vernehmlich
Vernehmung *die*

vernehmungsfähig
verneigen
sich verneigen
verneinen
Verneinung *die*
vernetzen
vernichten
Vernichtung *die*
Vernichtungskrieg *der*
verniedlichen
Vernissage *die*
Vernunft *die*
vernunftgemäß
vernünftig
vernünftigerweise
veröden
Verödung *die*
veröffentlichen
Veröffentlichung *die*
verordnen
Verordnung *die*
Verordnungsblatt *das*

verp

verpachten
Verpachtung *die*
verpacken
Verpackung *die*
Verpackungs-material *das*
verpassen
verpasst, verpasste*, hat verpasst**
verpesten
verpetzen
verpfänden
Verpfändung *die*
verpflanzen
Verpflanzung *die*
verpflegen
Verpflegung *die*
verpflichten
sich verpflichten
Verpflichtung *die*
verpfuschen
verplanen
verplempern
verplomben
verpönt
verprügeln
verpuffen
verpulvern
verquer
verquer gehen
verquicken
verramschen
Verrat *der*
verraten
verrät, verriet, hat verraten
Verräter/in
verräterisch
verrechnen
sich verrechnen
Verrechnung *die*
Verrechnungs-scheck *der*
verregnen
verreiben
verreisen
verrenken
sich den Fuß verren-ken
Verrenkung *die*
Verrentung *die*
verrichten
verriegeln
verringern
Verringerung *die*
Verriss* *der*
Verrohung *die*
verrosten
verrotten
verrucht
verrückt
Verrückte *der/die*
Verrücktheit *die*
zum Verrücktwerden
Verruf *der*
verrühren
verrutschen

vers

Vers *der*
Versbau *der*
Versepos *das*
die Versepen
Versform *die*
Versfuß *der*
die Versfüße
Versmaß *das*
versachlichen
Versachlichung *die*
versagen
Versagen *das*
Versager/in
Versal *der*
die Versalien
versalzen
versammeln
sich versammeln
Versammlung *die*
Versand *der*
versandbereit
Versandbuchhand-lung *die*
Versandhandel *der*
Versandhaus *das*
die Versandhäuser
Versandhauskatalog *der*
Versandkosten
versandt

A B C D E F G H I J K L M N O P Q R S T U V W X Y Z

versanden
versauern
versäumen
Versäumnis *das*
die Versäumnisse

versch

verschaffen
verschandeln
verschanzen
sich verschanzen
verschärfen
Verschärfung *die*
verscharren
verschätzen
sich verschätzen
verschenken
verscherbeln
verscherzen
verscheuchen
verschicken
Verschickung *die*
verschieben
verschiebt,
verschob,
hat verschoben
Verschiebung *die*
Verschiebeprobe *die*
Verschiebungspfeil *der*
Verschiebungsweite *die*
verschieden
*ich habe mit Verschiedenen gesprochen**
verschiedenartig
Verschiedenheit *die*
verschiedentlich
verschiffen
Verschiffung *die*
verschimmeln
verschlafen
verschläft,
verschlief,
hat verschlafen
Verschlag *der*
die Verschläge
verschlagen
verschlagen sein
Verschlagenheit *die*
verschlechtern
sich verschlechtern
Verschlechterung *die*
verschleiern
Verschleierung *die*
Verschleierungstaktik *die*
verschleimt
Verschleiß *der*
Verschleißerscheinung *die*
Verschleißfestigkeit *die*
Verschleißteil *das*
verschlissen
verschleppen
Verschleppungsmanöver *das*
Verschleppungstaktik *die*
verschleudern
verschließen
verschließt,
verschloss,*
hat verschlossen
verschlimmern
Verschlimmerung *die*
verschlingen
verschlingt,
verschlang,
hat verschlungen
verschlissen
verschlossen
Verschlossenheit *die*
verschlucken
sich verschlucken
verschludern
verschlungen
Verschluss* *der*
die Verschlüsse
verschlüsseln
Verschlusslaut* *der*
Verschlusssache* / Verschluss-Sache* *die*

verschm

verschmähen
verschmelzen
verschmilzt,
verschmolz,
ist verschmolzen
Verschmelzung *die*
verschmerzen
verschmitzt
verschmutzen
verschmutzt
Verschmutzung *die*
verschnaufen
Verschnaufpause *die*
verschneit
Verschnitt *der*
verschnörkeln
verschnupft
verschollen
verschonen
verschönern
Verschönerung *die*
verschränken
die Arme verschränken
verschrauben
verschreiben

verschreibt,
verschrieb,
hat verschrieben
Verschreibung *die*
verschreibungs-
pflichtig
verschroben
verschrotten
verschüchtert
verschulden
Verschulden *das*
verschuldet
verschütten
verschwägert
verschweigen
verschweigt,
verschwieg,
hat verschwiegen
verschwenden
Verschwender/in
verschwenderisch
Verschwendung
die
Verschwendungs-
sucht *die*
verschwiegen
Verschwiegenheit
die
verschwinden
verschwindet,
verschwand,
ist verschwunden
Verschwinden
das
verschwitzen
verschwommen
Verschwommenheit
die
verschwören
sich verschwören
Verschwörer/in
Verschwörung *die*

verse

versehen
versieht, versah,
hat versehen
sich versehen
Versehen *das*
aus Versehen
versehentlich
Versehrte *der/die*
Verseifung *die*
verselbstständigen*/
verselbständigen
versenden
versendet, versand-
te, hat versendet
/versandt
Versendung *die*
versengen
versenken
Versenkung *die*
versessen
versetzen
versetzt werden
Versetzung *die*
Versetzungszeichen
das
Verseuchung *die*
versichern
Versicherte *der/die*
Versicherung *die*
Versicherungsfall *der*
die Versicherungs-
fälle
Versicherungs-
gesellschaft *die*
Versicherungs-
leistung *die*
Versicherungspflicht
die
versicherungs-
pflichtig
Versicherungs-
police/Versiche-
rungspolizze (österr.)
die
Versicherungs-
prämie *die*
Versicherungsschein
der
Versicherungs-
schutz *der*
Versicherungssteuer
die
Versicherungs-
vertreter/in
versickern
versiegeln
Versiegelung *die*
versiegen
die versiegte Quelle
versiert
Versiertheit *die*
versilbern
versinken
versinkt, versank,
ist versunken
versinnbildlichen
Version *die*
versklaven
versöhnen
sich versöhnen
versöhnlich
Versöhnung *die*
versorgen
Versorgung *die*
Versorgungsschwie-
rigkeiten

versp

Verspannung *die*
verspäten
sich verspäten
Verspätung *die*

verspekulieren
sich verspekulieren
versperren
verspielen
verspielt
Verspieltheit *die*
versponnen
verspotten
Verspottung *die*
versprechen
verspricht,
versprach,
hat versprochen
Versprechen *das*
Versprecher *der*
Versprechung *die*
versprochener-
maßen
versprühen
verspüren
Freude verspüren

verst

verstaatlichen
Verstaatlichung *die*
Verstand *der*
verständig
Verständigkeit *die*
verständigen
sich verständigen
Verständigung *die*
Verständigungs-
bereitschaft *die*
Verständigungs-
schwierigkeiten
verständlich
verständlich reden
gut verständlich
Verständlichkeit *die*
Verständnis *das*
verständnislos
verständnisvoll
verstärken
Verstärker *der*
Verstärkung *die*
verstauben
verstaubt
verstauchen
Verstauchung *die*
verstauen
Versteck *das*
Versteck(en) spielen
verstecken
Versteckspiel *das*
verstehen
versteht, verstand,
hat verstanden
Verstehen *das*
Verstehenshorizont
der
versteifen
sich versteifen auf
versteigern
Versteigerung *die*
versteinern
Versteinerung *die*
verstellen
sich verstellen
Verstellung *die*
versterben
verstirb, verstarb,
ist verstorben
versteuern
verstimmt
Verstimmung *die*
verstockt
Verstocktheit *die*
verstohlen
verstohlen hinsehen
verstopfen
Verstopfung *die*
verstört
Verstoß *der*
die Verstöße
verstoßen
verstößt, verstieß,
hat verstoßen
verstreichen
verstreicht,
verstrich,
hat/ist verstrichen
verstreuen
Verstrickung *die*
Verstromung *die*
verstümmeln
Verstümmelung *die*
verstummen
Versuch *der*
versuchen
Versucher/in
Versuchsballon *der*
Versuchskaninchen
das
Versuchsperson *die*
versuchsweise
Versuchung *die*
versündigen
sich versündigen
versunken
Versunkenheit *die*
versüßen

vert

vertäfeln
mit Holz vertäfeln
Vertäfelung *die*
vertagen
sich vertagen
vertauschen
Vertauschung *die*
verteidigen
sich verteidigen
Verteidiger/in
Verteidigung *die*
Verteidigungs-
bereitschaft *die*

Verteidigungs-
minister/in
verteilen
Verteiler *der*
Verteilerdose *die*
Verteilung *die*
verteuern
verteufeln
vertiefen
Vertiefung *die*
vertikal
Vertikale *die*
Vertiko *das*
vertikutieren
Vertikutiergerät *das*
vertilgen
vertippen
sich vertippen
vertonen
Vertonung *die*
vertrackt
*eine vertrackte Si-
tuation*
Vertrag *der*
die Verträge
vertraglich
Vertragsabschluss*
der
*die Vertragsab-
schlüsse*
vertragsbrüchig
vertragsgemäß
Vertragspartner/in
vertragswidrig
vertragen
*verträgt, vertrug,
hat vertragen*
sich vertragen
verträglich
Verträglichkeit *die*
vertraglich
vertrauen
jemandem vertrauen
Vertrauen *das*
Vertrauen schenken
*Vertrauen er-
weckend**
Vertrauensbasis *die*
vertrauensbildend
Vertrauensbruch *der*
Vertrauensfrage *die*
Vertrauensgrund-
lage *die*
Vertrauensmann *der*
Vertrauenssache *die*
vertrauensselig
vertrauensvoll
vertrauenswürdig
vertraulich
streng vertraulich
Vertraulichkeit *die*
verträumt
vertraut
Vertraute *der/die*
Vertrautheit *die*
vertreiben
*vertreibt, vertrieb,
hat vertrieben*
Vertreibung *die*
vertretbar
Vertretbarkeit *die*
vertreten
*vertritt, vertrat,
hat vertreten*
Vertreter/in
Vertreterbesuch *der*
Vertretung *die*
Vertretungsstunde
die
vertretungsweise
Vertrieb *der*
Vertriebskosten
Vertriebsleiter/in
vertrocknen
vertrödeln
vertrösten
Vertröstung *die*
vertun
*vertut, vertat,
hat vertan*
sich vertun
vertuschen

veru

verübeln
verüben
verunglimpfen
Verunglimpfung *die*
verunglücken
Verunglückte
der/die
verunkrauten
verunreinigen
Verunreinigung *die*
verunsichern
verunstalten
veruntreuen
Veruntreuung *die*
verursachen
Verursacher/in
Verursacherprinzip
das
verurteilen
Verurteilung *die*

verv

Verve *die*
mit Verve
vervielfältigen
Vervielfältigung
die
vervollkommnen
Vervollkommnung
die
vervollständigen
Vervollständigung *die*

verw

verwachsen
verwächst, verwuchs, ist verwachsen
verwackeln
verwahren
Verwahrung *die*
verwahrlosen
Verwahrlosung *die*
verwaist
verwalten
Verwalter/in
Verwaltung *die*
Verwaltungsangestellte *der/die*
Verwaltungsgebäude *das*
Verwaltungsgericht *das*
verwaltungstechnisch
Verwaltungsvorschrift *die*
verwandeln
Verwandlung *die*
verwandt
Verwandte *der/die*
Verwandtschaft *die*
verwandtschaftlich
Verwandtschaftsgrad *der*
Verwandtschaftsverhältnis *das*
Verwarnung *die*
verwaschen
verwechseln
Verwechslung *die*
verwegen
verwegen sein
Verwegenheit *die*
verwehen
verwehren
verweichlichen
verweigern
Verweigerung *die*
verweilen
Verweis *der*
die Verweise
verweisen
verweist, verwies, hat verwiesen
verwelken
Verwendbarkeit *die*
verwenden
verwendet, verwandte/verwendete, hat verwandt/verwendet
Verwendung *die*
Verwendungsmöglichkeit *die*
Verwendungszweck *der*
verwerfen
verwirft, verwarf, hat verworfen
verwerflich
verwerten
Verwertung *die*
verwesen
verweslich
Verwesung *die*
Verwesungsgeruch *der*
verwickeln
sich in Widersprüche verwickeln
verwickelt
Verwicklung *die*
verwildern
verwinden
verwindet, verwand, hat verwunden
verwirklichen
verwirren
verwirrend
Verwirrspiel *das*
Verwirrtheit *die*
Verwirrung *die*
verworren
verwischen
verwittern
verwitwet
verwöhnen
verwöhnt sein
verwöhnt werden
verworren
Verworrenheit *die*
verwunden
verwundet
Verwundete *der/die*
Verwundung *die*
verwunderlich
Verwunderung *die*
verwünschen
Verwünschung *die*
verwurzelt
verwüsten
Verwüstung *die*

verz

verzagen
verzagt
Verzagtheit *die*
verzählen
sich verzählen
Verzahnung *die*
verzapfen
Unsinn verzapfen
verzaubern
Verzauberung *die*
Verzehr *der*
Verzehrbon *der*
verzehren

Verzehrzwang *der*
verzeichnen
Verzeichnis *das*
die Verzeichnisse
verzeihen
verzeiht, verzieh,
hat verziehen
verzeihlich
Verzeihung *die*
verzerren
verzetteln
sich verzetteln
Verzicht *der*
verzichten
Verzichtserklärung
die
verziehen
verzieht, verzog,
hat/ist verzogen
verzieren
Verzierung *die*
verzinken
verzinsen
verzinslich
Verzinsung *die*
verzögern
Verzögerung *die*
Verzögerungstaktik
die
verzollen
verzückt
Verzückung *die*
Verzug *der*
im Verzug sein
Verzugszinsen
verzweifeln
zum Verzweifeln
verzweifelt
Verzweiflung *die*
verzweigen
Verzweigung *die*
verzwickt

Vesper *die*
Vesperbrot *das*
vespern
Vestibül *das*
Veteran *der*
veterinär
Veterinär/in
Veterinärmedizin *die*
Veto *das*
sein Veto einlegen
Vetorecht *das*
Vetter *der*
Vetternwirtschaft *die*
Vexierbild *das*
vgl. (vergleiche)
VHS (Volkshochschule)

vi

via
via Rom
Vibration *die*
vibrieren
Video *das*
Videoband *das*
die Videobänder
Videoclip *der*
Videokamera *die*
Videokassette *die*
Videorekorder/
Videorecorder *der*
Videotext *der*
Videothek *die*

vie

Vieh *das*
Viehfutter *das*
Viehhandel *der*
Viehhändler *der*
Viehherde *die*
viehisch
Viehsalz *das*
Viehzucht *die*

viel
mehr, meiste
viel Schönes
*viel zu viel**
viel zu viele Fehler
viel zu teuer
*viel zu wenig**
*allzu viel**
*so viel**
soviel (Konjunktion)
*zu viel**
zu viele
zu viele Fehler
in vielem
mit vielem
die vielen
um vieles
viel befahren*
viel beschäftigt*
vieldeutig
Vieldeutigkeit *die*
viel diskutiert*
Vieleck *das*
vielerorts
vielfach
um ein Vielfaches
Vielfalt *die*
vielfältig
Vielfältigkeit *die*
viel gebraucht*
viel gekauft*
viel gelesen*
viel genannt*
Vielheit *die*
vielmals
vielmehr
viel sagend*
vielschichtig
Vielschichtigkeit *die*
vielseitig
Vielseitigkeit *die*
viel versprechend*

Vielvölkerstaat *der*
Vielzahl *die*
vielleicht
vier
v ...
die vier Jahreszeiten
die vier Wände
unter vier Augen
V ...
alle v/Viere von sich strecken
auf allen v/Vieren
Grand mit v/Vieren
die Vier
eine Vier schreiben
eine Vier würfeln
vierbeinig
vierblättrig
vierdimensional
Viereck *das*
viereckig
viereinhalb
Viererbob *der*
vierfach (4fach)
vierhändig spielen
viermal (4-mal*)
Vierradantrieb *der*
viersilbig (4-silbig*)
Viersitzer *der*
vierspurig
vierstellig
vierstimmig
viertausend
viertel
*um viertel acht**
um Viertel vor acht
Viertel *das*
Viertelfinale *das*
Vierteljahr *das*
Viertelkilo *das*
ein viertel Kilo
Viertelstunde/
eine viertel Stunde
viertens
vierundzwanzig
Vierung *die*
vierzehn
vierzehntägig
Vierzeiler *der*
vierzeilig
vierzig
Vierzylindermotor *der*
Vignette *die*

vik

Vikar/in
Vikariat *das*
viktorianisch
Viktualien
Viktualienmarkt *der*
Villa *die*
Villengegend *die*
Vinaigrette *die*
Viola *die*
*Viola da Gamba**
*Viola d'Amore**
violett
Violine *die*
Violinkonzert *das*
Violinschlüssel *der*
Violoncello *das*
VIP (very important person[s])
VIP-Lounge *die*
Viper *die*

viril
virtuell
virtuelle Welten
virtuos
Virtuose *der*
Virtuosität *die*
virulent
Virulenz *die*
Virus *der / das*
die Viren
Virusgrippe *die*
Virusinfektion *die*

vis

Visage *die*
Visagist/in
vis-a-vis*/vis-à-vis
Visier *das*
Vision *die*
visionär
Visitation *die*
Visite *die*
Visitenkarte *die*
visitieren
Viskose *die*
visualisieren
Visualisierung *die*
visuell
Visum *das*
die Visa/Visen
Visumantrag *der*
die Visumanträge
visumfrei
Visumzwang *der*
Vita *die*
vital
Vitalität *die*
Vitamin *das*
vitaminarm
Vitamin-B-haltig
vitaminreich
Vitaminstoß *der*
die Vitaminstöße
Vitrine *die*
Vitriol *das*

Vivace *das*
vivat!
Vizekanzler/in
Vizekönig/in
Vizekonsul/in
Vizemeister/in
Vlies *das*
das Goldene Vlies
Vlieseline *die*
V-Mann *der* (Vertrauensmann)

vo

Vogel *der*
die Vögel
Vogelbauer *der / das*
Vogelbeere *die*
Vogelfluglinie *die*
Vogelfutter *das*
Vogelhäuschen *das*
Vogelnest *das*
Vogelperspektive *die*
Vogelscheuche *die*
Vogelschutzgebiet *das*
Vogel-Strauß-Politik *die*
Vogelwarte *die*
Vogelzüchter *der*
Vogt *der*
die Vögte
Vokabel *die*
Vokabelheft *das*
Vokabular *das*
Vokal *der*
vokalisch
Vokalmusik *die*
Vokativ *der*

vol

Volant *der/das*
Voliere *die*
Volk *das*
die Völker
Völkerball *der*
Völkerrecht *das*
völkerrechtlich
Völkerverständigung *die*
Volksabstimmung *die*
Volksbefragung *die*
Volksentscheid *der*
Volksfest *das*
Volkshochschule *die* (VHS)
Volkslied *das*
Volksmusik *die*
Volkspoesie *die*
Volksstück *das*
Volkstanzgruppe *die*
volkstümlich
Volkswagen *der*
Volkswirtschaft *die*
Volkszählung *die*
voll
v ...
voll sein
voll von Menschen
voller Angst
nicht für voll nehmen
V ...
*aus dem Vollen schöpfen**
*in die Vollen gehen**
vollauf
vollautomatisch
Vollbad *das*
die Vollbäder
Vollbart *der*
die Vollbärte
Vollbeschäftigung *die*
Vollblut *das*
vollblütig
Vollblutpferd *das*
Vollbremsung
vollbringen
vollbringt, vollbrachte, hat vollbracht
Volldampf *der*
mit Volldampf voraus
Völlegefühl *das*
vollenden
vollendet, vollendete, hat vollendet
vollendete Gegenwart
vollendete Vergangenheit
vollendete Zukunft
vollends
Vollendung *die*
Völlerei *die*
Volleyball *der*
Vollgas *das*
Vollgas geben
vollgießen
gießt voll, goss voll, hat vollgegossen*
völlig
volljährig
Volljährigkeit *die*
Vollkasko
vollkaskoversichert
Vollkaskoversicherung *die*
vollkommen
Vollkommenheit *die*
Vollkornbrot *das*
vollladen*
*lädt voll, lud voll, hat vollgeladen**
voll laufen*

läuft voll, lief voll, ist vollgelaufen
vollmachen
Vollmacht *die*
Vollmilch *die*
Vollmilchschokolade *die*
Vollmond *der*
vollmundig
Vollnarkose *die*
Vollpension *die*
vollschenken
vollschlank
vollschmieren
vollschreiben
schreibt voll, schrieb voll, hat vollgeschrieben
Vollsperrung *die*
vollspritzen
vollständig
Vollständigkeit *die*
vollstopfen
vollstrecken
hat vollstreckt
Vollstrecker *der*
Vollstreckung *die*
Vollstreckungsbescheid *der*
volltanken
Volltreffer *der*
volltrunken
Volltrunkenheit *die*
Vollverb *das*
Vollversammlung *die*
Vollwaise *die*
Vollwaschmittel *das*
vollwertig
Vollwertigkeit *die*
Vollwertkost *die*
vollzählig
Vollzähligkeit *die*
vollzeichnen
vollziehen
vollzieht, vollzog, hat vollzogen
Vollzug *der*
Vollzugsanstalt *die*
Vollzugsbeamte *der*
Volontär/in
Volontariat *das*
Volt *das* (V)
Voltmeter *das*
voltigieren
Volumen *das*
die Volumen/Volumina
voluminös
vom (von dem)

von

von
von Nutzen
von Sinnen
von neuem
von vorn(e)
von vornherein
von alters her
von Grund auf
von klein auf
von Amts wegen
von Rechts wegen
von wegen!
voneinander
vonnöten
vonseiten/von Seiten**
vonstatten
vonstatten gehen

vor

vor
vor allem
vorab
vorab veröffentlichen
Vorabend *der*
Vorahnung *die*
voran
vorangehen
geht voran, ging voran, ist vorangegangen
das Vorangehende
*im Vorangehenden**
vorankommen
kommt voran, kam voran, ist vorangekommen
Vorankündigung *die*
voranmelden
Voranmeldung *die*
Voranschlag *der*
die Voranschläge
voranstellen
vorantreiben
treibt voran, trieb voran, hat vorangetrieben
Voranzeige *die*
Vorarbeiter/in
voraus
*im Voraus**
vorausahnen
vorausberechnen
vorausbestimmt
vorauseilen
vorausfahren
fährt voraus, fuhr voraus, ist vorausgefahren
vorausgehen
geht voraus, ging voraus, ist vorausgegangen
Vorausgehende *das*

vorausgesetzt
*vorausgesetzt(,) dass ...**

voraushaben
hat voraus, hatte voraus, hat vorausgehabt

vorauslaufen
läuft voraus, lief voraus, ist vorausgelaufen

Voraussage *die*
voraussagen

vorausschauend

vorausschicken

voraussehen
sieht voraus, sah voraus, hat vorausgesehen
voraussehbar

voraussetzen
Voraussetzung *die*
voraussetzungslos

Voraussicht *die*
aller Voraussicht nach
voraussichtlich

Vorauszahlung *die*

vorb

Vorbau *der*

Vorbedingung *die*

Vorbehalt *der*
mit Vorbehalt
unter Vorbehalt
vorbehalten
behält vor, behielt vor, hat vorbehalten
sich vorbehalten
vorbehaltslos

vorbehandeln
Vorbehandlung *die*

vorbei
vorbei sein

vorbeibringen
bringt vorbei, brachte vorbei, hat vorbeigebracht

vorbeifahren
fährt vorbei, fuhr vorbei, ist vorbeigefahren

vorbeigehen
geht vorbei, ging vorbei, ist vorbeigegangen

vorbeikommen
kommt vorbei, kam vorbei, ist vorbeigekommen

Vorbeimarsch *der*
die Vorbeimärsche
vorbeimarschieren

vorbelastet
Vorbelastung *die*

Vorbemerkung *die*

vorbereiten
vorbereitend
Vorbereitung *die*

Vorbericht *der*

Vorbesitzer/in

vorbestellen
Vorbestellung *die*

vorbestraft
Vorbestrafte *der/die*

vorbeugen
Vorbeugehaft *die*
Vorbeugung *die*
Vorbeugungsmaßnahme *die*

Vorbild *das*
vorbildlich
Vorbildlichkeit *die*

Vorbildung *die*

Vorbörse *die*
vorbörslich

vorbringen
bringt vor, brachte vor, hat vorgebracht

vord

vordatieren

Vordenker/in

Vorderachse *die*

Vorderasien

Vorderausgang *der*
die Vorderausgänge

Vordergrund *der*
vordergründig

Vorderhaus *das*
die Vorderhäuser

Vordermann *der*

Vorderrad *das*
die Vorderräder
Vorderradantrieb *der*

Vordersatz *der*

vorderste
die vorderste Reihe

Vorderseite *die*

Vorderteil *das/der*

vordrängeln
sich vordrängeln

vordringen
dringt vor, drang vor, ist vorgedrungen
vordringlich
Vordringlichkeit *die*

Vordruck *der*

voreilig

voreinander

voreingenommen
voreingenommen sein
Voreingenommenheit *die*

vorenthalten

A B C D E F G H I J K L M N O P Q R S T U V W X Y Z

enthält vor,
enthielt vor,
hat vorenthalten
Vorenthaltung *die*
Vorentscheid *der*
Vorentscheidung *die*
vorerst
Vorexamen *das*
Vorfahr / Vorfahre *der*
vorfahren
fährt vor, fuhr vor,
ist vorgefahren
Vorfahrt *die*
Vorfahrtsrecht *das*
Vorfahrtsregel *die*
Vorfahrtsschild *das*
Vorfahrtsstraße *die*
Vorfall *der*
die Vorfälle
vorfallen
fällt vor, fiel vor,
ist vorgefallen
Vorfeld *das*
vorfinanzieren
Vorfinanzierung *die*
vorfinden
findet vor, fand vor,
hat vorgefunden
Vorfreude *die*
Vorfrühling *der*
vorführen
Vorführer / in
Vorführgerät *das*
Vorführung *die*

vorg

Vorgabe *die*
Vorgang *der*
die Vorgänge
Vorgänger / in
Vorgangspassiv *das*
Vorgarten *der*
vorgeben
gibt vor, gab vor,
hat vorgegeben
Vorgebirge *das*
vorgefasst*
*die vorgefasste** *Meinung*
vorgehen
geht vor, ging vor,
ist vorgegangen
Vorgehen *das*
Vorgehensweise *die*
vorgelagert
vorgenannt
Vorgeschichte *die*
vorgeschichtlich
Vorgeschmack *der*
Vorgesetzte *der / die*
Vorgespräch *das*
vorgestern
*vorgestern Abend**
vorgestrig
vorgreifen
greift vor, griff vor,
hat vorgegriffen
Vorgriff *der*
vorhaben
hat vor, hatte vor,
hat vorgehabt
Vorhaben *das*
Vorhalt *der*
vorhalten
hält vor, hielt vor,
hat vorgehalten
Vorhaltungen
vorhanden sein
Vorhandensein *das*
Vorhang *der*
die Vorhänge
Vorhängeschloss* *das*
die Vorhängeschlös-ser
Vorhaut *die*
vorher
vorherbestimmen
Vorherbestimmung *die*
vorhergehend
*im Vorhergehenden**
vorherig
vorherrschen
vorherrschend
Vorhersage *die*
vorhersagen (prophezeien)
vorher sagen (früher sagen)
vorhersehen
sieht vorher,
sah vorher,
hat vorhergesehen
vorhersehbar
vorhin
*im Vorhinein**
Vorhut *die*
vorig
voriges Jahr
Vorinformation *die*

vork

Vorkämpfer / in
Vorkaufsrecht *das*
Vorkehrungen
Vorkehrungen treffen
Vorkenntnisse
vorkommen
kommt vor, kam vor,
ist vorgekommen
Vorkommen *das*
Vorkommnis *das*
die Vorkommnisse
Vorkriegszeit *die*

vorladen
lädt vor, lud vor,
hat vorgeladen
Vorladung *die*
Vorlage *die*
vorlassen
lässt * *vor, ließ vor,*
hat vorgelassen
Vorlauf *der*
die Vorläufe
Vorläufer/in
vorläufig
vorlaut
ein vorlauter Schüler
Vorleben *das*
vorlegen
Vorleger *der*
Vorleistung *die*
vorlesen
liest vor, las vor,
hat vorgelesen
Vorlesung *die*
vorlesungsfrei
Vorlesungsverzeichnis *das*
die Vorlesungsverzeichnisse
vorletzt
die vorletzte Silbe
Vorliebe *die*
vorlieb nehmen*
nimmt vorlieb,
nahm vorlieb, hat
*vorlieb genommen**
vorliegen
liegt vor, lag vor,
hat vorgelegen
vorliegend
vorlügen
vorm (vor dem)
vormachen
Vormacht *die*
Vormachtstellung *die*
vormalig
vormals
Vormärz *der*
vormerken
Vormerkung *die*
Vormieter/in
Vormittag *der*
heute / gestern /
morgen Vormittag
der Sonntagvormittag
vormittags
Vormittagsstunde *die*
Vormund *der*
Vormundschaft *die*
vorn
von vorn beginnen
Vorname *der*
vornehm
Vornehmheit *die*
vornehmen
nimmt vor,
nahm vor,
hat vorgenommen
sich etwas vornehmen
vornehmlich
vorneweg
vornherein
von vornherein
vornüber
Vorort *der*
vorplanen
Vorplanung *die*
Vorposten *der*
vorpreschen
vorprogrammieren
vorprogrammiert

vorr

Vorrang *der*
vorrangig
Vorrangstellung *die*
Vorrat *der*
die Vorräte
vorrätig
Vorratsraum *der*
die Vorratsräume
Vorraum *der*
die Vorräume
vorrechnen
Vorrecht *das*
Vorredner/in
Vorreiter *der*
Vorrichtung *die*
vorrücken
Vorruhestand *der*
Vorruhestandsregelung *die*
Vorrunde *die*
Vorrundenspiel *das*
vors (vor das)
vorsagen
Vorsager/in
Vorsaison *die*
Vorsatz *der*
die Vorsätze
vorsätzlich
Vorschaltgesetz *das*
Vorschau *die*
Vorschein *der*
zum Vorschein kommen
vorschieben
schiebt vor,
schob vor,
hat vorgeschoben
vorschießen
schießt vor,

*schoss** *vor,*
hat vorgeschossen
Vorschuss* *der*
die Vorschüsse
Vorschlag *der*
die Vorschläge
vorschlagen
schlägt vor,
schlug vor,
hat vorgeschlagen
Vorschlagsrecht *das*
vorschnell
vorschreiben
schreibt vor,
schrieb vor,
hat vorgeschrieben
Vorschrift *die*
vorschriftsmäßig
vorschriftswidrig
Vorschub
Vorschub leisten
Vorschule *die*
Vorschulerziehung
die
Vorschuss* *der*
die Vorschüsse
vorschussweise*
Vorschusszahlung*
die
vorschwärmen
vorschweben
vorsehen
sieht vor, sah vor,
hat vorgesehen
sich vorsehen
Vorsehung *die*
Vorsicht *die*
vorsichtig
vorsichtshalber
Vorsichtsmaßnahme
die
Vorsilbe *die*
vorsingen
singt vor, sang vor,
hat vorgesungen
vorsintflutlich
Vorsitz *der*
Vorsitzende *der/die*
Vorsorge *die*
vorsorglich
Vorsorgeunter-
suchung *die*
Vorspann *der*
Vorspeise *die*
vorspiegeln
Vorspieglung *die*
Vorspiel *das*
vorspielen
vorsprechen
spricht vor,
sprach vor,
hat vorgesprochen
Vorsprung *der*

vorst

Vorstadt *die*
die Vorstädte
Vorstand *der*
die Vorstände
Vorstandsmitglied
das
Vorstandsvorsitzen-
de *der/die*
vorstehend
Vorsteher/in
vorstellen
sich vorstellen
vorstellbar
Vorstellung *die*
Vorstellungs-
gespräch *das*
Vorstellungsvermö-
gen *das*
Vorstopper *der*
Vorstoß *der*
die Vorstöße
vorstoßen
stößt vor, stieß vor,
ist vorgestoßen
Vorstrafe *die*
Vorstrafenregister
das
vorstreichen
streicht vor,
strich vor,
hat vorgestrichen
Vorstufe *die*

vort

Vortag *der*
am Vortag
vortanzen
Vortänzer/in
vortäuschen
Vortäuschung *die*
Vorteil *der*
die Vor- und Nach-
teile
vorteilhaft
Vortrag *der*
die Vorträge
vortragen
trägt vor, trug vor,
hat vorgetragen
Vortragende *der/die*
Vortragsreihe *die*
vortrefflich
vortreten
tritt vor, trat vor,
ist vorgetreten
vorturnen
Vorturner/in

voru

vorüber
vorüber sein

vorübergehen
geht vorüber,
ging vorüber,
ist vorübergegangen
vorübergehend
Vorüberlegung *die*
Vorübung *die*
Voruntersuchung *die*
Vorurteil *das*
vorurteilsfrei
vorurteilslos
Vorurteilslosigkeit *die*
Vorvergangenheit *die*
Vorverkauf *der*
Vorverkaufsstelle *die*
vorverlegen
Vorverlegung *die*
Vorvertrag *der*
die Vorverträge
vorverurteilen
Vorverurteilung *die*
vorwagen
sich vorwagen
Vorwahl *die*
Vorwahlnummer/Vorwählnummer *die*
Vorwand *der*
die Vorwände
vorwarnen
Vorwarnung *die*
vorwärts
Vorwärtsgang *der*
vorwärts blicken
vorwärts gehen*
*geht vorwärts, ging vorwärts, ist vorwärts gegangen**
vorwärts kommen*
*kommt vorwärts, kam vorwärts, ist vorwärts gekommen**
vorwaschen
wäscht vor,
wusch vor,
hat vorgewaschen
Vorwaschgang *der*
vorweg
Vorwegnahme *die*
vorwegnehmen
nimmt vorweg,
nahm vorweg, hat vorweggenommen
Vorwegweiser *der*
Vorweihnachtszeit *die*
vorweisen
weist vor, wies vor,
hat vorgewiesen
vorwerfen
wirft vor, warf vor,
hat vorgeworfen
vorwiegend
Vorwoche *die*
Vorwort *das*
Vorwurf *der*
die Vorwürfe
vorwurfsvoll
Vorzeichen *das*
vorzeichnen
Vorzeichnung *die*
vorzeigen
vorzeigbar
Vorzeit *die*
vorzeiten
vorzeitig
Vorzeitigkeit *die*
Vorzensur *die*
vorziehen
zieht vor, zog vor,
hat vorgezogen
Vorzimmer *das*
Vorzimmerdame *die*
Vorzug *der*
die Vorzüge
vorzüglich
Vorzugspreis *der*
Vorzugsstellung *die*
vorzugsweise
votieren
dafür / dagegen votieren
Votivbild *das*
Votivgabe *die*
Votum *das*
die Voten/Vota
Voucher *der/das*
Voyeur *der*

vu

vulgär
Vulgärlatein *das*
Vulkan *der*
Vulkanausbruch *der*
die Vulkanausbrüche
vulkanisch
Vulkanismus *der*
vulkanisieren
VW *der* (Volkswagen)
VW-Fahrer/in

W

W (Westen/Watt)
Waage *die*

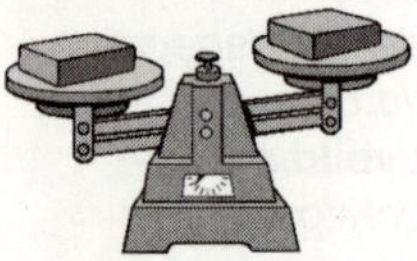

waagerecht
waagerecht stehen
Waagschale *die*
wägbar
wägen
wägt, wog/wägte
hat gewogen
wabb(e)lig
Wabe *die*
Wabenhonig *der*
wach
wach bleiben
bleibt wach,
blieb wach,
ist wach geblieben
wachen
wachhalten
hält wach,
hielt wach,
hat wachgehalten
wachrufen
ruft wach,
rief wach,
hat wachgerufen
wachrütteln
wach sein
Wachdienst *der*
Wache *die*
Wache halten
wachhabend
Wachhund *der*
Wachmann *der*
die Wachleute/
Wachmänner
wachsam
Wachturm *der*
die Wachtürme
Wacholder *der*
Wacholderbeere *die*
Wacholderschnaps
der
Wachs *das*
Wachsbohne *die*
Wachsfigur *die*
Wachskerze *die*
Wachsmalstift *der*
wachsam
Wachsamkeit *die*
wachsen
wächst, wuchs,
ist gewachsen
Wachstum das
Wachstumsrate *die*
(Wächte > Wechte*)
Wachtel *die*
Wachtelei *das*
Wächter *der*
Wachtmeister *der*
Wachtposten *der*
wackeln
wacklig
wacker
Wade *die*
Wadenkrampf *der*
die Wadenkrämpfe
Wadi *das*

waf

Waffe *die*
Waffenbesitz *der*
Waffenhandel *der*
Waffenlager *das*
Waffenruhe *die*
Waffenstillstand *der*
die Waffenstillstände
Waffel *die*
Waffeleisen *das*
wägbar
wägen
wägt, wog/wägte,
hat gewogen
wagen
Wagemut *der*
waghalsig
Wagnis *das*
die Wagnisse
Wagen *der*
Wagenheber *der*
Wagenpapiere
Wagenrad *das*
die Wagenräder
Waggon/Wagon* *der*
waggonweise/
wagonweise*

wah

Wahl *die*
die Wahl haben
die zweite Wahl
Wahlausschuss* *der*
die Wahlausschüsse
wählbar
Wahlbenachrichti-
gung *die*
wahlberechtigt
Wahlberechtigte
der/die
Wahlbeteiligung *die*
wählen
Wähler/in
Wahlerfolg *der*
Wahlergebnis *das*
die Wahlergebnisse
wahlfrei
Wahlgeheimnis *das*
Wahlgeschenk *das*

Wahlheimat *die*
Wahlkabine *die*
Wahlkampf *der*
die Wahlkämpfe
Wahllokal *das*
wahllos
Wahlpflicht *die*
Wahlplakat *das*
Wahlpropaganda *die*
Wahlrecht *das*
Wahlsieg *der*
Wahlurne *die*
wahlverwandt
wahlweise
Wahn *der*
wähnen
Wahnsinn *der*
wahnsinnig
zum Wahnsinnig-werden
Wahnsinnsarbeit *die*
Wahnvorstellung *die*
wahr (den Tatsachen entsprechend)
nicht wahr?
wahr machen
wahr sein
wahr werden
für wahr halten
wahren
währen
während
währenddessen (Konjunktion)
während dessen (Präposition mit Genitiv)
wahrhaben
wahrhaft
wahrhaftig
Wahrhaftigkeit *die*
Wahrheit *die*
wahrheitsgemäß
Wahrheitsliebe *die*
wahrlich
wahrnehmen
nimmt wahr,
nahm wahr,
hat wahrgenommen
Wahrnehmung *die*
wahrsagen (prophezeien)
Wahrsager/in
wahrscheinlich
Wahrscheinlichkeit *die*
Wahrscheinlichkeitsrechnung *die*
Wahrscheinlichkeitstheorie *die*
Wahrung *die*
Währung *die*
Währungskrise *die*
Währungsunion *die*
Wahrzeichen *das*

wai

Waidmann *der*
Waise *die* (elternloses Kind)
Waisengeld *das*
Waisenkind *das*
Waisenknabe *der*
Waisenrente *die*

wal

Wal *der* (Meerestier)

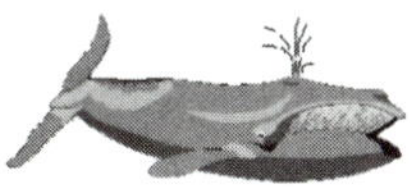

Walfang *der*
Walfänger *der*
Walfangschiff *das*
Walfisch *der*
Wald *der*
die Wälder
Waldameise *die*
Waldbrand *der*
die Waldbrände
waldig
Waldmeister *der*
Waldrand *der*
die Waldränder
waldreich
Waldspaziergang *der*
die Waldspaziergänge
Waldsterben *das*
Waldweg *der*
Waldorfsalat *der*
Waldorfschule *die*
walken
Walkie-Talkie* *das*
Walkman *der*
Walküre *die*
Wall *der*
die Wälle
Wallach *der*
wallen
wallfahren/wallfahrten
Wallfahrer/in
Wallfahrt *die*
Wallfahrtskirche *die*
Wallfahrtsort *der*
Wallholz *das*
Walmdach *das*
die Walmdächer
Walnuss* *die*
die Walnüsse
Walpurgisnacht *die*
Walross* *das*

A B C D E F G H I J K L M N O P Q R S T U V W X Y Z

die Walrosse
walten
schalten und walten
Walze *die*
walzen
Walzstahl *der*
Walzwerk *das*
wälzen
sich wälzen
Walzer *der*
Walzer tanzen
Walzertakt *der*
Wälzer *der*
Wams *das*
die Wämser

wan

wand (winden)
Wand *die*
die Wände
Wandkarte *die*
Wandmalerei *die*
Wandschirm *der*
Wandschrank *der*
die Wandschränke
Wandtafel *die*
Wandteppich *der*
Wandverkleidung *die*
Wandzeitung *die*
Wandale / Vandale *der*
Wandalismus / Vandalismus *der*
Wandel *der*
Wandelanleihe *die*
wandeln
wandern
Wanderer *der*
Wanderkarte *die*
Wanderpokal *der*
Wanderschaft *die*
Wanderschuhe
Wandertag *der*
Wanderung *die*
Wandlung *die*
wandlungsfähig
wandte (wenden)
Wange *die*
Wangenknochen *der*
Wankelmut *der*
wankelmütig
wanken
wann
bis wann
dann und wann
von wann bis wann
Wanne *die*
Wannenbad *das*
die Wannenbäder
Wanst *der*
Wanze *die*
Wappen *das*
Wappenschild *das*
Wappentier *das*
wappnen
sich wappnen

war

war (sein, s. S. 321)
es war schön
das war ungerecht
warb (werben)
Ware *die*
Warenannahme *die*
Warenbegleitschein *der*
Warenbestand *der*
die Warenbestände
Warenhaus *das*
die Warenhäuser
Warenlager *das*
Warentest *der*
Warenzeichen *das*
warf (werfen)
Warf / Warft *die*
warm
wärmer, wärmste
wärmstens
*warm halten**
*warm laufen**
warm machen
warm stellen
warme Würstchen
Warmblüter *der*
warmblütig
Wärme *die*
wärmedämmend
Wärmeeinheit *die*
Wärmegewitter *das*
wärmeisolierend
Wärmelehre *die*
wärmen
sich wärmen
Wärmepumpe *die*
Wärmequelle *die*
Wärmflasche *die*
Warmhalteplatte *die*
warmherzig
Warmwalzwerk *das*
Warmwasser *das*
Warmwasserversorgung *die*
warnen
Warndreieck *das*

Warnstreik *der*
Warnung *die*
Warte *die*

von seiner Warte aus
warten
Wartehalle *die*
Warteraum *der*
die Warteräume
Wartesaal *der*
die Wartesäle
Wartezimmer *das*
Wartung *die*
wartungsfreundlich
warum
warum nicht?
nach dem Warum fragen
Warze *die*

was

was
was anderes
was für ein
was ist los?
irgendwas
waschen
wäscht, wusch, hat gewaschen
Waschautomat *der*
waschbar
Waschbecken *das*
Wäsche *die*
waschecht
Wäscheklammer *die*
Wäscheleine *die*
Wäscherei *die*
Wäscheschleuder *die*
Wäscheschrank *der*
die Wäscheschränke
Wäschetrockner *der*
Waschgelegenheit *die*
Waschkorb *der*
die Waschkörbe
Waschlappen *der*
Waschmaschine *die*
Waschmittel *das*
Waschpulver *das*
Waschschüssel *die*
Waschtisch *der*
Waschzettel *der*
Wasser *das*
kaltes Wasser
*Wasser abweisend**
wasserarm
Wasserball *der*
Wasserdampf *der*
die Wasserdämpfe
wasserdicht
Wasserfall *der*
die Wasserfälle
Wasserfarbe *die*
wasserfest
wassergekühlt
Wasserhahn *der*
die Wasserhähne
Wasserklosett *das* (WC)
Wasserlache *die*
Wasserleitung *die*
wasserlöslich
wässern
Wasserpumpe *die*
Wasserschaden *der*
die Wasserschäden
wasserscheu
Wasserski/Wasserschi *der*
Wasserspeier *der*
Wassersport *der*
Wasserstoff *der*
Wassertemperatur *die*
Wassertropfen *der*
Wasserturm *der*
die Wassertürme
Wasserverschmutzung *die*
Wasserwerfer *der*
Wasserzeichen *das*
wässrig*/wässerig
waten
Waterkant *die*
Watsche(n) *die*
watscheln
Watt *das*
Wattenmeer *das*
Wattlaufen *das*
Wattwanderung *die*
Watt *das* (W)
Wattmeter *das*
Watte *die*
Wattebausch *der*
die Wattebäusche
wattieren
wattig
WC *das* (water closet)

we

weben
webt, webte/wob, hat gewebt/gewoben
Weber/in
Weberei *die*
Webfehler *der*
Webstuhl *der*
die Webstühle
Wechsel *der*
wechselhaft
Wechseljahre
Wechselkurs *der*
wechseln
Wechselrahmen *der*
wechselseitig

Wechselstrom *der*
Wechselstube *die*
wechselwarm
wechselweise
Wechte* *die*
Weck *der*
Wecke *die*
wecken
Wecker *der*
Weckglas *das*
die Weckgläser
wedeln
weder
weder ... noch
Weekend *das*

weg

weg
weg da!
weg sein
Weg *der*
zu Wege/zuwege bringen*
Wegbereiter/in
Wegebau *der*
Wegstrecke *die*
Wegweiser *der*
wegbleiben
bleibt weg, blieb weg, ist weggeblieben
wegblicken
wegbringen
bringt weg, brachte weg, hat weggebracht
wegdürfen
darf weg, durfte weg, hat weggedurft
wegen
wegen der hohen Preise
wegen Umbau
wegen etwas anderem
deinetwegen
euretwegen
ihretwegen
meinetwegen
seinetwegen
unseretwegen
von Rechts wegen
von wegen!
wegfahren
fährt weg, fuhr weg, ist weggefahren
wegfallen
fällt weg, fiel weg, ist weggefallen
weggehen
geht weg, ging weg, ist weggegangen
weghören
wegkommen
kommt weg, kam weg, ist weggekommen
weglassen
lässt weg, ließ weg, hat weggelassen*
weglaufen
läuft weg, lief weg, ist weggelaufen
weglegen
wegmüssen
muss weg, musste weg*, hat weggemusst**
wegnehmen
nimmt weg, nahm weg, hat weggenommen
wegpacken
wegrationalisieren
wegräumen
wegreißen
reißt weg, riss weg, hat weggerissen*
wegrennen
rennt weg, rannte weg, ist weggerannt
wegschicken
wegschmeißen
schmeißt weg, schmiss weg, hat weggeschmissen*
wegstellen
wegtragen
trägt weg, trug weg, hat weggetragen
wegtreten
tritt weg, trat weg, ist weggetreten
wegwerfen
wirft weg, warf weg, hat weggeworfen
wegziehen
zieht weg, zog weg, hat/ist weggezogen

weh

weh!
mit Ach und Weh
Wehe *die*
in den Wehen liegen
wehen
Wehklagen *das*
wehleidig
Wehmut *die*
wehmütig
wehtun*
*tut weh, tat weh, hat wehgetan**
Wehr *die* (Verteidigung)
das (Stauwerk)

Wehrdienst *der*
wehrdiensttauglich
Wehrdienstverweigerer *der*
wehren
sich wehren
Wehrersatzdienst *der*
wehrfähig
wehrhaft
wehrlos
Wehrlosigkeit *die*
Wehrpflicht *die*
wehrpflichtig
Wehrpflichtige *der*
Wehrübung *die*

wei

Weib *das*
Weiberfas(t)nacht *die*
weibisch
weiblich
Weiblichkeit *die*
weich
weich klopfen
weich kochen
*weich machen**
Weichheit *die*
weichherzig
Weichkäse *der*
weichlich
Weichling *der*
Weichmacher *der*
Weichspüler *der*
Weiche *die*

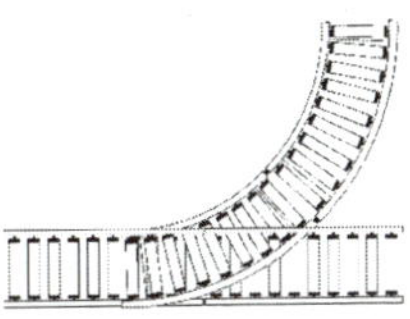

die Weichen stellen

weichen
(weich werden)
weicht, weichte, geweicht
(zurückgehen)
weicht, wich, gewichen
Weiche *die*
Weichensteller *der*
weichlich
Weichsel *die*
Weide *die*
weiden
Weidenbaum *der*
die Weidenbäume
Weidenkätzchen *das*
weidlich
Weidmann *der*
die Weidmänner
Weidmannsheil!
Weidwerk *das*
weigern
sich weigern
Weigerung *die*
Weihe *die*
Weihbischof *der*
die Weihbischöfe
weihen
weihevoll
Weihwasser *das*
Weiher *der*
Weihnacht *die*
Weihnachten *das*
weihnachtlich
Weihnachtsabend *der*
Weihnachtsbaum *der*
die Weihnachtsbäume
Weihnachtsfeier *die*
Weihnachtsferien *die*
Weihnachtsfest *das*
Weihnachtsgeschäft *das*
Weihnachtsgeschenk *das*
Weihnachtsgeschichte *die*
Weihnachtslied *das*
Weihnachtsmann *der*
Weihnachtsmarkt *der*
die Weihnachtsmärkte
Weihnachtsstern *der*
Weihnachtszeit *die*
Weihrauch *der*
Weihwasser *das*
weil
weil die Zeit zu kurz war …
Weile *die*
Weilchen *das*
ein Weilchen
weilen
Weiler *der*
Weimutskiefer / Weymouthskiefer *die*

wein

Wein *der*
Weinbau *der*
Weinbauer *der*
Weinberg *der*
Weinbergschnecke *die*
Weinbrand *der*
die Weinbrände
Weinessig *der*
Weinfass* *das*
die Weinfässer
Weinflasche *die*
Weingut *das*
die Weingüter
Weinkarte *die*

Weinkeller *der*
Weinkenner *der*
Weinkönigin *die*
Weinlese *die*
weinrot
Weinsäure *die*
Weinstock *der*
die Weinstöcke
Weinstube *die*
Weintraube *die*

weinen
zum Weinen bringen
weinerlich
Weinkrampf *der*
die Weinkrämpfe

weis

weise (klug)
Weise *der*
Weisheit *die*

Weise *die*
die Art und Weise
normalerweise
seltsamerweise
unvorsichtigerweise

weisen
weist, wies, hat gewiesen
Weisung *die*
Weisungsbefugnis *die*
die Weisungsbefugnisse
weisungsgemäß

Weisheit *die*
Weisheitszahn *der*
die Weisheitszähne

weismachen
er wollte mir weismachen, dass …*

weiß (wissen)

weiß
w …
schwarz auf weiß
weiße Mäuse
die weiße Rasse
eine weiße Weste haben
ein weißer Fleck
W …
die Farbe Weiß
das Weiße Haus
eine Berliner Weiße
ein Weißer
in Weiß
Weißbier *das*
Weißbrot *das*
weißen
Weißglut *die*
Weißgold *das*
weißhaarig
Weißkäse *der*
Weißkohl *der*
Weißkraut *das*
weißlich
Weißwein *der*
Weißwurst *die*
die Weißwürste

Weißrussland*
Weißrusse *der*
Weißrussin *die*
weißrussisch

wissen		***weiß***
*Ich **weiß** es.* ***Weißt** du es auch?* *Jeder **weiß** es.*	ß	*die Farbe **Weiß*** *schwarz auf **weiß*** *Das Tischtuch ist **weiß.***

weisen		***weise***
*Er **weist** darauf hin.* *der Hin**weis*** *der Ver**weis*** *der Weg**weis**er*	s	*die **Weis**heit* ***weis**e sein* *jemandem etwas **weis**machen* *die **Weis**en*

weissagen
weissagt, weissagte, hat geweissagt
Weissager/in
Weissagung *die*

weit

weit
w …
weit fahren
*weit springen**
bei weitem
von weitem
bis auf weiteres
ohne weiteres
am weitesten
W …
das Weite suchen
alles Weitere
*des Weiteren**
*im Weiteren**
als Weiteres
ein Weiteres
weitab
weitaus
weitblickend
Weite *die*
weiten
weiter
*weiter bestehen**
weiterhin
weiterarbeiten
weiterbeschäftigen
weiterbilden
Weiterbildung *die*
weiterbringen
bringt weiter, brachte weiter, hat weitergebracht
weiterdenken
denkt weiter, dachte weiter, hat weitergedacht
weiterempfehlen
empfiehlt weiter, empfahl weiter, hat weiterempfohlen
weitererzählen
weiterfahren
fährt weiter, fuhr weiter, ist weitergefahren
Weiterfahrt *die*
weiterführen
Weitergabe *die*
weiter gehen (noch weiter als jd. anderes)
weitergehen (fortdauern)
geht weiter, ging weiter, ist weitergegangen
weitergehend
der weiter gehende Antrag
weiterhelfen
hilft weiter, half weiter, hat weitergeholfen
weiterhin
weiterkommen
kommt weiter, kam weiter, ist weitergekommen
weiterleben
Weiterreise *die*
weiterreisen
weitersagen
weiterschlafen
schläft weiter, schlief weiter, hat weitergeschlafen
weiterspielen
Weiterverbreitung *die*
Weiterverkauf *der*
weiterverkaufen
weitervermieten
weiterverwenden
Weiterverwendung *die*

weiterw

weiterwissen
nicht mehr weiterwissen
weiterwollen
will weiter, wollte weiter, hat weitergewollt
weiterzahlen
weitgehend
weiter gehend
weitestgehend
zu weit gehend
weither
von weit her
weithin
weitläufig
Weitläufigkeit *die*
weitmaschig
weitreichend
weitschweifig
Weitsicht *die*
weitsichtig
Weitsichtigkeit *die*
Weitsprung *der*
die Weitsprünge
weitverbreitet
weitverzweigt
Weitwinkelobjektiv *das*
Weizen *der*
Weizenbrot *das*
Weizenfeld *das*
Weizenkeimöl *das*

Weizenmehl *das*

wel

welch
welche / welcher / welches
welcherart
welcherlei
welk
welken
Wellblech *das*
Wellblechdach *das*
die Wellblechdächer
Welle *die*
Wellenbad *das*
die Wellenbäder
Wellenberg *der*
Wellenbrecher *der*
Wellenfront *die*
Wellengang *der*
Wellenlänge *die*
Wellenreiter/in
wellig
Wellensittich *der*

Wellfleisch *das*
Wellpappe *die*
Welpe *der*
Wels *der*
welsch
Welt *die*
die Dritte Welt
Weltall *das*
Weltanschauung *die*
Weltausstellung *die*
Weltbank *die*
weltbekannt
weltberühmt
Weltbestleistung *die*
Weltbild *das*
Weltenbummler/in
weltumspannend
Welterfolg *der*
weltfremd
Weltgeschichte *die*
Welthandel *der*
Weltkarte *die*
Weltkrieg *der*
der Erste Weltkrieg
der Zweite Weltkrieg
Weltkugel *die*
weltlich
Weltliteratur *die*
Weltmacht *die*
die Weltmächte
Weltmarkt *der*
Weltmeister/in
Weltpolitik *die*
Weltraum *der*
Weltreise *die*
Weltrekord *der*
Weltschmerz *der*
Weltstadt *die*
die Weltstädte
Weltuntergang *der*
weltweit
Weltwirtschaft *die*
Weltwunder *das*
Weltergewicht *das*
weltlich
wem
von wem

wen

wen
für wen
Wende *die*
Wendehals *der*
die Wendehälse
Wendekreis *der*
Wendeltreppe *die*
Wendemanöver *das*
wenden
wendet, wandte/wendete, hat gewandt/gewendet
Wendepunkt *der*
wendig
Wendigkeit *die*
Wendung *die*
eine Wendung zum Besseren
wenig (immer: *w…*)
wenig Erfreuliches
wenig Neues
ein wenig
mit wenig
*zu wenig**
das wenige
einiges wenige
nichts weniger als
*umso weniger**
ein weniges
das wenigste
am wenigsten
die wenigsten
nichtsdestoweniger
wenigstens
wenn
das Wenn und Aber
ohne Wenn und Aber
wennschon

wer

wer
wer von beiden?

wer auch immer
werben
wirbt, warb,
hat geworben
Werbeagentur *die*
Werbefernsehen *das*
Werbefilm *der*
Werbegeschenk *das*
Werbeslogan *der*
Werbespot *der*
Werbetext *der*
werbewirksam
Werbung *die*
Werbungskosten
werden
wird, wurde,
ist geworden
Werdegang *der*
werdend
Werder *der/das*
werfen
wirft, warf,
hat geworfen
Werfer/in
Werft *die*
Werftarbeiter *der*
Werk *das*
ans Werk gehen
sich ans Werk machen
Werkangehörige *der/die*
werk(s)eigen
Werken *das*
Werkhalle *die*
Werkmeister *der*
Werkstatt *die*
Werkstätte *die*
Werkstoff *der*
Werktag *der*
werktags
Werktätige *der/die*
Werkzeug *das*
Werkzeugkasten *der*
die Werkzeugkästen
Wermut *der*
Wermut(s)tropfen *der*
Wermutwein *der*
Wert *der*
w ...
wert sein
10 000 DM wert sein
nicht der Rede wert
W ...
der Wert
auf etwas Wert legen
von Wert sein
Wertarbeit *die*
wertbeständig
werten
Wertgegenstand *der*
die Wertgegenstände
Wertigkeit *die*
wertlos
Wertlosigkeit *die*
Wertpapier *das*
Wertsachen
wertschätzen
Wertschöpfung *die*
Wertstoff *der*
Wertung *die*
Werturteil *das*
wertvoll

wes

Wesen *das*
Wesensart *die*
wesensfremd
wesensgemäß
wesensverwandt
Wesenszug *der*
die Wesenszüge
wesentlich
w ...
die wesentlichen Gründe
W ...
das Wesentliche
etwas Wesentliches
*im Wesentlichen**
nichts Wesentliches
weshalb
Wesir *der*
Wespe *die*
Wespennest *das*
Wespenstich *der*
Wespentaille *die*
wessen
wessen Schuld ist das?
Weste *die*
Westentasche *die*
West
Westafrika
westdeutsch
Westen *der*
Westeuropa
westfälisch
der westfälische Schinken
der Westfälische Friede(n)
Westküste *die*
westlich
westwärts
Westwind *der*
Western *der*
Westover *der*
einen Westover anziehen
weswegen

wet

wetten

Wettbewerb *der*
Wettbewerbs-bedingungen
Wette *die*
Wetteifer *der*
wetteifern
wetteifert, wetteiferte, hat gewetteifert
Wettkampf *der*
die Wettkämpfe
Wettlauf *der*
die Wettläufe
Wettrennen *das*
Wettstreit *der*

Wetter *das*
Wetteraussichten
Wetterbericht *der*
Wetterdienst *der*
wetterfest
wetterfühlig
Wetterfühligkeit *die*
Wetterkarte *die*
Wetterleuchten *das*
Wettersatellit *der*
Wetterumschlag *der*
die Wetterumschläge
Wettervorhersage *die*
Wetterwechsel *der*

wettern

wettmachen
macht wett, machte wett, hat wettgemacht

wetzen

wh

Whirlpool *der*

Whisky / Whiskey *der*

Whist *das*

wich (weichen)

Wicht *der*
Wichtelmännchen *das*

wichtig
w …
am wichtigsten
sich wichtig machen
wichtig nehmen
wichtig sein
W …
etwas Wichtiges
nichts Wichtiges
Wichtigkeit *die*
Wichtigtuerei *die*

Wicke *die*

Wickel *der*
Wickelkind *das*
wickeln
Wickelrock *der*
die Wickelröcke
Wickeltisch *der*
Wicklung *die*

Widder *der*

wider (gegen)
w …
wider den Befehl
wider Erwarten
wider Willen
W …
das Für und Wider

widerborstig

widerfahren
widerfährt, widerfuhr, ist widerfahren

Widerhaken *der*

Widerhall *der*
widerhallen
hallt wider, hallte wider, hat widergehallt

Widerlager *das*

widerlegen
Widerlegung *die*

widerlich
Widerlichkeit *die*

widernatürlich

Widerpart *der*
Widerpart bieten

widerrechtlich

Widerrede *die*
Keine Widerrede!

Widerruf *der*
widerrufen
widerruft, widerrief, hat widerrufen

Widersacher / in

Widerschein *der*

widersetzen
sich widersetzen
widersetzlich
Widersetzlichkeit *die*

Widersinn *der*
widersinnig
Widersinnigkeit *die*

widerspenstig
Widerspenstigkeit *die*

widerspiegeln
Widerspieglung *die*

widersprechen
widerspricht, widersprach, hat widersprochen
Widerspruch *der*
die Widersprüche
widersprüchlich
Widersprüchlichkeit *die*
widerspruchsfrei
widerspruchslos
widerspruchsvoll

Widerstand *der*

die Widerstände
widerstandsfähig
Widerstands-kämpfer/in
Widerstandsliteratur *die*
widerstandslos
Widerstandsrecht *das*
widerstehen
widersteht, widerstand, hat widerstanden
widerstreben
Widerstreben *das*
widerstrebend
Widerstreit *der*
widerwärtig
Widerwärtigkeit *die*
Widerwille *der*
widerwillig
Widerworte
widmen
sich widmen
Widmung *die*
widrig
widrigenfalls
Widrigkeit *die*

wie

wie
w ...
wie lange
wie oft
wie sehr
*wie viel**
wie viele
W ...
es kommt auf das Wie an
Wiedehopf *der*
wieder (nochmals)
hin und wieder
schon wieder
wieder einmal
Wiederaufbau *der*
Wiederaufbereitung *die*
Wiederaufbereitungsanlage *die*
Wiederaufnahme *die*
Wiederaufnahmeverfahren *das*
Wiederbeginn *der*
wiederbekommen (zurück)
bekommt wieder, bekam wieder, hat wiederbekommen

WIDER – WIEDER

WIDER = ***gegen***	**WIEDER** = ***erneut, noch einmal***
*w**i**der Willen*	*hin und w**ie**der*
*W**i**derhaken*	*W**ie**deraufbau*
*w**i**derlegen*	*w**ie**derbekommen*
*w**i**derlich*	*W**ie**derbelebungsversuch*
*w**i**derrechtlich*	*w**ie**der erkennen*
*keine W**i**derrede*	*W**ie**dergabe*
*W**i**derruf*	*W**ie**dergutmachung*
*W**i**dersacher*	*w**ie**derholen*
*w**i**derspenstig*	*w**ie**derkommen*
*w**i**derspiegeln*	*W**ie**derkäuer*
*w**i**dersprechen*	*w**ie**der sehen*
*W**i**derstand*	*Auf W**ie**dersehen!*
*erw**i**dern*	*unw**ie**derbringlich*

wieder beleben*
Wiederbelebung *die*
Wiederbelebungs-
versuch *der*
wiederbeschaffen
wiederbringen
bringt wieder,
brachte wieder,
hat wiedergebracht
Wiedereintritt *der*
wieder entdecken*
Wiederentdeckung
die
wieder erkennen*
erkennt wieder,
erkannte wieder,
hat wiedererkannt
wiedererlangen
wieder finden*
findet wieder,
fand wieder,
hat wiedergefunden

wiederg

Wiedergabe *die*
wiedergeben
gibt wieder,
gab wieder,
hat wiedergegeben
Wiedergeburt *die*
wiedergewinnen
(zurück)
gewinnt wieder,
gewann wieder, hat
wiedergewonnen
wieder gewinnen
(erneut)
wieder gutmachen*
Wiedergutmachung
die
wiederhaben
hat wieder,
hatte wieder,
hat wiedergehabt
wiederherstellen
wieder herstellen
(erneut)
wiederholen (zurück)
wiederholt, wieder-
holte, hat wiederholt
wieder holen
(erneut)
holt wieder,
holte wieder,
hat wiedergeholt
Wiederholung *die*
Wiederholungsspiel
das
Wiederkäuer *der*
Wiederkehr *die*
wiederkommen (zu-
rück)
kommt wieder, kam
wieder, ist wieder-
gekommen
wieder kommen (er-
neut)
wieder sehen*
sieht wieder,
sah wieder,
hat wiedergesehen
Wiedersehen *das*
auf Wiedersehen!
auf/Auf Wieder-*
sehen sagen
Wiedersehensfreude
die
Wiedertäufer *der*
wiederum
Wiedervereinigung *die*
wiederverwendbar
Wiederverwertung
die
Wiedervorlage *die*
Wiederwahl *die*

wieg

Wiege *die*
wiegen
(schaukeln)
wiegt, wiegte,
hat gewiegt
(Gewicht)
wiegt, wog,
hat gewogen
Wiegenfest *das*
Wiegenlied *das*
wiehern
Wiek *die*
wie lange
wie oben
wie oft
wie sehr
wies (weisen)
Wiese *die*
Wiesenblume *die*
Wiesenchampignon
der
Wiesenkraut *das*
die Wiesenkräuter
Wiesel *das*
wieselflink
wieso
wie viel*
wie viele Mal(e)/
wievielmal
Der Wievielte ist
heute?
wie weit (ist es)
wieweit (in wieweit)
wie wenig
Wiewort *das*
die Wiewörter
Wigwam *der*
Wikinger *der*
Wikingerschiff *das*

wild
w ...
wildes Tier
W ...
der Wilde Westen
der/die Wilde
sich wie ein Wilder gebärden
Wild *das*
Wildbret *das*
Wildente *die*
Wilderei *die*
wildfremd
Wildheit *die*
Wildhüter *der*
Wildkaninchen *das*
wild lebend*
Wildnis *die*
die Wildnisse
Wildpark *der*
Wildschwein *das*
wild wachsend*
Wildwasser *das*
Wildwechsel *der*
Wildwestfilm *der*
Wildwuchs *der*
Wille *der*
W ...
der letzte Wille
guten Willen zeigen
wider Willen
zu Willen sein
w ...
willens sein
um Gottes willen
um seinetwillen
willenlos
Willensäußerung *die*
Willensbildung *die*
Willensfreiheit *die*
Willenskraft *die*
willensschwach
willensstark
Willensstärke *die*
willentlich
willfährig
willig
Willkommen *das*
W ...
ein herzliches Willkommen
w ...
willkommen heißen
willkommen sein
herzlich willkommen!
Willkommensgruß *der*
die Willkommensgrüße
Willkür *die*
Willkürakt *der*
willkürlich
Willkürmaßnahme *die*
wimmeln
wimmern
Wimpel *der*
Wimper *die*
Wimperntusche *die*

Wind *der*
Windbeutel *der*
Windbö/Windböe *die*
winden
es windet
Windenergie *die*
windgeschützt
Windhose *die*
Windhund *der*
windig
Windjacke *die*
Windjammer *der*
Windkanal *der*
Windkraft *die*
Windmaschine *die*
Windmühle *die*
Windpocken
Windrichtung *die*
Windschatten *der*
windschief
windschlüpfig
Windschutzscheibe *die*
Windstärke *die*
windstill
Windstille *die*
Windstoß *der*
die Windstöße
windsurfen
Windsurfer/in
Winde *die*
winden
windet, wand, hat gewunden
sich winden
Windung *die*
Windel *die*
windelweich
winden
es windet
windig
Wink *der*
winken
Winkel *der*
der Außenwinkel
der Innenwinkel
der Scheitel des Winkels
der Schenkel des Winkels
Winkeleisen *das*

Winkelhalbierende *die*
Winkelgeschwindigkeit *die*
Winkelmesser *der*
Winkelpaar *das*
winklig
winseln
Winter *der*
Winteranfang *der*
Winterfahrplan *der*
winterfest
Wintergarten *der*
die Wintergärten
Wintergetreide *das*
Winterhalbjahr *das*
winterlich
Wintermantel *der*
die Wintermäntel
Winterreifen *der*
winters
Winterschlaf *der*
Winterschlussverkauf* *der*
Wintersemester *das*
Wintersport *der*
Winzer/in
Winzergenossenschaft *die*
winzig
Winzigkeit *die*
Winzling *der*
Wipfel *der*
Wippe *die*
wippen

wir

wir
das Wir-Gefühl
Wirbel *der*
wirbellos
wirbeln
Wirbelsäule *die*
Wirbelsturm *der*
die Wirbelstürme
Wirbeltier *das*
wirbt (werben)
wird (werden)
wirft (werfen)
wirken
wirksam
Wirkung *die*
wirklich
Wirklichkeit *die*
wirklichkeitsfern
Wirklichkeitsform *die*
wirklichkeitsfremd
wirklichkeitsnah
Wirklichkeitssinn *der*
wirksam
Wirksamkeit *die*
Wirkung *die*
Wirkungsgrad *der*
wirkungslos
wirkungsvoll
wirr
Wirren
Wirrkopf *der*
die Wirrköpfe
Wirrung *die*
Wirrwarr *der*
Wirsing *der*
Wirsingkohl *der*
Wirt *der*
Wirtshaus *das*
die Wirtshäuser
Wirtschaft *die*
wirtschaften
wirtschaftlich
Wirtschaftlichkeit *die*
Wirtschaftsbeziehungen
Wirtschaftsgeld *das*
Wirtschaftsgemeinschaft *die*
Wirtschaftshilfe *die*
Wirtschaftskrise *die*
Wirtschaftsleben *das*
Wirtschaftsminister/in
wirtschaftspolitisch
Wirtschaftswissenschaft *die*
Wirtschaftswunder *das*

wis

wischen
Wischer *der*
Wischerblatt *das*
die Wischerblätter
wischfest
Wischiwaschi *das*
Wisent *der*
Wismut/fachspr. **Bismut** *das* (Bi)
wispern
wissen
*weiß, wusste**, *hat gewusst**
wissbegierig*
Wissen *das*
Wissenschaft *die*
Wissenschaftler/in
wissenschaftlich
Wissensdurst *der*
Wissensgebiet *das*
Wissenslücke *die*
wissenswert
wissentlich
wittern
Witterung *die*
witterungsbedingt
witterungsbeständig

Witterungsumschlag *der*
die Witterungsumschläge

Witwe/r
Witwenrente *die*

Witz *der*
Witzblatt *das*
die Witzblätter
Witzbold *der*
Witzfigur *die*
witzig
witzlos

WM (Weltmeisterschaft)

wo

wo
woanders
woandershin
wobei
wodurch
wofür
wogegen
woher
wohin
wohinaus
wohingegen
wohinter
wonach
woran
worauf
woraufhin
woraus
wovon
wovor

Woche *die*
die 30-Stunden-Woche
Wochenarbeitszeit *die*
Wochenbett *das*
Wochenende *das*
Wochenendhaus *das*
die Wochenendhäuser
wochenlang
Wochenmarkt *der*
die Wochenmärkte
Wochenschau *die*
Wochentag *der*
wochentags
wöchentlich
Wöchnerin *die*

Wodka *der*

wog (wiegen)

Woge *die*
wogen

woh

wohl
w ...
wohl ergehen
wohl sein
*wohl tun**
sich wohl fühlen
W ...
Zum Wohle!
wohlauf

wohlanständig

wohl bedacht*

Wohlbefinden *das*

Wohlbehagen *das*

wohlbehalten

wohl behütet

wohl bekannt*

wohl durchdacht*

Wohlergehen *das*

Wohlfahrt *die*
Wohlfahrtsstaat *der*

Wohlgefallen *das*
wohlgefällig

wohl gemeint*

wohlgemerkt

wohlgenährt

wohl geordnet*

Wohlgeruch *der*
die Wohlgerüche

wohlhabend
Wohlhabenheit *die*

Wohlklang *der*
die Wohlklänge
wohlklingend

wohlmeinend

wohlproportioniert

wohlriechend

wohlschmeckend

Wohlstand *der*
Wohlstandsgesellschaft *die*
Wohlstandskriminalität *die*
Wohlstandsmüll *der*

Wohltat *die*
Wohltäter/in
wohltätig
Wohltätigkeit *die*
Wohltätigkeitsveranstaltung *die*

wohl temperiert*

wohl tuend
wohl tun*
*tut wohl, tat wohl, hat wohl getan**

wohl überlegt*

wohl unterrichtet*

wohlverdient

Wohlverhalten *das*

wohlweislich

Wohlwollen *das*
wohlwollend

wohnen
Wohngebäude *das*
Wohngeld *das*
Wohngemeinschaft *die*

wohnhaft
Wohnhaus *das*
die Wohnhäuser
wohnlich
Wohnort *der*
Wohnraum *der*
die Wohnräume
Wohnsitz *der*
Wohnung *die*
Wohnungs-
eigentümer/in
Wohnungs-
einrichtung *die*
wohnungslos
Wohnungsmarkt *der*
Wohnungssuche *die*
Wohnwagen *der*
Wohnzimmer *das*
Woiwodschaft *die*
Wok *der*

wol

wölben
sich wölben
Wölbung *die*
Wolf *der*
die Wölfe
wölfisch
Wolfshunger *der*
Wolfsmilch *die*
Wolfram *das* (W)
Wolke *die*
Wolkenbruch *der*
die Wolkenbrüche
Wolkenkratzer *der*
wolkenlos
wolkig
Wolle *die*
wollen (aus Wolle)
Wollfaden *der*
die Wollfäden
wollig
Wollsiegel *das*
Wollwaren
wollen
will, wollte,
hat gewollt
Wollust *die*
wollüstig
womit
womöglich
wonach
wo nicht
Wonne *die*
wonnig

wor

woran
worauf
woraufhin
woraus
Worcestersoße *die*
worein
worin
Workshop *der*
Worldcup *der*
Wort *das*
die Wörter/
die Worte
nicht viele Worte
machen
zu Worte kommen
Wortart *die*
Wortbedeutung *die*
Wortbildung *die*
Wortbruch *der*
die Wortbrüche
wortbrüchig
Wörterbuch
das
die Wörterbücher
Wortfamilie *die*
Wortfeld *das*
Wortfigur *die*
Wortführer/in
wortgetreu
wortgewandt
wortkarg
Wortklauberei *die*
Wortlaut *der*
Wortlehre *die*
wörtlich
wörtliche Rede
wortlos
Wortmeldung *die*
wortreich
Wortschatz *der*
die Wortschätze
Wortschwall *der*
Wortspiel *das*
Wortstamm *der*
Wortstellung *die*
Wortwahl *die*
Wortwechsel *der*
worüber
worum
worunter
wovon
wovor
wozu
Wrack *das*
Wrasen *der*
wringen
wringt, wrang,
hat gewrungen
Wucher *der*
wuchern
Wucherpreis *der*
Wucherzinsen
Wucherung *die*
wuchs (wachsen)
Wuchs *der*
Wucht *die*
mit voller Wucht
wuchtig
wühlen

Wühlerei *die*
Wühlmaus *die*
die Wühlmäuse
Wühltisch *der*
Wulst *der/die*
wulstig

wun

wund
wund liegen*
wund sein
wund werden
sich wund laufen
Wunde *die*
die offene Wunde
Wundinfektion *die*
Wundsalbe *die*
Wundstarrkrampf *der*
Wundverband *der*
die Wundverbände
Wunder *das*
*Wunder was tun**
*Wunder wie gut**
das blaue Wunder erleben
wunderbar
wunderbarerweise
wunderhübsch
Wunderkerze *die*
Wunderkind *das*
wunderlich
wundernehmen
nimmt wunder, nahm wunder, hat wundergenommen
wunders wie
wundersam
wunderschön
Wundertat *die*
wundertätig
wundervoll
Wunderwerk *das*
Wunsch *der*
die Wünsche
Wunschbild *das*
Wunschdenken *das*
wünschen
wünschenswert
wunschgemäß
Wunschkind *das*
Wunschkonzert *das*
Wunschliste *die*
wunschlos
Wunschvorstellung *die*
Wunschzettel *der*
Wünschelrute *die*
wünschen

wur

wurde (werden)

Worttrennung am Zeilenende

Zusammengesetzte Wörter werden getrennt.

Kauf- haus, Auto- bahn, Schul- arbeiten

Vorsilben werden abgetrennt.

Ent- schluss, Er- gebnis, ver- gessen

(Nachsilben nicht! *Entschei- dung, vorei- lig, Lehre- rinnen*)

Sprechsilben werden voneinander getrennt.

Au- to, Meis- ter, Knos- pe, Gip- fel

(Nicht getrennt werden: ck, ß.
Zu- cker, Bä- cker, grö- ßer, drau- ßen)

Richtig sind folgende Trennungen:

	hin- auf	*in- ter- es- sant*
	hi- nauf	*in- te- res- sant*
Hyd- rant	*war- um*	
Hy- drant	*wa- rum*	

A B C D E F G H I J K L M N O P Q R S T U V W X Y Z

Würde *die*
würdelos
Würdenträger *der*
würdevoll
würdig
würdigen
Würdigung *die*
Wurf *der*
die Würfe
Würfel *der*
Würfelbecher *der*
würfeln
Würfelspiel *das*
Würfelzucker *der*
würgen
Wurm *der*
die Würmer
Würmchen *das*
wurmen
Wurmfortsatz *der*
wurmstichig
Wurst *die*
die Würste
das ist mir Wurst
Wurst wider Wurst
es geht um die Wurst
Würstchen *das*
wursteln
Wurstzipfel *der*
Würze *die*
würzen
würzig
Wurzel *die*
Wurzelballen *der*
Wurzelknolle *die*
wurzeln
Wurzelwerk *das*

wus

wusch (waschen)
Wuschelhaar *das*
wuschlig
Wust *der*
wüst
Wüste *die*
Wüstenklima *das*
Wüstensand *der*
Wüstling *der*
Wut *die*
Wutanfall *der*
die Wutanfälle
Wutausbruch *der*
die Wutausbrüche
wüten
wütend
wutentbrannt
Wüterich *der*
wutschäumend
wutschnaubend

X

x-Achse *die*
Xanthippe *die*
X-Beine
X-beinig / x-beinig*
x-beliebig
Xenon *das* (Xe)
x-fach
*das x-fache**
x-mal
das x-te Mal
*zum x-ten Mal(e)**
Xylophon *das*

chs statt x

Achse	*drechseln*	*Lachs*	*sechs*
Achsel	*Echse*	*Luchs*	*Wachs*
Büchse	*Flachs*	*Nachwuchs*	*wachsen*
Dachs	*Fuchs*	*Ochse*	*Wechsel*

Y

y-Achse *die*
Yacht / Jacht *die*
Yachtclub / Yacht-klub *der*
Yak / Jak *der*
Yen *der*
Yoga / Joga* *der / das*
Youngster *der*
Ypsilon *das*
Yucca *die*
Yuccapalme *die*

Yuppie *der*

Z

Zacken *der*
zackig
zagen
mit Zittern und Zagen
zaghaft
Zaghaftigkeit *die*

zah

zäh
zähflüssig
Zähheit* *die*
Zähigkeit *die*
Zahl *die*
Zahladjektiv *das*
zählbar
Zählbarkeit *die*
zählen
Zahlenangabe *die*
Zahlenfolge *die*
Zahlengedächtnis *das*
Zahlenkombination *die*
zahllos
zahllose Besucher
Zahllose waren da
Zahlenlotto *das*
zahlenmäßig
Zähler *der*
zahlreich / Zahlreiche
Zählung *die*
Zahlwort *das*
die Zahlwörter
zahlen
Zahlkarte *die*
Zahlung *die*
Zahlungsbefehl *der*
zahlungskräftig
Zahlungsmittel *das*
zahlungsunfähig
zahm
zähmen
Zähmung *die*
Zahn *der*
die Zähne
Zahnarzt *der*
die Zahnärzte
Zahnarzthelferin
zahnärztlich
Zahnbehandlung *die*
Zahnbelag *der*
die Zahnbeläge
Zahnbürste *die*
Zahncreme / Zahnkrem(e) *die*
zähnefletschend
Zähneklappern *das*
zähneknirschend
Zahnersatz *der*
Zahnfäule *die*
Zahnfleisch *das*
Zahnfleischbluten *das*
Zahnheilkunde *die*
Zahnlücke *die*
Zahnpasta / Zahnpaste *die*
Zahnrad *das*
die Zahnräder
Zahnschmelz *der*
Zahnschmerzen
Zahnseide *die*
Zahnspange *die*
Zahnstein *der*
Zahnstocher *der*
Zahnwal *der*
Zahnwurzel *die*
Zander *der*
Zange *die*
Zangenbewegung *die*
Zank *der*

A B C D E F G H I J K L M N O P Q R S T U V W X Y Z

Zankapfel *der*
zanken
zänkisch
Zapfen *der*
Zäpfchen *das*
Zäpfchen-R / -r* *das*
Zapfenstreich *der*
zapfen
zaponieren
zappeln
zapplig
zappen
Zar/in
Zarenfamilie *die*
Zarewitsch *der*
Zarge *die*
zart
*zart fühlend**/zart-
fühlend
zart besaitet*/zart-
besaitet
zartbitter
Zartgefühl *das*
Zartheit *die*
zärtlich
Zärtlichkeit *die*
zartrosa
Zäsium/fachspr. **Cae-
sium** *das* (Cs)
Zäsur *die*

zau

Zauber *der*
Zauberei *die*
Zaub(e)rer *der*
Zauberflöte *die*
Zauberformel *die*
zauberhaft
Zauberkünstler *der*
Zauberkunststück
das
Zauberlehrling *der*
zaubern
Zaubernuss* *die*
Zauberspruch *der*
die Zaubersprüche
Zauberstab *der*
die Zauberstäbe
zaudern
Zaudern *das*
Zauderer *der*
Zaum *der*
die Zäume
zäumen

-anz, -enz, -inz

		Richtig ist auch:
*Differ**enz***	*differ**enz**ial*	*differential*
	*differ**enz**iell*	*differentiell*
*Ess**enz***	*ess**enz**iell*	*essentiell*
*Exist**enz***	*exist**enz**iell*	*existentiell*
	*Exist**enz**ialismus*	*Existentialismus*
*Pot**enz***	*Pot**enz**ial*	*Potential*
	*pot**enz**iell*	*potentiell*
*Präfer**enz***	*präfer**enz**iell*	*präferentiell*
*Sequ**enz***	*sequ**enz**iell*	*sequentiell*
*Subst**anz***	*subst**anz**iell*	*substantiell*
*Fin**anz***	*fin**anz**iell*	–
*Prov**inz***	*prov**inz**iell*	–
*Tend**enz***	*tend**enz**iell*	–

Zaumzeug *das*
Zaun *der*
die Zäune
Zaunkönig *der*
zausen
Zaziki / Tsatsiki *das*
z. B. (zum Beispiel)

ze

Zebra *das*
Zebrastreifen *der*
Zeche *die*
zechen
Zechpreller *der*
Zecke *die*
Zeder *die*
Zedernholz *das*
Zeh *der* / **Zehe** *die*
Zehennagel *der*
die Zehennägel
Zehenspitze *die*
auf Zehenspitzen
zehn
z ...
zehn Finger
bis zehn zählen
Z ...
die Zehn
die Zehn Gebote
Zehnerkarte *die*
Zehnerpackung *die*
zehnfach (10fach)
zehnjährig (10-jährig*)
Zehnkampf *der*
die Zehnkämpfe
Zehnkämpfer *der*
zehnmal (10-mal*)
Zehnmarkschein *der*
Zehnmeterbrett / 10-Meter-Brett *das*
Zehnpfennigstück *das*

z - tz - zz

Z am Wortanfang: ***z**ehn, **z**eichnen, **Z**ucker*

nach l, n, r: ***z***	nach langem Vokal: ***z***	nach kurzem Vokal: ***tz***
Ho**lz**	*du**z**en*	*Aufsa**tz***
*sto**lz** sein*	*Kapu**z**e*	*ents**etz**lich*
*ga**nz***		*Ka**tz**e*
*Gre**nz**e*	**nach Diphthong*: *z***	*n**ütz**lich*
*A**rz**t*	*H**eiz**ung*	*pu**tz**en*
*He**rz***	*Kr**euz***	*si**tz**en*
*stü**rz**en*	*K**auz***	*sich verl**etz**en*

zz kommt nur in wenigen Fremdwörtern vor:

*Ja**zz**, Mue**zz**in, Me**zz**osopran, Pi**zz**a, Pi**zz**ikato, Ra**zz**ia, Revolu**zz**er, Ski**zz**e, Tera**zz**o . . .*

Diphthonge sind: au, äu, ei, eu.

A B C D E F G H I J K L M N O P Q R S T U V W X Y Z

zehntausend
zehnte
zehntel
zehntens
zehren

zei

Zeichen *das*
Zeichenerklärung *die*
Zeichensetzung *die*
Zeichensprache *die*
zeichnen
Zeichenblock *der*
die Zeichenblöcke
Zeichenbrett *das*
Zeichenpapier *das*
Zeichensaal *der*
die Zeichensäle
Zeichentrickfilm *der*
Zeichenunterricht *der*
Zeichnen *das*
Zeichner/in
zeichnerisch
Zeichnung *die*
zeigen
Zeigefinger *der*
Zeigefürwort *das*
Zeiger *der*
Zeigestock *der*
die Zeigestöcke
Zeile *die*
Zeilenabstand *der*
die Zeilenabstände
Zeilenlänge *die*
Zeilensprung *der*
zeilenweise
Zeisig *der*
Zeit *die*
z ...
zeit meines Lebens
zeitlebens
beizeiten
derzeit
jederzeit
seinerzeit
vorzeiten
zuzeiten (bisweilen)/ *zu Zeiten* von ...
Z ...
auf Zeit
einige Zeit lang
*eine Zeit lang**
von Zeit zu Zeit
zu meiner Zeit
zur zeit (zz., zzt.)
zur Zeit der ... (z. Z., z. Zt.)
Zeit haben
Zeitalter *das*
Zeitangabe *die*
Zeitaufwand *der*
zeitaufwendig/zeitaufwändig*
Zeitdauer *die*
Zeiteinheit *die*
Zeiteinteilung *die*
Zeitenfolge *die*
zeitgebunden
Zeitgefühl *das*
zeitgemäß
Zeitgenosse *der*
zeitgenössisch
zeitgerecht
zeitig
zeitlich
zeitlos
Zeitlupe *die*
Zeitmangel *der*
Zeitpunkt *der*
Zeitraum *der*
die Zeiträume
Zeitstufe *die*
Zeitverlust *der*
Zeitvertreib *der*
zeitweilig
zeitweise
Zeitwort *das*
die Zeitwörter
Zeitzone *die*
Zeitschrift *die*
Zeitschriftenaufsatz *der*
die Zeitschriftenaufsätze
Zeitung *die*
Zeitunglesen *das*
Zeitungsannonce *die*
Zeitungsartikel *der*
Zeitungsbericht *der*
Zeitungsinserat *das*
Zeitungskiosk *der*
Zeitungsleser/in
Zeitungspapier *das*
Zeitungsverkäufer/in

zel

zelebrieren
Zelle *die*
Zellkern *der*
Zellmembran *die*
Zellteilung *die*
zellular/zellulär
Zellophan/fachspr. **Cellophan** *das*
Zellstoff *der*
Zellwolle *die*
Zelluloid/fachspr. **Celluloid** *das*
Zellulose/fachspr. **Cellulose** *die*
Zelt *das*
zelten
Zeltlager *das*
Zeltplane *die*

Zement *der*
Zementboden *der*
die Zementböden
zementieren

zen

Zenit *der*
zensieren
Zensierung *die*
Zensur *die*
Zensus *der*
Zentimeter *der* (cm)
Zentner *der*
zentnerschwer
zentnerweise
zentral
Zentralamerika
Zentralbank *die*
zentralbeheizt
Zentrale *die*
Zentralheizung *die*
zentralisieren
Zentralismus *der*
Zentralperspektive *die*
Zentralprojektion *die*
Zentralverwaltung *die*
zentrieren
zentrisch
zentrische Streckung
Zentrum *das*
die Zentren
zentrifugal
Zentrifuge *die*
Zephir / Zephyr *der*
Zeppelin *der*
Zepter / Szepter (österr.) *das / der*

zer

zerbeißen
zerbeißt, zerbiss,*
hat zerbissen
zerbrechen
zerbricht, zerbrach,
hat zerbrochen
zerbrechlich
Zerbrechlichkeit *die*
zerdrücken
Zeremonie *die*
zeremoniell
Zerfall *der*
zerfallen
zerfällt, zerfiel,
ist zerfallen
zerfetzen
zerfleddern
zerfleischen
zerfressen
zerfrisst, zerfraß,*
hat zerfressen
zerfurcht
zergehen
zergeht, zerging,
ist zergangen
zergliedern
zerhacken
zerkauen
zerkleinern
Zerkleinerung *die*
zerklüftet
zerknirscht
Zerknirschung *die*
zerknittern
zerknüllen
zerkratzen
zerkrümeln
zerlaufen
zerläuft, zerlief,
ist zerlaufen
zerlegen
Zerlegung *die*
zerlumpt
zermahlen
zermalmen
zermürben
zermürbt
Zermürbung *die*
Zero *die / das*
zerpflücken
zerquetschen
Zerrbild *das*
zerreden
zerreißen
zerreißt, zerriss,*
hat zerrissen
zerreißfest
Zerreißprobe *die*
Zerrissenheit *die*
zerren
Zerrung *die*
zerrüttet
zerschellen
zerschlagen
zerschlägt, zerschlug,
hat zerschlagen
Zerschlagung *die*
zerschmettern
zerschneiden
zerschneidet,
zerschnitt,
hat zerschnitten
zersetzen
Zersetzung *die*
zersiedeln
zersplittern
Zersplitterung *die*
zerstäuben
zerstören
Zerstörer *der*
Zerstörung *die*
Zerstörungswut *die*
zerstreut
Zerstreutheit *die*
Zerstreuung *die*

zerstritten
zerstückeln
zerteilen
Zertifikat *das*
zertreten
zertritt, zertrat, hat zertreten
zertrümmern
Zervelatwurst/Servelatwurst *die*
Zerwürfnis *das*
die Zerwürfnisse
zerzausen
zetern
Zetergeschrei *das*
Zettel *der*
Zettelkartei *die*
Zettelkasten *der*
die Zettelkästen

zeu

Zeug *das*
dummes Zeug
am Zeug flicken
Zeuge *der*
Zeugin *die*
die Zeuginnen
Zeugenaussage *die*
Zeugenbefragung *die*
Zeugenstand *der*
Zeugenvernehmung *die*
zeugen
Zeugung *die*
zeugungsfähig
Zeugungsfähigkeit *die*
Zeugnis *das*
die Zeugnisse
Zeugnisausgabe *die*
Zeugniskonferenz *die*

zi

Zibebe *die*
Zichorie *die*
Zicke *die*
zickig
Zickzackkurs *der*
Zickzacklinie *die*
Zider/Cidre *der*
Ziege *die*
Ziegenbock *der*
die Ziegenböcke
Ziegenkäse *der*
Ziegenmilch *die*
Ziegenpeter *der*
Ziegel *der*
Ziegeldach *das*
die Ziegeldächer
Ziegelei *die*
ziegelrot
Ziegelstein *der*
Zieger *der*
ziehen
zieht, zog, hat gezogen
Ziehharmonika *die*
Ziehung *die*
Ziel *das*
zielbewusst*
Zielgerade *die*
Zielgebiet *das*
zielgerichtet
Zielgruppe *die*
ziellos
Zielscheibe *die*
Zielsetzung *die*
zielstrebig
ziemen
sich ziemen
ziemlich
ziemlich lange
ziemlich viel
ziepen
Zier/Zierde *die*
zieren
sich zieren
Zierfisch *der*
zierlich
Zierlichkeit *die*
Zierrat* *der*
Ziesel *der/das*
Ziffer *die* (s. S. 438)
die Ziffer Null
Zifferblatt *das*
die Zifferblätter
zig
zig Leute
zigtausend Leute
zigtausende / Zigtausende
Zigarette *die*
Zigarettenautomat *der*
Zigarettenetui *das*
Zigarettenkippe *die*
Zigarettenpause *die*
Zigarettenraucher/in
Zigarettenschachtel *die*
Zigarillo *das/der*
Zigarre *die*
Zigarrenkiste *die*
Zigeuner/in
Zigeunermusik *die*
Zigeunerschnitzel *das*
Zikade *die*
Zille *die*
Zimbel *die*
Zimmer *das*
Zimmerantenne *die*
Zimmerlautstärke *die*
Zimmermann *der*
die Zimmerleute

zimmern
Zimmernummer *die*
Zimmervermittlung *die*
zimperlich
Zimt *der*
Zimtstange *die*

zin

Zink *das* (Zn)
Zinkblende *die*
Zinke *die*
Zinn *das* (Sn)
Zinnbecher *der*
Zinnkraut *das*
Zinnkrug *der*
die Zinnkrüge
Zinnteller *der*
Zinne *die*
Zinnie *die*
Zinnober *der*
zinnoberrot
Zins *der*
Zinserhöhung *die*
Zinseszins *der*
zinsgünstig
zinslos
Zinssatz *der*
die Zinssätze
Zionismus *der*
Zipfel *der*
Zipfelmütze *die*
Zirbeldrüse *die*
zirka/circa (ca.)
Zirkel *der*
Zirkelkasten *der*
die Zirkelkästen
zirkeln
Zirkulation *die*
zirkulieren
Zirkus/Circus *der*
Zirkusdirektor *der*
Zirkuspferd *das*
Zirkuszelt *das*
zirzensisch
Zirpe *die*
Zirrhose *die*
Zirruswolke *die*
zischen
Zischlaut *der*
ziselieren
Zisterne *die*
Zitadelle *die*
Zitat *das*
zitieren
Zither *die*

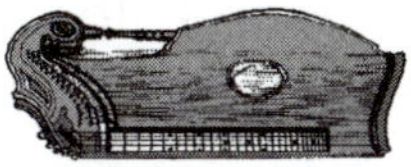

Zitherspiel *das*
zitieren
Zitiermodus *der*
Zitrone *die*
Zitronat *das*
zitronengelb
Zitronenmelisse *die*
Zitronensaft *der*
Zitronensäure *die*
Zitronenschale *die*
Zitrusfrüchte
zittern
mit Zittern und Zagen
Zitterpappel *die*
Zitterpartie *die*
zittrig
Zitze *die*
zivil
Zivilbevölkerung *die*
Zivilcourage *die*
Zivildienst *der*
Zivilisation *die*
zivilisiert
Zivilist *der*
Zivilperson *die*
zivilrechtlich

zo

Zobel *der*
Zobelpelz *der*
Zocker *der*
Zofe *die*
zog (ziehen)
zögern
zögerlich
Zögling *der*
Zölibat *das*
Zoll *der*
Zollabfertigung *die*
zollamtlich
Zollbeamte *der*
Zollerklärung *die*
Zollfahndung *die*
Zollformalitäten
zollfrei
Zollkontrolle *die*
Zöllner/in
zollpflichtig
Zollstock *der*
die Zollstöcke
Zone *die*
Zoo *der*
Zoohandlung *die*
Zoologe *der*
Zoologie *die*
zoologisch
Zoom *das*
zoomen
Zopf *der*
die Zöpfe
Zopfmuster *das*
Zorn *der*
Zornesausbruch *der*
die Zornesausbrüche
zornig

Zote *die*
zotig
zottelig

zu

zu
zu dritt
zu Ende
zu Fuß
zugrunde / zu Grunde gehen*
zu Gunsten / zugunsten*
zu Hause / zuhause (österr. / schweiz.) bleiben*
zu Hilfe kommen
hier zu Lande / hierzulande*
zu Lasten / zulasten von*
etwas zu Leide / zuleide tun*
zu Mute / zumute sein*
zu Nutze / zunutze machen*
zu Rande / zurande kommen*
zu Rate / zurate ziehen*
zu Recht
zu Schaden / zuschaden kommen
zu Schanden / zuschanden werden*
zu Schulden / zuschulden kommen lassen*
zu spät
zu Tage / zutage fördern*
*zu viel**
zu Wege / zuwege bringen*
zu weit
zu zweien
zum Beispiel (z. B.)
zur Zeit von … (z. Z. / z. Zt.)
zurzeit (zz., zzt.)
zuallererst
zudem
zuerst

Ziffern

Ziffer + Wort

Zwischen Ziffer und Wort steht ein Bindestrich.

achtjährig	*8-jährig*	*achtsilbig*	*8-silbig*
achtmal	*8-mal*	*Achttonner*	*8-Tonner*
achtprozentig	*8-prozentig*	*achtzeilig*	*8-zeilig*

Ziffer + Nachsilbe

Zwischen Ziffer und Nachsilbe steht kein Bindestrich.

achtziger Jahre, (Achtzigerjahre)	*80er–Jahre / 80er Jahre*
hundertstel Sekunde, (Hundertstelsekunde)	*100stel–Sekunde / 100stel Sekunde*
achtprozentig	*8%ig*

zufolge
zugegen
zugute kommen
zuhauf
zuliebe
zumal
zunächst
zunichte machen
zuoberst
zu Stande*/zustan-
de bringen
zuteil werden
zutiefst
zuunterst
zuweilen
zuwider sein
zuzeiten/zu Zeiten
von ...
zuarbeiten
Zubehör *das*
Zuber *der*
zubereiten
Zubereitung *die*
Zubettgehen *das*
zubilligen
zubinden
bindet zu, band zu,
hat zugebunden
Zubringer *der*
Zubringerbus *der*
die Zubringerbusse
Zubringerdienst *der*
Zubrot *das*
Zucchini *die*

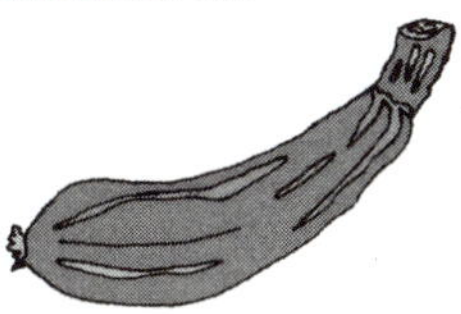

Zucht *die*
züchten
Züchter/in
Zuchthaus *das*
die Zuchthäuser
züchtig
züchtigen
zuchtlos
Züchtung *die*
zucken
Zuckung *die*
zücken
die Waffe zücken
Zucker *der*
Zuckerbrot *das*
Zuckercouleur *die*
Zuckererbse *die*
Zuckerguss* *der*
Zuckerhut *der*
die Zuckerhüte
zuckerkrank
Zuckerl *das*
Zuckerlecken *das*
zuckern
Zuckerraffinade *die*
Zuckerrohr *das*
Zuckerrübe *die*
zuckersüß
Zuckerzange *die*

zud

zudecken
zudem
zudrehen
zudringlich
Zudringlichkeit *die*
zueignen
zueinander
zueinander finden*
findet zueinander,
fand zueinander,
hat zueinander ge-
*funden**
zueinander passen
zu Ende
zuerst
Zufahrt *die*
Zufall *der*
die Zufälle
zufällig
zufälligerweise
Zufälligkeiten
Zufallstreffer *der*
Zuflucht *die*
Zufluchtsort *der*
Zufluss* *der*
die Zuflüsse
zuflüstern
zufolge
zufrieden
zufrieden geben*
gibt zufrieden,
gab zufrieden, hat
*zufrieden gegeben**
sich zufrieden
*geben**
Zufriedenheit *die*
zufrieden lassen*
lässt zufrieden,*
ließ zufrieden, hat
*zufrieden gelassen**
zufrieden stellen*
zufügen
Zufuhr *die*
zuführen

zug

Zug *der*
die Züge
Zugbegleiter/in
Zugführer/in
zugig
zugkräftig
Zugluft *die*
Zugmaschine *die*
Zugpersonal *das*

Zugpferd *das*
Zugverbindung *die*
Zugverkehr *der*
Zugvogel *der*
die Zugvögel
Zugzwang *der*
die Zugzwänge
Zugabe *die*
zugeben
gibt zu, gab zu,
hat zugegeben
Zugang *der*
die Zugänge
zugange sein
zugänglich
zugeben
gibt zu, gab zu,
hat zugegeben
zugegebenermaßen
zugegen
zugegen sein
zugehen
geht zu, ging zu,
ist zugegangen
zugehören
zugehörig
Zugehörigkeit *die*
Zügel *der*
zügellos
zügeln
Zugeständnis *das*
die Zugeständnisse
zugestehen
gesteht zu, gestand
zu, hat zugestanden
zugetan
Zugewinn *der*
Zugewinngemein-
schaft *die*
zugig
zügig
Zügigkeit *die*
zugleich
zugreifen
greift zu, griff zu,
hat zugegriffen
Zugriff *der*
zugrunde / zu Grunde*
zugrunde gehen
zugrunde legen
*zugrunde liegend**
zugrunde richten
zugunsten / zu Gun-
sten*
zugute
zugute halten
zugute kommen
zu guter Letzt

zuh

zuhaben
hat zu, hatte zu,
hat zugehabt
zuhalten
hält zu, hielt zu,
hat zugehalten
Zuhälter *der*
zuhauf
zuhause* (österr.,
schweiz.) **/ zu Hause**
zu Hause bleiben
zu Hause sein
das Zuhause
Zuhilfenahme *die*
zuhören
Zuhörer / in
zuinnerst
zujubeln
zukaufen
zuklappen
zukleben
zuknöpfen
zukommen
kommt zu, kam zu,
ist zugekommen
Zukunft *die*
in Zukunft
zukünftig
Zukunftsaussichten
Zukunftsperspektive
die
Zukunftspläne
zukunft(s)weisend

zul

zulächeln
Zulage *die*
zulänglich
zulassen
lässt zu, ließ zu,*
hat zugelassen
zulässig
Zulässigkeit *die*
Zulassung *die*
Zulassungsnummer
die
zulasten* / zu Lasten
zulaufen
läuft zu, lief zu,
ist zugelaufen
zulegen
zuleide / zu Leid(e)*
jemandem etwas
zuleide / zu Leide tun*
zulernen
zuletzt
zu guter Letzt
zuliebe
mir zuliebe
Zulieferer *der*
Zulieferindustrie *die*
zum (zu dem)
zum Beispiel (z. B.)
*zum Besten geben**
*zum Ersten**
zum Teil (z. T.)

zum Totlachen
zumachen
zumal
zumeist
zumindest
zumute / zu Mute*
zumute sein
zumuten
zumutbar
Zumutbarkeit *die*
zunächst
zunageln
zunähen
Zunahme *die*
Zuname *der* (Nachname)
zünden
zündend
Zunder *der*
Zünder *der*
Zündholz *das*
Zündkerze *die*
Zündschlüssel *der*
Zündung *die*
zunehmen
nimmt zu, nahm zu, hat zugenommen
zunehmend
Zuneigung *die*
Zunft *die*
zünftig
Zunge *die*
züngeln
Zungenbrecher *der*
zungenfertig
Zungen-R / -r* *das*
Zungenspitze *die*
Zungenwurst *die*
zunichte
zunichte machen
zunicken
zunutze / zu Nutze*
zuoberst
zuordnen
Zuordnung *die*
zupacken
zupass*
zupass kommen*
zupfen
Zupfinstrument *das*

zur

zur (zu der)
zurande* / zu Rande
zu Rate / zurate*
zurechnungsfähig
zurecht
zurechtbiegen
biegt zurecht, bog zurecht, hat zurechtgebogen
zurechtfinden
findet zurecht, fand zurecht, hat zurechtgefunden
sich zurechtfinden
zurechtkommen
kommt zurecht, kam zurecht, ist zurechtgekommen
zurechtlegen
zurechtmachen
zurechtrücken
zurechtweisen
weist zurecht, wies zurecht, hat zurechtgewiesen
Zurechtweisung *die*
zureden
Zureden *das*
trotz allem Zureden
zurichten
zürnen
zurren

zurück

zurück
zurück sein
zurück gewesen
zurückbekommen
bekommt zurück, bekam zurück, hat zurückbekommen
zurückbleiben
bleibt zurück, blieb zurück, ist zurückgeblieben
zurückblicken
zurückbringen
bringt zurück, brachte zurück, hat zurückgebracht
zurückdenken
denkt zurück, dachte zurück, hat zurückgedacht
zurückdrängen
zurückerobern
zurückerstatten
zurückfahren
fährt zurück, fuhr zurück, ist zurückgefahren
zurückfallen
fällt zurück, fiel zurück, ist zurückgefallen
zurückfinden
findet zurück, fand zurück, hat zurückgefunden
zurückfordern
zurückführen
zurückgeben
gibt zurück,

gab zurück,
hat zurückgegeben
zurückgehen
geht zurück,
ging zurück,
ist zurückgegangen
zurückgezogen
Zurückgezogenheit *die*
zurückgreifen
greift zurück,
griff zurück,
hat zurückgegriffen
zurückhaltend
Zurückhaltung *die*
zurückkommen
kommt zurück,
kam zurück,
ist zurückgekommen
zurücklassen
lässt zurück,*
ließ zurück,
hat zurückgelassen
zurücklegen
zurückliegen
liegt zurück,
lag zurück,
hat zurückgelegen
zurücknehmen
nimmt zurück,
nahm zurück, hat zurückgenommen
zurückrufen
ruft zurück,
rief zurück,
hat zurückgerufen
zurückschalten
zurückschauen
zurückschicken
zurückschrecken
zurücksetzen
zurückspulen
zurückstellen
zurücktreten
tritt zurück,
trat zurück,
ist zurückgetreten
zurückverfolgen
zurückverlangen

zurückw

zurückweichen
weicht zurück,
wich zurück,
ist zurückgewichen
zurückweisen
weist zurück,
wies zurück,
hat zurückgewiesen
Zurückweisung *die*
zurückwerfen
wirft zurück,
warf zurück,
hat zurückgeworfen
zurückzahlen
zurückziehen
zieht zurück,
zog zurück,
hat zurückgezogen
Zuruf *der*
zurufen
ruft zu, rief zu,
hat zugerufen
zurzeit (zz. zzt.)
zurzeit kein Bedarf
zur Zeit (z. Z., z. Zt.)
zur Zeit Schillers

zus

Zusage *die*
zusagen
zusammen
Zusammenarbeit *die*
zusammenarbeiten
zusammenballen
sich zusammenballen
zusammenbauen
zusammenbinden
bindet zusammen,
band zusammen,
hat zusammengebunden
zusammenbleiben
bleibt zusammen,
blieb zusammen,
ist zusammengeblieben
zusammenbrechen
bricht zusammen,
brach zusammen,
ist zusammengebrochen
Zusammenbruch *der die Zusammenbrüche*
zusammenfassen
fasst zusammen,*
fasste zusammen,*
*hat zusammengefasst**
zusammenfassend
Zusammenfassung *die*
zusammenfügen
Zusammenführung
zusammengehören
zusammengehörig
Zusammengehörigkeitsgefühl *das*
zusammengesetzt
zusammengewürfelt
Zusammenhalt *der*
zusammenhalten
hält zusammen,
hielt zusammen, hat

zusammengehalten
Zusammenhang *der*
die Zusammenhänge
zusammenhängen
hängt zusammen, hing zusammen, hat zusammengehangen
zusammenhängend
zusammenhang(s)los
zusammenklappen
zusammenkleben
zusammenknüllen
zusammenkommen
kommt zusammen, kam zusammen, ist zusammengekommen
zusammenleben
Zusammenleben *das*
zusammenlegen
zusammennehmen
nimmt zusammen, nahm zusammen, hat zusammengenommen
sich zusammennehmen
zusammenpassen
zusammenprallen

zusammenr___

zusammenraffen
zusammenrechnen
zusammenschlagen
schlägt zusammen, schlug zusammen, hat zusammengeschlagen
zusammenschließen
schließt zusammen, schloss zusammen, hat zusammengeschlossen*
sich zusammenschließen
Zusammenschluss* *der*
die Zusammenschlüsse
zusammenschreiben
schreibt zusammen, schrieb zusammen, hat zusammengeschrieben
Zusammenschreibung *die*
zusammenschrumpfen
zusammen sein*
*ist zusammen, war zusammen, ist zusammen gewesen**
Zusammensein *das*
zusammensetzen
Zusammensetzung *die*
zusammenspielen
(aufeinander abgestimmt)
spielt zusammen, spielte zusammen, hat zusammengespielt
(miteinander) zusammen spielen
zusammenstellen
Zusammenstellung *die*
Zusammenstoß *der*
die Zusammenstöße
zusammenstoßen
stößt zusammen, stieß zusammen, ist zusammengestoßen
zusammensuchen

zusamment___

zusammentragen
trägt zusammen, trug zusammen, hat zusammengetragen
zusammentreffen
trifft zusammen, traf zusammen, ist zusammengetroffen
Zusammentreffen *das*
zusammentreten
tritt zusammen, trat zusammen, ist zusammengetreten
zusammenwachsen
wächst zusammen, wuchs zusammen, ist zusammengewachsen
zusammenwirken
Zusammenwirken *das*
zusammenzählen
zusammenziehen
zieht zusammen, zog zusammen, hat zusammengezogen
zusammenzucken
Zusatz *der*
die Zusätze
Zusatzbestimmung *die*
zusätzlich

Zusatzversicherung *die*
Zusatzzahl *die*

zusch

zuschanden/zu Schanden*
zuschanden werden
zuschauen
Zuschauer/in
Zuschauerraum *der*
Zuschauerzahl *die*
zuschicken
zuschieben
schiebt zu, schob zu, hat zugeschoben
Zuschlag *der*
die Zuschläge
zuschlagpflichtig
zuschlagen
schlägt zu, schlug zu, hat zugeschlagen
zuschließen
schließt zu, schloss zu, hat zugeschlossen*
zuschneiden
schneidet zu, schnitt zu, hat zugeschnitten
Zuschnitt *der*
Zuschrift *die*
zuschulden/zu Schulden*
sich etwas zuschulden kommen lassen
Zuschuss* *der*
die Zuschüsse
zuschütten
zusehen
sieht zu, sah zu, hat zugesehen
zusehends
zu sein
ist zu, war zu, ist zu gewesen
zusetzen
zusichern
Zusicherung *die*
Zuspiel *das*
zuspielen
zuspitzen
Zuspitzung *die*
Zuspruch *der*
die Zusprüche

zust

Zustand *der*
die Zustände
zustande/zu Stande bringen*
zustande/zu Stande kommen*
das Zustandekommen
zuständig
Zuständigkeit *die*
Zustandspassiv *das*
zustatten
zustatten kommen
zustecken
zustehen
steht zu, stand zu, hat zugestanden
zusteigen
zustellen
Zustellgebühr *die*
Zustellung *die*
zustimmen
Zustimmung *die*
zustoßen
stößt zu, stieß zu, hat/ist zugestoßen
zutage/zu Tage*
zutage fördern
zutage treten
Zutaten
zuteil
zuteil werden
zuteilen
Zuteilung *die*
zutiefst
zutragen
trägt zu, trug zu, hat zugetragen
sich zutragen
zuträglich
zutrauen
Zutrauen *das*
zutraulich
zutreffen
trifft zu, traf zu, hat zugetroffen
Zutreffende *das*
Zutritt *der*
Zutun *das*
ohne mein Zutun
zuungunsten/zu Ungunsten*
zuunterst
zuverdienen
zuverlässig
Zuverlässigkeit *die*
Zuversicht *die*
zuversichtlich
zu viel*
zu viel des Guten*
zu viel wissen*
ein Zuviel
zu viele Besucher
zu viel Geld
*viel zu viel**
viel zu viele
zuvor

zuvorkommen
kommt zuvor,
kam zuvor,
ist zuvorgekommen
zuvorkommend
Zuvorkommenheit *die*

zuw

Zuwachs *der*
die Zuwächse
zuwachsen
wächst zu, wuchs zu, ist zugewachsen
zuwandern
zuwege / zu Wege*
etwas zuwege bringen
zuweilen
zuweisen
weist zu, wies zu, hat zugewiesen
Zuweisung *die*
Zuwendung *die*
zu wenig*
*viel zu wenig**
zu wenig versuchen
zu wenig Zeit
zuwider
zuwider sein
zuwiderhandeln
Zuwiderhandlung *die*
zuzahlen
Zuzahlung *die*
zuzählen
zuzeiten (bisweilen)
zu Zeiten Goethes
zuzeln
zuziehen
zieht zu, zog zu, hat zugezogen
Zuzug *der*
zuzüglich
Zuzugsgenehmigung *die*
zuzwinkern

zwa

Zwang *der*
die Zwänge
zwängen
zwanglos
Zwangsarbeit *die*
zwangsläufig
Zwangsmaßnahme *die*
Zwangsvergleich *der*
Zwangsversteigerung *die*
Zwangsvollstreckung *die*
zwangsweise
zwanzig
zwanzigjährig
zwanzigste
zwanzigtausend
zwar
und zwar (u. zw.)
Zweck *der*
Zweckbestimmung *die*
zweckdienlich
zweckentfremdet
zweckentsprechend
zweckgebunden
zwecklos
zweckmäßig
zweckmäßigerweise
Zweckmäßigkeit *die*
zwecks
Zwecke *die*
die Reißzwecken
zwei
z ...
zwei Tage
wir zwei
Z ...
die Zwei
eine Zwei schreiben
eine Zwei würfeln
Zweibettzimmer *das*
zweideutig
Zweideutigkeit *die*
Zweidrittelmehrheit *die*
zweieinhalb
Zweierbob *der*
zweierlei
zweifach (2fach)
zweifarbig
zweigleisig
zweihundert
Zweikampf *der*
die Zweikämpfe
zweimal (2-mal*)
zweimalig
zweimotorig
zweireihig
zweischneidig
zweiseitig
Zweisprachigkeit *die*
zweistündig
zweit
zu zweit
zweitausend
zweite
der Zweite Weltkrieg
zweiteilig
zweitens
Zweitwohnung *die*
zweizeilig (2-zeilig*)
Zweizimmerwohnung / 2-Zimmer-Wohnung *die*

Zweifel *der*
zweifelhaft
zweifellos
zweifeln
Zweifelsfall *der*
die Zweifelsfälle
zweifelsfrei
zweifelsohne
Zweig *der*
Zweigstelle *die*
Zweigwerk *das*
Zwerchfell *das*
Zwerg *der*
zwergenhaft
Zwetsche / Zwetschge / Zwetschke *die*
Zwetschenkuchen *der*
Zwetschenmus *das*

zwi

Zwickel *der*
zwicken
Zwicker *der*
Zwickmühle *die*
Zwieback *der*
Zwiebel *die*
Zwiebelmuster *das*
Zwiebelsuppe *die*
Zwiebelturm *der*
die Zwiebeltürme
Zwiegespräch *das*
Zwielicht *das*
zwielichtig
Zwiespalt *der*
zwiespältig
Zwietracht *die*
Zwilling *der*
Zwillingsbruder *der*
Zwillingsschwester *die*
zwingen
zwingt, zwang, hat gezwungen
zwingend
Zwinger *der*
zwinkern
jemandem zuzwinkern
zwirbeln
Zwirn *der*
zwischen
zwischen allen Stühlen
zwischendurch
zwischenzeitlich
Zwischenbemerkung *die*
Zwischenbericht *der*
Zwischenbescheid *der*
Zwischenfall *der*
die Zwischenfälle
Zwischenfrage *die*
zwischenlanden
Zwischenlandung *die*
Zwischenraum *der*
die Zwischenräume
Zwischenspiel *das*
zwischenzeitlich
Zwist *der*
Zwistigkeiten
zwitschern
Zwitter *der*
zwo
zwölf
zwölf Minuten
eine Zwölf
zwölfeinhalb
Zwölffingerdarm *der*
Zwölfkampf *der*
die Zwölfkämpfe
zwölfmal (12-mal*)
zwölftausend
zwölfte
zwölftens
Zwölftonmusik *die*
Zwölftonner / 12-Tonner *der*

zy

Zyanid *das*
Zyankali *das*
Zygote *die*
zyklisch
Zyklus *der*
die Zyklen
Zyklone *die*
Zyklus *der*
die Zyklen
Zylinder *der*
ein 4-Zylinder-Motor
Zylinderkopf *der*
die Zylinderköpfe
zylindrisch
zynisch
Zynismus *der*
Zypresse *die*

Zyste *die*
z. Z. / z. Zt. (zur Zeit von Goethe)
zz. / zzt. (jetzt)

Übersicht der wichtigsten Rechtschreibregeln und schwieriger Schreibweisen („Stolpersteine“)

*** zeigt die neue Rechtschreibung**

Hinweise zum Aufbau

① Neuschreibung nach der Rechtschreibreform (*)

Schießt ab,
*schoss ab**, ①
hat abgeschossen
abschirmen
Abschirmung *die*
abschlachten
Abschlag *der*
die Abschläge
abschlagen
schlägt ab,
schlug ab,
hat abgeschlagen
abschlägig
Abschlagszahlung *die*
Abschleppdienst *der*
abschleppen
Abschleppseil *das*
abschließen
schließt ab,
*schloss ab**,
hat abgeschlossen
abschließend
Abschluss* *der*
die Abschlüsse ⑩
Abschlussprüfung* *die*
abschmecken
abschmieren
abschminken
sich abschminken
abschneiden
schneidet ab,
schnitt ab,
hat abgeschnitten
Abschnitt *der*
abschnittsweise
abschnüren
Abschnürung *die*
abschöpfen
abschotten
sich abschotten

abschrägen
abschrauben
abschrecken
abschreckend
*abschreckend hässlich**
Abschreckung *die*
⑫ **abschreiben**
schreibt ab,
⑪ *schrieb ab,*
hat abgeschrieben
Abschreibung *die*
Abschrift *die*
beglaubigte Abschrift
abschuften
sich abschuften
Abschürfung *die*
Abschuss* *der*
die Abschüsse
abschüssig
abschütteln
abschwächen
Abschwächung *die*
abschweifen
vom Thema abschweifen
Abschweifung *die*
abschwellen
schwillt ab,
schwoll ab,
ist abgeschwollen

⑨ **abse**

absegnen
absehbar
absehen
sieht ab, sah ab,
hat abgesehen
ab sein
ist ab, war ab,
ist ab gewesen

abseits
abseits stehen
Abseits *das*
absenden
sendet ab,
sendete/sandte ab,
hat abgesendet/abgesandt
Absender/in
absent
Absenz *die*
absetzbar
absetzen
Absetzung *die*
absichern
Absicherung *die*
Absicht *die*
mit Absicht
absichtlich
absichtslos
absinken
sinkt ab, sank ab,
ist abgesunken
Absinth *der*
absitzen
sitzt ab, saß ab,
hat abgesessen

abso

absolut
absolutes Verb
Absolutheit *die*
Absolution *die*
Absolutismus *der*
absolutistisch
Absolvent/in
absolvieren
absondern
Absonderung *die*
absorbieren
Absorption *die*
abspalten

⑫ Infinitiv

⑪ unregelmäßige Verbform

⑩ unregelmäßige Pluralform

⑨ Suchhilfe

⑧ Illustration als Merkhilfe